Kants Werke

Akademie Textausgabe

康德著作全集（注释本） 第5卷

实践理性批判
判断力批判

李秋零 主编

中国人民大学出版社
·北京·

编委会

顾问

苗力田

主编

李秋零

编委会成员

(按姓氏笔画排序)

李秋零　李毓章　张志伟

张　荣　郭大为　韩东晖

目录

伊曼努尔·康德

1788年

实践理性批判

1788 年

实践理性批判

伊曼努尔·康德硕士

李秋零 译

科学院版编者导言

保罗·纳托尔普(Paul Natorp)

埃德曼[①]已经使人们注意到,《纯粹理性批判》按照康德的初衷应当同时包含着纯粹实践世俗智慧或者道德形而上学的批判性奠基。一部专门的《实践理性批判》的计划很晚才出现,而且很值得花费力气去探索它的起源。

对这个批判计划的最早的清晰预告,即《1765—1766年冬季学期课程安排的通告》,已经谈到"整个世俗智慧的批判和规定",它"作为一个整体",应当"不仅对其认识的起源且对其错误的起源作出考察,而且草拟出持久而且合规则地修建这样一座理性建筑物所应当遵循的详细蓝图"[②]。稍晚[③],康德预告了对"形而上学乃至整个哲学的独特方法"的研究。但是,他"把这部作品看做是所有这些计划的主要目标,想把它再放一放",因为他还缺乏"能够具体地指出独特方法的例证"。出自这个理由,他想"先抛出一些较小的作品,对我来说,它们的材料是现成的,其中第一批将是《自然世俗智慧的形而上学初始根据》和《实践世俗智慧的形而上学初始根据》,

① B. 埃德曼:《〈纯粹理性批判〉编者导言》,见《康德全集》,第Ⅳ卷,573页以下。

②《康德全集》,第Ⅱ卷,310页。[参见李秋零主编:《康德著作全集》,第2卷,313页,北京,中国人民大学出版社,2004。——译者注]

③ 1765年12月31日致兰贝特[Lambert]的信,见《康德全集》,第Ⅹ卷,53页。[参见李秋零编译:《康德书信百封》,18页,上海,上海人民出版社,2006。——译者注]

这样，主要的著作就不至于因为详尽而又不充分的例证被过度拉长”。

当时，这些作品并没有写出。1766年4月8日致门德尔松（Mendelssohn）的关于此期出版的《一位视灵者的梦》的信①表明，康德打算直接奔向自己的重要目标。一位像兰贝特这样的人物探讨从方法方面把形而上学带上可靠道路的决定性思想的热情，至少强有力地促成了这一点。康德如他在1770年9月2日（连同呈送教授就职论文）写信对兰贝特说的那样②，决心向正直地追求理解的人呈交“我在其中审视这门科学的形象的一份清晰的草图和关于这门科学的独特方法的某种思想，不能比这更少了”。但是，教授就职论文作为与兰贝特的书信讨论的书面证明对他来说根本不够，他答应给兰贝特这整个科学的一个新草图，……“在很少几封信中”，但他为此还需要再利用一些时间……“用于恢复”！……“到今年冬天”，再把他“关于纯粹道德的世俗智慧的研究列入日程，并且加以完成。在这里，找不到任何经验性的原则，似乎可以说它就是道德形而上学”，为的是由此同时“为那些极重要的意图开辟道路”；这显然是在过去所宣告的意见中：为的是在对哲学的新的方法论奠基时已经能够指出具体的例证。

我们并不感到奇怪，这个意图的实施这次也搁浅了。自从康德看出“在纯哲学中方法就先行于一切科学，而在它的规定经过充分的检验和牢固的确立之前所尝试的东西，显然是贸然

①《康德全集》，第Ⅹ卷，66页以下。[参见《康德书信百封》，20～23页。——译者注]

② 同上书，92～93页。[参见《康德书信百封》，26～29页。——译者注]

领会的，并且必然被抛弃到精神的空洞游戏里面去"① 以来，尚未解决的主要课题必然对康德实施着一种更强大的吸引力。

这样，在 1771 年 6 月 7 日致赫茨（Herz）的信中，我们又发现他"正在详细地撰写一部作品，标题是《感性和理性的界限》，它包括了为感官世界规定的基本概念和法则的关系，以及对鉴赏力学说、形而上学和道德的本性的构思"。"整个冬天"——他想完成道德形而上学的同一个冬天——，他"翻阅了所有的资料，对它们进行了筛选、权衡、组合。不过，这个计划只是在不久前才全部实现"②。感官世界的基本概念和法则连同鉴赏力学说、形而上学、道德，从这种松散的排列中产生出什么样的计划，当然是不清晰的。

1772 年 2 月 21 日致赫茨的信提供了更详细的答复。我们在这里获悉了两个不同的计划。按照第一个计划，《感性和理性的界限》这部著作应当包括两个部分，即一个**理论的**部分和一个**实践的**部分；其内容和进一步的划分也得到了说明。在这种情况下，虽然当他着手透彻地思索理论部分时，出现了新的困难。但他相信基本上克服了这些困难，从现在起能够"写出一部《纯粹理性批判》了。如果纯粹理性完全是理智的，那么，这本书就既包括了理性认识的本性，也包括了实践认识的本性"。确切地说，他"想先写出第一部分，它包括形而上学的本源、方法及其界限，然后再写德性的纯粹原则"③。

但是，把《纯粹理性批判》划分为一个理论部分和一个实

① 根据教授就职论文第 23 节强调说明的词句。[参见《康德著作全集》，第 2 卷，421 页。——译者注]

②《康德全集》，第 X 卷，117 页。[参见《康德书信百封》，29～32 页。——译者注]

③ 同上书，123 页以下。[参见《康德书信百封》，32～38 页。——译者注]

践部分，在下一个证词中看起来又被放弃了，这个证词就是1773年（10月?）致赫茨的信，其中又像过去那样完全清晰地与**惟一的先验哲学**或者**纯粹理性批判**对立起来的是**形而上学的两个部分**，即自然形而上学和道德形而上学；他还总是打算首先发表后者。它早就已经准备就绪了：1765年，材料对他来说就是现成的；1767年5月9日，他写信给赫尔德（Herder）说，他正在研究这个问题；1770—1771年冬天，他纯然是为了从《感性和理性的界限》的繁重工作中恢复，而打算完成这个作品①；即便是按照1772年的信②，他也在这个领域里已经事先进行过相当多的研究，他早就已经把原则构思得相当满意了。但即便是现在，也未得到实施；所有其他写作都被《纯粹理性批判》的主要工作"像一座水坝那样阻拦住了"。③

两个部分的形而上学，即自然形而上学和道德形而上学与独一不分部分的批判相对峙的那个基本计划，也出现在其他文献中，遗憾的是这些文献不是完全直接地谈论这一点的。1776年11月24日致赫茨的信④如我们后面将看到的那样，与这个假定绝不矛盾；1778年8月28日的另一封信⑤宁可说是证实了它。但1783年8月16日致门德尔松的信⑥则使人完全清楚

①《康德全集》，第Ⅹ卷，71页。[参见《康德书信百封》，24～26页。——译者注]
② 同上书，124页。[参见《康德书信百封》，33页。——译者注]
③ 同上书，185页。[参见《康德书信百封》，51页。——译者注]
④ 同上。[参见《康德书信百封》，50～52页。——译者注] 埃德曼亦谈到它，《康德全集》，第Ⅳ卷，576页。
⑤《康德全集》，第Ⅳ卷，582页。
⑥《康德全集》，第Ⅹ卷，325页以下。[参见《康德书信百封》，92～96页。——译者注]

地认识到，在此期间出版的《纯粹理性批判》中，依他所见已经给出了“人类整个理性的界限和全部内容”的准备工作和可靠规定，只是还缺少按照上述（亦即在《纯粹理性批判》中阐述的）批判原理对形而上学的完善。他打算以手册的形式逐渐地完善它①，并且比它的代表作更加通俗；确切地说，他希望当年冬天“完成道德学的第一部分，即便不能全部写完，至少也要写出绝大部分”。

据此，《纯粹理性批判》本身已经在望；不过，从它出发必须对如下问题获得一个清晰的答复，即按照作者的意见，形而上学的批判性的地基清理是以这部著作结束了，还是刚刚过半。由于毕竟按照康德的概念，纯粹理性是一个完满的统一，是一个并非就自身而言而是仅仅在考察中可分的整体，对尚付阙如的另一半的提示是不可能不出现的。

但是，这样一个提示在1781年的《纯粹理性批判》的**任何一个地方**都没有出现；而是无一例外地，像与这个标题相符的那样，批判的**全部**工作被视为在这部著作中已经结束；因此，所预期的不是进一步的批判，而是如迄今一直所是的那样：自然**形而上学**和道德**形而上学**。

1. 根据**前言**，纯粹理性批判意味着：“就它**独立于一切经验**能够追求的一切知识而言对一般理性能力的批判”②。惟一剩下的哲学课题就是形而上学本身，或者**体系**。“我希望在**自然的形而上学**这个标题自身下面提供出纯粹（思辨）理性的这

① 也请参见1778年的信，见《康德全集》，第Ⅹ卷，224页。[参见《康德书信百封》，66页。——译者注]

②《康德全集》，第Ⅳ卷，9页。[参见李秋零主编：《康德著作全集》，第4卷，7页，北京，中国人民大学出版社，2005。——译者注]

样一个体系"①。在这里，括号里面的附词毫无疑问地暗示着体系的另一个同样根本性的部分：道德形而上学；但并没有暗示，批判本身还需要在理性的实践应用方面的一种补充。出版商哈特克诺赫（Hartknoch）指望的正是这两部著作，"因为这属于您的计划的完成，并且构成一个整体"②。没有人想到，而且康德本人在这段时间也没有想到第二部批判。因此，例如许茨（Schütz）就急不可耐地"期求和渴望着"他的**自然形而上学**，他"毕竟也将毫无疑问地让一部**道德形而上学**继之"③。

2. 导论谈及先验哲学划分的最后一节，尽管把先验哲学的概念，从而把纯粹理性批判的概念限制在纯粹的、**全然思辨**的理性的领域④，但这种限制只是由此来论证的，即就道德性的最高原理和基本概念而言，尽管他们都是先天知识，却毕竟必须**预设一些经验性**起源的概念（愉快和不快、欲求和偏好、任性等等）。这就需要解释，因为康德至少自1770年（教授就职论文，第9节）以来就假定并不可动摇地坚持，道德的原则源自纯粹理性，因而属于纯粹哲学⑤。但是，说明离得并不远：即便是在道德的最高的、完全纯粹的原理和基本概念那里，也必须尽管如此而预设愉快、不快等经验性的概念，这是

①《康德全集》，第Ⅳ卷，13页。［参见《康德著作全集》，第4卷，11页。——译者注］
② 1781年11月19日，《康德全集》，第Ⅹ卷，261页。
③ 1784年6月10日，同上书，371页。
④《康德全集》，第Ⅳ卷，25页。［参见《康德著作全集》，第4卷，20页。——译者注］
⑤ 特别参见1770年致兰贝特的信，见《康德全集》，第Ⅹ卷，93页［参见《康德书信百封》，66页。——译者注］：纯粹的道德世俗智慧，其中找不到任何经验性的原则；以及1772年致赫茨的信，见上书，126页［参见《康德书信百封》，35页。——译者注］：无论是理性认识的本性还是实践认识的本性，就它们是纯然理智的而言。

就人的意志绝不是没有质料而言的。但这种质料并不作为**原则**或者**条件**一起进入纯粹的道德原理或者基本概念。《纯粹理性批判》如是说："道德概念并不完全是纯粹的理性概念，因为它们以某种经验性的东西（快乐或者不快）为基础。尽管如此，就……**原则**而言（因而当人们只注意它们的形式时），它们却尽可以用做纯粹理性概念的实例。"① 通过这种众所周知的区分，像在1773年致赫茨的信中② 或者在《纯粹理性批判》中③ 那样的经验性表述就显然得到解释了。

但在这种情况下，一种道德**形而上学**、道德的**纯粹**原则的提出，能够缺少一种先行的批判吗？在这里，Methodus antevertit omnem scientiam［方法先行于任何科学］不适用吗？

它肯定需要批判性的地基清理：但是，**这种清理是在纯粹（思辨）理性批判中同时给出的**。正是这个批判，要"为那座宏伟的道德大厦平整和加固地基"④。它这样做，是通过确保**理念**，尤其是**自由**的理念。自由虽然自身是一个纯粹思辨的理念，毕竟从1770年的教授就职论文（第9节，注）以来就已经是**实践认识**的基本理念，甚至一般而言惟有它才给出实践的东西的概念。《纯粹理性批判》说："柏拉图首先是在一切实践的东西中，也就是说，在一切依据自由的东西中，发现他的理

① 《康德全集》，第Ⅲ卷，384页。［参见李秋零主编：《康德著作全集》，第3卷，374页，北京，中国人民大学出版社，2004。——译者注］
② 《康德全集》，第Ⅹ卷，138页。［参见《康德书信百封》，39～42页。——译者注］
③ 《康德全集》，第Ⅲ卷，520页注。［参见《康德著作全集》，第3卷，511页注。——译者注］
④ 同上书，249页。［参见《康德著作全集》，第3卷，244页。——译者注］

念的，而自由又隶属于知识，知识是理性的一个特有产物”①。“理念……具有实践的力量，并且为某些**行动**的完善性的可能性奠定了基础”②。“先验的”理念，特别是自由理念，通过《纯粹理性批判》得到了保证，并尤其是期待第二个、尚付阙如的实践理性批判给予这种保证。这样一个批判的名称和概念在《纯粹理性批判》的第一版中完全不为人知。尚付阙如的东西，不是第二个批判，而仅仅是道德自身的阐述，它不能缺少经验性的概念（愉快、不快等等，简而言之意志的质料），因而不属于批判、惟一的批判亦即自身同一的理性之批判的任务。

3. 这**完全**是 1781 年的《纯粹理性批判》的理解。当然，**纯粹道德**③——与纯粹数学一样，这个比较也是值得注意的——处在先验哲学之外。不过，先验的理性概念或者理念……“也许能够使从自然概念到实践概念的一种过渡成为可能”④；它们构成了道德的理念和原理的**理论支柱**，这些理念和原理是与这个支柱一起（成立和）作废的⑤。因为自由的实践概念是**建立**在自由的先验理念之上的，取消其先验理念就会同时根除自由。⑥在这种情况下，根据区分显象和物自身而对自由的可能

①《康德全集》，第Ⅲ卷，246～247 页。[参见《康德著作全集》，第 3 卷，241 页。——译者注]
② 同上书，384 页。[参见《康德著作全集》，第 3 卷，374 页。——译者注]
③ 根据同上书，332 页。[参见《康德著作全集》，第 3 卷，322 页。——译者注]
④ 同上书，255 页。[参见《康德著作全集》，第 3 卷，250 页。——译者注]
⑤ 同上书，325 页。[参见《康德著作全集》，第 3 卷，315 页。——译者注]
⑥ 同上书，363～364 页。[参见《康德著作全集》，第 3 卷，353～354 页。——译者注]

性的演绎，连同对应当的普遍说明[1]，就将导致“一个与自然秩序完全不同的规则和秩序”[2]，简而言之是被给予，因此，《道德形而上学的奠基》以及《实践理性批判》的核心思想已预先提出，但毕竟没有因此而离开纯粹思辨研究的地基，因为这里到处都涉及道德的理论支柱，尚未涉及道德自身。

就连实践公设也已经得到暗示[3]；最后，在已经于1776年致赫茨的信里面被称之为先验哲学的一个本质性组成部分的纯粹理性的法规[4]中，向实践领域的过渡昭然若揭；因为法规**明确地涉及实践的理性应用，而不涉及思辨的理性应用**[5]。人们理解，在这里康德自己在为体系的统一几乎忐忑不安[6]；出现了这样的危险，即对新话题或者对于先验哲学来说陌生的对象说得太少，而使其缺乏清晰性和说服力（同上）。但实际上，纯然思辨的研究的界限即便在这里也被极为严格地遵守。如果一方面，如这里又强调的那样，实践的概念，恰恰作为实践的，也就是说与愉快和不快（在质料上）相关，并不属于先验哲学的整体[7]，那么反过来，先验自由的问题并不归属实践应

①《康德全集》，第Ⅲ卷，371页。［参见《康德著作全集》，第3卷，361页。——译者注］
② 同上书，373页。［参见《康德著作全集》，第3卷，363页。——译者注］
③ 同上书，421页以下、518页。［参见《康德著作全集》，第3卷，413页以下、510页。——译者注］
④ 因此，这封信并不与只有一种理性批判的预设相矛盾。参见《康德全集》，第Ⅹ卷，186页。［参见《康德书信百封》，52页。——译者注］
⑤《康德全集》，第Ⅲ卷，518页。［参见《康德著作全集》，第3卷，509页。——译者注］
⑥ 同上书，520页。［参见《康德著作全集》，第3卷，511～512页。——译者注］
⑦ 同上书，520页注。［参见《康德著作全集》，第3卷，511页注。——译者注］

用中的理性，而仅仅涉及思辨的知识；它在讨论实践的东西时甚至可以被当做**完全无所谓**的而搁置一旁①；道德（直接地）只需要实践意义上的自由，这种自由甚至可以通过经验来证明②。这样也就是："我应当做什么"的问题"是纯然实践的。它作为这样一个问题虽然归属纯粹理性，但在这种情况下却毕竟不是先验的，而是道德的，因而我们的批判就自身而言并不研究它"③。只是在肤浅地阅读时，人们可能在这里"我们的批判"中发现对另一种批判，亦即实践理性批判的暗示。但是，按照所有前面所说④，"不是先验的，而是道德的"这种截然的对立只可以这样来理解，即在道德的东西的概念中一起考虑到了对经验性概念的吸纳。因此，"我们的批判"这一表述不可以在与另一种批判的对立中，而只可以在与作为哲学体系的一个部分的道德本身的对立中来理解。

4. 还剩下的是**纯粹理性的建筑术**，毕竟应当最早在其中找到我们的问题的终极裁定。它表明了什么？说："人类理性的立法（哲学）有两个对象，即自然和自由，因而既包含自然规律，也包含道德法则，一开始以两个专门的哲学体系，最终则以一个惟一的哲学体系。……纯粹理性的哲学要么是……**预科**……，并且叫做**批判**，要么第二，是纯粹理性的体系（科学），……并叫做**形而上学**；……形而上学分为纯粹理性的**思辨**应用的形而上学和其**实践**应用的形而上学，因而或者是**自然**

①《康德全集》，第Ⅲ卷，522页。[参见《康德著作全集》，第3卷，513页。——译者注]

② 同上书，521页。[参见《康德著作全集》，第3卷，512页。——译者注]

③ 同上书，523页。[参见《康德著作全集》，第3卷，514页。——译者注]

④ 特别是按照《康德全集》，第Ⅳ卷，24页。[参见《康德著作全集》，第4卷，20页。——译者注]

形而上学，或者是**道德形而上学**”①。即便在这里，也没有片言只语谈到对批判的相应划分；人们毋宁必须说，这样一种划分被这种说明完全排除了，因为至少在这里，在这部著作的差不多结束的地方，不可以对批判的尚付阙如的另一个部分沉默不语，如果这样一个部分被预设的话。但是，在该篇的结尾再次说道：“因此，形而上学，无论是自然形而上学还是道德形而上学，尤其是**以预习的方式**（以预科的方式）走在前面的对贸然鼓起自己双翼的理性的批判，才构成我们在真正的意义上能够称之为哲学的东西。”②即便在这里，也没有对“预科”的一个尚付阙如的实践部分的丝毫暗示。

根据这一切，人们所期待的东西，完全是康德在《纯粹理性批判》出版之后立即考虑撰写形而上学，确切地说是他已经开始又一再暂缓其完成的部分，亦即道德形而上学。③

但是，我们所期待的东西，也只是以批判所建议的思想方向尚未离开他；恰恰是在他认真地开始完善道德形而上学的时候，在《纯粹理性批判》中为道德形而上学提供的先期工作尚

① 《康德全集》，第Ⅲ卷，543～544页。［参见《康德著作全集》，第3卷，536～537页。——译者注］

② 同上书，549页。［参见《康德著作全集》，第3卷，542页。——译者注］

③ 参见哈曼［Hamann］1781年5月7日和10月23日、1782年1月11日致哈特克诺赫的信，见基尔德迈斯特［Gildemeister］：《J. G. 哈曼的生平和著作》，第Ⅱ卷，368页；以及《哈曼文集》，第Ⅵ卷，222、236页；哈特克诺赫1781年11月19日致康德的信，见《康德全集》，第Ⅹ卷，261页；埃德曼：《康德全集》，第Ⅳ卷，602～603页；门采尔［Menzer］：《〈道德形而上学的奠基〉导言》，见《康德全集》，第Ⅳ卷，625页；而尤其是已经提到的康德1783年8月16日致门德尔松的信，见《康德全集》，第Ⅹ卷，325页以下。［参见《康德书信百封》，92～96页。——译者注］

未使他完全满足。因为《纯粹理性批判》虽然在内核上包含着也为纯粹道德的奠基，但只是在有限的、更多地是偶尔的并且还蒙受指责的阐述中。这样就可以理解，他的道德学的第一部分①变成了道德形而上学的**前驱**或者**计划**②，最终变成了道德形而上学的一个奠基③；实际上无非是为纯粹道德或者道德形而上学进行的一次更完备的、尽可能脱离纯粹亦即思辨理性批判的、与道德问题本身更清晰也更完备地相关联的批判性地基清理。

在这部作品——其稿子是在1784年9月19日寄出的，康德在1785年4月7日收到第一批样书④——的（遗憾的是没有注出日期的）前言中，总的来说第一次出现了**实践理性批判**的名称和概念。它应当是什么，是与《纯粹理性批判》和《道德形而上学的奠基》并立吗？一种实践理性批判能够无非是道德形而上学的（批判性）奠基吗？

前言本身对此给出的答复是："我决意日后提供一部《道德形而上学》，如今我让这本《奠基》先发表。尽管除了一种**纯粹实践理性**的批判之外，道德形而上学真正说来没有别的基础，就像对于（自然）形而上学来说，已经提供的纯粹思辨理性的批判是基础一样"。而两部著作的每一位读者都知道，《奠基》和《实践理性批判》在主要内容上确实是叠合的，它们几乎只是在形式上有区别，确切地说是这样的，思想的展开在《奠基》中更多地遵循一种分析的走向，在《实

① 致门德尔松的信，《康德全集》，第Ⅹ卷，325页以下。[参见《康德书信百封》，92～96页。——译者注]
② 同上书，373页。
③ 门采尔导言，见《康德全集》，第Ⅳ卷，626～627页。
④ 同上书，628页。

践理性批判》中则遵循一种综合的走向。在《奠基》的第三章中，间接完成了向纯粹实践理性批判的过渡，并且已经阐述了这个批判**对于我们的意图来说**充分的要点。①只不过在**完备性**上，在这里也还没有提出这种批判；也就是说，为了完成它还要求："显示它与思辨理性在一个共同的原则之中的统一，因为毕竟归根结底只能有同一种理性，它惟有在应用中才必须被区别开来。"②

而由此出发我们相信可以理解，康德为什么在完成《奠基》（以及《自然科学的形而上学初始根据》）之后也不是"毫不犹豫地转到"实践理性批判的研究上，而是转到道德形而上学的研究上。③还有在1786年4月7日致贝林（Bering）的信④中，他还要进一步抛开某种东西，以便为实践世俗智慧的体系赢得时间，"这个体系与前一个体系是姊妹篇，需要加以类似的处理，但尽管如此，却不会遇到前一个体系那样大的困难"。因此，康德是极为认真地打算只是在完成自然形而上学和道德形而上学体系之后才提交实践理性批判，它应当**为结束整个批判体系**而阐明思辨理性和实践理性的统一。只有这样才可以理解，还在1787年5月14日，即《实践理性批判》出版前不久⑤，人们都在期盼着他的《道德形而上学》，而不是

① 《康德全集》，第Ⅳ卷，445页。[参见《康德著作全集》，第4卷，453页]。
② 同上书，391页。[参见《康德著作全集》，第4卷，398页]。
③ 1785年9月13日致许茨的信，见《康德全集》，第Ⅹ卷，383页。[参见《康德书信百封》，102页。——译者注]
④ 同上书，418页。[参见《康德书信百封》，104～105页。——译者注]
⑤ 根据耶尼施［Jenisch］致康德的信，见上书，463页。

《实践理性批判》。

但是，决定着他又放弃这个意图的，看起来主要是对《纯粹理性批判》以及《奠基》的**评判**的顾忌，这些评判感到怅然若失的，恰恰是他保留给《实践理性批判》的东西，即令人信服地证明思辨理性和实践理性的统一，而尤其不满的，是“被用于本体的范畴在理论知识中被否定而在实践知识中被肯定的客观实在性”和“那个悖谬的要求，亦即使自己作为自由的主体成为本体，但同时也在自然方面使自己成为自己的经验性意识中的现象”①。看来，为了周密地对付这些一再重复的指责，他决定如今把《实践理性批判》置于《道德形而上学》之前。表明这一修正的是：

1. 《实践理性批判》前言：“惟有对实践理性的一种详尽的批判才能消除这一切误解，并澄清恰好构成实践理性之最大优点的那种一贯的思维方式”②（只是一种详尽的批判：《奠基》已经包含了主要的特征）。

2. 在这本书完成前不久，1787 年 6 月 25 日致许茨的信：“我的《实践理性批判》已经大功告成，我打算下星期把它寄往哈勒付印。这本书要比与费德尔（Feder）和阿贝尔（Abel）的所有争论……更好地证明和解释我通过纯粹实践理性所做的补充以及这种补充的可能性，这些东西是我过去拒绝给予思辨理性的。正是这一点，成为激怒那些人物的真正原因，它迫使那些人物，宁可选择不适当的甚至荒唐的方法，也要在他们屈服于批判哲学的那个使他们觉得完全绝望的格言之前，能够把

①② 《实践理性批判》前言，见《康德全集》，第Ⅴ卷，6～7 页。[参见李秋零主编：《康德著作全集》，第 5 卷，8 页，北京，中国人民大学出版社，2007；亦见本书 29～30 页。——译者注]

思辨能力一直扩展到超感性的东西之上。”①

3. 这本书刚一出版，1787 年 12 月 28 日致莱因霍尔德（Reinhold）的信中说：“在这本小册子中，彻底解决了旧派人物误以为在我的批判中发现的许多矛盾，相比之下，如果这些人不愿放弃他们那种陈旧的补绽工作，那么，他们所不可避免的矛盾是隐藏不住的。”②

4. 在我们这部著作中特别众多的与对手的评判的直接关联：与康德以《什么叫做在思维中确定方向?》这部作品参与的门德尔松—雅各比（Jacobi）争论和魏岑曼（Wizenmann）的答复的关联；与《奠基》的蒂宾根书评（弗拉特［Flatt］著，基本思想：“不一致”）和提特尔（Tittel）的反驳（新的公式，不是新的原则，且又是不一致）的关联；与“热爱真理的评论家”③和“某些其他异议”的关联，关于这些将在后面谈到。

5. 至少是根据康德自己的通告撰写的《实践理性批判》预告与《纯粹理性批判》的第 2 版的预告一起登在 1786 年 11 月 21 日的《文汇报》上，其中说道：“在第二版中给在第一版中所包含的**纯粹思辨理性批判**附加上一个**纯粹实践理性批判**，它同样有助于面对已有的或者将有的指责来确保道德性的原则，并完成必须先行于纯粹理性哲学体系的批判研究的整体。”④

与这个预告相关的，大概是哈曼在 1787 年 1 月 30 日致雅各比的信中的表述：“我从报纸上看到，那本书”，亦即《纯粹

①《康德全集》，第Ⅹ卷，467 页。［参见《康德书信百封》，107 页。——译者注］。
② 同上书，487 页。［参见《康德书信百封》，110 页。——译者注］
③《康德全集》，第Ⅴ卷，8 页：指皮斯托留［Pistorius］，见《德意志图书汇报》。
④ 刊印在埃德曼那里，《康德全集》，第Ⅲ卷，556 页。

理性批判》不久前脱稿的新版本，**“将增加一个实践理性批判”**①。两个批判径直被设想为一部著作的这种最紧密的结合，此后大概是出自外在的理由已经放弃了：《纯粹理性批判》的新版本在 1787 年春出版（前言署的日期是 1787 年 4 月），没有曾预告的增加。不过，《实践理性批判》已经在同年的 6 月 25 日②就已经差不多可以付印了；根据雷克（Reicke）注为同年 9 月 11 日（当然是可疑的）致雅各布（Jakob）的一封信，它正在格鲁内特（Grunert）那里印刷；这里也说道：它包含某些能够清除对理论理性的误解的东西。在同一个日期，康德已经吩咐印刷商寄送赠阅本。③毕竟，印刷在这种情况下还推迟了一些，因为格鲁内特想让人用新的清晰铅字印刷这部著作，而这铅字在米迦勒节博览会后 8 天才送到他那里。④不过，圣诞节前不久，印在打字纸上的 6 本样书就到了康德手中。⑤在致赫茨⑥和莱因霍尔德⑦的信中，他向这两位许诺通过格鲁内特寄送样书。刚提及的这封信第一次列举了三个批判，它们为**哲学的三个部分**指明先天的原则；而《纯粹理性批判》第 2 版的前言还仅仅许诺“提交自然形而上学和道德形而上学，作为思辨理性批判和实践理性批判的正确性的证明”⑧。

① 基尔德迈斯特：《J. G. 哈曼的生平和著作》，1857 年以下，第Ⅴ卷，452 页。

② 根据已经提及的在这个日期致许茨的信，见《康德全集》，第Ⅹ卷，467 页。［参见《康德书信百封》，107 页。——译者注］

③④⑤ 同上书，483 页。

⑥ 12 月 24 日，同上书，485 页。

⑦ 12 月 28 日，同上书，487 页。［参见《康德书信百封》，110 页。——译者注］

⑧《康德全集》，第Ⅲ卷，26 页。［参见《康德著作全集》，第 3 卷，24～25 页。——译者注］

从一切迹象来看，康德没有以任何方式参与这部著作的新版本。第2版应当是①在1790年复活节博览会就已经完成；它实际上是在1792年才出版。在1797年继这个第2版之后的不是第3版，而是第4版；迄今，没有找到一个第3版的任何迹象。我猜测，出版商在第2版②马上印了2 000册（不是通常的1 000册）之后，让人把第3版标记为第4版。康德没有参与这一版。③第5版于1818年出版，第6版于1827年出版。翻印版于1791年和1795年在法兰克福和莱比锡出版，于1796年在格莱茨出版。

※　　　※　　　※

对在撰写《实践理性批判》期间同时起作用并在其中得到表达的论战性考虑的一种穷尽性研究，不是在这里做的事情；不过，汇编最重要的资料，看来是有助益的。

1. 哈曼在1786年5月13日写信告诉雅各比④对康德的一次拜访："他脑子里也萦绕着一桩写作事务，他马上告诉了我。这就是他的道德学的**蒂宾根书评**。许茨让他对一个教区委员会委员提特尔的反驳有思想准备，此人据说是费德尔的一个注解者，我至今完全不认识他。也许，整个反驳就是这个赤裸裸的书评，它并不攻击康德，但被弱不禁风的朋友们认为足够重要的是，为了让他高兴而不让它在这里流行"。

《奠基》的蒂宾根书评⑤的作者不是提特尔，而是（像不

① 根据小哈特克诺赫1789年8月和9月的信，见《康德全集》，第Ⅺ卷，71～88页。
② 根据上书，71页。
③ 根据1797年1月28日致哈特克诺赫的信，见《康德全集》，第Ⅻ卷，146页。
④ 基尔德迈斯特：《J. G. 哈曼的生平和著作》，第Ⅴ卷，322页。
⑤《蒂宾根学术通讯》，1786（14），2月16日，105页以下。

难证明的那样）蒂宾根教授 J. Fr. 弗拉特，但他与提特尔的观点很一致。他在上面所说的那本杂志上是哲学著作的常任评论家；他尤其是有大量作品直接地或者间接地、友好地或者敌意地谈及康德，说的是同样的东西，不知疲倦地重复同样的指责。

卡尔斯鲁厄的教区委员会委员戈特利布·奥古斯特·提特尔的“反驳”是《论康德先生的道德改革》这部作品（法兰克福和莱比锡，普费勒兄弟出版社，1786 年）。哈曼有理由称他是“费德尔的注解者”，因为他让人出版了《按照费德尔先生的次序分五卷对理论哲学和实践哲学的阐释》①；比斯特尔（Biester）在致康德的一封信②中称他是弱智的费德尔的弱智影子。从这封信可以看出，康德认真地打算公布针对费德尔和提特尔的攻击的一个辩护。就连雅各布也提到反对康德的作品③，康德让通过许茨把这个作品寄给他④。《实践理性批判》前言中尽量地关照了它。提特尔在自己这部作品的前言中就已经指责“极频繁地使用抽象的术语”（4 页）。他针对这种使用来捍卫把幸福和道德性最紧密地联结起来的“那个无辜的和值得喜爱的”（5 页）体系，多次指责康德的“神秘主义”，特别是经常重复如下论断，即康德“以不知所云的语言把久已为人所知的东西宣布为**新颖的**”（如 25 页）。“康德的整个道德改革就应当仅仅局限于一个新公式吗?”（35 页）“康德先生在相信以这种方式阐述和巩固了他自以为的道德学说新原则之后……”（55 页）“人们几乎不应当去想，如此**平常和熟知**的命题能被如此技术高超地弄隐晦。……我为什么必须把人置于两个世界

① 阿迪克斯［Adickes］：《康德文献》，第 297 条。
②《康德全集》，第Ⅹ卷，434 页，1786-06-11。
③ 同上书，438 页，1786-06-17。
④ 参见康德 11 月 3 日的信，见上书，445 页。

之中？为什么要如此高深地引出二论背反和他律这些听起来异样的，因而许诺某种新东西的，却毕竟不包含任何新东西的名称？如此精雕细琢的命令式有什么用？在一件如此**容易的事情**上，整个笨拙的工序有什么用？”（82页）等等。据此，康德的前言的批判性注释主要是针对提特尔的①，连同对著名的伽尔韦–费德尔《纯粹理性批判》书评的一瞥（参见13页）；但就连批判（28页）也特别注意提特尔，提特尔在促进自己的和他人的幸福的法则以无条件的实践必然性确实适用于一切有理性的生物这一点上看不出任何困难（参见其作品的56页）；它当然也注意弗拉特，弗拉特（如提特尔在31页）特别诉诸：康德本人与他的根本没有任何经验性原则具有普遍性的命题相矛盾，在《奠基》中承认，幸福的意图“按照一种自然必然性”属于所有有理性的存在者。而这样，除此之外还将有某些东西首先与这两个人相关，尽管顺便也涉及其他人。例如，像此前特别是费德尔那样嘲笑新术语的，也有《最新学术历史的批判性贡献》对《奠基》的评论（第Ⅰ卷，202页以下）②；也有迈纳（Meiner）在其《灵魂学说纲要》前言中的评论，康德听凭自己的朋友们驳斥它③。这样，对“不一致”的普遍指责——4、5页——当然是由多人说出的；但为弗拉特在其众多的书评中特别钟爱。

2. 康德本人在1787年6月25日致许茨的信中，点名提到费德尔和阿贝尔，“前一位断言根本没有任何先天认识，后一位则断言，有一种居于经验性认识与先天认识之间的认识”④。此

①《康德全集》，第Ⅴ卷，8、10页。
② 阿迪克斯：《康德文献》，第236条。
③《康德全集》，第Ⅴ卷，446、456页。
④《康德全集》，第Ⅹ卷，467页。［参见《康德书信百封》，107页。——译者注］

前不久，贝林对他提到这两个人。[①] 与前一位相关的，显然是前言的结论："但是，对于这些努力来说，也许不可能遇到比有人出乎意料地发现任何地方都不存在也不可能存在先天的知识更为糟糕的事情了"（12 页）；尽管此前就已经有塞勒"尝试证明，不存在任何纯粹的、不依赖于经验的理性概念"[②] 来反对康德了。康德在那封信中所瞩目的费德尔作品，肯定是《为检验康德哲学而论空间和因果性》（格廷根，1787）。这部作品的前言所署的日期为 1787 年 1 月 31 日，大概是为复活节博览会出版的，因而能够足够较早地为康德所知，以至于在他的前言的补记中受到关注。康德的阐述精确地切中那部作品（特别是第 9 节，35 页以下）。与此相反，阿贝尔的作品[③] 在《实践理性批判》中没有顾及；真正说来康德认为与这个对手的任何争论都是多余的[④]；只是由于实际的旨趣，他才认为费德尔的那种极广泛的"发现"毕竟是值得关注的。

3. 这样，当他联系到他迄今所遭遇的对批判的那些最显著的指责，亦即"一方面在理论知识中……"（6 页）时，他关注的无论如何不是这两个人。这里所考虑的也不是乌尔里希，他在自己寄给康德的《逻辑学和形而上学准则》[⑤] 的 233 页提到范畴仅仅在理论方面可运用于"先验客体"（他把它等同于"物自身"）的问题。相反，康德在这里已经注意到他的《奠基》的那位后面清晰地称之为"热爱真理且思想敏锐，因

① 5 月 28 日，《康德全集》，第 X 卷，465 页。
② C. G. Selle，《柏林月刊》，1784，12 月号。
③《一种系统形而上学的计划》和《为检验康德体系而试论思辨理性的本性》，均为 1787 年。
④ 参见上书，487 页，论及旧派人物。［参见《康德书信百封》，110 页。——译者注］
⑤ 同上书，378、398 页。

而毕竟永远值得尊敬的评论家”，此人提出异议说：善的概念必须先于道德原则得到确定。这是《德意志图书汇报》的评论家，按照耶尼施的正确报告，是“费马恩岛大教堂教长皮斯托留、哈特利（Hartley）的翻译者”。但是，这里考虑的不仅是《奠基》的评论①，而恰恰是就因范畴可用于本体和人作为现象和本体的双重本性而有的强烈反驳而言，考虑的是对舒尔茨（Schultz）的阐述的篇幅更大的评论②，在那里，这些反驳得到深入而又可理解的展开；不无对“既热爱真理又思想深刻的世俗智者”的恭维，因而后者以第8页的话给予了回应。皮斯托留此后在对《实践理性批判》的评论中又联系到康德的说明③。

4. 惟一在《实践理性批判》本身中被提到名字的评判者（143页）是托马斯·魏岑曼，即1786年在莱比锡匿名出版的作品《雅各比哲学和门德尔松哲学的结果：一个志愿者的批判研究》的作者，雅各比的一个密友和志同道合者，从雅各比与哈曼的书信往来中，人们对他有更详细的了解。康德在《柏林月刊》上的文章《什么叫做在思维中确定方向?》中（1786年，10月号）联系到了上述在当时备受关注的作品，而魏岑曼通过在《德意志博物馆》④上发表的文章《〈雅各比哲学和门德尔松哲学的结果〉的作者致康德教授先生》做了回应。一段时间里生活在彭佩福特的魏岑曼于1787年2月22日卒于米尔海姆⑤。——魏岑曼的提及与门德尔松和雅各比之间关于莱辛

①《德意志图书汇报》，第66期，447页以下。
② 同上书，92页以下。
③《德意志图书汇报》，第117期，78页以下，论及96页。
④ 1787年，第1期，116～156页。
⑤ 雅各比2月12、17日致哈曼，见基尔德迈斯特：《J. G. 哈曼的生平和著作》，1857年以下，第V卷，455页。

的斯宾诺莎主义的著名争论有关。我们在 101 页与“本来很精明的门德尔松”的关联中认识到这场争论的另一种回响；在那里，如果人们不能决定采取批判主义的话，就要注意斯宾诺莎主义的结论（102 页）。

前言 〔3〕

为什么不把这个批判命名为**纯粹**实践理性批判，而是干脆命名为一般实践理性批判，尽管实践理性与思辨理性的对应关系似乎要求前一个名称，对此，这部论著给予了充分的解释。它应当阐明的只是**存在着纯粹的实践理性**，并且在这种意图中批判其全部**实践能力**。如果它做到了这一点，则它就不需要批判纯粹的能力本身，就可以看出理性以这样一种能力作为一种纯然的僭妄而**超越**了自己（就像在思辨理性那里发生的那样）。因为如果它作为纯粹的理性而现实地是实践的，那么，它就通过这个事实证明了它以及它的概念的实在性，而否认它有这样的可能性的一切玄想就都是徒劳了。

凭借这种能力，从此也就确立了先验的**自由**，而且是在绝对的意义上说的，其中思辨的理性在应用因果性概念时需要自由，以便拯救自己，摆脱它要在因果联结的序列中设想**无条件者**时就不可避免地陷入的二论背反；但它提出这一概念，只能是或然地，并非视其为不可思维的，它并不保证这一概念的客观实在性，而是仅仅为了不因为伪托它毕竟至少必须视其为可思维的东西的不可能性，在其本质上受到攻击，被抛入怀疑论的深渊。

自由的概念，就其实在性通过实践理性的一条无可置疑的法则得到证明而言，如今构成了纯粹理性的，甚至思辨理性的一个体系的整个大厦的**拱顶石**，而作为纯然的理念在思辨理性中依然没有支撑的其他一切概念（上帝和不死的概念），如今 〔4〕
就紧跟它，与它一起并通过它获得了持存和客观的实在性，也就是说，它们的**可能性**由于自由是现实的而得到了证明，因为这个理念通过道德法则而显示出来。

但是，在思辨理性的一切理念中，自由也是惟一我们先天地**知道**其可能性，但却看不透的一个理念，因为它是我们知道的道德法则的条件。① 但是，**上帝**和**不死**的理念却不是道德法则的条件，而只是一个由道德法则来规定的意志的必然客体的条件，亦即我们的纯粹理性的纯然实践应用的条件。因此，对于那些理念，我不仅要说对于它们的现实性，而且就连它们的可能性，我们也不能声称**认识**和**看透**了。但尽管如此，它们却是把道德上被规定的意志运用到其先天地被给予的客体（至善）的条件。因此就能够并且必须在这种实践的关系中假定它们的可能性，但却不是在理论上认识和看透它们。对于这后一种要求来说，在实践的意图中它们不包含内在的不可能性（矛盾）就够了。如今在这里，视之为真的一种与思辨理性相比纯然**主观的**根据，毕竟对一种同样纯粹的，但却是实践的理性来说客观有效，由此凭借自由的概念使上帝和不死的理念获得了客观的实在性和权限，甚至获得了假定它们的主观必要性（纯
〔5〕 粹理性的需要），但理性并没有因此而在理论知识中得到扩展，而只是事先仅仅是问题、在这里成了**断定**的那种可能性被给予

① 当我现在把自由称做道德法则的条件，而在后面的论述中断言道德法则是我们惟有在其下才能**意识到**自由的条件时，为了使人们在这里不至于误以为发现了**不一致**，我要提醒的仅仅是，自由当然是道德法则的 ratio essendi［存在根据］，但道德法则却是自由的 ratio cognoscendi［认识根据］。因为如果不是在我们的理性中**早就**清楚地想到了道德法则，我们就绝不会认为自己有理由去**假定**像自由这样的东西（尽管自由并不自相矛盾）。但如果没有自由，在我们里面也就**根本找不到**道德法则。

了，这样就把理性的实践应用与理论应用的诸要素联结起来了。而这种需要绝不是思辨的**随便哪一个**意图的假说性需要，即人们要想在思辨中上升到理性应用的完成就必须假定某种东西，而是**一种合法则的需要**，即假定某种东西，没有这种东西，人们为了自己行止的意图而应当毫不马虎地设定的东西就不可能发生了。

当然，不绕这个圈子就自己解决那些课题，并为了实践应用而把它们作为洞识保存下来，会使我们的思辨理性更为满意；然而，我们的思辨能力却从来不曾如此舒坦。自诩有这样的高等知识的人，不应当秘而不宣，而应当把它们公开地展示出来以供检验和赞赏。他们想去**证明**；那么好吧！他们尽可以去证明，而批判则把自己的全副装备放到他们这些胜利者的脚边。Quid statis? Nolint. Atqui licet esse beatis. [你们为什么裹足不前？他们不会愿意。但还可以是幸福的。]①——因此，既然他们事实上不想，估计是因为他们不能，我们就只好再拿起那些装备，以便在理性的道德应用中去寻找并在这种应用之上建立思辨未给其可能性找到担保的**上帝**、**自由**和**不死**的概念。

在这里，为什么人们能够**否认**思辨中**诸范畴**的超感性应用有客观的**实在性**，却就纯粹实践理性的客体而言承认它们有这种**实在性**，这一批判之谜也首次得到了澄清；因为在此之前，只要人们仅仅按照名称来了解这样一种实践的应用，上述情况就不可避免地看起来是**不一致的**。但现在，如果人们通过对后一种应用的完备分析而觉察到，上述实在性在这里根本不是通向**范畴**的理论**规定**和知识朝向超感性事物的扩展，而是仅仅指

① 贺拉斯：《讽刺诗集》，Ⅰ，1，19。——科学院版编者注

它们在这种关系中到处都应有**一个客体**，因为它们要么先天地包含在必然的意志规定中，要么与意志规定的对象不可分割地结合在一起，那么，那种不一致就消失了，因为人们对那些概
〔6〕念作了一种不同于思辨理性需要的应用。与此相反，如今展现出对思辨性批判的**一贯思维方式**的一种过去几乎无法指望的非常令人满意的证实，即由于这种批判再三提醒要把经验的对象本身，其中甚至包括我们自己的主体都仅仅视为**显象**，尽管如此却把物自身作为它们的基础，因而并不把一切超感性的东西都视为虚构，把它们的概念都视为空无内容的，所以，实践理性现在就独自地、不与思辨理性相约，就使因果性范畴的一个超感性的对象亦即**自由**获得了实在性（尽管是作为实践的概念，也只是为了实践的应用），因而通过一个事实证实了在那里只能被**思维**的东西。此际，思辨的批判的那个令人惊讶的、虽然也无可置疑的主张，即**能思维的主体对它自己来说在内部直观中也纯然是显象**，在实践理性的批判中也同时如此好地获得了完全的证实，以至于即使思辨的批判根本不曾证明这个命题，人们也必定达到这种证实。①

由此我也就懂得了，为什么我迄今还在遭遇的对批判的最显著的指责都在围绕着两个枢纽旋转：也就是说，**一方面**是被用于本体的范畴在理论知识中被否定而在实践知识中被肯定的客观实在性；**另一方面**是那个悖谬的要求，亦即使自己作为自由的主体成为本体，但同时也在自然方面使自己成为自己的经

① 作为自由的因果性通过道德法则而确立，作为自然机械作用的因果性通过自然法则而确立，它们都是在同一个主体亦即人里面确立的，但如果不把人与前者相关设想为物自身，与后者相关设想为显象，在**纯粹的**意识中设想前者，在**经验性**的意识中设想后者，二者的结合就是不可能的。不这样做，理性与自身的矛盾就是不可避免的。

验性意识中的现象。因为只要关于道德和自由还没有形成任何确定的概念，人们就不能猜出，一方面要把什么作为本体来当做所谓显象的基础，另一方面当事先把理论应用中纯粹知性的一切概念都已经仅仅用于显象时，是否在某个地方还有可能对本体形成一个概念。惟有对实践理性的一种详尽的批判才能消〔7〕除这一切误解，并澄清恰好构成实践理性之最大优点的那种一贯的思维方式。

需要辩护的只是：为什么在这部著作中，纯粹思辨理性的那些毕竟已经经受过特殊批判的概念和原理，在这里时而又再次接受检验，这对于一门要建立的科学的系统进程来说通常是不太合适的（因为已经被判定的事情只须引证，而不必再动它们了），但**在这里**却是允许的，甚至是必要的，因为理性连同那些概念是在向另一种应用的过渡中被考察的，这种应用不同于理性**在那里**对那些概念的应用。但是，这样一种过渡使得旧应用与新应用的一种比较成为必要，为的是把新轨道与以前的轨道清楚地区别开来，同时说明它们的联系。因此，人们将把这种类型的考察，此外把再次但却是在纯粹理性的实践应用中针对自由概念的考察，不是看做例如应当仅仅用于填补思辨理性的批判体系之漏洞的插叙（因为这个体系就自己的意图而言是完备的），也不是像在一栋仓促建造的房子那里通常发生的那样，在后面装上支架和扶垛，而是看做使体系的联系清晰可见的真实环节，为的是使在那里只能或然地设想的概念如今可以在其实在的展现中被看透。这个提醒尤其涉及自由的概念，关于这个概念人们必然惊讶地发觉，居然还有这么多的人，只是在心理学的关系中考察了它，就自诩完全看透了它并能够解释它的可能性。然而，假如他们事先在先验的关系中仔细地斟酌过这个概念，他们就既会认识到它作为思辨理性的完备应用中的或然概念的**不可缺少性**，也会认识到它的完全**不可理解**

性，而且，假如他们事后把它带到实践的应用上去，他们就必定会就这种应用的诸原理而言自己恰好想到这种应用的同一个规定，而往常他们会并不乐意赞同这种规定。自由的概念对于一切**经验论者**来说是绊脚石，但对于**批判的**道德论者来说却也
〔8〕是最崇高的实践原理的钥匙。这些道德论者由此看出，他们不得不**合理地**行事。为此，我请求读者不要浮光掠影地忽略分析论结尾时关于这个概念所说的东西。

这样一个体系，就它由纯粹实践理性从对它自己的批判发展出来而言，尤其是为了不错过体系的整体能够被正确地勾画由以出发的那个正确的观点，所花费的辛劳是多还是少，我必须留待这一类工作的行家去评判。它虽然以《**道德形而上学的奠基**》为前提条件，但只是就这部著作使人预先熟悉义务的原则、陈述和辩白义务的一个确定公式而言的①；除此之外它是独立自存的。至于没有像思辨理性的批判所提供的那样为了**完备性**而附加上一切实践科学的**划分**，在这种实践理性能力的性状中也可找到这方面的有效根据。因为把义务特别规定为人类义务，以便对它们进行划分，这惟有当这一规定的主体（人）按照他成为现实所凭借的性状事先被认识到，虽然只是就一般义务而言在必要的范围被认识到时，才是可能的；但这种规定不属于一般实践理性批判，后者只应当完备地说明实践理性的

① 一个想为责难这部作品说点儿什么的评论家，当他说这里没有提出任何新的道德原则，而只是提出了一个**新的公式**时，他比自己本来要说的意思更切中要害。但是，谁还要引入一切道德的某种新原理，并仿佛是首次发现它呢？就好像在他之前世界在什么是义务这一点上一无所知或者处于普遍的错误似的。但谁知道一个为了遵循课题而完全精确地规定应当做什么并不许出错的**公式**对于数学家来说意味着什么，他就不会把一个就一切一般义务而言做同样一件事的公式视为某种不重要的和多余的东西了。

可能性、其范围和界限的原则，并不与人的本性有特别的关系。因此，该划分在这里属于科学的体系，而不属于批判的体系。

那本《**道德形而上学的奠基**》的某位热爱真理且思想敏锐，因而毕竟永远值得尊敬的评论家提出异议说，**善的概念在那里没有先于道德原则而得到确定**（依他所见，这本来是必要 〔9〕的）①，我希望，在分析论的第二章中予以满足；同样，对于

① 人们还可以对我提出这样的异议：为什么我也没有事先解释**欲求能力**或者**愉快情感**的概念；尽管这种责难会是不公平的，因为人们应当能够公正地预设这种解释是在心理学中已被给予的。当然，在那里定义也可以这样来建立，即愉快的情感被当做欲求能力的规定的基础（就像通常实际上也往往如此发生一样），但这样一来，实践哲学的最高原则就必然会**以经验性的方式**失落，而这是首先应予澄清的，并在这个批判中受到了完全的拒斥。因此，我在这里想这样作出这种解释，即它必须是为了一开始就公正地把这一有争议的问题搁置不论。——**生命**是一个存在者按照欲求能力的法则去行动的能力。**欲求能力**是存在者通过**其表象而是这些表象的对象之现实性的原因的能力**。**愉快是对象或者行动与生命的主观条件相一致的表象**，亦即与**一个表象就其客体的现实性而言的因果性**的能力（或者规定主体产生其客体的各种力量去行动的能力）相一致的表象。为了批判从心理学借用的那些概念，我并不需要更多的东西，其余的由批判本身提供。人们很容易看出，是愉快在任何时候都必须被当做欲求能力的基础，还是它也在某些条件下仅仅继欲求能力的规定而起，这个问题通过这一解释仍然悬而未决；因为它完全是由纯粹知性的那些标志，亦即不包含任何经验性东西的范畴组合而成的。这样一种谨慎在全部哲学中都是很值得推荐的，尽管如此却经常被忽视，即不要通过冒失的定义抢在对概念的完备分析之前就作出精确的判断，这样的分析经常很晚才达到。人们也将通过批判（既是理论理性的批判也是实践理性的批判）的整个进程发觉，在这一进程中有多种多样的机会去弥补哲学古旧的独断进程中的某些缺陷，并纠正人们在对诸概念作**涉及其整体的**理性应用之前发现不了的错误。

那些显露出弄清真理是挂在他们心头之事的意愿的人士，也考虑到了他们对我提出的其他一切异议（因为只是盯着自己的旧体系、事先已决定应当赞同什么和反对什么的人们，毕竟不需
〔10〕要有可能妨碍他们的私人意图的讨论）；而且我也将继续这样做。

当涉及按照其来源、内容和界限对人类灵魂的一种特殊能力作出规定时，人们虽然只能按照人们知识的本性从这些知识的各个**部分**开始，从对它们精确的（就按照我们已经获得的知识要素的目前状况所可能的而言）、完备的展示开始。但还有第二种值得注意的东西，它更具有哲学和**建筑术**的性质，即正确地把握**整体的理念**，并从该理念出发借助于在一种纯粹理性能力中把一切部分从那个整体的概念中推导出来，而在其彼此之间的交互关系中把握那些部分。这种检验和保障惟有通过对体系的最内在的熟知才有可能，而那些就前一种探究而言就已经感到厌烦，因而认为不值得花费力气去获得这种熟知的人，就达不到第二个阶段，即综合地返回事先分析地被给予的东西的那种纵览；而且毫不奇怪，他们到处都发现不一致，尽管使人猜测这种不一致的漏洞并不是在体系本身之中，而是仅仅在他们自己不连贯的思路中被发现的。

就这部论著而言，我丝毫不担心说它要引入一种**新的语言**的责难，因为这种知识方式在此本身就是接近通俗性的。即便是就前一个批判而言，也没有一个不是仅仅翻阅过该书、而是详细研究过它的人赞同这种责难。在语言对于给定的概念来说已经不缺乏表述的地方去人为地制造新的语词，这是一种不通过新的真实思想，但却通过在给旧衣服打上新补丁来在众人中间出风头的幼稚努力。如果那部著作的读者们知道有比那些表述在我看来更通俗的表述，但却同样适合于思想，或者他们敢于说明这些思想本身，因而每一个表示思想的表述同时是无意义的，那么，

他们通过前者将会使我心存感激，因为我只求被理解，但就后者而言他们就为哲学作出了贡献。但只要那些思想还站得住，我就很怀疑为它们还可以找出更合适但又更通用的表述。① 〔11〕

① 我在这里有时（比那种不理解）更为担忧的是对一些表述的误解，我极为谨慎地挑选出这些表述，为的是它们所指的概念不被弄错。因此，在**实践**理性的范畴表中模态这一标题之下，**允许**和**不允许**与接下来的范畴**义务**和**违背义务**，在通常的语言应用中具有几乎同等的意义；但在这里，**前者**应当意味着与一个纯然**可能的**实践规范相一致或者相抵触的东西（就像几何学和力学的一切问题的解决那样）；**后者**则应当意味着与一个**现实地**存在于一般理性里面的法则处于这样的关系之中的东西；而这种含义的区分即便对于通常的语言应用来说也并不完全陌生，尽管有些不习惯。所以，例如对于一位演说家本身来说，锻造新的语词或者语词搭配是**不允许的**；对于诗人来说这在某种程度上是**允许的**；此处在双方的任何一方那里都没有让人想到义务。因为谁想毁掉自己演说家的名声，没有人能够阻止他。这里只涉及**命令式**在**或然的**、**实然的**和**必然的**规定根据之下的区分。同样，我在使不同的哲学学派中的实践完善性的道德理念相互对立起来的那个附释中，把**智慧**的理念与**神圣**的理念区分开来，尽管我甚至在根本上和客观上把它们解释为一回事。不过，我在这个地方所指的只是人（斯多亚派）自以为拥有的，因而被**主观地**捏造成人的属性的智慧（也许斯多亚派大为炫耀的**德性**这个表述能够更好地表现这个学派的特点）。但是，纯粹实践理性的公设这个表述，如果人们把它与纯粹数学的公设所具有的、本身带有无可置疑的确定性的含义混为一谈的话，还是极易引起误解的。但是，纯粹数学的公设所设立的是**一种行动的可能性**，这种行动的对象人们先天地在理论上以完全的确定性预先认识到是可能的。而纯粹实践理性的公设所设立的则是一个**对象**（上帝和灵魂不死）本身出自无可置疑的**实践**法则的可能性，因而是为了一种实践理性设立的；因为所设立的可能性的这种确定性根本不是在理论上，因而也不是无可置疑地，亦即不是就客体而言被认识到的必然性，而是就主体而言为了遵循实践理性的客观的，但却是实践的法则而必要的假设，所以是纯然必要的假说。对于这种主观的，但却真实而又无条件的理性必要性，我无法找出更好的表述。

〔12〕 以这种方式，心灵的两种能力亦即认识能力和欲求能力的先天原则从现在起就已查明，并根据其应用的条件、范围和界限得到了规定，而由此就为一种作为科学的系统的、既是理论的也是实践的哲学奠定了更为可靠的基础。

但是，对于这些努力来说，也许不可能遇到比有人出乎意料地发现任何地方都不存在、也不可能存在先天的知识更为糟糕的事情了。但这没有什么关系。这就好像是有人想要通过理性来证明不存在理性一样。因为我们只是说，如果我们意识到，某种东西即使没有如此在经验中出现在我们面前，我们也能够知道它，那么，我们就是通过理性而认识到它；因此，理性知识和先天知识是一回事。要从一个经验命题榨取必然性（ex pumice aquam［从石头中榨取水］）①，还要借助这种必然性为一个判断谋取真正的普遍性（没有这种普遍性，就没有理性推理，因而也就没有出自类比的推理，类比是一种至少推测到的普遍性和客观的必然性，所以总还是以真正的普遍性为前提条件），这是不折不扣的自相矛盾。用主观的必然性亦即习惯来偷换仅仅在先天判断中出现的客观必然性，意味着否认理性有对对象作出判断的能力，亦即否认理性有认识对象和应归于对象的东西的能力，例如对于经常和总是跟随某个先行状态的东西，不可以说人们能够从该状态**推论**出那种东西（因为这就会意味着客观的必然性和关于一种先天联结的概念），而是只可以（以与动物类似的方式）期待类似的情况，亦即在根本上把原因概念当做虚假的和纯然的思想欺骗而予以抛弃。要想通过说人们毕竟看不出任何理由赋予其他理性存在者以另外一

① 谚语：向某人要求他依照本性不能提供的东西。——普拉图斯：《波斯人》，Ⅰ，1，42。——科学院版编者注

种表象方式，来弥补客观有效性和由此而来的普遍有效性的这种缺乏，假如这提供了一个有效的推论的话，我们的无知就会比一切深思更多地有助于扩展我们的知识了。因为单是由于我们不了解除人之外的其他理性存在者，我们就会有权利假定他们具有如我们在自己身上认识到的那种性状，也就是说，我们就会现实地了解他们。我在这里甚至不提，不是视之为真的普遍性证明了一个判断的客观有效性（也就是说，它作为知识的有效性），而是即便那种普遍性偶然言中，这也毕竟不能提供与客体相一致的证明；毋宁说，惟有客观有效性才构成一种必然的普遍赞同的根据。 〔13〕

对于这个**普遍经验论**的体系，**休谟**①会在各个原理中感到很惬意；因为众所周知，他所要求的无非是在原因概念中不要必然性的任何客观含义，而是假定一种纯然主观的含义，亦即习惯，以便否定理性关于上帝、自由和不死的一切判断；而且他肯定善于这样做，为的是只要人们承认他的这些原则，就以一切逻辑上的确凿性从中推出结论来。但是，甚至休谟也没有使得经验论如此普遍，以便把数学也包括在内。他把数学的命题视为分析的，而假如这样做有道理的话，这些命题实际上也就会是无可置疑的，尽管如此却不能从中得出结论说，理性有能力也在哲学中作出无可置疑的判断，亦即作出无可置疑的综合判断（例如因果性的命题）。但如果人们假定这些原则的经

① 康德的意见，即休谟把数学命题视为分析的和无可置疑的（13、52页），基于休谟的《人类理解研究》，第Ⅳ章。但是，在该著的第Ⅻ章中，暗示着对此的怀疑，而且在更早的、更详细的著作，即《人性论》中，休谟至少明确地把几何学的命题视为综合的和依赖于经验的，因而不是无可置疑的。据此，康德不了解或者没有更仔细地注意更早的著作。——科学院版编者注

验论是**普遍的**，数学也就会因此而被纳入其中。

现在，既然数学与只允许经验性原理的那种理性陷入了冲突，例如这在二论背反中就是不可避免的，此时数学无可辩驳地证明了空间的无限可分性，而经验论却不能允许这种无限可分性，所以，证明的最大可能的自明性就与据称出自经验原则的推论处于明显的矛盾中，于是人们就不得不像切泽尔登的盲人①那样发问：是什么在欺骗我，是视觉还是触觉？（因为经验论建立在一种**被感知到的**必然性之上，而理性论则建立在一种**被洞见到的**必然性之上。）这样，普遍的经验论就表现为真正的**怀疑论**，人们不对意指加以限制就把怀疑论归于休谟是错误的②，因为他至少还在数学那里留下了经验的一块可靠的试
〔14〕金石，而怀疑论则完全不允许有经验的任何试金石（这种试金石永远只能在先天原则中找到），尽管经验毕竟不是仅仅由感觉，而且也是由判断构成的。

不过，既然在这个哲学的和批判的时代，很难认真地主张那种经验论，它也许只是为了练习判断力，以及为了通过对比而更为清晰地揭示理性的先天原则的必然性才提出来的，所以，对于愿意费力从事这种通常的确没有教益的工作的人，人们还是会心存感激的。

① 康德可能是通过克斯特讷（Kästner）对史密斯（Rob. Smith）的《光学的完备学术概念》（1755）的改编而得知解剖学家W. 切泽尔登关于一个经过手术的盲人的报告的，史密斯的书清晰地复述了这个报告。——科学院版编者注

② 标示一个宗派的追随者的名称在任何时候都带有许多曲解；当有人说某某是一个**理念论者**的时候，大约就是这样。因为即使他不仅完全承认，而且坚决主张，与我们对外部事物的表象相对应的是外部事物的现实对象，他也还是希望，外部事物的直观形式并不依附这些对象，而是仅仅依附我们的心灵。

导论：一种实践理性批判的理念 〔15〕

理性的理论应用关注的是纯然认识能力的对象，而关于这种应用的理性批判真正说来所涉及的只是**纯粹的**认识能力，因为这种能力激发了以后也得以证实的怀疑，即它很容易越过自己的界限，迷失在无法达到的对象，或者甚至是相互冲突的概念中间。理性的实践应用则已经是另外一种情况。在这种应用中，理性关注的是意志的规定根据，意志是一种要么产生出与表象相符合的对象，要么规定自己本身去造成对象（无论自然能力是否充足）亦即规定自己的因果性的能力。因为在这里，理性至少能够达到对意志的规定，并且就事情仅仅取决于意愿而言，总是具有客观的实在性。因此，这里的第一个问题是：是纯粹理性独自就足以对意志作出规定，还是它惟有作为经验性上有条件的理性才能是意志的规定根据。如今，这里出现了一个由纯粹理性的批判作出辩护的，虽然不能作出任何经验性描述的因果性概念，亦即**自由**的概念，而且如果我们现在能够找到根据去证明，这种属性事实上应归于人的意志（而且也应归于一切有理性的存在者的意志），那么，由此就不仅说明了纯粹理性能够是实践的，而且说明了惟有纯粹理性，而不是经验性上受限制的理性，才是无条件地实践的。因此，我们将要探讨的，就不是一种**纯粹实践**理性的批判，而只是一般**实践**理性的批判。因为只要阐明了有纯粹理性，纯粹理性就不需要任 〔16〕
何批判。纯粹理性自身就包含着对它的一切应用进行批判的准绳。因此，一般实践理性的批判有责任去阻止经验性上有条件的理性以排他的方式想要独自提供意志的规定根据的僭妄。纯粹理性的应用，惟有当确定无疑有这样一种理性的时候，才是内在的；与此相反，自以为能够独裁的经验性的有条件的应用则是超验的，它表现在完全超出自己的领域的要求和命令中。这与关于思辨的应用中的纯粹理性所能说的东西恰恰是颠倒过来的关系。

然而，既然总还是纯粹理性的知识在这里为实践的应用奠定基础，所以，一种实践理性的批判的划分在总的纲要上还必须按照思辨理性的批判来安排。因此，我们将必须有一个实践理性的**要素论**和一个实践理性的**方法论**，在作为第一部分的要素论中有一个**分析论**来作为真理规则，并有一个**辩证论**来作为实践理性判断中的幻相的描述和解决。不过，分析论的再划分的次序又将与纯粹思辨理性批判中的次序相反。因为在目前的批判中，我们将从**原理**开始前进到**概念**，而从概念出发才在可能的情况下前进到感觉；与此相反，在思辨理性那里我们必须从感觉开始并在原理那里结束。这里的根据又是在于：我们现在必须探讨的是一种意志，而且必须不是在与对象的关系中，而是在与这种意志及其因果性的关系中来考虑理性，因为必须是经验性上无条件的因果性的原理来开头，然后才能去尝试确立我们关于这样一种意志的规定根据、关于上述原理在对象上的应用，最后关于它们在主体及其感性上的应用的概念。出自自由的因果性的法则，亦即任何一个纯粹实践的原理，在这里都不可避免地成为开端，并规定着惟有它才能涉及的那些对象。

第一部分
纯粹实践理性的要素论

〔19〕

第一卷
纯粹实践理性的分析论

第一章
纯粹实践理性的诸原理

第 1 节

解说

实践的**诸原理**是那些包含着意志的一个普遍规定的命题，这个规定在自身之下有更多的实践规则。如果条件仅仅被主体视为对他自己的意志有效的，那么，这些原理就是主观的，或者是一些**准则**；但如果条件被认识为客观的，亦即对每一个有理性的存在者的意志都是有效的，那么，这些原理就是客观的，或者是一些实践的法则。

附释

如果人们假定，**纯粹**理性能够在自身中包含着一个实践的，亦即足以规定意志的根据，那么，就存在着实践的法则；但如果不是这样，那么，一切实践的原理都将是纯然的准则。在一个理性存在者以病理学的方式受到刺激的意志中，可以发现有种种准则与他自己认识到的实践法则的一种冲突。例如，某人可以把有眚必报当做自己的准则，但同时又看出这并不是实践的法则，而仅仅是他的准则，与此相反，作为对每一个理性存在者的意志来说的规则就会在同一个准则中与自己本身不一致。在自然知识中，所发生的事情的原则（例如在运动的传递中作用与反作用相等的原则）同时就是自然的法则；因为理性的应用在那里是理论的，是由客体的性状规定的。在实践的 〔20〕
知识中，亦即在仅仅涉及意志的规定根据的知识中，人们为自己制定的那些原理还并不因此就是他不可避免地服从的法则，因为理性在实践事务中所涉及的是主体，亦即欲求能力，而规则会以多种多样的方式来遵从欲求能力的特殊性状。——实践的规则在任何时候都是理性的一个产物，因为它以结果为目的，把行动规定为达到结果的手段。但是，对于一个不完全仅仅以理性为意志的规定根据的存在者来说，这种规则就是一个**命令式**，亦即以一个表示行动的客观必要性的应当为标志的规则，并且意味着，如果理性完全规定着意志，则行动就会不可避免地按照这个规则发生。因此，这些命令式被视为客观的，并且完全不同于作为主观原理的准则。但是，这些命令式要么仅仅就结果和达成结果的充足性而言来规定理性存在者的作为作用因的因果性的条件，要么只规定意志，不管它是否足以达成结果。前一些命令式将会是假言命令式，仅仅包含技巧的规范；与此相反，后一些命令式将会是定言的，惟有它们是实践的法则。因此，准则虽然是**原理**，但却不是**命令式**。但是，如果命令式本身是有条件的，亦即不是把意志完全当做意志来规定，而是就一种被欲求的结果而言来规定，也就是说，是一些假言命令式，那么，它们虽然是实践的**规范**，但却不是**法则**。法则必须在我问自己是否在根本上具有达成一个被欲求的结果所要求的能力，或者为了产生这一结果我必须做什么之前，就足以把意志当做意志来规定，因而是定言的，否则就不成其为法则：因为它们没有这样一种必然性，这种必然性要想是实践的，就必须不依赖于病理学的，从而偶然地附着于意志的条件。例如，如果有人说，他在年轻时必须工作和节俭，以免年老时受穷，那么，这就是意志的一条正确的，同时又是重要的实践规范。但是，人们很容易看出，意志在这里被指向了某种**别的东西**，即人们预设它在欲求的某种东西，而人们不必过问他这个行动者本人的这一欲求，是他在他自己挣来的财产之外还指望有别的资助来源，还是他根本不希望活到老，或者是想在将来处于困境时可以对付着过。惟一能够从中产生出应当包含着必然性的一切规则的那种理性，虽然也把必然性置于它的这个规范之中（因为若不然，它就会不是命令式了），但这种必然性却只是主观上有条件的，而且人们不可以在所有的主体里面以同样的程度来预设这种必然性。但是，理性的立法所要
〔21〕求的却是它只需要以它**自己本身**为前提条件，因为规则惟有在它无须把一个理性存在者与别的理性存在者区分开来的偶然的、主观的条件有效时，才是客观的和普遍有效的。现在，如果告诉某人他决不应当用谎言来承诺，那么，这就是一个仅仅涉及他的意志的规则；不管此人可能怀有的意图是否能够通过这个意志来达到，纯然的意愿就是应当通过那个规则完全先天地予以规定的东西。如果现在发现这个规则在实践上是正确的，那么，它就是一个法则，因为它是一个定言命令式。所以，实践的法则仅仅与意志相关，而不管通过意志的因果性做到了什么，而且为了纯粹地拥有法则，人们可以把那种因果性（作为属于感官世界的东西）抽掉。

第2节

定理一

凡是把欲求能力的一个**客体**（质料）预设为意志的规定根据的实践原则，全都是经验性的，不能充当任何实践法则。

我把欲求能力的质料理解为一个其现实性被欲求的对象。现在，如果对这个对象的欲求先行于实践的规则，并且是使实践的规则成为自己的原则的条件，那么我就说（**第一**）：这个原则在这种情况下任何时候都是经验性的。因为这样一来，任性的这一规定根据就是一个个体的表象和这个表象与主体的一种关系，通过这种关系，欲求能力被规定去实现这个客体。但是，与主体的这样一种关系就叫做对一个对象的现实性感到的**愉快**。因此，这种愉快必然被预设为对任性作出规定的可能性的条件。但是，对于任何一个对象的表象，无论它是什么样的，都不能先天地认识到，它是与**愉快**相结合还是与**不快**相结合，或者它是**不相干的**。因此，在这样一种情况下，任性的规定根据在任何时候都必然是经验性的，从而把这个规定根据预设为条件的那个实践的质料原则也必然是经验性的。

现在，既然（**第二**）一个仅仅建立在一种愉快或者不快（它在任何时候都能够被经验性地认识，而不能对一切有理性的存在者都以同样的方式有效）的易感性的主观条件之上的原则，虽然对于拥有这种愉快或者不快的主体来说可以充当**准则**，但却不可以也对这种愉快或者不快本身来说（因为这原则缺乏必须被先天地认识到的客观必然性）充当**法则**，所以，这样一个原则绝不能充当一个实践的法则。〔22〕

第3节

定理二

一切质料的实践原则，本身全都具有同一种性质，都隶属于自爱或者自己的幸福的普遍原则之下。

出自一个事物的实存的表象的愉快，就它应当是对这个事物的欲求的规定根据而言，建立在主体的**易感性**之上，因为它**依赖于**一个对象的存在；所以，它属于感官（情感），而不属于知性，知性按照概念来表达表象与**一个客体**的关系，而不是按照情感来表达表象与主体的关系。因此，只有当主体从对象的现实性那里所期待的惬意的感受规定着欲求能力的时候，愉快才是实践的。但现在，一个有理性的存在者对于不断地伴随着他的整个存在的那种生活惬意的意识，就是**幸福**，而使幸福成为任性的最高规定根据的原则，就是自爱的原则。所以，一切把任性的规定根据设定在从某一个对象的现实性那里可以感受到的愉快或者不快之中的质料原则，就此而言完全具有**同一种性质**，即它们全都属于自爱或者自己的幸福的原则。

推论

一切**质料的**实践规则都把意志的规定根据设定在**低级的欲求能力**之中，而且，假如根本没有充分规定意志的**纯然形式的**法则，那么，也就**没有任何高级的欲求能力**能够得到承认了。

附释一

人们必然会觉得奇怪，何以一些通常很机敏的人士会相
〔23〕信，从与愉快的情感相结合的**诸表象**是起源自**感官**还是起源自

知性，就可以找到**低级欲求能力**和**高级欲求能力**之间的一种区别。因为当人们追问欲求能力的规定根据，并将这些规定根据设定在从某种东西那里期待的惬意之中的时候，事情根本不取决于这个令人快乐的对象的**表象**来自何处，而是仅仅取决于它**令人快乐**到何种程度。如果一个表象，即使它无论如何也在知性中有其位置和起源，也只能通过以主体中的一种愉快的情感为前提条件来规定任性，那么，它要成为任性的规定根据，就完全依赖于内部感官的如下性状，即内部感官能够由此而受到惬意的刺激。对象的表象尽可以归属如此不同的类别，尽可以是与感官的表象相对立的知性的表象，甚至是理性的表象，但它们真正说来构成意志的规定根据所凭借的愉快情感（惬意、人们从推动着创造客体的活动的东西中所期待的快乐），却具有同一种性质，这不仅是就它在任何时候都只能被经验性地认识而言的，而且也是就它刺激起表现在欲求能力中的同一种生命力，并在这一关系中除了在程度上之外，与任何别的规定根据都不可能有任何差异而言的。若不然，人们将如何能够在两个就表现方式而言完全不同的规定根据之间依照大小作出比较，来更喜欢那最能刺激起欲求能力的规定根据呢？同一个人，可以把他只到手一次的一本对他富有教益的书未经阅读就退还，以免耽误打猎；可以在一场精彩的讲演的中途就退场，以免进餐时迟到；可以抛开由他通常很看重的理性交谈而来的消遣，为的是坐到牌桌旁；甚至可以拒绝他通常很乐意周济的一个穷人，因为他现在口袋里剩下的钱，刚好够买一张喜剧门票所用。如果意志的规定所依据的是从某一个原因所期待的惬意或者不惬意的情感，那么，他通过哪一种表象方式受到刺激，这对他来说是完全无所谓的。惟有这种惬意有多么强烈、多么持久、多么容易获得且经常重复，才是他为了决定作出选择而关心的。就像对于为了支出而需要金钱的人来说，只要这金钱到处都以同样的价值被接受，则这金钱的材料亦即金子是从山里挖出来的还是从沙里淘出来的，是完全无所谓的一样，如果一个人仅仅关心生活的惬意，他就不会问是知性表象还是感官表象给他带来快乐，而是只问这些表象在最长的时间里给他带来**多少和多大的快乐**。惟有想要否认纯粹理性有能力无须
〔24〕以任何一种情感为前提条件就规定意志的那些人，才会如此远离他们自己的解释而误入歧途，把他们自己在此前归为同一种原则的东西在后来却解释为完全不同类的。例如可以发现，人们也能够仅仅由于**力量的运用**、由于在克服与我们的决心相对立的障碍时对自己的精神力量的意识、由于对精神天赋的陶冶等感到快乐，而且我们有理由把这称为**更高尚的**乐趣和愉悦，因为它们比其他乐趣和愉悦更为我们所控制而不致耗损，毋宁说强化着还要更多地享受它们的情感，并且在使其愉悦的同时也陶冶它。然而，由于它们毕竟曾为了那些快乐的可能性而把我们里面的一种关注于此的情感预设为这种满意的首要条件，把它们冒充为与仅仅通过感官而不同的规定意志的方式，就恰如那些热衷于在形而上学中敷衍了事的无知之徒，他们设想物质如此精细，如此过于精细，以至于他们自己都要对此感到眩晕，于是就相信自己以这种方式臆想出了一种**精神的**，但却有广延的存在者。如果我们和**伊壁鸠鲁**一起，在德性上仅仅听凭它所许诺的快乐来规定意志，那么，我们就不能此后又指责他，说他把这种快乐与那些最粗劣的感官的快乐看做是完全同样的；因为人们根本没有理由诿过于他，说他把我们心中的这种情感被激发起来所凭借的那些表象仅仅归于肉体感官了。就人们所能猜到的而言，他同样曾在更高的认识能力的应用中来为这些表象中的许多寻找来源；但是，这并不妨碍，也不能妨碍他按照上述原则把那些或许是理智的表象提供给我们的，而这些表象亦惟有借此才能够是意志的规定根据的那种快乐本身

完全看做是同样的。**一以贯之**是一个哲学家的最大责任，但这却鲜有发现。古代希腊各学派在这方面给我们提供的实例，比我们在我们这个**折中主义的**时代所发现的更多；在这个时代，各种互相矛盾的原理的某个**联盟体系**被极其虚伪和肤浅地做作出来，因为它更适合于一个满足于对一切都知道一点儿，对整体一无所知，但却对一切都能应付自如的公众。自身幸福的原则，无论在它那里使用了多少知性和理性，对于意志来说毕竟只包含有与**低级的**欲求能力相适合的规定根据，因而要么根本不存在高级的欲求能力，要么**纯粹理性**必须单就自身而言就是实践的，也就是说，仅仅通过实践规则的形式就能够规定意志，无须以任何一种情感为前提条件，因而无须惬意或者不惬意的表象，惬意或者不惬意是欲求能力的质料，这种质料在任何时候都是原则的一种经验性的条件。然而在这种情况下，理性惟有为自己本身来规定意志（不是为偏好效力），才是在病理学上可规定的欲求能力所从属的一种真正的**高级**欲求能力，〔25〕并且现实地甚至在**种类上**与前一种欲求能力有别，以至于哪怕与偏好的冲动有丝毫的混杂，都会损害理性的强大和优越，就像把丝毫经验性的东西当做数学证明的条件就会降低和消除这一证明的尊严和坚定性一样。理性在一个实践法则中直接规定意志，并不借助参与其间的愉快和不快的情感，哪怕是对这一法则的愉快和不快的情感，而是惟有它作为纯粹理性就能够是实践的这一点，才使它有可能是**立法的**。

附释二

成为幸福的，这必然是每一个有理性但却有限的存在者的要求，因而也是他的欲求能力的一个不可避免的规定根据。因为他对自己的整个存在的满意绝不是一种源始的财产，不是以他的独立自足性的意识为前提条件的永福，而是一个由他的有限本性本身强加给他的问题，因为他有需要，而且这种需要涉及他的欲求能力的质料，亦即与一种主观上作为基础的愉快或者不快的情感相关的东西，由此他为了对自己的状态感到满意而需要的东西就得到了规定。但正是由于这个质料性的规定根据只能被主体经验性地认识，所以就不可能把这项任务视为一个法则，因为法则在一切场合、对一切有理性的存在者都是客观的，必然包含着意志的**同一个规定根据**。因为尽管幸福的概念到处都是**客体**与欲求能力的实践关系的基础，但它却毕竟只是主观的规定根据的普遍称号，并不特别地规定任何东西，而这却是在这一实践的任务中惟一涉及的东西，而且没有这样的规定，这个实践的任务就根本不能得到解决。也就是说，每个人要把自己的幸福设定在何处，取决于每个人自己特殊的愉快和不快的情感，甚至在同一个主体里面也取决于根据这种情感的变化而各不相同的需要，因此一个**主观上必然的**法则（作为自然法则）**在客观上**就是一个极其**偶然的**实践原则，它在不同的主体中可以而且必然是很不同的，所以永远不能充当一个法则，因为就对幸福的欲望来说，事情并不取决于合法则性的形式，而是仅仅取决于质料，亦即我在遵循法则时是否可以期望得到快乐，以及可以期望得到多少快乐。自爱的原则虽然能够包
〔26〕含技巧（为意图找到手段）的普遍规则，但在这种情况下它们就只是一些理论的原则①（例如想吃面包的人就必须想出一

① 一些命题在数学或者**自然学说**中被称为**实践的**，真正说来它们应当叫做**技术的**。因为这些学说根本不与意志规定相关；它们只是表明可能行动的那种足以产生某种结果的杂多而已，因而与所有那些表述原因与一个结果的联结的命题一样，都是理论的。谁愿意有结果，他也就必须容忍有原因。

副磨子来）。然而，基于这些原则的实践规范绝不可能是普遍的，因为欲求能力的规定根据是基于愉快和不快的情感的，这种情感绝不能被当做普遍地指向同一些对象的。

但是，即便假定有限的理性存在者也就他们必须当做他们的快乐或者痛苦的情感的客体的东西而言，同样甚至就他们为了达到快乐和防止痛苦而必须利用的手段而言，都想得完全一样，**自爱的原则**也仍将完全不能被他们冒充为**任何实践的法则**；因为这种一致本身毕竟只是偶然的。这个规定根据一直还会只是主观有效的和纯然经验性的，并不会具有在每一个法则中所设想的那种必然性，亦即出自先天根据的客观必然性；除非人们根本不把这种必然性冒充为实践的，而是冒充为纯然物理的，亦即这行动是由我们的偏好不可避免地强加给我们的，就如同我们看到别人打哈欠时打哈欠一样。人们宁可主张根本就不存在实践的法则，而是只有为了我们的欲望起见的**建议**，也不能主张把纯然主观的原则提升到实践法则的等级，后者拥有完全客观的、并非仅仅主观的必然性，并且必须通过理性先天地来认识，而不是通过经验来认识（无论这种经验在经验性上如何普遍）。甚至那些一致的现象的规则被称为自然法则（例如力学法则），也只是当人们要么实际上先天地认识它们，要么毕竟（如对于化学法则来说）假定如果我们的洞识更加深刻就会先天地从客观根据出发认识它们的时候。不过，对于那些纯然主观的实践原则来说，被明确地当做条件的是，必须被当做它们的基础的，不是任性的客观条件，而是任性的主观条件；因此，它们在任何时候都只能被当做纯然的准则，但绝不能当做实践的法则来说明。这后一个附释乍一看显得是纯然的咬文嚼字；但它却是对惟有在实践的研究中才能予以考察的极为重要的区别的语词规定。

〔27〕

第4节

定理三

如果一个有理性的存在者应当把他的准则设想为实践的普遍法则，那么，他就只能把这些准则设想为这样一些原则，它们不是按照质料，而是仅仅按照形式包含着意志的规定根据。

一个实践原则的质料是意志的对象。这个对象要么是意志的规定根据，要么不是。如果它是意志的规定根据，那么，意志的规则就会服从一个经验性的条件（服从作出规定的表象与愉快和不快的情感的关系），从而就会不是实践的法则。如今，如果人们抽掉一切质料，亦即意志的任何对象（作为规定根据），那么，除了一种普遍的立法的纯然形式之外，一个法则就不剩下什么东西了。因此，一个有理性的存在者要么根本不能把**他的**主观实践的原则亦即准则同时设想为普遍的法则，要么必须假定，这些准则的纯然形式，即它们**适宜于普遍立法**所依据的形式，独自就使它们成为实践的法则。

附释

准则中的哪种形式适宜于普遍的立法，哪种形式不适宜于普遍的立法，普通的知性无须指导也能够作出分辨。例如，我把用一切可靠的手段扩大我的财产当做我的准则。现在，我手头有一件**寄存物**，它的所有者已经去世，而且没有留下这方面的任何字据。这当然就是我的准则所喜欢的。现在我想知道的只是，那条准则是否也可以被视为普遍的实践法则。因此，我把那条准则运用于当前的事例，并且问，它是否能够取得一条法则的形式，因而我是否能够通过我的准则给出这样一条**法**

则：每个人都可以否认一件无人能够证明是存放在他这里的寄存物。我马上就发觉，这样一条原则作为法则将会取消自己本身，因为它将会使得根本不存在寄存物。我为此所认识的实践法则必须获得普遍立法的资格；这是一个同一命题，因而是自明的。如果我现在说：我的意志服从一条实践法则，那么，我就不能援引我的偏好（例如在当前事例中我的占有欲）来作为意志的适合做一条普遍的实践法则的规定根据；因为这种偏好远不能适宜于某种普遍的立法，毋宁说它必定在一条普遍的法则的形式中耗尽自身。〔28〕

因此奇怪的是，一些明理的人士怎么会由于对幸福的欲望，因而还有每个人把幸福设定为自己的意志的规定根据所凭借的**准则**是普遍的，就想到由此把它冒充为一条普遍的**实践法则**。因为既然一条普遍的自然法则通常都使一切相一致，所以在这里，如果人们要赋予准则以一条法则的普遍性，就恰恰会导致与一致性的极端对立，导致准则本身与其意图的严重冲突和完全毁灭。因为在这种情况下，所有人的意志并不具有同一个客体，而是每一个人都有他自己的客体（他自己的福利），这个客体虽然也能够与其他人的同样是针对其自身的意图偶然相合，但还远不足以成为法则，因为人们有权偶尔作出的例外是无穷无尽的，根本不能被确定地包含在一条普遍的规则中。以这种方式，就出现了一种和谐，它类似于某首讽刺诗关于一对自杀夫妇的情投意合所描述的和谐：**啊，美妙的和谐！他想要的，亦是她想要的**，等等；或者人们关于国王**弗兰西斯**一世面对皇帝**查理**五世的自命自许所讲述的：我的兄弟查理所想要的（米兰），亦是我想要的。经验性的规定根据不适宜于任何普遍的外部立法，但也同样不适宜于内部的立法，因为每个人都以自己的主体作为偏好的根据，而另一个人则以另一个主体作为偏好的根据，而在每一个主体本身中时而是这个偏好，时而是另一个偏好占有影响的优势。要找出一条法则把这些偏好全都统辖在这个条件下，亦即所有各方面都协调一致，那是绝对不可能的。

第5节

课题一

假设惟有准则的纯然立法形式才是一个意志的充足规定根据，课题是找到惟有因此才能被规定的意志的性状。

既然法则的纯然形式只能由理性来表现，因此不是感官的对象，故而也不属于显象，所以，它的表象作为意志的规定根据就不同于按照因果性法则的自然中的种种事件的一切规定根据，
〔29〕据，因为在这些事件那里，进行规定的根据自身必须是显象。但如果没有意志的任何别的规定根据，而只有那个普遍的立法形式能够对于意志来说充当法则，那么，这样一个意志就必须被设想为完全独立于显象的自然法则，亦即独立于因果性法则，进一步说独立于前后相继法则。但这样一种独立性在最严格的，亦即先验的意义上就叫做**自由**。因此，惟有准则的纯然立法形式才能够充当其法则的意志，就是一个自由意志。

第6节

课题二

假设一个意志是自由的，课题是找出惟一适宜于必然规定意志的法则。

既然实践法则的质料，亦即准则的一个客体，永远只能经

验性地被给予，但自由意志作为独立于经验性的（亦即属于感官世界的）条件的，却仍然必须是可规定的，所以，一个自由意志，独立于法则的**质料**，却仍然必须在法则中找到一个规定根据。但是，除了法则的质料之外，在法则中所包含的就无非是立法的形式了。因此，立法的形式只要包含在准则中，它就是惟一能够构成意志的一个规定根据的东西。

附释

因此，自由和无条件的法则是彼此相互回溯的。我在这里现在并不问：它们是否也在事实上各不相同，不是毋宁说，一个无条件的法则纯然是一个纯粹实践理性的自我意识，而纯粹实践理性则与自由的积极概念完全是一回事；而是要问：我们对无条件实践的东西的**认识**是从哪里**开始**的，是从自由开始，还是从实践法则开始。从自由开始是不可能的；原因在于，我们既不能直接地意识到自由，因为它的最初概念是消极的，也不能从经验推论到自由，因为经验给予我们供认识的只是显象的法则，从而只是自然的机械作用，这恰恰是自由的对立面。因此，正是我们（一旦我们为自己拟定意志的准则就）直接意识到的**道德法则**，才**最先**呈现给我们，并且由于理性把它表现为一个不能被任何感性条件胜过的，甚至完全不依赖于这些条件的规定根据，而恰好导向自由概念。〔30〕但是，对那个道德法则的意识又是如何可能的呢？我们能够意识到纯粹的实践法则，就像我们意识到纯粹的理论原理一样，因为我们注意到理性给我们规定它们所用的必然性，而且注意到理性向我们指出的对一切经验性条件的隔离。一个纯粹意志的概念源自前者，如同一个纯粹知性的意识源自后者一样。至于说这就是我们这些概念的真正的隶属关系，而道德首先向我们揭示自由的概念，从而**实践理性**首先以这个概念向思辨理性提出了最无法解决的问题，通过这个概念使思辨理性陷入最大的困境，这一点已经由如下情况得到说明：既然从自由概念出发在显象中没有任何东西能够得到解释，相反在这里永远必须是自然机械作用构成导线，此外当纯粹理性要上升到原因系列中的无条件者的时候，它的二论背反也就在这一方和另一方同样地卷入到不可理解的东西之中，然而后者（机械作用）毕竟至少在解释显象时有可用性，所以如果不是道德法则以及实践理性与它一起参与进来，并把这个概念强加给我们的话，人们是永远也不会冒险把自由引入科学的。但是，就连经验也证实了我们心中的这种概念秩序。假设某人为自己淫欲的偏好找借口说，如果所爱的对象和机会都来到他面前，那么这偏好对他来说是完全不可抗拒的：如果在他遇到这种机会的房子前面竖起一个绞架，在他享受过淫欲之后马上把他吊在上面，他在这种情况下是否还会不克制自己的偏好呢？人们可以很快猜出他会怎样回答。但如果问他，如果他的君王以同一种毫不拖延的死刑相威胁，无理要求他对于君王想以莫须有的罪名来诋毁的一个清白人提供伪证，此时无论他对生命的热爱有多大，他是否会认为有可能克服这种热爱呢？他是会这样做还是不会这样做，这是他也许不敢作出保证的；但他必定毫不犹豫地承认，这样做对他来说是可能的。因此他作出判断，他能够做某事乃是因为他意识到他应当做某事，并在自身中认识到通常没有道德法则就会依然不为他所知的自由。

第 7 节

纯粹实践理性的基本法则

要这样行动，使得你的意志的准则在任何时候都能同时被视为一种普遍的立法的原则。

附释 〔31〕

纯粹几何学有一些作为实践命题的公设，但它们所包含的无非是这样一个预设，即人们如果被要求应当做某事就**能够**做某事，而这些命题就是纯粹几何学仅有的涉及一个存在的那些命题。因此，这就是一些在意志的一种或然条件下的实践规则。但在这里规则却说：人们应当绝对地以某种方式行事。所以实践规则是无条件的，因而被表现为定言的先天实践命题，意志由此绝对地和直接地（通过实践规则本身，因而这规则在此就是法则）在客观上得到规定。因为**纯粹的、就自身而言实践的理性**在这里是直接立法的。意志作为独立于经验性条件的，作为纯粹意志，被设想为**被法则的纯然形式**所规定的，而这个规定根据则被视为一切准则的最高条件。这件事情是足够令人惊讶的，而且在全部其他实践知识中都没有同样的东西。因为关于一种可能的普遍立法的，因而仅仅是或然的先天思想，不从经验或者任何一个外在意志借取某种东西，就被无条件地要求作为法则。但这也不是一个行动应当发生，从而使一个被欲求的结果成为可能所依据的一个规范（因为那样的话，这规则就会永远在物理上有条件了），而是一个仅仅就意志的准则形式而言来先天地规定意志的规则，而这时至少设想一个仅仅用于种种原理的**主观**形式的法则，作为凭借一般法则的**客观**形式的规定根据，就不是不可能了。人们可以把这条基本法则的意识称为理性的一个事实，这不是因为人们能够从理性的先行资料出发，例如从自由的意识出发（因为这个意识不是被预先给予我们的）玄想出这一法则，而是因为它独立地作为先天综合命题把自己强加给我们，这个先天综合命题不是基于任何直观，既不是基于纯粹的直观也不是基于经验性的直观，尽管当人们预设意志的自由时它会是分析的，但这种意志自由作为积极的概念，就会要求有人们在这里根本不可以假定的一种理智直观。不过，为了把这条法则准确无误地视为**被给予的**，人们还必须注意：它不是任何经验性的事实，而是纯粹理性的惟一事实，纯粹理性借此宣布自己是源始地立法的（sic volo, sic jubeo［我如何想，便如何吩咐］）。①

推论

纯粹理性单凭自身就是实践的，并给予（人）一条我们称之为**道德法则**的普遍法则。

〔32〕 附释

前面所说的事实是不可否认的。人们可以只是分析一下众人关于自己的行动的合法则性所作的判断，于是人们在任何时候都将发现，无论偏好在这中间会说什么，他们的理性却仍然坚定不移地和自我强制地把采取一个行动时意志的准则保持在纯粹意志上，亦即保持在自己身上，因为它把自己看做先天地实践的。如今，正是为了不顾意志的一切主观差异而使这条道德原则成为意志形式上的最高规定根据的那种立法的普遍性，理性才把这条道德原则同时宣布为一条对于一切有理性的存在者的法则，只要他们一般而言具有意志，亦即具有通过规则的表象来规定自己的因果性的一种能力，因而只要他们有能力按照原理，从而也按照先天的实践原则（因为惟有这些原则才具有理性为原理所要求的那种必然性）来行动。因此，这条原则并不仅仅局限于人，而是涉及一切具有理性和意志的有限存在者，甚至也包括作为最高理智的无限存在者在内。但在前一种

① 尤维纳利斯：《讽刺诗集》，Ⅵ，223；不过原文是：Hoc volo, sic iubeo, sit pro ratione voluntas［我如此想，便如此吩咐，无需理由，而是意志］。——科学院版编者注

场合，法则具有一种命令式的形式，因为人们虽然能够在作为有理性的存在者的人身上预设一个**纯粹的**意志，但在作为用需要和感性动因来刺激的存在者的人身上却不能预设任何**神圣的**意志，亦即这样一种意志，它不能有任何与道德法则相冲突的准则。因此，道德法则在人这里是一个**命令式**，它以定言的方式发布命令，因为这法则是无条件的；这样一个意志与这条法则的关系就是**依赖性**，名之为责任，它意味着对采取某个行动的一种**强制**，虽然只是通过理性及其客观法则来强制的，所以它叫做**义务**，因为一种在病理学上刺激起来的（虽然并不由此被规定，从而也永远是自由的）任性带有一种愿望，这愿望产生自**主观**的原因，因而也可能经常与纯粹的客观规定根据相悖，从而需要实践理性的某种抵抗来作为道德上的强制，这种抵抗可以被称为内部的，但却是理智的强制。在最为充足的理智中，任性就正当地被表现为不可能有任何不同时能够在客观上是法则的准则，而因此之故应当归于它的那个**神圣性**概念，虽然并没有使任性超越一切实践法则，但却使它超越一切实践上能限制的法则，从而超越责任和义务。意志的这种神圣性仍然是一个必须不可避免地用做原型的实践理念，无限地接近这个原型是一切有限的理性存在者有权利去做的惟一事情，而这个实践理念则经常地和正确地向他们指明纯粹的，因而自身也是神圣的道德法则，保证道德法则的种种准则的这种无限发展的进程和这些准则在不断的前进中的始终不渝，亦即德性，这 〔33〕
是有限的实践理性所能达成的最高的东西，这种德性本身又至少作为自然获得的能力是永远不能完成的，因为这种保证在这样的场合里不会成为无可置疑的确定性，而且作为臆信是很危险的。

第 8 节

定理四

意志的**自律**是一切道德法则和符合这些法则的义务的惟一原则；与此相反，任性的一切**他律**不仅根本不建立任何责任，而且毋宁说与责任的原则和意志的道德性相悖。因为道德性的惟一原则就在于对法则的一切质料（亦即一个被欲求的客体）有独立性，同时又通过一个准则必须能够有的纯然普遍立法形式来规定任性。但是，那种**独立性**是**消极**意义上的自由，而纯粹的理性，且作为纯粹的而是实践的理性的这种**自己立法**却是**积极**意义上的自由。因此，道德法则所表达的，无非是纯粹实践理性的**自律**，亦即自由的自律，而这种自律本身是一切准则的形式条件，惟有在这条件下它们才能够与最高的实践法则相一致。因此，如果只能是与法则相结合的某种欲求的客体的意欲质料进入实践法则**作为它的可能性的条件**，那么，由此就形成任性的他律，亦即对遵从某种冲动或者偏好的自然法则的依赖性，而意志就不是自己给自己提供法则，而只是提供合理地遵循病理学法则的规范；但是，以这样的方式永远不能在自身包含普遍立法形式的那种准则，就不仅不能以这种方式确立任何责任，而且本身是与一种**纯粹的**实践理性的原则，因而由此与道德意向相悖的，即使从中产生的行动是合乎法则的。

〔34〕 附释一

因此，一个带有质料性的（因而经验性的）条件的实践规范必须永远不被归为实践法则。因为纯粹意志是自由的，它的法则把意志置于一个与经验性领域完全不同的领域中，而它所表达的必然性，由于不应当是任何自然的必然性，所以只能在于一般法则的可能性的形式条件。实践规则的一切质料所依据的永远是主观的条件，这些条件使实践规则获得的不是对有理性的存在者的普遍性，而仅仅是有条件的普遍性（在我**欲求**这件或者那件我为了使它成为现实就必须去做的事情的情况下），而且它们全都围绕着**自身幸福**的原则转。如今，当然不可否认的是，一切意欲也都必须有一个对象，从而有一种质料；但这质料却并不因此就正好是准则的规定根据和条件；因为如果它是这样，那么，这个准则就不能以普遍立法的形式展示出来了，因为对于对象的实存的期待在这种情况下就会是任性的规定原因，而欲求能力对某一个事物的实存的依赖就必然被当做意欲的基础，这种实存永远只能在经验性的条件中来寻找，因而永远不能充当一个必然的和普遍的规则的根据。这样，别的存在者的幸福将可能是一个有理性的存在者的意志的客体。但是，如果这种幸福是准则的规定根据，那么，人们就会必须预设，我们在别人的福利中不仅发现一种自然的快乐，而且还发现一种需要，就像富有同情的气质在人身上所造成的那样。但是，我不能在任何一个有理性的存在者那里都预设这种需要（在上帝那里就根本不能）。因此，虽然准则的质料还可以保留，但它必须不是准则的条件，因为若不然，这准则就不适宜于做法则。因此，一个限制质料的法则的纯然形式，必须同时是把这质料附加给意志的根据，但并不以质料为前提条件。例如，这质料可以是我自己的幸福。如果我把这种幸福赋予每个人（就像我实际上在有限的存在者那里可以做的那样），那么，它就惟有在我把别人的幸福也一并包含在它里面的情况下，才能够成为一个**客观的**实践法则。因此，“促进他人幸福”的法则并不是产生自“这对每个人自己的任性来说都是一个客体”这个预设，而是产生自：理性当做给自爱准则提供一个法则的客观有效性的条件所需要的普遍性的形式，成为意志的规定根据，因而客体（别人的幸福）并不是纯粹意志的规定根据，相反，惟有纯然的法则形式，才是我用来限制我的基于偏好的准
〔35〕 则，以便使它获得一个法则的普遍性，并使它这样适合纯粹的实践理性；惟有从这种限制中，而不是从一个外在的动机的附加中，才能产生出把我的自爱准则也扩展到别人的幸福上去的责任的概念。

附释二

如果**自身**幸福的原则被当做意志的规定根据，那么，这恰好就是道德原则的对立面；就像我上面已指明的那样，一般来说凡是不把应当用为法则的规定根据设定在准则的立法形式中，而是设定在别的什么地方的，都必须归于此列。但是，这种冲突并不像经验性地有条件的、但人们却想将之提升为必然的知识原则的规则之间的冲突那样，纯然是逻辑上的，而是实践的，并且如果理性与意志相关的呼声不是如此清晰，如此不可盖过，甚至对于最普通的人也如此可以听清，这种冲突就会完全毁掉道德；但是，这种呼声却只能还保持在各学派的搅乱头脑的思辨中，这些学派足够胆大包天，为了维护一种不值得伤脑筋的理论而对那种上天的呼声充耳不闻。

如果你平时喜欢的一位朋友以为可以这样在你那里为作出的一项伪证进行辩护：他首先借口自身幸福是依他所说的神圣义务，然后列举他由此所赢得的一切好处，举出他为防止任何人发现，甚至也防止你本人这方面的发现而遵循的聪明，他之所以向你透露这个秘密，只是因为他任何时候都能够否认这一秘密；此后他极为严肃地伪称，他已经履行了一项真正的人类义务；那么，你会要么当面取笑他，要么对此厌恶地退避三舍，即使你在有人仅仅依据自己的好处来操纵自己的原理时不

能提出丝毫的东西来反对这种规则。或者假定有人向你们推荐一个人做管家，说你们可以不加考虑地把自己的事务都托付给他，而且为了引起你们的信赖，他称赞此人是一个聪明人，很会关照自己的利益，他又是一个不知疲倦地做事的人，不让这方面的机会未加利用就溜走，最后，为了不让对此人粗鄙的自私自利的顾虑有妨碍，他称赞此人如何懂得正直地生活，不是在聚敛钱财或者毫无顾忌的享乐中，而是在自己的知识的扩展中，在精心选择的富有教益的交往中，甚至在对穷人的行善中，寻求自己的快乐，但除此之外不会由于手段（手段有无价值毕竟只来自目的）而有所顾虑，而且别人的钱财用于此处，只要他知道自己可以不被发现且不受阻碍地这样做，对他来说 〔36〕
就像是他自己的钱财一样：那么，你们会要么相信，推荐人是在戏弄你们，要么就是他失去理智了。——道德和自爱的界限如此截然分明，以至于连最平庸的眼睛也根本不会错过某事是属于道德还是属于自爱这种区别的。以下几点说明对于一个如此明显的真理来说虽然可能显得是多余的，但它们毕竟至少可以用来使普通人类理性的判断获得更多一些清晰性。

幸福的原则虽然能够充当准则，但永远不能充当适宜于做意志法则的那样一些准则，哪怕是人们把**普遍的**幸福当做自己的客体。这是因为，由于对幸福来说，它的知识是基于纯粹的经验材料的，由于对此的每一个判断都极为依赖每个人自己的经验，而这种经验本身又还是极易变化的，所以，这判断也许能够给出**一般性的**规则，但永远不能给出**普遍性的**规则，亦即也许能够给出平时极经常地适用的规则，但却不能给出必须在任何时候都必然有效的规则，因而没有任何实践**法则**能够建立在这上面。正是由于在这里任性的客体为任性的规则提供了基础，因而必然先行于任性，所以这种规则就不能与别的什么东西，而只能与人们所推荐的东西，因而与经验相关，并建立在它上面，而且在这里，判断的差异必然是无穷无尽的。因此，这个原则并不给一切有理性的存在者规定同样一些实践规则，哪怕这些规则都处于一个共同的名目，亦即幸福的名目之下。但是，道德法则之所以被设想为客观必然的，只是因为它应当对每一个具有理性和意志的人都有效。

自爱的准则（聪明）只是**建议**，道德的法则却是**命令**。但是，在人们**建议**给我们的事情和我们**负有责任**的事情之间，毕竟有一种巨大的区别。

按照任性的自律原则要做的事情，对于最普通的知性来说是极容易、不加考虑就可以看出的；而在任性的他律的前提条件下要做的事情，则很难看出，要求有世间知识；也就是说，是义务的东西，自行呈现给每一个人；但带来真正的、持久的好处的东西，则每当要把这好处扩展到整个人生的时候，它就被笼罩在无法穿透的黑暗中，要求有诸多聪明，来使与之相称的实践规则通过机敏的例外，哪怕差强人意地与人生的目的相适合。然而，道德法则却命令每个人遵守，而且是一丝不苟地遵守。因此，要判断按照道德法则应当做的事情，必定不是很难，最普通、最未经训练的知性哪怕没有处世经验也会知道如何对待。

遵守道德的定言命令，这任何时候都在每个人的控制之
〔37〕中，而遵守经验性上有条件的幸福规范，则很少如此，而且远远不是对每个人都可能的，哪怕只是就一个惟一的意图而言。原因在于，事情在前者那里仅仅取决于必须是真正的和纯粹的准则，在后者那里却还取决于使一个所欲求的对象成为现实的力量和自然能力。每一个人都应当力求使自己幸福，这个命令是愚蠢的；因为人们从不命令某人做他已经不可避免地自行要做的事情。人们必须只命令他规则，或者毋宁说告诉他规则，因为他不可能做到他想做的一切。但是，以义务的名义命令有

道德，则是完全合乎理性的；因为德性的规范首先恰恰不是每个人都乐意服从的，如果它与偏好相冲突的话，至于他如何能够遵守这条法则的做法，在这里是无须教导的；因为他在这方面想做的事情，他也能够去做。

在赌博中输了的人，也许会对自己和自己的不聪明感到**恼火**。但如果他意识到自己在赌博中曾经**使诈**（哪怕他因此赢了），那么，只要他用道德法则对照一下自己，他就必定**蔑视**自己。因此，道德法则必定是与自身幸福的原则有所不同的东西。因为不得不对自己说：尽管我充实了自己的钱袋，我却是一个**卑鄙小人**，这与赞许自己说：我是一个**聪明**人，因为我充实了自己的钱袋相比，毕竟还必须有一条不同的判断准绳。

最后，在我们的实践理性的理念中，还有某种东西伴随着对一条道德法则的逾越，亦即这种逾越的**该受惩罚**。现在，享受幸福是根本不能与一种惩罚本身的概念结合在一起的。因为尽管如此作出惩罚的人可能怀有善良的意图，即使这种惩罚也指向幸福目的，但惩罚毕竟必须事先作为惩罚，亦即作为纯然的坏事，才就自身而言是理由充足的，以至于受罚者即便情况依旧，即便他看不出在这种严厉背后隐藏有任何好意，也不得不自己承认，这对于他来说是做得公正的，而且他的命运是与他的作为完全相符的。在任何惩罚本身中，都必须首先有正义，而正义就构成惩罚概念的本质。与正义相结合的虽然也可能有善意，但该受惩罚者根据自己的行为却没有丝毫理由去指望这种善意。因此，惩罚是一种物理上的坏事，它即使不会作为**自然的**后果而与道德上的恶相结合，但却必定会作为按照一种道德立法的原则的后果而与之相结合。现在，如果一切犯罪，哪怕不看就犯罪而言的物理学后果，自身就是可惩罚的，亦即（至少部分地）失去了幸福，那么，说犯罪恰恰在于他由于损害了他自身的幸福（按照自爱原则，一切犯罪的本真概念 〔38〕

必定都会是这样）而招致了一种惩罚，这就显然会是无稽之谈了。以这种方式，惩罚就会是把某事称为犯罪的根据了，而正义反倒必定会在于放弃一切惩罚，甚至阻止自然的惩罚；原因在于，在这种情况下，行动中就会不再有恶，因为通常继之而起的，仅仅为此行动才叫做恶的那种坏事，从现在起就被拦住了。但尤其是，把一切惩罚和奖赏都仅仅视为一个更高的权力手中的设备，它仅仅应当用来借此使有理性的存在者为自己的终极意图（幸福）而活动，这极为明显的是他们的意志的一种取消一切自由的机械作用，我们在此没有必要多说。

尽管同样不真实，但却更为精巧的是，那些假定某种特殊的道德感官的人的托词。据说是这种感官，而不是理性，在规定着道德法则，按照这种感官，德性的意识是直接与满足和快乐相结合，而罪恶的意识则是与灵魂的不安和痛苦相结合的，这样他们就把一切都推到对自身幸福的要求上了。我不想把上面所说的东西拉扯到这里，而只想说明这里所发生的欺骗。为了把有罪之人表现为因意识到自己的犯罪而受心灵不安的折磨的，他们就必须根据他的品质的最主要基础已经事先把他表现为至少某种程度上是道德上善的，就像把意识到合乎义务的行动就感到快活的人事先已经表现为有道德的一样。因此，道德性和义务的概念毕竟必须先行于对这种满足的考虑，而根本不能从这种满足中派生出来。但现在，为了感受意识到自己符合义务时的那种满足和人们能够责备自己逾越道德法则时的严厉斥责，人们必须预先估量我们称为义务的东西的重要性、道德法则的威望和遵循道德法则使个人亲眼看到的直接价值。所以，人们不可能先于对责任的认识而感到这种满足或者灵魂的不安，并把它们作为这种认识的基础。为了能对那些感觉哪怕只是形成一个表象，人们必须至少大半已经是一个正直的人。此外，就像人的意志凭借自由可以由道德法则直接规定一样，符合这种规定根据的经常履践在主观上最终也能造成一种对自己本身的满足感，这一点我是根本不否认的；毋宁说，确立并培植真正说来惟一值得被称为道德感的情感，这本身就属于义务；但是，义务的概念并不能由此派生出来，若不然，我们就会不得不去设想对一个法则本身的某种情感，并把只能通过理性来设想的东西当做感觉的对象；这即使不应当成为十足的矛〔39〕
盾，也会完全取消义务的一切概念，而仅仅代之以更精巧的、时而与更粗俗的偏好陷入纷争的偏好的机械游戏。

如果我们现在把我们的实践理性（作为意志的一种自律）的形式上的最高原理与道德的一切迄今的质料上的原则进行比较，那么，我们就可以在一个表格中把其余一切原理都表现为这样的原理，通过它们，实际上除惟一的一个形式上的场合之外，同时穷尽了其他所有可能的场合，而且这样就显而易见地证明，寻找一条与现在讲述的原则不同的原则，乃是白费力气。——也就是说，意志的一切可能的规定根据或者是纯然**主观的**，因而是经验性的，或者也是**客观的**和合理的；但这二者都或者是**外部的**，或者是**内部的**。

道德原则中实践的质料规定根据〔40〕

主观的				客观的	
外部的		内部的		内部的	外部的
教育（据蒙台涅）	公民宪法（据曼德维尔）	自然情感（据伊壁鸠鲁）	道德情感（据哈奇森）	完善（据沃尔夫和斯多亚学派）	上帝意志（据克鲁修斯①和其他神学道德主义者）

① 莱比锡神学教授，参见《必然的理性真理大纲》，第 283、284、286 节，第 2 版，1753。——科学院版编者注

〔41〕 处于左边的原则全都是经验性的，显然根本不适宜做道德的普遍原则。但右边的原则则是建立在理性之上的（因为作为事物的**性状**的完善和在**实体**中表现出来的最高的完善，亦即上帝，二者都惟有通过理性概念才可以设想）。不过前一个概念，亦即**完善**的概念，要么可以在**理论**意义上来采用，此时它无非意味着每一个事物在其种类中的完备性（先验的完备性），要么它意味着一个事物仅仅作为一般事物的完备性（形而上学的完备性），对此这里不能论及。但是，**实践**意义上的完善概念是一个事物对各种各样的目的的适用性和充足性。这种完善作为人的**性状**，因而作为内部的完善，无非就是**天赋**，而加强或者补充天赋的东西则是**技巧**。**实体**中的最高完善，亦即上帝，因而外部的**完善**（在实践的意图来看），就是这一存在者对一切一般目的的充足性。因此，如果现在必须预先把目的给予我们，惟有与它们相关完善（我们自身的一种内部的完善或者上帝那里的完善）的概念才能够成为意志的规定根据，但一个目的作为必须先行于通过实践规则对意志的规定，并包含着这样一种规定的可能性的根据的**客体**，因而意志的**质料**作为意志的规定根据来看，在任何时候都是经验性的，从而能够用做**伊壁鸠鲁**的幸福论原则，但永远不能用做道德论和义务的纯粹理性原则（如同天赋和对天赋的促进只是由于它们对生活的好处有贡献，或者上帝的意志在与其相一致无须先行的、不依赖于其理念的实践原则就被当做意志的客体时，只能通过我们从中期待的**幸福**来成为意志的动因一样），那么结果就是：**第一**，在此提出的一切原则都是**质料的**；**第二**，它们包括一切可能的质料原则；而最后由此得出的结论是：由于质料原则完全不适宜做最高的道德法则（如已经证明的），纯粹理性的**形式上的实践原则**，即通过我们而可能的普遍立法的纯然形式构成意志的最高的和直接的规定根据所必须依据的原则，就是适宜于在规

定意志时用做定言命令式亦即实践法则（这些法则使行动成为义务），并一般而言既在评判中又在应用于人类意志时用做道德原则的**惟一可能的**原则。

一、纯粹实践理性诸原理的演绎 〔42〕

这个分析论阐明，纯粹理性能够是实践的，亦即能够独立地、不依赖于一切经验性的东西来规定意志——虽然这是通过一个事实，在其中纯粹理性在我们这里表明自己实际上是实践的，亦即是通过理性规定意志去行动所借助的道德原理中的自律。——这个分析论同时指出，上述事实与意志自由的意识是不可分割地结合在一起的，甚至与它就是一回事；通过这种意识，一个属于感官世界并认识到自己与服从其他起作用的原因一样必须服从因果性法则的理性存在者，其意志却在实践的东西中同时在另一方面，亦即作为存在者本身，意识到自己在事物的理知秩序中可以被规定的存在，虽然不是按照对它自己的某种特殊的直观，而是按照某些能够在感官世界中规定它的因果性的动力学法则；因为自由既然被赋予我们，就把我们置于事物的一种理知秩序之中，这在别的地方已得到充分的证明。

现在，如果我们把纯粹思辨理性批判的分析论部分与此进行比较，那么，就表现出两者相互之间的一种值得注意的对照。在那里，并非原理，而是纯粹的感性直观（空间和时间），才是使知识先天地、并且仅仅对于感官对象成为可能的最初材料。——原理仅仅出自概念而没有直观是不可能的，毋宁说，原理惟有与感性的直观相关，从而也惟有与可能经验的对象相关才能发生，因为知性的概念惟有与这种直观相结合，才使我们称之为经验的那种知识成为可能。——超出经验对象之外，因而关于作为本体的事物，思辨理性就被完全正当地剥夺了一种**知识**的一切积极的东西。——不过，思辨理性所做的事情就是这些，它保全了本体的概念，亦即保全了思维这种本体的可能性，乃至必要性，而且举例来说，它从消极方面来看针对一切责难拯救了自由，亦即假定与纯粹理论理性的那些原理和限
〔43〕制完全相容的自由，却对于这样的对象没有提供任何确定的东西供认识，因为它毋宁说完全切断了这方面的一切希望。

与此相反，道德法则尽管没有提供**希望**，但却仍然提供了一种从感官世界的一切材料和我们的理论理性应用的整个范围出发都绝对无法解释的事实，这个事实指示着一个纯粹的知性世界，甚至**积极地规定着**这个世界，使我们对它有所认识，亦即认识到一种法则。

这种法则应当使感官世界作为一个**感性自然**（就有理性的存在者来说）获得一个知性世界，亦即一个**超感性自然的**形式，却并不损害感官世界自身的机械作用。现在，最普遍意义上的自然就是事物在法则之下的实存。一般理性存在者的感性自然就是他们在经验性上有条件的法则之下的实存，因而对于理性来说就是**他律**。与此相反，同样这些存在者的超感性自然就是他们按照独立于一切经验性条件，因而属于纯粹理性的**自律**的那些法则的实存。而且既然这些法则是实践的，按照这些法则，事物的存在依赖于知识，所以，超感性自然就我们对它能够形成一个概念而言，无非就是**一个在纯粹实践理性的自律之下的自然**。但是，这种自律法则就是道德法则，因而它就是一个超感性自然和一个纯粹知性世界的基本法则，这个世界的倒影应当实存于感官世界中，但同时并不损害感官世界的法则。人们可以把前者称为我们仅仅在理性中才认识的**原本的**世界（natura archetypa［原本的自然］），而后者由于包含着前一个世界的理念作为意志的规定根据可能有的结果，可以称为摹本的世界（natura ectypa［摹本的自然］）。因为事实上，道

德法则按照理念把我们置于这样一个自然中，在它里面，纯粹理性如果伴有与它相适合的物理能力，就会产生出至善来，而且道德法则还规定着我们的意志，去把这种形式赋予作为理性存在者之整体的感官世界。

对自己本身加以最普通的注意，就可以证实，这个理念确实像作出示范一般，是我们的意志规定的榜样。

如果我打算作证所依据的准则由实践理性来审核，我总是 〔44〕
要看一看，倘若它被视为普遍的自然法则，它会是什么样子。显而易见，普遍的自然法则将会以这种方式迫使每个人讲真话。因为承认陈述是作证明的，尽管如此却又故意说假话，这与一个自然法则的普遍性是不能共存的。同样，我在自由处置自己的生命方面所采取的准则，如果我问一问自己，它必须怎样才能使一个自然按照它的一种法则维持下去，也就马上得到了规定。显然，没有人能够在这样一个自然中**任意地**结束自己的生命，因为这样一种状况不会是持久的自然秩序，在所有其他场合也都是这样。但现在，在现实的自然中，如它是经验的一个对象一样，自由意志并不是由自己而被规定有这样一些准则，它们按照普遍的法则独自就能够建立一个自然，或者哪怕是自动地与这样一个按照普遍的法则安排的自然相适应；毋宁说，这是一些私人偏好，它们虽然按照病理学的（物理学的）法则构成了一个自然整体，但却并不构成一个惟有通过我们的意志，按照纯粹的实践法则才有可能的自然。尽管如此，我们仍然通过理性意识到一条法则，我们的一切准则都服从它，就好像通过我们的意志必然会同时产生出一种自然秩序似的。因此，这条法则必定是一个并非经验性地被给予的，尽管如此却通过自由而可能的，从而超感性的自然的理念，我们至少在实践的关系中给予它以客观实在性，因为我们把它视为我们作为纯粹的理性存在者的意志的客体。

因此，在**意志所服从的**一个自然的法则与一个服从（就具有意志与其自由行动的关系的东西而言）**某个意志**的**自然**的法则之间，其区别乃是基于，对于前者来说，客体必须是规定意志的那些表象的原因，而对于后者来说，意志则应当是客体的原因，以至于意志的因果性只是在纯粹的理性能力中才有自己的规定根据，所以这种能力也可以被称为一种纯粹实践理性。

因此，这两个课题是很不相同的：**一方面**，纯粹理性如何能够先天地**认识**客体；**另一方面**，它如何能够直接地（仅仅通过它自己的准则作为法则的普遍有效性的思想）就是意志的规〔45〕定根据，亦即有理性的存在者在客体的现实性方面的因果性的规定根据。

第一个课题，属于纯粹思辨理性的批判，要求首先解释：没有直观，在任何地方就都没有任何客体能够被给予我们，因而也没有任何东西能够被综合地认识，但直观是如何先天地可能的呢？这个课题的解决将导致：直观全都只是感性的，因而也不允许任何比可能经验所及走得更远的思辨知识成为可能，因此，那种纯粹思辨理性的一切原理所建树的，无非就是使经验成为可能，这经验要么是关于被给予的对象的，要么是关于可以无限地被给予，但却永远不能被完全给予的对象的。

第二个课题，属于实践理性的**批判**，不要求解释欲求能力的客体是如何可能的，因为这仍然作为理论的自然知识的课题被托付给了思辨理性的批判，而是仅仅要求解释：理性如何能够规定意志的准则，这种规定是仅仅凭借作为规定根据的经验性表象而发生的，还是就连纯粹理性也是实践的，是一种可能的、根本不能经验性地认识的自然秩序的法则呢？这样一个超感性的自然，其概念同时就能够是其凭借我们的自由意志而有的现实性的根据，它的可能性并不需要任何先天直观（对一个理知世界的先天直观），这种直观在这一场合，作为超感性的，对于我们来说也必定会是不可能的。因为事情仅仅取决于意愿在其准则中的规定根据，取决于那个规定根据是经验性的，还是纯粹理性的一个概念（关于一般准则的合法则性的概念），以及它如何可能是后一种情况。意志的因果性对于客体的现实性来说是充足还是不充足，这仍然被托付给理性的理论原则去评判，是对意愿的客体的可能性的研究，因而对这些客体的直观在实践的课题中根本不构成其要素。事情在这里仅仅取决于意志的规定和意愿作为一个自由意志的准则的规定根据，而不取决于后果。因为只要**意志**对于纯粹理性来说是合乎法则的，那么，意志在履行时的**能力**就可以随便如何了，按照一个可能 〔46〕
的自然之立法的这些准则可以现实地从中产生出这样一个自然，也可以不产生，批判根本不关心这一点，它在此研究纯粹理性是否以及如何能够是实践的，亦即直接地规定意志的。

因此，在这项工作中，批判可以无可指摘地从纯粹实践法则及其现实性开始，而且它必须由此开始。但是，它不是把直观，而是把这些法则在理知世界中的存在的概念，亦即自由的概念，当做这些法则的基础。因为这个概念并不意味着别的任何东西，而那些法则惟有与意志的自由相关才有可能，在意志自由的前提条件下则是必然的，或者反过来说，意志的自由是必然的，因为那些法则作为实践的公设是必然的。现在，对道德法则的这种意识，或者换句话说也一样，对自由的这种意识是如何可能的，就不能进一步解释了，惟有它们的可允许性才在理论批判中完全可以得到辩护。

对实践理性的最高原理的**阐述**现在已经作出了，也就是说，首先指明了它包含什么，即它是完全先天地、不依赖于经验性原则而独立存在的，其次指明了它在什么地方与其他一切实践原理区别开来。至于这个原理的客观的和普遍的有效性的**演绎**，亦即对这种有效性的辩护，以及对这样一个先天综合命题的可能性的洞识，人们就不能希望像在涉及纯粹理论知性的原理时那样顺利进行了。因为后者与可能经验的对象相关，亦即与显象相关，而且人们能够证明，惟有通过把这些显象按照那些法则的标准置于范畴之下，这些显象才能作为经验的对象被**认识**，因而一切可能的经验都必须与这些法则相适合。但是，我不能对道德法则的演绎采取这样一种进路。因为道德法则所涉及的不是关于可以在别的地方以某种方式给予理性的那些对象的性状的知识，而是这样的知识，即它本身能够成为对象实存的根据，而且理性通过这种实存就具有一个有理性的存在者中的因果性，亦即能够被视为一种直接规定意志的能力的纯粹理性。

但如今，一旦我们达到了基本的力量或者基本的能力，一〔47〕切人类的洞识就都到头了；因为这些力量或者能力的可能性是不能通过任何东西来理解的，但也同样不可以任意地来虚构和假定。因此，惟有经验使我们有权在理性的理论应用中假定它们。但是，就纯粹实践理性能力而言，这种取代从先天知识源泉出发进行演绎的代用品，即列举经验性的证据，也被从我们这里夺走了。因为凡是需要从经验中取得自己的现实性之证据的东西，按照其可能性的根据都必然依赖于经验原则，但纯粹而又实践的理性由于其概念就已经不可能被视为这样的东西。就连道德法则也仿佛是作为纯粹理性的一个事实而被给予的，这个事实是我们先天地意识到的，而且是无可置疑地确定的，即使人们在经验中找不到严格遵守道德法则的实例。因此，道德法则的客观实在性不能由任何演绎，由理论的、思辨的或者得到经验性支持的理性的任何努力来证明，所以即使人们要放弃无可置疑的确定性，也不能由经验来证实并这样后天地得到证明，尽管如此它仍是自身确定无疑的。

取代徒劳地寻求对道德原则的这种演绎的，是某种别的东西，而且是完全荒谬的东西，因为它反过来自己充当一种玄妙莫测的能力的演绎原则。任何经验都不必证明这种能力，但思辨理性却（为了在它自己的宇宙论理念之下按照这能力的因果性找到无条件者，以免它自己与自己相矛盾）必须至少把它假定为可能的，这就是自由的能力。自身不需要任何辩护理由的道德法则不仅证明了自由的可能性，而且在认识到这一法则对自己有约束力的存在者身上证明了它的现实性。道德法则实际上就是因自由而有的因果性的法则，所以是一个超感性的自然的可能性的法则，就像感官世界中的种种事件的形而上学法则是感性自然的因果性的法则一样。因此，道德法则所规定的是思辨哲学不得不任其不被规定的东西，亦即其概念在思辨哲学中只具有消极性的因果性的法则，并因此而首先使这条法则获得了客观的实在性。

既然道德法则本身是作为自由这种纯粹理性的因果性的演 〔48〕
绎原则而被提出来的，由于理论理性曾被迫至少**假定**一种自由的可能性，道德法则的这种信誉就完全足以取代一切先天的辩护来补偿理论理性的一种需要。因为道德法则以如下方式证明了自己的实在性，即使对于思辨理性的批判来说也是令人满意的，这就是它给一个曾经仅仅被消极地设想的、思辨理性批判无法理解但却不得不假定其可能性的因果性添加了积极的规定，亦即一个直接地（通过意志准则的普遍合法则的形式的条件）规定意志的理性的概念，而且这样一来就第一次能够赋予那在想要思辨地行事时总是以其理念越界的理性以客观的、虽然只是实践的实在性，并把理性的**超验的**应用转化为一种**内在的**应用（在经验的领域中通过理念本身就是作用因）。

感官世界作为这样一个世界，对它里面的存在者的因果性的规定就绝不能是无条件的，但对于这些条件的全部序列来说，却仍然必须有某种无条件者，因而也必须有一种完全由自身规定自己的因果性。所以，自由作为一种绝对自发性的能力，其理念曾经不是一种需要，而是**就其可能性而言**是纯粹思辨理性的一个分析原理。然而，既然绝不可能根据它而在某一个经验中给出一个实例，因为在作为显象的事物的原因中间不可能找到任何对这种绝对无条件的因果性的规定，所以，我们只有在把关于一种自由行动的原因的这个**思想**运用到感官世界的一个存在者——即使这个存在者在另一方面也被视为本体——身上时，才能为这一思想作**辩护**，因为我们指出过，就该存在者的一切行动都是显象而言把它们视为物理上有条件的，同时却又就这个行动着的存在者是一个知性存在者而言把这些行动的因果性视为物理上无条件的，并如此使自由的概念成为理性的范导性原则，这并不自相矛盾。由此我虽然根本没有认出被赋予这样一种因果性的那个对象是什么东西，但毕竟扫除了如下事情上的障碍，即我一方面在解释世界上的事情，
〔49〕因而也解释有理性的存在者的行动时，公正地对待从有条件者无限回溯到条件这种自然必然性的机械作用；另一方面却给思辨理性保留下为它空出的位置，亦即理知的东西，以便把无条件者置放到那里。但是，我不能把这个**思想变成实在的**，亦即不能把它转化为对一个如此行动的存在者的**知识**，哪怕是仅仅就其可能性而言。现在，纯粹实践理性通过理知世界中的一种确定的因果性的法则（通过自由），亦即道德法则，填补了这个空出的位置。这样一来，虽然现在对于思辨理性来说，在其洞识方面没有任何增添，但毕竟在它或然的自由概念的**保障**方面有所增添。自由概念在这里获得了**客观的**，虽然只是实践的，但却是无可怀疑的**实在性**。甚至因果性概念，它的应用，因而还有它的意义，本来只是与显象相关，为了把显象联结成为经验才出现的（如同《纯粹理性批判》所证明的那样），纯粹实践理性也没有把它扩展到使它把自己的应用延伸到上述界

限之外的程度。因为如果纯粹实践理性旨在于此，那它就会必然想指出，根据与后果的逻辑关系如何能够在与感性直观不同的另一类直观那里得到综合的应用，亦即 causa noumenon［作为本体的原因］是如何可能的；这是它根本不能提供的，但它作为实践理性也根本不考虑这件事，因为它仅仅把作为感性存在者的人的因果性（这已经被给予）的**规定根据**设定**在纯粹理性中**（这理性因此而叫做实践的），因而能够在这里完全抽掉原因概念为了理论知识而在客体上的应用（因为这个概念总是在知性中，也独立于一切经验，而被先天地发现），不是为了认识对象，而是为了就一般对象而言规定因果性，因而不在别的意图上，仅仅在实践的意图上使用原因概念，所以就能够把意志的规定根据置于事物的理知秩序之中，因为它同时乐于承认，根本不理解原因概念对于认识这些事物能够有什么规定。它当然也必须以某种方式来认识意志在感官世界中的行动方面的因果性，因为若不然，实践理性就会不能现实地产生任何行为。但是，它并不需要在理论上为了认识它自己作为本体的因果性的超感性实存而去规定它关于这种因果性形成的概 〔50〕念，因而不需要就此而言能够赋予这概念以意义。因为这概念本来就获得了意义，虽然只是为了实践的应用，亦即通过道德法则获得的。即便在理论上看，这概念也仍然是一个纯粹的、先天被给予的知性概念，它可以被运用于对象上，无论这些对象是感性地还是非感性地被给予的；尽管它在后一种场合里不具有任何确定的理论意义和理论应用，而仅仅是知性关于一个一般客体的一个形式上的思想，但毕竟是根本的思想。理性通过道德法则使它获得的意义仅仅是实践的，因为一个因果性（意志）的法则，其理念本身就具有因果性，或者本身就是因果性的规定根据。

二、实践理性在实践应用中作出一种它在思辨应用中本身不可能作出的扩展的权限

根据道德原则，我们提出了一条把因果性的规定根据置于感官世界的一切条件之上的因果性法则，并且**思考**了意志，看它作为属于一个理知世界的，而如何是可以被规定的，因而把这个意志的主体（人）不仅作为属于一个纯粹知性世界的，尽管在这种关系中不为我们所知的而加以思考（就像根据纯粹思辨理性的批判就能够做到的那样），而且借助于一条根本不可能被列为感官世界的自然法则的法则，对这个意志就其因果性而言作出了**规定**，因而就把我们的知识**扩展**到了感官世界的界限之外，而《纯粹理性批判》毕竟曾宣布这种僭妄在一切思辨中都毫无意义。如今在这里，纯粹理性的实践应用与它的理论应用就其能力的界限规定而言如何能够一致起来呢？

关于**大卫·休谟**，人们可以说他真正开始了对一种纯粹理性的种种权利的一切反驳，这些反驳使对纯粹理性的全部研究
〔51〕成为必要的。他是这样推论的：**原因**概念是一个包含着把不同的东西的实存联结起来，而且是就其不同而言联结起来的**必然性**的概念，以至于如果设定了A，我就认识到也必须有某种与它完全不同的东西亦即B必然地实存。但必然性惟有在一种联结先天地被认识的时候才能被赋予该联结；因为经验关于一种结合提供出来供认识的只会是它存在，却不会是它如此必然地存在。如今，他说道，一个事物和**另一个**事物之间（或者一个规定与另一个与它完全不同的规定之间）的结合，如果没有在知觉中被给予的话，先天地认识它并把它认识为必然的，这是不可能的。因此，一个原因的概念本身就是捏造的和骗人的，最客气地说是一种在这方面尚可原谅的错觉，因为把经常

相互并存或者相互继存的某些事物或者它们的规定感知为相互伴随的，这种**习惯**（一种**主观**必然性）不知不觉地被当成一种在对象本身中设定这样一种联结的**客观**必然性了，这样一来，一个原因的概念就被骗取了，但它不是合法地获得的，甚至绝不可能被获得或者被认证，因为它要求的是一种就自身而言毫无意义的、幻想出来的、在任何理性面前都站不住脚的联结，根本不可能有任何客体某个时候与这种联结相符合。——这样，首先就涉及事物实存的一切知识而言（因而数学还是被排除在外），**经验论**就被当做种种原则的惟一来源而引入了，但与它同时引入的还有就（作为哲学的）整个自然科学而言的最严厉的**怀疑论**本身。因为我们永远不能按照这样的原理从事物根据其实存被给予的规定**推论**到一个后果（因为这样就会要求一个原因的概念，该概念包含着这样一种联结的必然性），而是只能按照想象力的规则期望与通常类似的情况，但这样的期望绝不是可靠的，即使它也还如此经常地应验。甚至对任何事件人们都不能说：**必定**有某种东西先行于它，它**必然地**跟随其后，也就是说，它必定有一个原因，因而即使人们也还知道有这样的东西先行的情况如此经常发生，以至于能够从中抽出一个规则来，人们也不能由此就假定它总是并且必然地以这种方式发生，而这样，人们就必须也为盲目偶然的事件保留其权利，在它这里一切理性应用都终止了。这就在从结果上升到原 〔52〕
因的推论方面牢固地确立了怀疑论，使它变得无法反驳。

数学此时还安然无恙地置身事外，因为休谟认为数学的命题全都是分析的，亦即为了同一性的缘故，从而按照矛盾律从一个规定推进到另一个规定（但这是错误的，因为数学命题毋宁说全都是综合的，而且即使例如几何学并不涉及事物的实存，而是仅仅涉及事物在一个可能直观中的先天规定，它也像通过因果概念那样从一个规定 A 过渡到一个完全不同的，但仍与它必然联结起来的规定B)。但最终，这门由于其无可置疑的确定性而被如此高度赞扬的科学，也必定出自休谟用习惯来取代原因概念中的客观必然性的同一个理由而败给原理上的经验论，而且无论它如何骄傲，它也不得不忍声吞气地降低它那大胆的、要求先天地赞同的权利，并指望观察者的厚爱会赞许其命题的普遍有效性，这些观察者作为证人毕竟不会拒绝承认，他们在任何时候也都是这样感知到几何学家所讲述的东西的，因而即便这种东西刚好不是必然的，也毕竟是今后会允许人们可以这样期待的。以这种方式，休谟的原理上的经验论也就不可避免地导向了甚至在数学方面，因而在理性的一切**科学的**理论应用方面的怀疑论（因为这种应用要么属于哲学，要么属于数学）。普通的理性应用（在人们发现知识的这些首领都遭遇到这样可怕的颠覆的时候）是否必定更好地脱险，而不是更加不可挽回地卷入一切知识的同样的毁灭之中，从而并不从这样的原理中产生出一种**普遍的**怀疑论（它当然只涉及学者们），我想把这留给每一个人自己去判断。

现在，就我在《纯粹理性批判》中所做的探讨而言，它虽然是由休谟的那种怀疑学说引起的，但却走得远得多，包括纯粹理论理性在综合应用中的全部领域，因而也包括人们一般而
〔53〕言称为形而上学的东西，所以，我对于这位苏格兰哲学家涉及因果性概念的怀疑是以如下方式行事的。休谟在（如同几乎到处也都在发生的那样）把经验的对象当成了**物自身**，把原因概念宣布为骗人的和虚假的幻觉时，做得完全正确；因为关于物自身及其规定本身，是无法看出何以由于某物A被设定，另一个某物B就也必须被必然地设定的，因而他根本不可能承认这样一种关于物自身的先天知识。这个机敏的人物更不可能允许这个概念有一个经验性的起源，因为这种起源完全与联结的必然性相矛盾，而必然性则构成了因果性概念的本质；因

此，这个概念遭到了排斥，取而代之的是在遵循知觉的进程时的习惯。

但是，从我的研究中却得出，我们在经验中所涉及的对象绝不是物自身，而仅仅是显象，并且即使在物自身那里根本看不出，甚至也不可能看出，何以如果设定 A，不设定与 A 完全不同的 B（作为原因的 A 与作为结果的 B 之间的联结的必然性）就应当是**矛盾的**，但毕竟完全可以设想，它们作为显象必定**在一个经验**中以某种方式（例如就时间关系而言）必然地结合在一起，而且不能被分开而不与这个经验得以可能所凭借的那种结合**相矛盾**，它们惟有在这个经验中才是对象，是我们可以认识的。而实际上也是这样：以至于我不仅能够对原因概念按照其就经验对象而言的客观实在性作出证明，而且还能够由于它所带有的联结的必然性而把它当做先天概念来加以**演绎**，也就是说，从纯粹知性出发不用经验性来源而阐明它的可能性，而且这样在除去它的起源的经验论之后，就能够首先在自然科学方面，然后由于十分完美地从同样的根据得出的东西而在数学方面，即在这两门与可能经验的对象相关的科学方面，从根本上铲除这种经验论的后果亦即怀疑论，并由此而从根本上铲除对理论理性号称洞察的一切东西的全部怀疑。〔54〕

但是，这个因果性范畴（其余一切范畴亦复如是；因为没有它们，就不能实现关于实存者的任何知识）在不是可能经验的对象，而是超越于可能经验的界限之外的事物上的运用情况是怎样的呢？因为我只能就**可能经验的对象**而言演绎这些概念的客观实在性。但正是这一点，即我仅仅在这一场合拯救了这种客观实在性，我指出毕竟可以由此思维一些客体，虽然不是先天地规定它们，这就给这些概念在纯粹知性中提供了一个位置，它们由此出发就能够与一般而言的客体（感性的或者非感性的客体）相关联。如果还缺少什么东西，那就是这些范畴，特别是因果性范畴**运用**于对象的条件，亦即直观；在它没有被给予的地方，它都使得以作为本体的对象的**理论知识为目的**的运用成为不可能的，因而这种理论知识如果有人敢于冒险去做，就将（如在《纯粹理性批判》中也发生的那样）遭到禁止；然而，这个概念的客观实在性毕竟始终还存在，也能够被运用于本体，但在理论上却丝毫不能规定这个概念并由此来产生知识。因为这个概念即便与一个客体相关也不包含任何不可能的东西，这是以如下方式得到证明的，即这个概念无论如何运用于感官的对象，都在纯粹知性中保有自己的位置，而且即使它在此之后与物自身（不可能是经验对象的物自身）相关，不能为了一种理论知识的目的而被规定去表象**一个确定的对象**，它也毕竟总还能够为了一个别的目的（也许是实践的目的）而被规定去运用自己；如果按照休谟的看法，这个因果性概念包含着在任何地方都不可能被思维的对象，就不会是上述情况了。

现在，为了找出把上述概念运用于本体的条件，我们只须回顾一下，**为什么我们并不满足于上述概念在经验对象上的运用**，而是也想把它运用于物自身。因为在这里马上就表现出，使这种情况对我们成为必然性的，并不是一个理论的意图，而
〔55〕是一个实践的意图。为了思辨，即使我们做得到，我们也不会在自然知识中和一般而言在不能以任何方式被给予我们的对象方面有任何真正的收获，而是至多从感性有条件者（停留在这里并努力遍历这个原因链条已足够我们去做了）向超感性者迈出一大步，以便从根据方面完成我们的知识，并为它划定界限，然而，在那个界限和我们所认识的东西之间永远会留下一条无限的鸿沟填不满，而我们所听从的与其说是一种彻底的求知欲，倒不如说是一种虚荣的提问癖。

但是，除了**知性**与对象（在理论知识中）所处的那种关系

之外，知性也有一种与欲求能力的关系，欲求能力由此而叫做意志，而就纯粹知性（它在这样的情况下叫做理性）仅仅通过一个法则的表象就是实践的而言，则叫做纯粹意志。一个纯粹意志的客观实在性，或者这样说也一样，一个纯粹实践理性的客观实在性，是在先天的道德法则中仿佛通过一个事实而被给予的；因为人们可以这样称呼一个不可避免的意志规定，尽管这个意志规定并不基于经验性的原则。但在一个意志的概念中，已经包含着因果性概念，因而在一个纯粹意志的概念中，也包含着一种具有自由的因果性的概念，也就是说，这种因果性不能按照自然法则来规定，因而不能有任何经验性的直观来作为这概念的客观实在性的证明，但仍然在先天的纯粹实践法则中完全地为它的客观实在性作了辩护，却不是（就像很容易看出的那样）为了理性的理论应用，而是仅仅为了其实践的应用。现在，一个具有自由意志的存在者的概念就是一个 causa noumenon［作为本体的原因］的概念，至于这个概念并不自相矛盾，人们已经以如下方式作了保障，即一个原因的概念，作为完全出自纯粹知性的，同时它在一般对象方面的客观实在性也通过演绎得到保障的，此时按照它的起源独立于一切感性条件的，因而本身不被限制在现象上的（除非是在对此要作一种理论的确定应用的地方），当然能够被运用于作为纯粹的知性存在者的事物上面。但是，由于这种应用不可能被配上任何直观，因为直观在任何时候都只能是感性的，所以 causa noumenon［作为本体的原因］就理性的理论应用而言虽然是一个 〔56〕
可能的、可以设想的概念，但却是一个空洞的概念。但现在，我也并不要求由此**在理论上认识**一个存在者就其具有一个**纯粹意志而言**的性状；对我来说，只要由此把它描述为这样一个存在者，从而只要把因果性概念与自由概念（以及与此不可分割地，与作为自由的规定根据的道德法则）结合起来就够了；由于原因概念的纯粹的并非经验性的起源，我当然应当得到这样的权利，因为我对它除了与规定它的客观实在性的道德法则相关，亦即仅仅作一种实践的应用之外，并不认为自己有权作任何别的应用。

如果我和休谟一样，不仅就事物自身（超感性的东西）而言，而且也就感官对象而言，剥夺了因果性概念在理论应用中的客观实在性，那么，这个概念就会丧失一切意义，并作为一个理论上不可能的概念被宣布为完全无用的，而且由于对不存在的东西不能作任何应用，所以一个**理论上没有意义的**概念的实践应用也就会完全是无稽之谈。但现在，一种经验性上无条件的因果性的概念在理论上虽然是空的（没有适合于它的直观），但毕竟总还是可能的，并且是与一个不确定的客体相关的，而取而代之的则是在道德法则上，因而在实践关系中赋予它意义，所以，我虽然没有任何直观来规定这概念的客观的理论实在性，但它仍然有可以在意向和准则中具体地表现出来的现实运用，亦即有能够被告知的实践实在性；这对于它甚至在本体方面的资格来说也是充分的。

但是，一个纯粹知性概念在超感性事物的领域中的客观实在性一旦被引入，从此就给其余一切范畴提供出也是客观的、只不过仅仅是可以在实践上运用的实在性，尽管总是仅仅就此而言，这些范畴才与纯粹意志的规定根据（道德法则）处于**必然的**结合之中；然而，这种客观实在性对于这些对象的理论知识，即对于通过纯粹理性对这些对象的本性的洞识，却没有丝毫的影响使其得以扩展。如同我们后面也将发现的那样，这些范畴永远只与作为**理智**的存在者相关，而且在这些存在者身上
〔57〕也只与**理性**和**意志**的关系相关，因而始终只与**实践的东西**相关，并不超出这一点进一步自诩对这些存在者有任何知识；但是，与这些范畴相结合，无论还想牵强附会地举出属于这样一

些超感性事物的理论表象方式的何种属性，它们在这种情况下也全都不被算做知识，而是仅仅被算做假定和预设这些存在者的权利（但在实践的意图中却完全被算做必然性），甚至在人们按照一种类比，亦即按照我们就感性存在者而言实践上所使用的那种纯粹理性关系来假定和预设超感性的存在者（如上帝）的时候，也是如此这般；这样，就丝毫不会助长纯粹理论理性由于运用于超感性的东西——但仅仅在实践意图上——而游荡到越界的东西中去。

第二章
纯粹实践理性的对象的概念

我把实践理性的对象的概念理解为一个作为因自由而有的可能结果的客体之表象。因此，是实践知识的一个对象本身，这只不过意味着意志与使这对象或者它的对立面成为现实所借助的那个行动的关系，而对某物是不是**纯粹**实践理性的一个对象的评判，则只不过是对**愿意**有这样一个行动的可能性和不可能性的辨别，借助这个行动，假如我们有这方面的能力（对此必须由经验来判断），某个客体就会成为现实的。如果这客体被假定为我们的欲求能力的规定根据，那么，该客体由于我们的力量的自由应用而来的**物理可能性**就必定先行于它是不是实践理性的一个对象的评判。与此相反，如果先天法则能够被视为行动的规定根据，因而这个行动能够被视为由纯粹实践理性所规定的，那么，关于某物是不是纯粹实践理性的一个对象的判断，就完全不依赖于与我们的物理能力的比较，而问题就仅 〔58〕
仅是：假如事情由我们控制的话，我们是否会**愿意**有一个指向某个客体的实存的行动，因而这行动在**道德上的可能性**就必须先行；因为在这里，并非对象，而是意志的法则才是这行动的规定根据。

因此，一个实践理性的惟一客体就是善和恶的客体。因为人们通过前者来理解欲求能力的一个必然对象，通过后者来理解厌恶能力的一个必然对象，但二者都依据理性的一个原则。

如果善的概念不是从一个先行的实践法则推导出来的，而是毋宁说应当充任这个法则的根据，那么，它就只能是这样一种东西的概念，这种东西的实存预示着愉快，并这样规定着主体的因果性去产生它，也就是说，规定着欲求能力。由于现在不可能先天地看出哪种表象伴随着**愉快**，反之哪种表象伴随着**不快**，所以，要识别直接地是善或者恶的那种东西，就仅仅取决于经验了。这种经验惟有与之相关才能进行的那种主体属性，就是愉快和不快的**情感**，即一种属于内部感官的接受性；而这样，关于直接是善的东西的概念就会必然仅仅关涉**快乐**的感觉直接与之结合的东西，而关于绝对恶的概念就会必然仅仅与直接激起**痛苦**的东西相关。但由于这已经违背习惯用语，习惯用语把**惬意**与**善**区别开来，把**不惬意**与**恶**区别开来，并要求在任何时候都由理性，因而由能够普遍地传达的概念，而不是由局限于个别主体及其感受性上的纯然感觉来评判善和恶，但一种愉快或者不快就自身而言仍然不能先天地与一个客体的任何表象直接结合起来，所以，相信不得不把一种愉快的情感当做自己的实践评判的根据的哲学家，就会把是达到惬意的一种**手段**的东西称为**善的**，而把是不惬意和痛苦的原因的东西称为**恶**；因为对手段与目的的关系的评判当然是理性的事情。但是，尽管惟有理性才有能力看出手段与其意图的联结（以至于
〔59〕人们也可以用目的的能力来定义意志，因为目的在任何时候都是按照原则来规定欲求能力的根据），但从上述善的概念中仅

仅作为手段而产生的那些实践准则，却绝不包含某种单凭自身就是善的东西，而是始终只包含**对于某种目的**是善的东西来作为意志的对象：这善在任何时候都只会是有用的东西，而它对之有用的东西则会必定是在意志之外处于感觉之中的。现在，如果这种感觉作为惬意的感觉必须与善的概念区分开来，那么，在任何地方都不会有任何直接善的东西，而是必须仅仅在达到某种别的东西，亦即达到某种惬意的手段中去寻找善。

各学派的一个古老的语式是：nihil appetimus，nisi sub ratione boni；nihil aversamur，nisi sub ratione mali［我们不欲求任何东西，除非考虑到善；我们不拒绝任何东西，除非考虑到恶］；而它有一种经常是正确的，但也对哲学经常是很不利的应用，因为boni［善］和mali［恶］这两个表述包含着一种歧义，对此应负责的是语言的局限；根据这种歧义，它们能够有双重的意义，因而不可避免地使实践法则盘桓不定，并迫使在使用这两个表述时固然完全觉察到在同一词那里的概念差异，但却不能为此找到任何专门表述的哲学作出细腻的区分，而人们在事后亦无法对这些区分达成一致，因为这种区别并没有能够用任何适当的表述直接表示出来。①

德语有幸拥有一些不使这种差异被忽视的表述。对于用拉

① 此外，sub ratione boni［考虑到善］这个表述也是有歧义的。因为它说的可能只是：如果并且**由于**我们**欲求**（意欲）某种东西，我们就把它想象为善的；但也可能是：我们之所以欲求某种东西，乃是**因为**我们把它**想象为善**的，以至于或者欲求是作为一种善的客体之概念的根据，或者善的概念是欲求（意志）的规定根据；因为sub ratione boni［考虑到善］在第一个场合会意味着我们**在善的理念下**而意欲某种东西，在第二个场合会意味着我们**根据这个**必须作为意欲的规定根据先行于意欲的**理念**而意欲某种东西。

丁语的人借助惟一的语词 bonum［善］来称谓的东西，德语有两个很不同的概念，而且也有很不同的表述：对于 bonum 来说就是**善**和**福**，对于 malum［恶］来说则是**恶**和**祸**（或者
〔60〕 苦），以至于我们对于一个行动来说所考虑的是它的**善**和**恶**，还是我们的**福**和**苦**（祸），这是两种完全不同的评判。由此已经得出，如果上述心理学命题被这样翻译：我们不欲求任何东西，除非考虑到我们的**福**或者**苦**，那么，它至少还是很不确定的；与此相反，如果人们这样给出它：按照理性的指示，我们不意欲任何东西，除非我们认为它是善的或者恶的，那么，这个命题就是无可置疑地确定的，同时是表达得完全清楚的。

福或者**祸**总是仅仅意味着与我们的**惬意**或者**不惬意**、快乐和痛苦状态的一种关系，而如果我们因此而欲求或者厌恶一个客体，那么，这只有在与我们的感性和该客体所造成的愉快和不快的情感相关时才会发生。但是，**善**或者**恶**在任何时候都意味着与**意志**的一种关系，只要这意志由**理性法则**规定，去使某种东西成为自己的客体；就像意志绝不直接由客体及其表象来规定，而是一种使理性的规则成为自己的行动动因（这样一个客体就能够成为现实的）的能力一样。因此，善或者恶真正说来与行动相关，而不与个人的感觉状态相关，而且如果某种东西应当是绝对（在一切意图中并且无须进一步的条件）善的或者恶的，或者应当被认为如此，那么，它就会仅仅是行动方式，是意志的准则，从而是作为善人或者恶人的行动着的个人本身，而不是一件可以被如此称谓的事情。

因此，人们总是要嘲笑那个斯多亚主义者①，他在痛风极剧烈地发作时喊道：疼痛，你尽管还这样折磨我吧，但我永远

① 西塞罗：《图斯库勒论辩》，Ⅱ，25，61。——科学院版编者注

不承认你是某种恶的东西（κακου，malum）！他毕竟是有道理的。他所感到的是一种祸，而这是他的喊叫所透露的；但是，他身上由此就有一种恶，这却是他根本没有理由去承认的；因为疼痛丝毫也不减少他的人格的价值，而只是减少他的状态的价值。哪怕他只意识到自己说过一次谎，这谎言就必定打消他的勇气；但是，如果他意识到，他并没有因为任何不正当的行动而招致疼痛，并由此使自己该受惩罚，那么，疼痛则只是用来作为使他高尚起来的诱因。

我们应当称为善的东西，必须在每一个有理性的人的判断中都是欲求能力的一个对象，而恶则必须在每一个人的眼中都是厌恶的一个对象；因而要作出这种评判，除了感官之外还需要理性。与谎言相反的真诚、与强暴相反的正义等，都是这种情况。但是，我们可以把某种东西称为一种祸，但同时每一个人都必须把这种祸解释为善的，有时是间接善的，有时干脆是直接善的。让人给自己做一次外科手术的人，毫无疑问觉得这手术是一种祸；但通过理性，他和每一个人都把这手术解释为善的。但如果有人喜欢戏弄和打扰爱好宁静的人们，终于有一次碰了钉子，并遭到一顿痛揍，那么，这当然是一种祸，但每个人都会为此鼓掌叫好，认为这本身是善的，即使从中并不会进一步产生什么东西；甚至那遭到痛揍的人，也必定在他的理性中认识到，这对他来说是公正的，因为他看到理性不可避免地向他规劝的安适与行为得体之间的相称在这里精确地实现了。 〔61〕

当然，在我们的实践理性的评判中，**绝对有很多东西**取决于我们的福和苦，而且就我们作为感性存在者的本性而言，**一切**都取决于我们的**幸福**，如果这幸福像理性首先所要求的那样，不是按照瞬息即逝的感觉，而是按照这种偶然性对我们的全部实存以及对这种实存的心满意足的影响来评判的话；但并不是**在根本上一切**都取决于此。就人属于感官世界而言，他是一个有需要的存在者，而且就此而言，他的理性当然在感性方面有一个不可拒绝的使命，即照顾感性的利益，并给自己制定实践的准则，哪怕是为了此生的幸福，可能的话也为了来生的幸福。但是，人毕竟不完全是动物，对理性自言自语所说的一切都无所谓，把理性仅仅当做满足他作为感官存在者的需要的工具来使用。因为如果理性仅仅为了本能在动物那里所建树的东西而为人效劳的话，那么，人具有理性这一点，就根本没有在价值上把人提高到纯然动物性之上；理性在这种情况下就会只是自然利用来装备人以达到它给动物所规定的同一个目的的一种特殊手法，而没有给人规定一个更高的目的。因此，人按
〔62〕照这种曾经对他作出的自然部署当然需要理性，以便在任何时候都考察他的福和苦，但他拥有理性除此之外还为了一个更高的目的，也就是说，不仅也考虑就自身而言善或者恶的东西，亦即纯粹的、感性上根本不感兴趣的理性只是独自能够作出判断的东西，而且要把这种评判与前一种评判完全区别开来，使它成为前一种评判的最高条件。

对就自身而言善或者恶的东西的这种评判，与只是同福或者苦相关才被如此称谓的东西不同，取决于以下几点。要么一个理性原则就自身而言已经被设想为意志的规定根据，不考虑欲求能力的可能客体（因而仅仅凭借准则的合法则形式），在这种情况下，那个原则就是先天的实践法则，纯粹理性就被看做自身是实践的。法则在这种情况下**直接**规定着意志，符合法则的行动是**就自己本身而言善的**，一个意志的准则在任何时候都符合这法则，这意志就是**绝对地、在一切意图中都善的**，并且是**一切善的至上条件**。要么欲求能力的一个规定根据先行于意志的准则，意志以愉快和不快的一个客体，因而以某种使人**快乐**或者**痛苦**的东西为前提，而促进前者避免后者的理性准则

规定着行动，如同这些行动与我们的偏好相关，因而仅仅间接地（考虑到一个另外的目的，作为该目的的手段）是善的一样，而这些准则在这种情况下就永远不能叫做法则，但仍然可以叫做合理性的实践规范。这目的本身，即我们所寻求的快乐，在后一种情况中不是**善**，而是**福**，不是一个理性概念，而是关于感觉对象的一个经验性概念；不过，使用手段来达成这个目的，亦即那个行动（由于为此需要理性的思考）仍然是善的，但不是绝对善的，而是仅仅与我们的感性相关，就它的愉快和不快的情感而言是善的；但意志的准则由此刺激出来，这意志就不是一个纯粹的意志，纯粹的意志仅仅关涉这样的东西，对这东西来说纯粹理性自身就能够是实践的。

这里正是解释一种实践理性批判中的方法的悖论的地方：**也就是说，善和恶的概念必须不是先行于道德法则（表面上必须是这概念为道德法则提供根据），而是仅仅（如同这里也发生的那样）在道德法则之后并由道德法则来规定**。因为即使我们并不知道道德的原则是一个纯粹的、先天地规定意志的法则，但为了不完全徒劳地（gratis）假定一些原理，我们也必须在开始的时候，至少让意志是仅有经验性的规定根据还是也有纯粹的先天规定根据这一点悬而未决；因为把人们应当首先去决定的东西事先假定为已决定的，这是违背哲学程序的一切基本规则的。假设我们现在要从善的概念开始，为的是从中推导出意志的法则来，那么，关于一个对象（作为一个善的对象）的这一概念就会同时把这个对象说成是意志的惟一规定根据。现在，由于这个概念并不以任何先天实践法则作为它的准绳，所以善或者恶的试金石就不能被设定在任何东西中，只能设定在对象与我们的愉快或者不快的情感的一致中，而理性的应用就只能在于，有时在与我的存在的一切感觉的整个联系中去规定这种愉快或者不快，有时去规定使我获得这种愉快或者 〔63〕

不快的对象的种种手段。现在，既然什么东西是符合愉快的情感的，这惟有通过经验才能够澄清，而实践法则据说应当建立在作为条件的这种东西上面，所以，先天实践法则的可能性就会被直截了当地排除了：因为人们指的是认为事先有必要为意志找出一个对象来，关于它的概念作为一个善的概念就必定会构成普遍的，尽管是经验性的规定根据。但是，毕竟有必要事先研究的是，是否也会有意志的一种先天的规定根据（这个根据绝不会在别的什么地方，只会在一个纯粹的实践法则中被发现，而且是就这法则不考虑某个对象而给准则规定纯然合法则的形式而言的）。但是，由于人们已经把一个对象按照善和恶的概念当做一切实践法则的根据，而那个对象没有先行的法则就只能按照经验性的概念来设想，所以人们已经预先取消哪怕只是设想一个纯粹实践法则的可能性；因为与此相反，如果人
〔64〕们事先分析地探究过纯粹实践法则的话，就会发现不是作为一个对象的善的概念规定道德法则并使之成为可能，而是反过来，道德法则首先对善的概念就善完全配得上这一名称而言予以规定并使之成为可能。

这个仅仅涉及至上的道德研究的方法的说明，是很重要的。它一下子就解释了哲学家们在道德的至上原则方面的一切失误的诱发根据。因为他们寻找意志的一个对象，以便使它成为一个法则的质料和根据（这样一来，这个法则就不应当是直接地，而是借助于被交给愉快或者不快的情感的那个对象而成为意志的规定根据），而他们本应当首先探究一个先天地直接规定意志，并按照这意志才来规定对象的法则。这时，他们想把这个愉快的对象，即据说提供善的至上概念的对象，设定在幸福中，设定在完善中，设定在道德情感中，或者设定在上帝的意志中，这样他们的原理就总是他律，他们就必定不可避免地遭遇到一个道德法则的诸经验性条件：因为他们惟有按照意

志对永远都是经验性的情感的直接态度，才能把他们的作为意志的直接规定根据的对象称为善的或者恶的。惟有一个形式的法则，亦即仅仅将理性的普遍立法形式规定给理性作为各准则的至上条件的这样一个法则，才能够先天地是实践理性的一个规定根据。古人们在这方面毫不掩饰地暴露出这种错误，因为他们把自己的道德研究完全建立在对**至善**概念的规定上，因而建立在对一个对象的规定上，然后他们又想使这对象在道德法则中成为意志的规定根据：这是在道德法则首先自己得到证明并作为意志的直接规定根据得到辩护以后很久才能对从此在其形式上先天地得到规定的意志表现为对象的一个客体，这件事我们要在纯粹实践理性的辩证论中放胆去做。在近代人这里，关于至善的问题看来已经过时，至少已经仅仅是次要的问题，他们把上述错误（如同在许多别的场合里那样）隐藏在一些未经规定的语词后面，然而人们仍然发现这错误从他们的体系中 〔65〕
显露出来，因为在这种情况下，这种错误到处都暴露出实践理性的他律，从中永远也不可能产生出一个先天普遍地颁布命令的道德法则。

现在，既然善和恶的概念作为对意志的先天规定的结果也是以一个纯粹的实践原则，因而以纯粹理性的一种因果性为前提的，所以，它们原初并不像纯粹的知性概念或者作理论应用的理性的范畴那样（例如作为被给予的直观的杂多在一个意识中的综合统一的种种规定）与客体相关，毋宁说，这些概念或者范畴是把客体预设为被给予的；相反，善和恶的概念全都是一个惟一的范畴亦即因果性范畴的模态，只要它们的规定根据在于一个因果性法则的理性表象，理性把这法则作为自由的法则立给自己，并由此先天地证明自己是实践的。然而，既然行动**一方面**虽然在一个本身并不是自然法则，而是自由法则的法则之下，因而属于理知的存在者的行为，但**另一方面**却也作为感官世界中的事件而属于显象，所以一个实践理性的种种规定将惟有与感官世界相关才能够发生，因而虽然是符合知性范畴的，但却不是为了知性的一种理论应用，以便把（感性）**直观**的杂多置于一个先天的意识之下，而是仅仅为了使**欲求**的杂多服从一个在道德法则中颁布命令的实践理性或者一个纯粹的先天意志的意识的统一性。

这些**自由范畴**，因为我们要这样称谓的是它们，而不是那些作为自然范畴的理论概念，它们就对后者具有明显的优越性，即由于后者只是一些仅仅不确定地通过普遍概念为任何对我们来说可能的直观表明一般客体的思想形式，前者却与此相反，关涉的是一种**自由的任性**的规定（虽然不能完全相应地给予这种规定以任何直观，但这种规定却先天地以一个纯粹实践法则为基础，这是在我们的认识能力的理论应用的任何概念那里都不曾出现的），所以作为实践的要素概念，就不以并不存在于理性本身中，必须从别的地方亦即从感性中得来的直观形
〔66〕式（空间和时间）为基础，而是以在理性中，因而在思维能力本身中作为被给予的**某种纯粹意志的形式**为基础；由此就发生了如下情况，即由于在纯粹实践理性的一切规范中所涉及的只是**意志的规定**，而不是**实现意志的意图**的（实践能力的）自然条件，所以先天的实践概念在与自由的至上原则相关时立刻就成为知识，可以不为了获得意义而期待直观，而且是出自这一值得注意的理由，即它们是自己产生出它们与之相关的东西的现实性（意志的意向）的，而这根本不是理论概念的事情。只不过人们千万要注意，这些范畴所关涉的只是一般的实践理性，并这样在它们的秩序中从道德上尚未规定的和以感性为条件的范畴前进到不以感性为条件的，仅仅由道德法则来规定的范畴。

善与恶的概念方面的自由范畴表

1.

量

主观的、按照准则的（**个人的意志意见**）

客观的、按照原则的（**规范**）

先天地既是客观的又是主观的自由原则（**法则**）

2.

质

践行的实践规则

（praeceptivae［指令性的］）

舍弃的实践规则

（prohibitivae［禁止性的］）

例外的实践规则

（exceptivae［除外性的］）

3.

关系

与**人格**的关系

与个人**状态**的关系

个人与其他个人的状态的**交互**关系

4.

模态

允许的事情和**不允许的事情**

义务和**违背义务**的事情

完全的义务和**不完全的义务**

人们在这里很快就将察觉，在这个表中自由就通过它而可能的那些作为感官世界中的显象的行动而言，被视为一种并不服从经验性的规定根据的因果性，因而与这些行动的自然可能性的诸范畴相关，然而，每个范畴都被看做是如此普遍的，以至于那个因果性的规定根据也能够被认定是外在于感官世界而处在作为一个理知存在者的属性的自由之中的，直到诸模态范畴引入从一般的实践原则向道德原则的过渡，但这种引入只是**或然的**，然后道德原则才能够通过道德法则被**独断地**展示出来。〔67〕

我在这里对目前这个表的解释不再附加任何东西，因为它自身就是足够明晰的。这样的按照原则拟定的划分无论是在它的彻底性上还是在明晰性上都是很有助于一切科学的。例如，人们从上表及其第一栏马上就知道，我们在实践的考虑中必须从哪里开始：从每个人建立在他的偏好之上的准则开始，从有理性的存在者就其在某些偏好上相一致而言对它们的类都有效的规范开始，最后是从对一切人都有效而不管它们的偏好的法则开始，等等。以这种方式，人们就概览了我们应当做的事情的整个计划，甚至概览了实践哲学的每一个必须回答的问题，同时概览了必须遵循的次序。

纯粹实践判断力的模型论

善和恶的概念首先为意志规定一个客体。但它们自身却服从理性的一条实践规则，如果理性是纯粹理性的话，这条规则就先天地在意志的对象方面规定意志。现在，一个在感性中对我们来说可能的行动是不是服从这条规则的情况，对此就需要实践的判断力了，通过实践的判断力，在规则中被普遍地（抽象地）说出的东西就被具体地应用到一个行动上。但是，由于纯粹理性的一条实践规则，**第一**，作为**实践的**而涉及一个客体的实存；**第二**，作为纯粹理性的**实践规则**而带有就行动的存在而言的必然性，因而是实践的法则，而且不是通过经验性的规
〔68〕定根据而来的自然法则，而是一个自由法则，按照这法则，意志应当是能够独立于一切经验性的东西（仅仅通过一个一般法则及其形式的表象）而得到规定的，但对于可能行动来说所出现的一切情况却都只能是经验性的，亦即属于经验和自然。所以，看起来荒唐的是，要在感官世界发现一种情况，它既然就此而言永远仅仅服从自然法则，却又允许一条自由法则运用于其上，而且应当在其中具体地展示出来的道德上的善的超感性理念也能够运用于其上。因此，纯粹实践理性的判断力承受着

与纯粹理论理性的判断力同样的一些困难，但后者手中仍然有走出这些困难的一种手段，也就是说，因为就理论应用而言，事情取决于纯粹知性概念能够运用于其上的直观，这些直观（尽管只是关于感官对象的）毕竟能够先天地，从而就杂多在其中的联结而言先天地按照纯粹知性概念（作为**图型**）被给予出来。与此相反，道德上的善是某种按照客体来说超感性的东西，因而不可能为它在感性直观中找到某种相应的东西，所以，从属于纯粹实践理性的法则的判断力看来就承受着一些特殊的困难，这些困难乃是基于，一条自由法则应当被运用于作为事件的行动，而这些事件却是在感官世界中发生的，因而就此来说属于自然。

然而，这里却又给纯粹的实践判断力展开了一个有利的前景。在把一个在感官世界中对我来说可能的行动归摄在一个**纯粹实践法则**之下时，并不涉及该**行动**作为感官世界中的一个事件的可能性；因为这可能性应当由理性的理论应用按照因果性法则来评判，因果性是一个纯粹知性概念，理性在感性直观中对这一概念有一个**图型**。物理的因果性或者它的发生所服从的条件隶属于自然概念，这些概念的图型是先验的想象力所拟定的。但这里所涉及的不是一种按照法则的情况的图型，而是一个法则本身的图型（如果这个词在这里合适的话），因为**意志规定**（不是与其后果相关的行动）仅仅通过法则而无须一个别的规定根据，就把因果性概念与完全不同于构成自然联结的那些条件的种种条件结合起来了。 〔69〕

自然法则作为感性直观的对象本身所服从的法则，必须有一个图型，亦即想象力的一种普遍的程序（把法则所规定的纯粹知性概念先天地展示给感官）与之相应。但对于自由法则（作为一种根本不是感性上有条件的因果性），因而甚至对于无条件的善的概念，却不能为了其运用而具体地加上任何直观，从而加上任何图型。所以，道德法则除了知性（不是想象力）之外，就没有别的促成其在自然对象上的运用的认识能力了，而知性能加给一个理性理念的并不是一个感性**图型**，而是一个法则，但却是这样一个能够在感官对象上具体得到展示的法则，因而是一个自然法则，但只是就其形式而言，是为了判断力的法则，因此我们可以把这法则称为道德法则的**模型**。

纯粹实践理性的诸法则之下的判断力的规则就是这条规则：问一问你自己，你打算采取的行动如果应当按照你自己也是其一部分的自然的一条法则发生的话，你是否能够把它视为通过你的意志而可能的。实际上，每个人都在按照这条规则来评判行动在道德上是善的还是恶的。于是人们说：如果**每一个人**在他相信设法得到自己的好处时都允许自己去行骗，或者一旦他产生对生活的完全厌倦就认为有权缩短自己的生命，或者对别人的急难视若无睹，而你却一起置身于事物的这样一种秩序中，那么，你会怎样对待你的意志的赞同呢？现在，每一个人都知道：如果他允许自己暗中行骗，并不是每一个人都会因此而这样做，或者如果他不被察觉地心肠硬，并不是每一个人都会马上也这样对待他；因此，他的行动的准则与一条普遍的自然法则的这种比较也并不是他的意志的规定根据。但是，自然法则毕竟是评判他的行动的准则的一个**模型**。如果行动的准则不是这样的性状，使它经受一般自然法则的形式的检验，它
〔70〕在道德上就是不可能的。甚至最普通的知性也是这样作判断的；因为自然法则永远是知性的一切最平常的判断，甚至经验判断的基础。因此，知性在任何时候都持有自然法则，只是在应当对出自自由的因果性作出评判的那些场合里，它仅仅使那个**自然法则**成为**自由法则**的模型罢了，因为知性如果不持有某种它能够使之成为经验场合中的实例的东西，就不能使一个纯粹实践理性的法则在运用时获得应用。

因此，把**感官世界的自然**用做一个**理知的自然的模型**，这也是允许的，只要我不把直观和依赖于直观的东西转用到后一种自然上，而是仅仅把一般**合法则性的形式**（其概念甚至出现在最普通的理性应用中，但并不是在于别的任何意图，而仅仅是为了理性的纯粹实践应用才能够先天确定地被认识）与之相联系。因为法则本身就此而言是一样的，不管它们会从何处取得自己的规定根据。

此外，既然在一切理知的东西中，绝对只有（凭借道德法则的）自由，而且自由也只是就它是一个与道德法则不可分割的预设而言，此外还有自由按照那个法则的指导会把我们导向的所有那些理知对象，才又对我们来说不具有别的任何实在性，而仅仅具有为了同一个道德法则和纯粹实践理性的应用的实在性，但纯粹实践理性有权利，亦有必要把自然（根据其纯粹知性形式）用做判断力的模型：所以，目前这个说明乃是用来防止把仅仅属于概念的**模型论**的东西算做概念本身。因此，这个模型论作为判断力的模型论，保护人免受实践理性的**经验论**的危害，这种经验论把善和恶的实践概念仅仅设定在经验后果（所谓的幸福）之中，尽管幸福和一个由自爱规定的意志的那些极为有用的后果在这个意志同时使自己成为普遍的自然法则时当然可以用做道德上的善的完全合适的模型，但与这个模型毕竟不是一回事。这同一个模型论也保护人免受实践理性的**神秘主义**的危害，这种神秘主义把只是用做**象征**的东西当做**图型**，也就是把现实的但却非感性的直观（对一个不可见的上帝之国的直观）加给道德概念的运用，而漫游到越界的东西里面。惟有判断力的**理性论**才适合道德概念的应用，它除了理性自己也能够思维的东西，亦即合法则性之外，不再从感性自然中索取任何东西，而且除了反过来通过感官世界中的行动按照一般自然法则的形式规则现实地得以展示的东西之外，不把任 〔71〕

何东西带进超感性的自然。然而，对实践理性的**经验论**的防范却更为重要和更为值得推荐得多，因为**神秘主义**毕竟还是与道德法则的纯粹性和崇高性共容的，此外，把道德法则的想象力拔高到超感性的直观，这也是不那么自然，不那么适合普通的思维方式的，因而在这方面危险并不是那么普遍；与此相反，经验论则在意向中（人类能够和应当通过行动使自己获得的高尚价值毕竟在于意向，而不仅在于行动）把道德连根拔除，并将某种完全不同的东西，亦即诸偏好一般而言在自己中间推动交往所凭借的一种经验性的利益，来取代义务而加给意向，此外，也正因为如此而连同一切如果被提高到一个至上的实践原则的尊严就将贬低人类的偏好（不管它们被剪裁成什么样子），并由于这些偏好仍然如此有利于一切人的性情，出自这一原因而比所有的狂热都更为危险，后者绝不能构成许多人的一种持久状态。

第三章

纯粹实践理性的动机

行动的一切道德价值的本质取决于**道德法则直接规定意志**。如果对意志的规定虽然是按照道德法则发生的，但却是借助于一种情感，不管为了使道德法则成为意志的充足规定根据而必须预设的这种情感是什么性质的，因而不是**为了这法则**而发生的，那么，这行动就将虽然包含**合法性**，却不包含**道德**
〔72〕**性**。现在，如果**动机**（elater animi［灵魂的激动］）被理解为一个存在者的意志的主观规定根据，这个存在者的理性并不是已经由于它的本性就必然符合客观法则的，那么，由此将首先

得出：人们根本不能赋予属神的意志以任何动机，但属人的意志（以及任何被造的有理性存在者的意志）的动机绝不能是某种别的东西，只能是道德法则，因而客观的规定根据在任何时候都必须是，并且惟有它才同时必须是行动的主观上充分的规定根据，如果这行动不是仅仅应当实现法则的**字句**，却不包含法则的**精神**①的话。

因此，既然人们为了道德法则的缘故，并且为了使它获得对意志的影响，必须不寻求任何另外的、有可能缺乏道德法则的动机，因为这一切会造成不能持久的十足伪善，甚至哪怕只是除道德法则**之外**还让一切别的动机（作为好处的动机）一起发挥作用，这也是**令人忧虑的**；所以，剩下来的就无非是审慎地去规定，道德法则以何种方式成为动机，以及由于动机是道德法则，对于人的欲求能力来说，将发生什么事情来作为那个规定根据对人的欲求能力的作用。因为一条法则如何能够独自并且直接成为意志的规定根据（这毕竟是一切道德性的本质），这是一个对于人的理性来说无法解决的问题，而且与一个自由意志如何可能的问题是一回事。因此，我们将要先天地指出的，不是道德法则在自身中充当一个动机由以出发的根据，而是就道德法则是这样的动机而言，这动机在心灵中所起的（更准确地说，必然起的）作用。

由道德法则对意志所作的一切规定的本质就是：意志作为自由的意志，因而并不仅仅是没有感性冲动的参与，而且是甚至拒绝一切感性冲动，并在一切偏好可能违背那个法则时就中止这些偏好，这意志是仅仅由法则来规定的。所以就此而言，

① 对于任何合乎法则但却不是为了法则而发生的行动，人们都可以说：它仅仅按照**字句**，但并非按照**精神**（意向）是道德上善的。

道德法则作为动机的作用仅仅是否定的，而且作为这样的动机，这动机是能够被先天地认识的。因为一切偏好以及任何感
〔73〕性冲动都是基于情感的，而对情感（通过偏好所遭到的中止）的否定作用本身也是情感。所以我们可以先天地看出，道德法则作为意志的规定根据，由于它损害我们的一切偏好，就必定会造成一种可以被称为痛苦的情感，而且在这里我们就有了第一个实例，也许还是惟一的实例，在其中我们有可能从概念出发先天地规定一种知识（在这里就是一种纯粹实践理性的知识）与愉快或者不快的情感的关系。所有的偏好一起（它们当然也可以被归入一个尚可忍受的体系，而它们的满足在这种情况下就叫做自己的幸福）构成了**自私**（solipsismus［唯我主义］）。这种自私要么是**自爱**的，即对自己本身的一种超出一切的**宠爱**的自私（Philautia［爱己］），要么是对自己感到**满意**的自私（Arrogantia［自负］）。前者特别叫做**自重**，后者特别叫做**自大**。纯粹实践理性对自重所做的仅仅是**中止**，因为它把这样一种自然的，且在道德法则之前就在我们心中活跃的自重仅仅限制在与这个法则相一致的条件上；然后这自重就被称为**有理性的自爱**。但纯粹实践理性却干脆**击毁**自大，因为在与道德法则相一致之前发生的对自我赏识的一切要求都是一钱不值的和没有资格的，因为恰恰与这个法则相一致的一个意向的确定性乃是人格的一切价值的第一条件（如我们马上就将说明的那样），而一切先于这个条件的妄求都是错误的和违背法则的。现在，就自我赏识仅仅基于感性而言，这种癖好也属于道德法则所中止的偏好之列。所以道德法则击毁自大。但既然这个法则毕竟还是某种就自身而言肯定的东西，也就是一种理智的因果性的形式，亦即自由的形式，所以，由于它与主观上的对立物，亦即我们心中的偏好相反在**削弱**自大，它同时就是**敬重**的一个对象，而且由于它甚至**击毁**自大，亦即使之谦卑，它就是

最大的**敬重**的对象，因而也是一种肯定的情感的根据，这种情感没有经验性的起源，是被先天地认识的。因此，对道德法则的敬重是一种通过一个理智根据造成的情感，而这种情感是惟一我们能够完全先天地认识，我们能够看出其必然性的情感。

我们在上一章已经看到：凡是**先于**道德法则作为意志的客体呈现出来的东西，都通过这个作为实践理性的至上条件的法则本身，被以无条件的善的名义从意志的规定根据中排除了，而且，存在于准则对普遍立法的适用性之中的纯然实践形式首先规定着就自身而言且绝对地善的东西，并建立起一个纯粹意志的准则，惟有这个纯粹意志才在一切意图中都是善的。但这时，我们发现我们作为感性存在者的本性具有这样的性状，即欲求能力的质料（偏好的对象，无论这偏好是希望还是恐惧）首先情不自禁地产生，而我们的在病理学上可规定的自我虽然通过自己的准则是完全不适用于普遍的立法的，但仍然致力于预先提出自己的要求，并把这些要求当做最先的和源始的要求提出，就好像这自我构成了我们的整个自我一样。人们可以把这种按照其任性的主观规定根据使自己成为一般意志的客观规定根据的癖好称为**自爱**，这种自爱如果使自己成为立法者、成为无条件的实践原则，就可以叫做**自大**。现在，惟有道德法则才真正（亦即在一切意图中）是客观的，它完全排除自爱对至上的实践原则的影响，并无限地中止把自爱的主观条件指定为法则的自大。如今，在我们自己的判断中中止我们的自大的东西，就是使人谦卑的东西。因此，道德法则不可避免地使每一个人谦卑，因为每一个人都把自己的本性的感性癖好与道德法则作比较。其表象**作为我们的意志的规定根据**而在我们的自我意识中使我们谦卑的东西，就其是肯定的、是规定根据而言，独自就唤起**敬重**。因此，道德法则即便在主观上也是敬重的一个根据。既然在自爱中遇到的一切东西都属于偏好，而一切偏 〔74〕

好都基于情感，因而在自爱中将一切偏好全都中止的东西恰恰因此而必然对情感有影响，所以我们就领会到，如何可能先天地看出，道德法则通过排除偏好和使这些偏好成为至上的实践条件的癖好，亦即自爱对至上的立法的任何参与，就能够对情
〔75〕感发挥作用，这种作用一方面是纯然**否定的**；另一方面，确切地说在纯粹实践理性的限制性根据方面，则是**肯定的**，以及为什么根本不可以把任何特殊种类的情感以一种实践情感或者道德情感的名义假定为先行于道德法则并为之奠定基础的。

对情感（麻烦的情感）的否定性作用，如同对情感的一切影响以及如同任何一般情感一样，是**病理学的**。但作为道德法则的意识的作用，因而在与一种理知的原因，亦即作为至上立法者的纯粹实践理性的主体的关系中，一个有理性的被偏好所刺激的主体的这种情感虽然叫做谦卑（理智的轻视），但在与这种谦卑的肯定的根据亦即法则的关系中，同时又叫做对法则的敬重，对于这种法则来说根本没有任何情感发生，而是在理性的判断中，由于扫清了道路上的阻力，对一个障碍的清除就被等同于对这因果性的一种肯定的促进。因此，这种情感也可以被称为对道德法则的一种敬重的情感，而共同出自这两个理由，它也可以被称为一种**道德情感**。

因此，道德法则就像它通过实践的纯粹理性而是行动的形式上的规定根据一样，就像它以善和恶的名义也是行动对象的质料上的，但却只是客观的规定根据一样，它也是这个行动的主观规定根据，亦即动机，因为它对主体的感性有影响，并造成一种能够促进法则对意志的影响的情感。在这里，主体中没有任何与道德性相配的情感**预先**发生。这本是不可能的，因为一切情感都是感性的；但道德意向的动机却必须是没有任何感性条件的。毋宁说，为我们的一切偏好奠定基础的感性情感虽然是我们称为敬重的那种感觉的条件，但规定这情感的原因却

在纯粹实践理性里面，因此这种感觉由于其起源就不能叫做病理学的，而必须是**实践地造成的**；因为道德法则的表象剥夺了自爱的影响和自大的妄念，这就减少了纯粹实践理性的障碍，并产生出其客观法则对感性冲动的优势的表象，因而在理性的 〔76〕判断中相对地（就一个被感性冲动所刺激的意志而言）通过除去对立的重量而产生出其法则的重量。而这样一来，对法则的敬重就不是道德的动机，相反，它就是主观上作为动机来看的道德本身，因为纯粹实践理性由于与自爱相对立而拒绝了自爱的一切要求，从而使现在惟一有影响的法则获得了威严。在此要注意的是：就像敬重是对情感，从而是对一个有理性的存在者的感性的一种作用一样，这种情感也以这种感性，从而以道德法则使其担负起敬重的这样一些存在者的有限性为前提条件，而对于一个最高的，或者甚至摆脱了一切感性的，因而感性也不可能是其实践理性的障碍的存在者来说，是不能赋予它对**法则**的敬重的。

因此，这种情感（以道德情感的名义）是仅仅由理性造成的。它并不用来评判行动，或者干脆去建立客观的道德法则本身，而是仅仅用做动机，以便使道德法则在自身中成为准则。但是，人们能够给这种特殊的、不能与任何病理学的情感相比较的情感更恰当地配上一个什么样的名称呢？它具有如此独特的性质，即它仅仅受理性，确切地说受实践的纯粹理性的支配。

敬重在任何时候都仅仅关涉人，而绝不关涉事物。后者能够在我们心中唤起**偏好**，而且如果是动物（例如马、狗等）的话，甚至能够唤起**爱**，或者还唤起**恐惧**，例如大海、一座火山、一头猛兽，但绝不能唤起**敬重**。某种已经接近于这种情感的东西就是**惊赞**，而惊赞作为情绪，亦即惊奇，也能够关涉事物，例如参天的山峰，天体的巨大、繁多和遥远，一些动物的强壮和速度，等等。但这一切都不是敬重。一个人对我来说也能够是一个爱的对象、恐惧的对象，或者惊赞的对象，甚至达到惊奇，但并不能因此就是敬重的对象。他的风趣的性情、他的勇气和强壮、他的力量，通过他在别人中间具有的地位，都能够引起我的这样一些感觉，但总是还缺乏对他的内在敬重。**封德耐尔**说：**在一个贵人面前我鞠躬，但我的精神不鞠躬**。我
〔77〕可以补充说：在一个身份低微的普通市民面前，如果我在他身上察觉到我在自己本人身上没有意识到的某种程度的品格正直的话，**我的精神鞠躬**，不管我愿意还是不愿意，哪怕我依然昂首挺胸，以免他忽视我的优越地位。这是为什么呢？他的榜样给我出示了一条法则，当我把它与我的举止相比较，并亲眼看到事实证明了对这条法则的遵循，从而证明了这条法则的**可行性**时，它就击毁了我的自大。此时我也可能意识到一种同等程度的正直，而敬重也依然如故。因为既然在人身上一切善都总是有缺陷的，所以，法则通过一个实例而直观化，就总是击毁我的骄傲，对此，我亲眼看到的这位人士就充当着一个尺度，他总还是可能带有的不纯洁性对我来说并不像我自己的不纯洁性那样为我所熟知，因而他对我来说就显得更纯粹。**敬重**是我们无论愿意或者不愿意，都不会拒绝给予功德的一种**称赞**；我们顶多可以在表面上不露声色，但我们却不能防止在内心中感到这种敬重。

很难说敬重是一种**愉快**的情感，以至于人们就一个人而言只是不情愿地听任自己敬重。人们试图找出某种东西能够减轻我们敬重的负担，找出某种瑕疵，以便补偿由于这样一个榜样使我们产生的谦卑所造成的损失。就连死去的人，尤其是当他们的榜样显得无法效仿时，也并不总是幸免于这种批判。甚至道德法则，即使其**庄重威严**，也蒙受着这样一种抵制对它的敬重的努力。人们难道认为，除了人们想要摆脱如此严厉地责备

我们自己的不配的这种令人害怕的敬重之外，人们之所以喜欢把道德法则贬低成为我们亲切的偏好，可以归咎于某种别的原因吗？难道为了使道德法则成为我们自己应当注意的好处的可爱规范，所作出的这一切努力都是出自别的原因吗？尽管如此，这里面毕竟也又**很难说有什么不快**：人们一旦放弃了自大并允许那种敬重有实践的影响，就又能够对这个法则的壮丽百看不厌，而且灵魂在看到这个神圣的法则高踞于自己和自己的脆弱本性之上时，就相信在同样的程度上提高了自己。虽然伟大的天才们和与他们相称的活动也可以造成敬重或者一种与敬〔78〕重类似的情感，而且把这种情感献给他们也是完全合适的，而此时看起来就好像惊赞与那种感觉是一回事。然而，人们如果更仔细地观察，就将注意到，既然在这种技巧上生而具有的天才占多大份额，通过自己的勤奋而来的修养占多大份额，这永远还是不确定的，所以理性就以揣测的方式把这种技巧向我们表现为修养的结果，因而表现为功德，这明显地降低了我们的自大，并且要么在这方面责备我们，要么责成我们以适合于我们的方式来追随这样一个榜样。因此，它并不是纯然的惊赞，它是我们对这样一个人物（真正说来是对他的榜样向我们出示的法则）表示的敬重；这一点也由此得到证实，即成群平庸的倾慕者在相信从别的什么地方打听到了这样一个人物（如伏尔泰）品性上的劣迹时，就放弃了对他的所有敬重，但真正的学者却至少着眼于他的天才，还总是感到这种敬重，因为他本人卷入一种事务和职业中，这就使他在某种程度上把效仿此人当成他的法则。

因此，对道德法则的敬重是惟一的，同时无可怀疑的道德动机，就像这种情感也不指向任何别的客体，而只指向出自这个根据的客体一样。首先，道德法则客观地和直接地在理性的判断中规定着意志；但其因果性惟有通过法则才能得到规定的自由却正是在于，它把一切偏好，因而把对人格本身的赏识都限制在对其纯粹法则的遵循这个条件上。现在，这种限制就对情感发生作用，并产生出从道德法则出发能够先天地认识到的不快的情感。但是，既然这种限制仅仅就此而言是一种**否定性的**作用，它作为从一个纯粹的实践理性的影响中产生出来的作用，尤其在偏好是主体的规定根据时中止主体的活动，从而中止对他的个人价值（这种价值不与道德法则相一致就被贬为一钱不值）的意见，所以，法则对情感的这种作用就仅仅是使之谦卑，因为我们虽然能够先天地看出这种使之谦卑，但在它这里却不能认识到作为动机的纯粹实践法则的力量，而只能认识
〔79〕到对感性动机的阻抗。但是，既然同一个法则毕竟在客观上，亦即在纯粹理性的表象中是意志的一个直接的规定根据，因而这种使之谦卑只是相对于法则的纯粹性才发生，所以，在感性方面对道德上的自我赏识的要求的贬低，亦即使之谦卑，就是在理智方面对法则本身的道德赏识，亦即实践赏识的提高，一言以蔽之，就是对法则的敬重，因而也是一种就其理智原因而言的肯定性情感，这种情感是被先天地认识到的。因为对一个活动的障碍的任何一种减少都是对这个活动本身的促进。但是，对道德法则的承认就是对实践理性出自客观根据的一个活动的意识，这个活动只是由于主观原因（病理学的原因）对它的阻碍才没有在行动中表现出它的作用。所以，对道德法则的敬重也必须被看做这法则对情感的肯定的，但却间接的作用，只要这法则通过使自大变得谦卑而削弱各种偏好的阻碍性影响，因而也必须被看做活动的主观根据，亦即被看做遵循这法则的**动机**，以及被看做一种符合这法则的生活风格的种种准则的根据。从动机的概念中产生出一种**兴趣**的概念，这兴趣永远只能赋予一个有理性的存在者，并且指的是意志的**动机**，只要这动机**通过理性被表现出来**。既然法则本身在一个道德上善的

意志中必须是动机，所以**道德上的兴趣**就是纯然实践理性的一个纯粹的、摆脱感官的兴趣。在兴趣的概念之上，也建立起一个**准则**的概念。因此，准则也只有在它基于人们对遵循法则所怀有的纯然兴趣时，才在道德上是纯正的。但所有这三个概念，即**动机**概念、**兴趣**概念和**准则**概念，都只能被运用于有限的存在者。因为它们全都以一个存在者的本性的一种受限制性为前提条件，原因在于该存在者的任性的主观性状与一个实践理性的客观法则并不是自动地协调一致的；这就有一种通过推动某种东西而活动的需要，因为某种内在的障碍是与这种活动相对立的。因此，这些概念不能运用于属神的意志。

在对纯粹的、被去除了一切利益的道德法则的无限尊崇中，有某种如此特别的东西，就像实践理性把它表现给我们来 〔80〕
遵循那样，而实践理性的声音甚至使最大胆的恶徒也感到战栗，并迫使他躲避这法则的目光一样，以至于不必为发现纯然理智的理念对情感的这种影响对于思辨理性来说无法解释，不得不满足于毕竟还能先天地看出这样一种情感不可分割地与每个有限的理性存在者心中的道德法则的表象结合在一起，而感到奇怪。假如这种敬重的情感是病理学的，因而是一种基于内部**感官**的愉快情感，那么，要揭示这敬重与某个先天理念的结合就会是白费力气了。但现在，它是一种仅仅关涉实践的东西的情感，而且这种情感仅仅按照法则的形式，而不是由于法则的某个客体而与法则的表象相联系的，因而既不能被算做快乐，也不能被算做痛苦，尽管如此却产生出对遵循法则的一种**兴趣**，我们把这兴趣称为**道德**兴趣；就像对法则有这样一种兴趣的能力（或者对道德法则本身的敬重）真正说来也是**道德情感**一样。

意志对法则的一种**自由的**服从是与一种不可避免的，但仅仅由自己的理性施之于一切偏好的强制结合在一起的，这种意识就是对法则的敬重。要求并且也引起这种敬重的法则，如人们看到的那样，不是别的法则，而只是道德法则（因为没有任何别的法则排除一切偏好对意志的影响的直接性）。行动按照这一法则借排除一切出自偏好的规定根据而在客观上是实践的，就叫做**义务**，义务因这种排除之故而在其概念中如此**不情愿地**包含着实践上的**强迫**，亦即去行动的规定，不论这些行动如何发生。从这种强迫的意识产生的情感不是病理学的，不是作为这样一种由感官的一个对象引起的情感，而是仅仅实践上的，亦即通过一个先行的（客观的）意志规定和理性的因果性才可能的。因此，作为对一个法则的**服从**，亦即作为命令（它对受到感性刺激的主体宣布强制），这种情感并不包含任何愉快，而是就此而言毋宁说在自身中包含着对行动的不快。但相反，既然这种强制只是通过**自己的**理性的立法而实施的，这情
〔81〕感也包含着**提升**，因而对情感的主观作用，就纯粹的实践理性是其惟一的原因而言，可以叫做只是纯粹实践理性方面的**自我批准**，因为人们认识到自己是没有任何兴趣而仅仅通过法则被规定为这样的，并从此意识到一种完全不同的，由此而在主观上产生出来的兴趣，这兴趣是纯粹实践的和**自由的**，对一个合乎法则的行动有这种兴趣，绝不是一种偏好建议的，而是理性通过实践法则绝对地命令以及现实地产生的，但因此也就带有一个完全独特的名称，即敬重这个名称。

因此，义务的概念**在客观上**要求行动与法则一致，但在主观上则要求行动的准则对法则的敬重，作为法则对意志的惟一规定方式。**合乎法则地**行动的意识和**出自义务**，亦即出自对法则的敬重而行动的意识之间的区别就基于这一点，其中前者（合法性）即便在仅仅偏好是意志的规定根据的时候也是可能的，但后者（道德性），即道德价值，则必须仅仅被设定在这一点上，即行动乃是出自义务而发生的，亦即仅仅为了法则的

缘故而发生的。①

在一切道德评判中极为仔细地注意一切准则的主观原则，以便把行动的一切道德性设定在行动出自**义务**和出自对法则的敬重，而不是出自对这些行动应当产生的东西的喜爱和好感的必然性上，这是极为重要的。对于人以及一切被创造的理性存在者来说，道德的必然性都是强迫，亦即责任，而基于责任的行动都必须被表现为义务，而不是被表现为一种已经被自己所喜爱，或者能够被自己所喜爱的做法。就好像我们在某个时候能够做到，无须与对逾越的恐惧或者至少是担忧相结合的那种 〔82〕
对法则的敬重，我们就能够像那超越一切依赖性的神祇那样自发地仿佛是通过意志与道德法则的一种已经成了我们的本性的、永远不可更移的一致（因此，既然我们绝不可能被诱惑去背弃道德法则，道德法则最终也就有可能根本不再对我们来说是命令），在某个时候拥有意志的一种**神圣性**似的。

也就是说，道德法则对于一个极完善的存在者的意志来说是一个**神圣性**的法则，但对于每个有限的理性存在者的意志来说则是一个**义务**的法则，是道德强迫的法则，是通过对这法则的**敬重**并出自对他的义务的敬畏来规定他的行动的法则。必须不把一个别的主观原则假定为动机，因为若不然，行动的结果虽然能够像法则指定它的那样，但由于这行动尽管是合乎义务

① 如果仔细地斟酌对人格的敬重这个概念，就像它在前面已被阐明的那样，那么，人们就将察觉到，它总是基于一种给我们出示一个实例的义务的意识，所以敬重绝不能有一个别的根据，而只能有一个道德上的根据，而在我们使用这一表述的地方，处处都注意人在他的评判中对道德法则持有的那种隐秘的和值得惊叹的，但在此也经常出现的顾忌，这是很好的，甚至在心理学方面对人的知识也是很有用的。

的，但却不是出自义务发生的，对此的意向就不是道德的，而在这种立法中真正说来关键就是意向。

出自对人们的爱和同情的好意而对他们行善，或者出自对秩序的爱而处事公正，这是很美好的，但这还不是我们行为的真正的、与我们在**作为人**的理性存在者中间的立场相适合的道德准则，如果我们自以为能够仿佛作为见习生以骄傲的自负置义务的思想于不顾，并且不依赖于命令，要从自己的愉快出发去做我们不需要任何命令就会去做的事情的话。我们置身于理性的**纪律**之下，并且在我们顺从这一纪律的一切准则时都不得忘记，不要从它去除任何东西，或者由于我们虽然符合法则地设定我们意志的规定根据，但却把它设定在不同于法则本身和对法则的敬重的地方而通过自重的妄念对法则的威望有所减损（尽管它是我们自己的理性所立的法）。义务和本分是我们必须仅仅给予我们与道德法则的关系的称谓。我们虽然是一个通过自由而可能的、由实践理性介绍给我们去敬重的道德之国的立法成员，但毕竟同时是这个国的臣民，而不是它的元首，而错认我们作为受造者的地位等级并对神圣法则的威望作出自大的
〔83〕拒斥，这已经是在精神上对这法则的背弃了，哪怕这法则的字句得到了履行。

但是，与此完全协调一致的是如下这样一条诫命的可能性：**爱上帝甚于一切，并爱你的邻人如爱你自己**①。因为它毕竟是作为命令而要求对**指示人去爱**的法则加以敬重，而不是把使这爱成为自己的原则这件事托付给随意的选择。但是，对上

① 与这法则构成了一种奇特的对比的，是一些人想使之成为道德的至上原理的自身幸福的原则；它可以这样来表述：**爱你自己甚于一切，但爱上帝和你的邻人则是为你自己的缘故**。

帝的爱作为偏好（病理学的爱）是不可能的；因为上帝不是感官的对象。这样一种爱对人来说虽然是可能的，但却不能被命令；因为仅仅遵命去爱某个人，这是任何人都没有能力做到的。因此，这仅仅是在一切法则的那个核心中被理解的**实践的爱**。爱上帝，在这种意义上就叫做**乐意**执行上帝的诫命；爱邻人，就叫做**乐意**履行对邻人的一切义务。但是，使这成为规则的命令却也不能命令人在合乎义务的行动中**具有**这种意向，而是只能命令人朝这一点**努力**。原因在于，一个要人们乐意做某事的命令是自相矛盾的，因为如果我们已经自发地知道我们有责任去做什么，如果我们除此之外也意识到自己乐意去做此事，这方面的一个命令就是完全不必要的，而且如果我们虽然做了此事，但恰恰不是**乐意**的，而是仅仅出自对法则的敬重，那么，一个使这种敬重正好成为准则的动机的命令所起的作用就会恰恰与所命令的意向背道而驰。因此，那条一切法则的法则与福音书的一切道德规范一样，是把道德意向在其全部完善性中展示出来，就像它作为一个神圣性理想是任何受造者都达不到的，但仍然是我们应当努力去接近，并在一个不断的但却无限的进程中与之相同的范型一样。也就是说，假如一个有理性的受造者在某个时候能够做到完全乐意去执行一切道德法则，那么，这就会等于是说：在他心中就连诱惑他背离这些道德法则的一种欲望的可能性也不会存在；因为要克服这样一种欲望就总是要求主体作出牺牲，因而需要自我强制，亦即内心强迫去做人们并不完全乐意去做的事情。但是，一个受造者永〔84〕远不可能达到道德意向的这个等级。因为既然它是一个受造者，因而就它达到对自己的状况完全心满意足所要求的东西而言总是有依赖的，所以，它永远不能完全摆脱欲望和偏好，欲望和偏好由于以物理原因为依据，不会自发地与来源完全不同的道德法则相一致，因而它们在任何时候都使得有必要考虑到它们而把受造者的准则的意向建立在道德强迫上，即不是建立在心甘情愿的服从上，而是建立在对法则的哪怕是不乐意地发生的遵循所要求的敬重上，不是建立在那并不担心意志对法则的任何内在拒绝的爱上，但仍然使这种爱，亦即纯然对法则的爱（因为在这种情况下，法则就会不再是**命令**了，而主观上要转变为神圣性的道德性也会不再是**德性**），成为自己努力的不懈目标，哪怕是无法达到的目标。因为对于我们所尊崇但却（因为对我们的软弱的意识）畏惧的东西来说，由于更容易适应它，充满敬畏的畏惧就转变成好感，敬重就转变成爱；至少这会是一个致力于法则的意向的完成，如果一个受造者有朝一日有可能达到这种意向的话。

这一考察在这里的目的，并不仅仅是用清晰的概念来表达前述福音书的诫命，以便遏制或者尽可能预防在对上帝的爱方面的**宗教狂热**，而是也要直接在对人的义务方面精确地规定道德意向，并遏制或者尽可能预防那感染着许多人头脑的**纯然道德的**狂热。人（按照我们的一切洞识，也包括任何有理性的受造者）所处的道德等级就是对道德法则的敬重。使人有责任遵循道德法则的那种意向就是：出自义务，而不是出自自愿的好感，也不是出自至多不经命令的、自发乐意作出的努力，去遵循道德法则，而人一向都能够处于其中的那种道德状态就是**德性**，亦即**在斗争中**的道德意向，而不是**在**自以为拥有意志的意向的一种完全的**纯洁性时**的**神圣性**。这完全是道德上的狂热和自大的升级，为此人们通过鼓励去行动而使心灵更为高贵、更
〔85〕为崇高和更为大度，由此而把心灵置入妄念中，就好像构成他们的行动的规定根据，并一再使他们通过遵循法则（**服从**法则）而变得谦卑的不是义务，亦即对他们即便不乐意也必须承受其轭具（尽管如此，这轭具由于是理性本身给我们架上的，所以是柔和的）的法则的敬重；反倒那些行动不是出自义务，

而是作为纯粹的功德而期待于他们似的。因为不仅他们通过对这样的行为，亦即出自这样的原则的行为的模仿，丝毫也没有符合法则的精神，这精神在于服从法则的意向，而不在于行动的合法则性（不管原则是什么样的原则），而且他们是**在病理学上**（在同情中或者也在爱己中），不是在道德上（在法则中）设定动机的，这样，他们就以这种方式产生了一种轻浮的、浮光掠影的、幻想的思维方式，即自以为自己的心灵有一种自愿的驯顺，这心灵既不需要鞭策也不需要管束，对它来说甚至一个命令也是没有必要的，而且在这方面忘掉了他们本应先于功德予以考虑的职责。别人的那些以巨大的牺牲，而且纯然为了义务所发生的行动，当然可以在**高贵的**和**崇高的**行为的名义下得到赞扬，但也惟有在存在着使人猜测这些行动完全是出自对他的义务的敬重，而不是出自心血来潮所发生的迹象时才是这样。但是，如果人们要把这些行动当做仿效的榜样介绍给某人，那么，就绝对必须把对义务的敬重（作为惟一真正的道德情感）用做动机；这种严肃的、神圣的规范并不听任我们虚荣的自爱用病理学的冲动（就它们与道德性相类似而言）来戏耍，以及为**值得赞扬的**价值而沾沾自喜。只要我们好好搜索一下，我们就将在一切值得赞颂的行动上都已经发现一条义务法则，它在**颁布命令**，而不让事情取决于我们那可能让我们的癖好喜欢的心愿。这是惟一在道德上塑造灵魂的阐述方式，因为惟有它才能胜任稳定的和精确规定了的原理。

如果最一般意义上的**狂热**就是按照原理作出的对人类理性界限的一种逾越，那么，**道德上的狂热**就是这种对人类实践的纯粹理性所设定的界限的逾越，人类实践的纯粹理性通过这界限禁止把合乎义务的行动的主观规定根据，亦即这些行动的道 〔86〕德动机设定在除法则本身之外的其他任何地方，禁止把由此带入准则的意向建立在除对这法则的敬重之外的任何别的地方，从而命令使既消除一切**狂妄自大**也消除虚荣的**爱己**的义务思想在人心中成为一切道德性的最高**生活原则**。

因此，如果是这样，那么，不仅小说家或者敏感的教育家（尽管他们还如此竭力地反对敏感性），而且有时甚至哲学家，乃至于一切哲学家中最严格的斯多亚学派，都引入了**道德上的狂热**来取代冷静的但却是睿智的道德训练，尽管后者的狂热更多地具有英雄气概，前者的狂热则具有陈腐和故作感伤的性状，而且人们可以用不着伪装而完全忠实地照着福音书的道德教诲说：福音书首先通过道德原则的纯粹性，但同时也通过这原则与有限存在者的局限的适合，而使人的一切正当行为都服从一种置于他们眼前的、不让他们在道德上所梦想的完善性之下狂热起来的义务的管教，并给喜欢错认自己的界限的自大和自重设定了谦卑（亦即自知）的限制。

义务！你这崇高的、伟大的名字！你在自身中不包容任何带有谄媚的讨好之物，而是要求服从，但也不为了打动意志而作出任何在心灵中激起自然的厌恶和使人害怕的威胁，而只是树立一条法则，这法则自动地在心灵中找到入口，但却甚至违背意志而为自己赢得崇敬（即使并不总是赢得遵循），面对这法则，一切偏好都哑口无言，尽管它们暗地里抵制它：你的可敬的起源是什么呢？人们在哪里找到你那高傲地拒绝了与偏好的一切亲缘关系的高贵出身的根呢？从哪条根生长出来，才是人们惟一能够自己给予自己的那种价值的不可缺少的条件呢？

这东西不可能逊于把人提升到自己本身（作为感官世界的一个部分）之上的东西，逊于把人与惟有知性才能思维的事物秩序联结起来的东西，而这事物秩序同时下辖整个感官世界，
〔87〕以及人在时间中的经验性上可规定的存在和一切目的的整体（惟有这整体才是与作为道德法则的这样一些无条件的实践法则相适合的）。这东西无非就是**人格性**，亦即对整个自然的机

械作用的自由和独立，但同时被视为一个存在者的能力，这个存在者服从自己特有的，亦即由他自己的理性所立的纯粹实践法则，因而人格作为属于感官世界的，就其同时属于理知世界而言，服从于它自己的人格性；因为不必奇怪，人作为属于两个世界的，必须不是以别的方式，而是崇敬地在与他的第二个和最高的使命的关系中看待他自己的本质，并以最高的敬重看待这种使命的法则。

如今，在这个起源之上，建立起一些按照道德理念来标明对象的价值的表述。道德法则是**神圣的**（不可侵犯的）。人虽然够不神圣了，但在他的人格之中的**人性**对他来说却必须是神圣的。在整个创造中，人所想要并能够有所支配的一切都可以**仅仅作为手段**来使用；惟有人亦即每一个理性造物是**目的自身**。因为人凭借其自由的自律而是那本身神圣的道德法则的主体。正是由于自由的缘故，每个意志，甚至每个人格自己特有的、针对他自己的意志，都被限制在与理性存在者的**自律**相一致这个条件上，也就是说，不使理性存在者服从任何不按照一个能够从承受主体本身的意志中产生出来的法则而可能的意图；因此，这个存在者绝不可以仅仅被用做手段，而是同时本身也用做目的。就世界上作为上帝意志的造物的理性存在者而言，我们有理由甚至把这个条件赋予上帝的意志，因为这个条件基于理性存在者的**人格性**，惟有通过它，理性存在者才是目的自身。

这个把我们的本性（按照其使命）的崇高置于我们眼前的、唤起敬重的人格性理念，由于它同时使我们注意到我们的行为在这种崇高方面欠缺适合，并由此消除了自大，因而甚至对于最普通的人类理性来说也是自然的和容易发觉的。难道不是每个哪怕仅仅中等诚实的人也发现，一个通常无害的谎言，他借此或者能够使自己摆脱一件烦人的事务，或者甚至为一个 〔88〕

所爱的值得赞扬的朋友谋取利益，但他却放弃了，以免在他自己的眼中轻视他自己？一个正直的人，处身于生活的极大不幸之中，只要他能够漠视义务，就能够避免这种不幸，难道不还是这种意识支持了他，即他毕竟保持了他的人格中的人性的尊严并尊重了这种人性，他在他自己面前没有理由感到羞愧，没有理由畏惧自我反省的内在目光？这种慰藉不是幸福，也不是幸福的极小部分。因为没有人会期望自己有这种机会，也许甚至不期望有一种在这样的情景中的生活。但是他活着，并且不能忍受在他自己的眼中配不上这种生活。因此，这种内心的抚慰对于一切能够使生活舒适的对象来说都是纯然否定性的；也就是说，这种抚慰是在他完全放弃了自己的状态的价值之后，对在人格价值中沉沦这种危险的阻止。它是对某种完全不同于生活的东西的敬重的结果，与这种东西相比和相对照，生活连同其所有的惬意毋宁说都根本没有任何价值。他只是还出自义务活着，并不是因为他对生活感到丝毫的兴趣。

纯粹实践理性的正直动机就是这样；它无非是纯粹的道德法则本身，只要这法则让我们觉察到我们自己的超感性实存的崇高，并主观上在同时意识到自己的感性存在和与此相结合的对其就此而言很受病理学上刺激的本性的依赖性的人们心中，造成对其更高的使命的敬重。于是，能够与这种动机相结合的就完全可能是生活的如此之多的魅力和惬意，以至于仅仅为了它们的缘故，一个理性的并且对生活的最大福祉反复思考的**伊壁鸠鲁主义者**的最聪明的选择就已经会表示赞同道德善举了，而把对生活的快乐享受的这种展望与那个至上的、独自就已经足以作出规定的动因结合起来，可能也是可取的；但如果谈到义务的话，这只是为了与恶习一定会在相反方面用来骗人的种种诱惑保持一种平衡，而不是为了在这里面设定真正的推动力，哪怕一丝一毫也不行。因为那样的话，就恰恰是要在其源头上污染道德意向。义务的威严与生活享受毫不相干；它有自己特有的法则，而无论人们怎样把这二者搅和到一块，以便把它们混合起来，仿佛是作为药剂交给生病的灵魂，它们却也马上就彼此分离，而如果它们不分离，则前者就根本不起作用，即使自然的生活会在这里获得一些力量，道德生活也毕竟要无可救药地衰落下去。 〔89〕

对纯粹实践理性批判的分析论的批判性阐明

我把对一门科学或者它的独自构成一个体系的某个部分所作的批判性阐明，理解为当人们把它与另一个以类似的认识能力为基础的体系进行比较时，对它为什么必须恰好具有这种而不是别样的系统形式所作的研究和辩解。现在，就实践理性和思辨理性都是**纯粹理性**而言，它们都以同样的认识能力为基础。因此，一种理性与另一种理性的系统形式的区别将不得不通过二者的比较来规定，并给出这方面的根据。

纯粹理论理性的分析论讨论的是能够被给予知性的那些对象的知识，所以必须从**直观**，因而（由于直观在任何时候都是感性的）从感性开始，但从这里首先进展到概念（这直观的诸对象的概念），并且惟有在预先准备了这二者之后才可以以原理结束。与此相反，由于实践理性就对象而言所讨论的并不是**认识**它们，而是实践理性自己（根据对这些对象的认识）实现这些对象的能力，也就是说，是一个**意志**，就理性包含着一种因果性的规定根据而言，这意志就是一种因果性，因而理性在这里不是要指明直观的客体，而是（由于因果性概念在任何时候都包含着与一个在相互关系中规定杂多之实存的法则的关系）作为实践理性只需要指明这种因果性的**一条法则**：这样，就这理性应当是一种实践理性而言，它的分析论的一个批判

〔90〕（这是真正的任务）就必须从**先天的实践原理的可能性**开始。惟有从这里出发，它才能前进到实践理性的诸对象的**概念**，亦即绝对善和恶的概念，以便根据那些原理首先给出这些概念（因为这些对象根本不可能通过任何认识能力先于那些原理作为善和恶被给予），而且惟有在此之后，最后一章，亦即关于纯粹实践理性与感性的关系及其对感性的必然的、可先天认识的影响的一章，也就是关于**道德情感**的一章，才结束了这个部分。这样，实践的纯粹理性的分析论对其应用的一切条件的整个范围的划分就与理论的实践理性完全类似，但却次序相反。理论的纯粹理性的分析论被分为先验感性论和先验逻辑论，实践的纯粹理性的分析论则相反，分为纯粹的实践理性的逻辑论和感性论（如果允许我在这里仅仅出于类比而使用这些通常根本不适合的命名的话），逻辑论在前者那里又分为概念的分析论和原理的分析论，在后者这里则分为原理的分析论和概念的分析论。感性论在前者那里由于感性直观的双重性质还具有两个部分；在后者这里感性根本不被视为直观能力，而是仅仅被视为情感（它可以是欲求的一个主观根据），而就情感而言，纯粹的实践理性不允许任何进一步的划分。

甚至这种两部分的划分及其进一步的划分在这里并没有真的（如同人们开始时很可能受到前一种划分的榜样的诱惑而去尝试的那样）被实施，其理由也很容易就能够看出。由于是**纯粹理性**在这里就其实践应用而言，因而从先天原理出发而不是从经验性规定根据出发被考察的，所以纯粹实践理性的分析论的这种划分的结果就必定类似一个理性推理的划分，亦即从**大前提**中的普遍的东西（道德原则）出发，通过在**小前提**中实施的归摄，即把可能的行动（作为善的行动或者恶的行动）归摄到那些原理之下，而前进到**结论**，亦即主观的意志规定（一种对实践上可能的善以及建立在它上面的准则的兴趣）。对于已

经能够确信在分析论中出现的这些命题的人，这样一些比较将 〔91〕
使其感到愉快；因为它们有理由引起期望，即也许有朝一日能够一直达到对整个纯粹的理性能力（无论是理论的还是实践的理性能力）的统一性的洞识，并从一个原则中引申出一切来；这是人类理性的不可避免的需要，人类理性惟有在其知识的一种完备的系统统一中才能得到完全的满意。

但现在，如果我们也考察一番我们关于一种纯粹的实践理性并通过这种理性能够拥有的知识的内容，就像纯粹实践理性的分析论将它展示出来那样，那么，在实践理性和理论理性之间虽然有一种值得注意的类似，却也同样有值得注意的区别。就理论理性而言，**一种纯粹的理性认识的先天能力**可以通过出自各门科学的实例（由于这些科学以如此多种多样的方式通过有计划的应用来检验它们的原则，人们在它们这里不必像在普通知识中那样容易担心暗中掺杂经验性的认识根据）来轻而易举地和明晰地得到证明。但是，纯粹理性不掺杂任何经验性的规定根据，独自就也是实践的，这一点人们却必定能够从最普通的实践理性应用出发来阐明，因为人们把这个至上的实践原理认证为这样一个原理，任何自然的人类理性都认识到它作为完全先天的、不依赖于任何感性材料的原理而是其意志的至上法则。人们必须在科学能够掌握这个原理，以便利用它，就好像它是先行于关于它的可能性的玄想和一切可能从中得出的结论的事实似的之前，就首先按照其起源的纯粹性甚至**在这种普通理性的判断中**对它加以确证和辩护。但是，这种情况也可以从前面刚刚阐述的东西中得到很好的解释，因为实践的纯粹理性必须必然地从原理开始，因而这些原理必须作为最初的材料被奠定为一切科学的基础，而不能首先从科学中产生出来。但是，对作为一种纯粹理性的原理的道德原则的辩护也因此而能够很好地并且以足够的可靠性通过纯然援引普通人类知性的判

断来进行，因为一切有可能作为意志的规定根据而混入我们的
〔92〕准则的经验性东西，通过在其激发起欲望时必然附着在意志上的快乐情感或者痛苦情感，马上就使自己成为**可以辨认的**，但那个纯粹实践理性却完全抵制这种情感，不把它作为条件接纳入自己的原则。这些（经验性的和理性的）规定根据的不同，通过一种实践上立法的理性对一切混合的偏好的抵制，通过一种特有的，但并不先行于实践理性的立法，而毋宁说是惟有通过这种立法并且作为一种强制产生出来的**感觉**方式，亦即通过一种敬重的情感——没有任何人对于偏好具有这样的情感，无论这偏好是什么类型的，但对于法则却可以有这样的情感——而变得如此可以辨认，如此突出和显著，以至于任何人类知性，哪怕是最普通的人类知性，都不会在一个呈现在眼前的榜样中瞬间注意到，他虽然会被意愿的经验性根据劝告去追随它们的诱惑，但却永远不能苛求他除了仅仅**遵从**纯粹的实践理性法则之外，还遵从别的一种法则。

在**幸福学说**中，经验性的原则构成了整个基础，但对于**道德学说**来说，它们却不构成其丝毫的附加，幸福学说与道德学说的区分在纯粹实践理性的分析论中是它的首要的和最重要的职责性工作，它在这件工作中必须像几何学家在自己的工作中那样**一丝不苟地**，甚至也可以说**吹毛求疵地**行事。但对于在这里（就像任何时候在通过纯然的概念，无须概念的构造而来的理性知识中那样）由于不能把任何直观作为（纯粹本体的）根据而必须与更大的困难作斗争的哲学家来说，毕竟也还有益处的是：他能够几乎像化学家一样，在任何时候都用每个人的实践理性来做试验，以便把道德的（纯粹的）规定根据与经验性的规定根据区别开来；也就是说，如果他把道德法则（作为规定根据）附加在被经验性地刺激起来的意志（例如因通过说谎有所获利而会热衷说谎的意志）之上的话。这就好像是化学家

在盐晶中把碱加给石灰溶液似的；盐晶马上就脱离了钙而与碱结合，而钙则沉淀到底下。同样，道德法则持立于通常是一个老实人（或者哪怕这一次仅仅想把自己置于老实人的位置）的人面前，他凭这法则而认识到一个说谎者的卑劣，他的实践理 〔93〕性（在关于应当因他而发生的事情的判断中）马上就抛弃了好处，使自己与那为他保持着对他自己的人格的敬重的东西（诚实）相一致，而好处则被每一个人在摆脱和清洗掉理性（它仅仅完全站在义务一边）的附加物之后予以权衡，以便还可以在别的场合与理性建立联系，只是除了他有可能违背道德法则的场合，道德法则永远不离开理性，而是最密切地与理性结合在一起。

但是，幸福原则与道德原则的这一**区分**并不因此就马上是二者的对立，而且纯粹实践理性并不要求人们放弃对幸福的要求，而是仅仅要求只要谈到义务，就根本**不考虑**幸福。就某个方面来说，照管自己的幸福甚至也可以是义务，这部分地是因为幸福（技巧、健康、财富都属于此列）包含着履行他的义务的手段，部分地是因为幸福的缺乏（例如贫穷）包含着逾越他的义务的诱惑。只不过，促进自己的幸福，这永远不能直接是义务，更不用说是一切义务的原则了。既然意志的一切规定根据除了统一的纯粹实践理性法则（道德的理性法则）之外全都是经验性的，因而作为这样的规定根据属于幸福原则，所以，它们必须全都从至上的道德原理中分离出来，绝不作为条件被归并给道德原理，因为这会取消一切道德价值，正如对几何学原理的经验性掺杂会取消一切数学的自明性这个（按照柏拉图的判断①）数学自身所拥有的最杰出的东西，而这种东西甚至比数学的一切用处都更重要。

①《国家篇》，522以下。——科学院版编者注

但是，不对纯粹实践理性的至上原则作出演绎，亦即不对诸如此类的先天知识的可能性作出解释，所能够列举的就无非是：人们即使看出了一个作用因的自由的可能性，也绝不是仅仅看出了作为理性存在者的至上实践法则的道德法则的可能性，而是完全看出了其必然性，而人们是赋予了这些理性存在者以其意志的因果性的自由的；因为这两个概念是如此不可分
〔94〕割地结合在一起，以至于人们也可以通过意志对于惟独道德法则除外的任何其他东西的独立性来定义实践的自由。然而，一个作用因的自由，尤其是在感官世界里，按照其可能性是绝对不能看出的；只要我们能够充分相信不出现对自由的不可能性的任何证明，并由于要求有自由的道德法则而不得不假定自由，且正由于此而有权假定自由，那就是万幸了！然而，由于还有许多人还总是相信能够像解释任何别的自然能力那样，按照经验性的原则来解释这种自由，并且把它视为**心理学的**属性，其解释仅仅取决于对**灵魂的本性**和意志的动机的一种更仔细的研究，而不是视为一个属于感官世界的存在者的因果性的**先验**谓词（就像事情实际上仅仅取决于此那样），这样就取消了我们通过纯粹实践理性借助于道德法则所遇到的那个美妙的启示，亦即由于认识到自由的那个通常是超验的概念而对一个理知世界的启示，从而也就取消了绝对不假定任何经验性的规定根据的道德法则本身，所以，有必要在这里为了防止这种幻觉并且赤裸裸地展示经验主义的浅薄，而再作一些引证。

与作为自由的因果性不同的作为**自然必然性**的因果性的概念，仅仅涉及事物的实存，只要这实存是**在时间中可被规定的**，因而是作为显象而与其作为物自身的因果性相对立的。如今，如果人们把事物在时间中的实存的规定当做物自身的规定（这是最常见的表象方式），那么，因果关系中的必然性就不能以任何方式与自由一致；相反，它们相互矛盾对立。因为从前

者得出的是：任何一个事件，因而任何在一个时间点上发生的行动，都必然以在此前时间里发生过的事情为条件。既然过去了的时间不再受我控制，所以，我所采取的任何行动都由于**不受我控制的**规定根据而是必然的，也就是说，我在我行动的那个时间点上绝不是自由的。的确，即便我假定我的全部存在都不依赖于任何一个外来的原因（如上帝），以至于我的因果性、〔95〕甚至我的整个实存的规定根据，都完全不在我外面，这也毕竟丝毫不会把那种自然必然性转变成自由。因为在每个时间点上，我毕竟总是服从必然性的，即被**不受我控制的东西**所规定而去行动，我永远只会按照一个已经预先规定好的秩序来延续、却绝不会自行开始的那个来自以前的无限的事件序列，就会是一个连续不断的自然链条，因而我的因果性绝不会是自由。

因此，如果想赋予一个其存在在时间中被规定的存在者以自由，那么，人们在这方面至少不能把他当做他的实存中的一切事件，因而还有他的行动的自然必然性法则的例外；因为这就会等于把他交给了盲目的偶然。但是，既然这法则不可避免地涉及事物的一切因果性，只要它们的**存在**是**在时间中**可被规定的，所以，假如这法则是人们也能够表象**这些物自身的存在**所根据的方式，自由就必然会作为一个无意义的和不可能的概念被抛弃。因此，如果人们还要拯救自由，那么，除了把一个事物的存在就其在时间中可被规定而言，因而也把按照**自然必然性**法则的因果性**仅仅赋予显象**，而把**自由**赋予**作为物自身的同一个存在者**之外，就无路可走了。这样，如果人们想同时保持两个彼此反感的概念的话，上述做法就当然是不可避免的了；然而，如果人们想把它们解释为结合在同一个行动中，因而想解释这种结合本身的话，那么，在应用中就将出现种种巨大的困难，它们似乎使得这样一种结合变得不可行了。

如果我关于一个犯了偷窃行为的人说，这个行为按照因果性的自然法则从先行时间的规定根据出发是一个必然的后果，那么，这个行为本来可以不发生，就是不可能的了；按照道德法则所作的评判在这里究竟如何能够造成一种改变，并预设这个行为由于道德法则说它本来应当不做而本来可以不做呢？也就是说，这个人在同一时间点上，就同一行动而言，如何能够叫做完全自由的呢？他在该时间点上，就该行动而言，毕竟是
〔96〕服从一种不可避免的自然必然性的。在这里寻找一种托词，说人们只是使自己按照自然法则的因果性之规定根据的**方式**适合于自由的一个**比较性的**概念（据此，其进行规定的自然根据处在起作用的存在者**内部**的东西，有时就叫做自由的作用，例如，一个被抛出的物体当它在自由运动时所做的事情，人们在这里使用自由这个词，乃是因为它在飞行期间没有从外部受到某种推动，或者就像我们把一块表的运动也称为一种自由运动一样，因为它自己推动自己的指针，因而这指针可以不由外部来移动，同样，人的行动尽管由于它们在时间上先行的规定根据而是必然的，但却还是被称为自由的，因为这毕竟是一些内部的、通过我们自己的力量产生的表象，从而是按照种种诱发状况而产生的欲望，因而是按照我们自己的心愿造成的行动），这是一种可怜的借口，总还是有一些人让自己受这种借口拖累，认为这样稍加咬文嚼字就解决了那个困难的问题，数千年人们都在劳而无功地寻求那个问题的答案，因而这答案是很难这样完全在表面上找到的。因为在追问必须被当做一切道德法则和符合这些道德法则的归责的基础的那种自由时，事情根本不取决于按照一个自然法则来规定的因果性是由于处在主体**之中**的规定根据还是由于处在主体**之外**的规定根据而是必然的，在前一种场合，是由于本能还是由于用理性思考过的规定根据而是必然的；如果这些进行规定的表象按照这同一些人士自己

所承认的，毕竟在时间中，确切地说在**先前的状态**中有自己实存的根据，但这个状态又在一个先行的状态中有自己实存的根据，如此等等，那么，尽管它们即这些规定可以始终是内在的，尽管它们可以有心理学的因果性，而不是有力学的因果性，也就是说，通过表象而不是通过身体的运动来产生行动，这也始终是一个存在者的因果性的**规定根据**，只要这个存在者的存在是在时间中可被规定的，从而处于过去时间的一些使之必然的条件之下，因而这些条件当主体应当行动时就**不再受它控制**，所以那些规定根据虽然具有心理学的自由（如果人们要把这个词用于灵魂诸表象的一种内在联结的话），但毕竟带有自然必然性，从而没有留下任何**先验的自由**，先验的自由必须 〔97〕 被设想为对于一切经验性的东西，因而对于一般自然的独立性，无论这自然是被视为仅仅在时间中的内部感官对象，还是被视为同时在空间和时间中的外部感官对象，没有这种惟一是先天实践性的（在后面这种本真意义上的）自由，任何道德法则、任何按照道德法则的归责都是不可能的。正是因此缘故，人们也可以把时间中诸事件的一切必然性都按照因果性的自然法则称为自然的**机械作用**，即使人们所指的，并不是那些服从机械作为的事物必须是现实的物质性**机器**。在这里，所关注的只是在一个时间序列中诸事件的联结的必然性，如同它们按照自然法则发展那样，人们这时可以把这一过程发生于其中的主体称为 Automaton materiale［物质的自动机］①，此时这个机器是由物质推动的，或者赞同莱布尼茨，称之为 Automaton

①《神义论：论上帝的善》，52、403 页（《哲学著作集》，格哈德［Gerhardt］编，第Ⅵ卷，131、356 页）；类似的有与贝尔（Bayle）的争辩（《哲学著作集》，格哈德编，第Ⅳ卷，505 页以下、536 页以下、549 页）等等。——科学院版编者注

spirituale [精神的自动机]，此时它是由表象推动的，而且假如我们的意志的自由无非是后一种自由（例如心理学的和比较性的自由，并非同时是先验的亦即绝对的自由），那么，它在根本上一点儿也好不过一把自动烤肉铲的自由，后者一旦上紧了发条，就也会自行完成自己的运动。

现在，为了消除前述场合同一个行动中的自然机械作用和自由之间表面上的矛盾，人们必须回忆一番在《纯粹理性批判》中说过或者由此得出的东西：与主体的自由不能共存的自然必然性，仅仅与服从时间条件的那种事物的诸规定相联系，因而仅仅与作为显象的行动主体的诸规定相联系，所以就此而言，主体的每一个行动的规定根据都处在属于过去的时间而且**不再受它控制**的东西里面（必须归于此列的也有他的已经作出的行为，以及在他自己的眼中作为现象对他来说可以由此得到规定的性格）。但是，另一方面也意识到自己是物自身的同一个主体，却也把自己的存在本身**就其不服从时间条件而言**仅仅视为通过它凭借理性本身给自己立的法则可被规定的，而且在它的这种存在中，对它来说没有任何东西先行于它的意志规
〔98〕定，相反，任何行动，而且一般来说它的存在的任何按照内部感官变更着的规定，甚至它作为感性存在者的实存的整个序列，在对它的理知存在的意识中都必须仅仅被看做后果，而绝不看做它作为**本体**的因果性的规定根据。在这方面，有理性的存在者对它所作出的每个违背法则的行动，哪怕它作为显象是在过去的东西中被充分规定了的，并且就此而言是不可避免地必然的，它也有理由说，它本来是可以不如此行动的；因为这个行动连同规定它的一切过去的东西，都属于它使自己获得的那种性格的惟一现象，而按照这种性格，它作为一个独立于一切感性的原因把那些显象的因果性本身归责于自己。

与此完全相一致的，也有在我们里面我们称为良知的那种

奇特能力的判决。一个人尽可以随意地矫揉造作，以便把他还记得起来的一个违法行为文饰为无意的过失，文饰为人们绝不可能完全避免的纯然不小心，因而文饰为他被自然必然性的急流卷入其中的东西，并宣称自己在这件事情上是无辜的，但他毕竟发现，如果他意识到，他在干这件不正当的事的时候毕竟是清醒的，亦即在运用自己的自由的话，那么，这位为他的利益说话的律师绝不可能使他心中的原告沉默不言，而且虽然他用某种由于逐渐地忽略对自己的留意而染上的坏习惯来**解释**自己的违法行为，直到他能够把这行为视为这种习惯的一个自然后果的程度，这却仍然不能使他免于自责和他自己对自己作出的训斥。建立在这上面的也还有对一件早已犯下的罪行在每次回忆起来的时候所怀有的悔恨；一种痛苦的、由道德意向引起的感受，就其不能用来使已经发生的事情不曾发生而言，在实践上是空洞的，甚至会是荒谬的（如同普里斯特利①作为一个真正的、一以贯之的**宿命论者**也宣称这种感受是荒谬的一样，而在坦诚方面，他比这样一些人更值得称赞，这些人由于实际上主张意志的机械作用，但在口头上却主张意志自由，就还总是想被认为他们在自己的调和主义体系中把意志自由一起包含进去了，但毕竟没有说明这样一种归责的可能性），但作为痛 〔99〕
苦却是完全合法的，因为理性在事情取决于我们的理知实存的法则（道德法则）时不承认任何时间区别，只问这个事件作为行为是否属于我，但此后就总是把这种感受与这行为在道德上联结起来，不管这行为是现在发生的还是早就发生的。因为**感官生命**在对其存在的**理知**意识（自由）方面具有一个现象的绝对统一性，该现象就其仅仅包含着关涉道德法则的意向（性

①《哲学必然性的学说》，86页以下，伦敦，1777。——科学院版编者注

格）的显象而言，必须不是按照应当作为显象归于性格的自然必然性来评判，而是按照自由的绝对自发性来评判。因此，人们可以承认，假如对我们来说有可能对一个人的思维方式就其通过内部的以及外部的行动表现出来而言具有如此深刻的洞识，以至于它的每一个哪怕是最微小的动机都为我们所知，此外还有所有对这动机起作用的外部诱因，那么，人们就能够确切地测算出一个人未来的行为举止，就像测算出一次月食或者日食那样，这时却仍然主张人是自由的。也就是说，假如我们对于同一个主体还能够有另外一种眼光（但这种眼光当然根本没有被赋予我们，我们所拥有的不是它，而只是理性概念），亦即一种理智直观的话，我们毕竟就会察觉，就总是只能关涉道德法则的东西而言，这整个显象链条都取决于作为物自身的主体的自发性，对这种自发性的规定是根本不能作出物理解释的。在缺乏这种直观的情况下，道德法则向我们保证了我们的作为显象的行动与我们的主体的感官存在者的关系和这个感官存在者本身与我们里面的理知基底相联系所借助的关系之间的这种区别。——在这种对于我们的理性来说自然而然的，虽然无法解释的考虑中，即便是那些极为认真地作出，但初看起来仍然显得与一切公道完全抵触的评判，也可以得到辩护。有一些情况，其中人们自幼甚至受到与他们的其他同龄人一样良好的教育，但仍然如此早地表现出恶意，并且一直强化到他们的成年时代，以至于人们把他们视为天生的恶棍，而且在思维方
〔100〕式上完全视为无可救药的，但仍然为了他们的所作所为同样审判他们，同样指责他们的违法行为是罪过，甚至他们（幼童们）自己也认为这些指责是完全有根据的，就好像他们虽然有他们的心灵的那种被归于他们的毫无希望的自然性状，但却仍然要和每个其他人一样负责任似的。这本来是可以不发生的，如果人们不是预设凡是出自人的任意的事情（毫无疑问，每一

个故意作出的行动都是如此）都以一个自由的因果性为根据的话，这种自由的因果性从少年时代就在他们的显象（行动）中表现着他们的性格，这些显象由于行为的形式相同而标明了一种自然联系，但这种自然联系却没有使意志的恶劣性状成为必然的，而毋宁说是自愿接受那些恶的和顽固不化的原理的后果，这些原理只会使意志变得更加卑鄙和更该受到惩罚。

但是，如果要在一个属于感官世界的存在者里面把自由与自然机械作用结合起来，自由就还面临着一个困难；一个即便在迄今的一切都得到赞同之后仍以使其完全覆灭威胁着自由的困难。但尽管有这种危险，有一种情况毕竟同时提供了对于自由的主张来说还有幸运的出路的希望，这就是：同一个困难更强得多地（事实上如我们马上就将看到的，仅仅）压制着把时间和空间中可被规定的实存视为物自身的实存的体系，所以它并不迫使我们放弃我们关于作为感性直观的纯然形式，因而作为属于感官世界的主体所特有的纯然表象方式的时间之观念性的最重要的预设，故而只要求把这个预设与自由的理念统一起来。

也就是说，如果人们向我们承认，理知的主体就一个既定的行动来说，即使他作为也属于感官世界的主体就该行动而言是在力学上有条件的，但也还能够是自由的，那么看起来，一旦人们假定上帝作为普遍的元始存在者也是**实体实存的原因**（这是一个永远也不可以放弃的命题，除非把作为一切存在者的存在者的上帝概念，连同在神学中一切东西都依赖的**上帝之充足性**一起放弃掉），人们就必须也承认，人的行动在**完全不受它们控制的东西**中，亦即在一个与人不同的、人的存在及其因果性的全部规定所完全依赖的最高存在者的因果性中，有它们的规定根据。 〔101〕实际上，假如人的行动如其属于人在时间中的规定那样，不仅仅是人作为显象的规定，而且是他作为物自身的规定，那么，自由就无法拯救了。人就会是木偶或者一个沃康松式的自动机①，由一切工艺制品的那位至高的大师来制作和上紧发条，而自我意识虽然能使它成为一个能思维的自动机，但在其中当它的自发性被视为自由时，其自发性的意识就会是纯然的错觉，因为既然他的运动的最近规定原因以及这些规定原因上溯到自己的规定原因的一个长长的序列虽然都存在于内部，但最终的和最高的那个规定原因却毕竟被发现完全在一个外来的手中，所以那种自发性就只配被称为比较性的。因此，我看不出那些还总是坚持把时间和空间视为属于物自身的存在之规定的人们，在这里想如何避免行动的宿命，或者，如果他们如此直截了当地（如本来很精明的**门德尔松**②所做的那样）只承认时间和空间是必然属于有限的和派生的存在者的实存的条件，却不是必然属于无限的元始存在者的实存的条件，他们想如何为自己辩护，说明他们从何处取得这种权利来作出这样一种区分，甚至，他们想如何避开当他们把时间中的存在视为必然与有限的物自身相联系的规定时所遇到的矛盾，因为上帝是这种存在的原因，但他却不能是时间（或空间）本身的原因（因为时间作为先天必然条件必须被置于事物的存在之前），因而上帝就这些事物的实存而言的因果性本身必须是在时间上有条件的，这时，不利于上帝的无限性和独立性这两个概念的一切矛盾就会不可避免地必然出现。与此相反，把独立于一切时间条件的、与一个感官世界的存在者的实存不同的属

① 沃康松的自动机（笛子吹奏者、吞食的鸭子等等），最初于1738年在巴黎展示，被18世纪的唯物主义者们（如拉美特利：《人是机器》，1748）常常援引来支持机械主义假说。朗格：《唯物主义史》，第2版，第Ⅰ卷，356页。——科学院版编者注

②《晨课》（1785），第Ⅺ章。——科学院版编者注

神实存的规定，当做**一个存在者自身的实存**而与一个**显象中的事物的实存**区别开来，对于我们来说是很容易的。因此，如果人们不假定时间和空间的那种观念性，所剩下的就只有**斯宾诺莎主义**了，在斯宾诺莎主义中，空间和时间是元始存在者本身的本质规定，但依赖于元始存在者的事物（因而也包括我们自己）不是实体，而仅仅是依存于元始存在者的偶性；因为如果这些事物仅仅作为元始存在者的结果而在时间中实存，时间是它们的实存自身的条件，那么，就连这些存在者的行动也就会必然是元始存在者随时随地所做出的行为。因此，虽然斯宾诺莎主义的基本理念是荒谬的，但它的推论却比按照创世论有可能发生的远为令人信服，如果这些被假定为实体并自在地**在时间中实存的存在者**被视为一个至上的原因的结果，却并不同时被视为属于元始存在者及其行动的，而是独立地被视为实体的话。 〔102〕

上述困难的解决简明扼要地以如下方式进行：如果**在时间中**的实存是世界上的能思维的存在者的一种纯然的感性表象方式，因而并不涉及作为物自身的这些存在者，那么，对这些存在者的创造就是对物自身的创造，因为一种创造的概念并不属于实存的感性表象方式，不属于因果性，而只能与本体相关。所以，如果我关于感官世界中的存在者说：它们是被创造的，那么，就此而言我就把它们视为本体了。因此，就像说上帝是显象的创造者就会是一个矛盾一样，说上帝作为创造者是感官世界中的行动的原因，因而是作为显象的行动的原因，这也是一个矛盾，尽管上帝是行动着的存在者（作为本体）存在的原因。现在，如果有可能（只要我们假定时间中的存在是某种仅仅适用于显象，而不适用于存在自身的东西）主张自由而不损害作为显象的行动的自然机械作用，那么，行动着的存在者就是受造物，这一点在这里就不会造成丝毫改变，因为创造所涉及的是这些存在者的理知的实存，但不是它们的可感的实存，因而不能被视为显象的规定根据；但如果世间存在者作为物自身在时间中实存，结果就完全不同了，因为实体的创造者就会同时是这个实体身上的全部机械装置的创造者了。

在纯粹思辨理性的批判中所完成的时间（以及空间）与物
〔103〕 自身的实存的分离，就具有如此大的重要性。

但是，人们将说，这里所陈述的对困难的解决毕竟自身还有诸多难点，是几乎无法得到明晰的描述的。不过，人们尝试过或者可能尝试的其他任何解决难道就更容易和更易于理解吗？人们毋宁可以说，形而上学的独断教师们在他们对这一难点尽可能视而不见，并希望假如他们闭口不谈也许就不会有人轻易想起这一难点的时候，所表现出的与其说是诚实，倒不如说是滑头。如果要帮助一门科学，那么，就必须把一切困难都**揭示**出来，甚至必须把还在暗中阻碍着它的那些困难**搜寻**出来；因为这些困难的每一种都召唤着一种援助手段，这种手段不可能被找到，却不使科学获得一种或者在范围上或者在确定性上的一种增长，因此这样一来，甚至障碍也成了科学的缜密性的促进手段。与此相反，如果故意地掩盖这些困难，或者仅仅用镇痛剂去消解，那么，它们迟早将爆发为无可挽回的灾难，这些灾难将使科学毁于一种彻底的怀疑主义。

※　　　※　　　※

既然真正说来正是自由概念，在纯粹思辨理性的一切理念中，惟一在超感性事物的领域里，即便仅仅就实践知识而言，取得了如此巨大的扩展，所以我问自己：**这个概念究竟是从何处独一无二地分获了如此巨大的能产性**，而其他概念虽然为纯粹的可能的知性存在者标明了空缺的位置，但却不能通过任何东西对这些存在者的概念作出规定。我很快就领会到，既然我离开范畴就不能思维任何东西，所以即便是在关于我所探讨的自由的理性理念中，也必须首先寻找范畴，它在这里就是**因果性**范畴，而且，即使自由的**理性概念**作为越界的概念，不可能给它加上任何相应的直观，但尽管如此，对于**自由的理性概念**为了其综合而要求无条件者的那个**知性概念**（因果性概念）来说，却必须事先被给予一个感性直观，用来首先保证它的客观实在性。现在，一切范畴都被划分为两类，即仅仅关涉客体表 〔104〕
象中的综合统一的**数学性**范畴，以及关涉客体实存的表象中的综合统一的**力学性**范畴。第一类范畴（量和质的范畴）在任何时候都包含着**同类的东西**的一种综合，在这种综合中根本不可能为在感性直观中被给予的有条件者在空间和时间中找到无条件者，因为这个无条件者本身会必定又属于空间和时间，因而又总是有条件的；因此，即便在纯粹理论理性的辩证论中，为其找到无条件者和各种条件的总体的两种相互对立的方式也都是错误的。第二类范畴（一个事物的因果性和必然性的范畴）则根本不要求（有条件者和条件在综合中的）这种同类性，因为这里直观被表现，不是如同它由其中的杂多复合而成那样，而是仅仅如同与它相应的有条件的对象的实存附加在条件的实存上面（在知性中作为与之联结的）那样，这时就允许为感官世界中的普遍有条件者（无论是就因果性而言还是就事物的偶然存在而言）设定理知世界中的，尽管在其他方面并不确定的无条件者，并使综合成为超验的；因此，即便在纯粹思辨理性的辩证论中也发生如下情况，即为有条件者找到无条件者的两个表面上相互对立的方式，例如在因果性的综合中为感官世界的原因和结果序列中的有条件者设想不再有感性条件的因果性，实际上并不相互矛盾，而同一个行动，作为属于感官世界的，在任何时候都是有感性条件的，亦即机械必然的，却同时也作为属于行动着的存在者的因果性的，就该存在者属于理知世界而言，能够以一个无感性条件的因果性为根据，从而被设想为自由的。现在，事情仅仅取决于这个**能够**会转变为**是**，也就是说，人们能够在一个现实的场合仿佛是通过一个事实来证明，某些行动无论是现实的还是仅仅被命令的，亦即客观实践上必然的，都以这样一种因果性（理智的、无感性条件的因果性）为前提条件。在现实地在经验中被给予的、作为感官世界
〔105〕的事件的行动上，我们不能指望发现这种联结，因为凭借自由的因果性总是必须到感官世界之外在理知的东西中去寻找。但是，除了感官存在者之外，其他事物并不被给予我们供感知和观察。因此，剩下来的就无非是，也许将找到一条不矛盾的、确切地说是客观的因果性原理，它从因果性的规定中排除一切感性的条件，也就是说，在这样一条原理中，理性不再援引某种**别的东西**来做因果性方面的规定根据，而是通过那个原理已经本身包含着这个规定根据，因而它作为**纯粹理性**自身就是实践的。但是，这个原理不需要寻找和发明；它早就存在于所有人的理性中，被归并入他们的本质，而且就是**道德**的原理。因此，那个无条件的因果性及其能力，即自由，但连同自由还有一个属于感官世界的存在者（我本人），毕竟同时不仅仅是被不确定地和或然地**设想**为属于理知世界的（思辨理性就已经能够查明这是可行的），而且是甚至就自由的因果性的**法则而言**被**确定地**和实然地**认识**到，理知世界的现实性就这样，确切地说在实践的考虑中**确定地**被给予我们，而这种规定在理论的意图中会是**超验的**（越界的），在实践的意图中却是**内在的**。但是，我们在第二个力学性的理念方面，亦即在一个**必然的存在者**的理念方面，却不能迈出同样的一步。不以第一个力学性的理念为中介，我们就不可能从感官世界出发上升到这个必然的存在者。因为假如我们想试一试，我们就必须大胆地跳跃，离开被给予我们的一切，飞跃到甚至丝毫没有被给予我们的东西那里，由此我们才能促成这样一个理知的存在者与感官世界的

联结（因为必然的存在者应当被认识为**在我们之外**被给予的）；与此相反，在**我们自己的**主体方面，就它一方面通过道德法则（借助自由）把自己规定成为理知的存在者，**另一方面**认识到自己是按照这种规定在感官世界中如同现在亲眼所见的那样活动的而言，上述情况倒是完全可能的。惟有自由的概念允许我们可以不超出我们之外去为有条件的东西和感性的东西找到无条件的东西和理知的东西。因为正是我们的理性本身，通过最〔106〕高的和无条件的实践法则和意识到这法则的存在者（我们自己的人格），认识到自己是属于纯粹的知性世界的，确切地说，认识到自己甚至负有这个存在者本身能够如何活动的那种方式的使命。这样就可以领会，为什么在全部理性能力中**惟有实践的**理性能力才可能是帮助我们超出感官世界，并使我们获得关于一种超感性的秩序和联结的知识的理性能力，但也正因为此，这些知识当然就只能够在对于纯粹的实践意图有必要的范围内得到扩展。

请允许我借此机会再提请注意一点，即人们凭借纯粹理性所迈出的每一步，哪怕是在人们根本不考虑微妙的思辨的实践领域里，都仍然如此精确地、确切地说自行地与理论理性批判的一切要素相衔接，就好像每一步都以深思熟虑的审慎想好，仅仅是为了使这一批判获得证实似的。实践理性的最重要的命题与思辨理性批判的经常显得过于微妙和不必要的说明的这样一种不以任何方式被寻求，而是（就像人们只要愿意把道德研究一直推进到它的原则就能够相信的那样）自行出现的精确印证，令人惊喜和惊奇，且加强了那条已经被其他人认识到并赞扬过的准则，即在每一种科学研究中都以一切可能的精确性和开放性不受干扰地继续自己的进程，不把这研究在自己的领域之外也许会违背的东西放在心上，而是尽可能将它独立地加以真实完备的完成。频频的观察使我确信，如果人们完成了这件工作，那在这件工作的半途中，在我之外的其他学说看来有时显得很可疑的东西，只要我直到这件工作完成之前对这种疑虑视而不见，并仅仅关注我的工作，最终就以出人意料的方式与丝毫不顾及那些学说、不偏袒和偏爱它们而自行产生出来的东西完全吻合。作者们只要能够以更多一些的开放性从事工作，就会省去许多错误，省去许多徒劳的辛苦（因为这辛苦是花费在幻觉之上的）。

第二卷 〔107〕

纯粹实践理性的辩证论

第一章

纯粹实践理性的一般辩证论

纯粹理性在任何时候都有它的辩证论，不管人们是在它的思辨应用中还是在它的实践应用中考察它；因为它为一个被给予的有条件者要求诸条件的绝对总体，而这个总体惟有在物自身中才能找到。但是，既然事物的一切概念都必须与直观相关，而直观在我们人这里永远只能是感性的，从而对象不能被认识做物自身，而只能被认识做显象，在显象的有条件者和条件的序列中永远不可能找到无条件者，所以，从诸条件的总体（因而无条件者）这个理性理念在显象上的应用中就产生出一个不可避免的幻相，就好像这些显象就是事物自身似的（因为在缺乏一种告诫性的批判时它们在任何时候都被认为是这样的），但是，如果这个幻相不是在把理性为一切有条件者预设无条件者的原理应用到显象上时通过理性与自己本身的**冲突**而自己暴露出来，它就永远不会被发觉是骗人的。但是，理性由此就被迫去探究这个幻相，看它是从何处产生的，以及如何才能消除它，而这惟有通过对全部纯粹理性能力进行一种完备的批判才能做到；以至于纯粹理性在其辩证论中显露出来的二论背反，事实上是人类理性历来可能曾陷入的最有利的迷误，因为它最终推动我们去寻找走出这个迷宫的钥匙，这个钥匙如果被找到，它还将揭示人们不曾寻找却毕竟需要的东西，亦即对事物的一种更高的、不变的秩序的展望，我们现在已经处身于
〔108〕这种秩序中，而且我们从现在起就可以由确定的规范来指导，按照最高的理性规定在这个秩序中去继续我们的存在。

在纯粹理性的思辨应用中如何能够解决那种自然的辩证关系，以及如何防止出自一个除此之外也是自然的幻相的错误，人们可以在那种能力的批判中详细得知。但是，理性在其实践应用中的情况一点也不更好。它作为纯粹的实践理性，同样为实践上的有条件者（基于偏好和自然需要的东西）寻找无条件者，而且不是作为意志的规定根据，而是即便这个规定根据（在道德法则中）已经被给予，也以**至善**的名义寻找的纯粹实践理性**对象**的无条件总体。

在实践上，亦即为了我们的合理性的行为的准则而充分规定这个理念，这也就是**智慧学**，而智慧学作为科学又是古人理解这个词的意义上的**哲学**，在古人那里，哲学曾是对至善必须在其中设立的那个概念和至善必须借以获得的那个行为的指示。如果我们让这个词保留它的古代意义，即作为一种**至善的学说**，那就好了，只要理性致力于在其中使至善成为**科学**。因为一方面，这个附带的限制条件将会符合这个希腊术语（它意味着爱智慧），同时又毕竟足以把爱**科学**，因而爱理性的一切思辨知识，就其既为了那个概念而有助于理性，也有助于实践的规定根据而言，一并包括在哲学的名义之下，却又不会让惟有它能被称为智慧学所因之的那个主要目的从视野中消失。另一方面，对于胆敢以一个哲学家的头衔来自居的人，一旦人们通过定义而把将大大降低他的资格的自我评估尺度摆在他面前，就会吓退他的自大，这也不是坏事；因为做一位**智慧教**

师，比起一个还一直没有达到足以用对一个如此高尚的目的的可靠期待来指导自己，更不用说指导别人的学生来说，也许要意味着更多的东西；它会意味着一个**了解智慧的大师**，它要说的将超过一个谦虚的人所自命的，而哲学将会和智慧本身一样，还一直保持为一个理想，这理想客观上惟有在理性中才被 〔109〕
表现出来，但主观上对人格来说却只是他不断努力的目标，而且惟有能够把这种努力的不容置疑的结果（在对他自己的克制和他对普遍的善首先抱有的无可怀疑的兴趣中）在自己的人格上作为榜样树立起来的人，才有资格声称以一个哲学家的自命名义达到了这个目标，这也是古人为了能够配得上那个荣誉称号所要求的。

就纯粹实践理性的辩证关系而言，在对**至善**的概念进行规定这一点上（如果纯粹实践理性的辩证关系得以解决，这种辩证关系就与理论理性的辩证关系一样，让人期待最有利的结果，因为坦诚地处理而不是隐瞒纯粹实践理性与它自己的矛盾，将迫使对它自己的能力进行完备的批判），我们只想再预先作一个提醒。

道德法则是纯粹意志的惟一规定根据。但由于这个法则是纯然形式的（也就是说，仅仅要求准则的形式是普遍立法的），所以它作为规定根据就抽掉了一切质料，因而抽掉了意欲的一切客体。所以，尽管至善是一个纯粹实践理性，亦即一个纯粹意志的全部**客体**，但它却并不因此就能被视为纯粹意志的**规定根据**，而惟有道德法则才必须被视为使至善和至善的造就或者促成成为自己的客体的根据。这个提醒在一个像对道德原则进行规定这样的棘手场合具有重要的意义，在此即使最小的误解都会歪曲意向。因为人们从分析论中就已经看出，如果人们在道德法则之前把某一个客体以一种善的名义假定为意志的规定根据，然后从它派生出至上的实践原则，在这种情况下，这种原则任何时候都会带来他律，并排斥道德原则。

但不言而喻的是，如果在至上的概念中道德法则作为至上的条件已经一起包含在内了，那么，至善就不仅仅是**客体**，而且是就连它的概念以及它通过我们的实践理性而可能的实存的
〔110〕表象，也同时会是纯粹意志的**规定根据**了；因为在这种情况下，实际上是在这个概念中已经包含着并同时被想到的道德法则，而不是任何别的对象在按照自律的原则规定着意志。关于意志规定的各概念的这种秩序不可受到忽视，因为若不然，人们就将误解自己，以为自己在自相矛盾，其实一切都处在彼此之间最完满的和谐之中。

第二章
纯粹理性在规定至善概念时的辩证论

至高的东西这个概念已经包含着一种歧义，如果人们忽视这种歧义，它就可能引起不必要的争执。至高的东西可以意味着至上的东西（supremum［最上面的东西］），也可以意味着完满的东西（consummatum［完成了的东西］）。前者是这样一种条件，它本身是无条件的，亦即不从属于任何别的条件（originarium［原初的东西］）；后者是这样一个整体，它不是某个同类的更大整体的一个部分（perfectissimum［最完备的东西］）。德性（作为配享幸福的条件）是一切在我们看来只要可能值得期望的东西，因而也是我们谋求幸福的一切努力的**至上条件**，所以是**至上的善**，这在分析论中已经证明。但是，它因此就还不是作为有理性的有限存在者的欲求能力之对象的完整的和完满的善；因为要作为这样的善，就还要求有幸福，而且不仅仅是在使自己成为目的的那种人格的偏颇目光中，而是

甚至在把世界上的一般人格视为目的自身的一种无偏见的理性的判断中亦是如此。因为需要幸福，也配享幸福，尽管如此却没有分享幸福，这是与一个同时拥有一切权力的理性存在者的完善意愿根本不能共存的，哪怕我们只是尝试设想这样一个存在者。现在，如果德性和幸福在一个人格中共同构成对至善的拥有，但此处完全精确地与道德（作为人格的价值及其对幸福的配享）成正比来分配的幸福也构成一个可能世界的**至善**，那么，这种至善就意味着整体，意味着完满的善，但德性在其中 〔111〕 始终作为条件是至上的善，因为它不再有在自己之上的任何条件，幸福则始终是某种虽然使拥有它的人惬意、但却并非独自就绝对善并在一切考虑中都善的东西，而是在任何时候都以道德上的合乎法则的行为为前提条件。

必然地结合在一个概念之中的两个规定必须作为根据和后果联结起来，确切地说，这个**统一体**要么被视为**分析的**（逻辑的联结），要么被视为**综合的**，前者依据的是同一律，后者依据的是因果律。因此，德性与幸福的联结要么可以这样来理解，即努力成为有德性的和有理性地谋求幸福，这并不是两个不同的行动，而是两个完全同一的行动，因为前者除去为了后者之外，不需要有别的任何准则被当做根据；要么那种联结被置于如此境地，即德性把幸福当做某种与德性意识不同的东西产生出来，就像原因产生出一个结果那样。

在古希腊各学派中，真正说来只有两个学派，虽然它们在规定至善概念时就它们不承认德性和幸福是至善的两个不同的要素，因而按照统一性的规则来寻求原则的统一性而言遵循着同样的方法；但就它们在二者中间以不同的方式选择基本概念而言，它们又分道扬镳了。**伊壁鸠鲁学派**说：意识到自己导向幸福的准则，这就是德性；**斯多亚学派**说：意识到自己的德性，这就是幸福。对于前者来说，**聪明**就等于道德；对于为德性选择了一个更高尚的称谓的后者来说，惟有**道德**才是真正的智慧。

人们不得不遗憾的是，这些人士的洞察力（人们毕竟不得不因此而对这种洞察力表示惊赞，即他们在如此早的时代就已经尝试哲学征服的一切可以想出来的道路）不幸被用来在两个极不同类的概念，即幸福概念和德性概念之间苦思冥想同一性。不过，这与他们的时代的辩证精神是相适合的，这甚至现在也还有时诱惑一些敏锐的头脑，通过力图把原则中的根本的和绝对无法统一的区别转化为词句之争，并如此在表面上装出
〔112〕仅仅称谓不同而概念统一的样子，来取消这些区别，而且这通常涉及这样一些场合，其中不同类的根据的结合如此高深，或者要求对通常在哲学体系中被接受的那些学说有一种如此彻底的转变，以至于人们不敢深入讨论实在的区别，而宁可把这区别当做纯然程序的不一致来对待。

当这两个学派力图苦思冥想德性和幸福这两个实践原则的等同性时，在它们想如何硬得出这种同一性这一点上，它们彼此并不一致，而是以无限的距离分道扬镳了，因为一派把自己的原则设定在感性方面，另一派则把它设定在逻辑方面；一派把它设定在感性需要的意识中，另一派则把它设定在实践理性对一切感性的规定根据的独立性中。在**伊壁鸠鲁学派**看来，德性的概念已经蕴涵在促进其自己的幸福这个准则之中；与此相反，在**斯多亚学派**看来，幸福的情感已经包含在自己的德性的意识之中。但是，包含在另一个概念之中的东西，虽然与包含者的一个部分相等，但却并不与整体相等。此外，两个整体虽然由同一种材料组成，但仍然可能在种类上彼此有别，也就是说，如果二者中的各个部分被以完全不同的方式结合在一个整体之中的话。斯多亚学派主张德性就是**整个至善**，幸福只不过是对拥有德性的意识，属于主体的状态。伊壁鸠鲁学派主张幸

福就是**整个至善**，德性只不过是谋求幸福这个准则的形式，也就是说，在于有理性地使用达到幸福的手段。

但现在，从分析论中可以清楚，德性的准则和自己幸福的准则就其至上的实践原则而言是完全不同类的，而且它们尽管都属于一种至善，为的是使至善成为可能，但却远远不是一致的，它们在同一个主体中极力相互限制、相互损害。因此，**至善在实践上何以可能**，这个问题尽管有迄今作出的一切**联合尝试**，也还始终是一个未曾得到解决的课题。但是，使它成为一个难以解决的课题的东西，在分析论中已经给出了，亦即幸福和道德是至善的两个在种类上完全**不同的要素**，因而它们的结合不能被**分析地**认识到（例如，如此寻求自己的幸福的人在他 〔113〕
的这个行为中通过对其概念的纯然分解就会发现自己是有德性的，或者如此遵循德性的人在对这样一种行为的意识中就会发现自己已经实际上有福了），而是这两个概念的一种综合。但是，由于这种结合被认为是先天的，因而在实践上是必然的，从而不是从经验中派生出来的，而至善的可能性不基于任何经验性的原则，所以，这个概念的**演绎**就必须是**先验的**。**通过意志的自由产生出至善**，这是先天地（在道德上）必然的；因此，至善的可能性的条件也必须仅仅基于先天的知识根据。

一、实践理性的二论背反

在对我们来说实践的，亦即要通过我们的意志来使之实现的至善中，德性和幸福被设想为必然地结合在一起的，以至于一方若没有另一方也属于它，就不能被纯粹实践理性所接受。现在，这种结合（与任何一种结合一样）要么是**分析的**，要么是**综合的**。但既然这种被给予的结合如前面刚刚指出的那样，不可能是分析的，所以，它们必须被综合地、确切地说被当做原因与结果的联结来设想：因为它涉及一种实践的善，亦即通过行动而可能的东西。因此，要么对幸福的欲求是德性的准则的动因，要么德性的准则必须是幸福的作用因。前者是**绝对**不可能的：因为（如分析论中已经证明的）把意志的规定根据设定在对自己的幸福的要求之中的准则根本不是道德的，不能建立任何德性。但后者**也不可能**，因为世界上的任何原因和结果的实践联结，作为意志规定的后果，都不是取决于意志的道德意向，而是取决于对自然法则的知识和为了自己的意图而利用这种知识的物理能力，因而不能在世界上通过一丝不苟地遵守
〔114〕道德法则来期望幸福与德性的任何一种必然的和足以达到至善的联结。现在，既然对在自己的概念中包含着这种联结的至善的促进是我们的意志的一个先天必然的客体，而且与道德法则有不可分割的联系，所以，前者的不可能性必定也证明后者的谬误。因此，如果至善按照实践规则是不可能的，那么，要求促进至善的道德法则也必定是幻想的，是置于空的想象出来的目的之上的，因而自身就是错误的。

二、对实践理性的二论背反的批判性消除

在纯粹思辨理性的二论背反中，在世界上的各事件的因果性中自然必然性和自由之间发生了一种类似的冲突。由于已经证明，如果人们把各事件，甚至把各事件在其中发生的世界（如同人们也应当的那样）仅仅视为显象，那就不会有任何真正的冲突，所以，上述冲突已被消除；因为同一个行动着的存在者作为**显象**（甚至在他自己的内部感官面前），具有感官世界中的一种任何时候都符合自然机械作用的因果性，但就同一个事件而言，如果行动着的人格同时把自己视为**本体**（作为纯粹理智，在他不能按照时间来规定的存在中），那么，他就会

能够包含着那种按照自然法则的因果性的一个甚至摆脱了一切自然法则的规定根据。

眼前的纯粹实践理性的二论背反正是这种情况。这两个命题中的第一个命题，即对幸福的追求产生出有德性的意向的一个根据，是**绝对错误的**；但第二个命题，即德性意向必然地产生幸福，则**并不是绝对**错误的，而是仅仅就德性意向被视为感官世界中的因果性的形式而言，因而当我把感官世界中的存在当做理性存在者的惟一实存方式时，才是错误的，因而只是**有条件**地错误的。但是，既然我不仅有权把我的存在也设想为一个知性世界中的本体，而且甚至在道德法则上拥有我的（感官 〔115〕
世界中的）因果性的一个纯粹理智的规定根据，所以，意向的道德性作为原因，而与作为感官世界中的结果的幸福拥有一种即便不是直接的，但也毕竟是间接的（以自然的一个理知的创造者为中介），而且是必然的联系，这并非不可能，这种结合在一个仅仅是感官客体的自然中永远只是偶然地发生的，而且不能达到至善。

因此，尽管一种实践理性与自己本身有这种表面上的冲突，至善仍是一个在道德上被规定的意志的必然的最高目的，是实践理性的一个真正客体；因为它是实践上可能的，而且意志的那些按照其质料与此相关的准则都具有客观实在性，这种客观实在性最初由于道德和幸福按照一条普遍的法则相结合时的二论背反而受到打击，但却是出自纯然的误解，因为人们把显象之间的关系当成了物自身与这些显象的关系。

如果我们发现自己被迫在这样的远距离上，亦即在与一个理知世界的联结中去寻找至善这个由理性告知一切理性存在者的其一切道德愿望的目标的可能性，那么，必定令人感到奇怪的是，无论是古代的哲学家还是近代的哲学家，都仍然能够已经**在此生中**（在感官世界中）发现了与德性有完全适当的比例的幸福，或者能够劝说人们，说意识到了这种幸福。因为无论是**伊壁鸠鲁**还是**斯多亚学派**，都把从生活里面的德性意识中产生的幸福提升到一切东西之上。前者在他的实践规范中并不那么思想卑鄙，就像人们可能从他的理论的那些他为了说明，而不是为了行动而使用的原则所推论出来的那样，或者像许多人被用淫乐这个表述替换满意所诱导，对这一理论所作的解释那样，相反，他把最不自私的善行也算做内心欢乐的享受方式，而且就像哪怕是最严格的道德哲学家所可能要求的那种知足和对偏好的节制，也都属于他对一种愉悦（他把这理解为持久喜悦的心情）的规划；在这方面，他与斯多亚学派的主要分歧仅仅在于，他把动因设定在这种愉悦里面，而斯多亚学派拒绝，
〔116〕确切地说有理由拒绝这样做。因为一方面，有德性的伊壁鸠鲁，正像现在还有许多在道德上具有良好意向的，尽管对自己的原则没有足够地深入反思的人士那样，陷入了在他最初想要为之说明德性动机的那些人格身上已经预设有德性的**意向**的错误（而事实上，正直的人如果不是事先意识到自己的正直的话，是不可能感到幸福的；因为鉴于有德性的意向，他在逾越时会由于他自己的思维方式而被迫对自己作出的责备以及道德上的自我谴责，会剥夺他对他的状态通常可能包含的惬意的一切享受）。但问题是：评价自己的存在的价值这样一种意向和思维方式最初是通过什么才成为可能的，因为在它之前主体中还根本找不到对一般道德价值的任何情感？当然，如果人是有德性的，那么，他不在每个行动中意识到自己的正直就感受不到生活的乐趣，哪怕在物理状态中的幸运对他是如此有利；但是，为了首先使他成为有德性的，因而还在他如此高度评估他的实存的道德价值之前，人们能够夸赞他具有从对一种正直的意识中产生的，而他毕竟对之没有任何意识的心灵平静吗？

但另一方面，这里总是有一种欺诈的错误（vitium sub-

reptionis）的根据，仿佛是对与人们所**感**之事不同的人们所**做**之事的自我意识中的一种视幻觉的根据，这种视幻觉即便最经受过考验的人也不能完全避免。道德意向是与**直接通过法则**对意志进行规定的意识必然地结合在一起的。现在，对欲求能力进行规定的意识一直是对由此产生的行动感到心满意足的根据；但是这种愉快、这种对自身的心满意足，并不是行动的规定根据，相反，直接地、仅仅通过理性对意志进行的规定，才是愉快情感的根据，而那种规定依然是对欲求能力的一种纯粹的、实践的规定，而不是感性的规定。既然这种规定在内心中起着活动的一种推动的作用，如同从所欲求的行动中被期待的惬意情感会起的作用一样，所以，我们很容易把我们自己所做的事看做我们仅仅被动地感到的事，并且把道德的动机当做感性的推动，如同这通常总是在感官（这里是内部感官）的所谓 〔117〕
错觉中发生的那样。人类本性中的某种很崇高的东西，是直接被一个纯粹的理性法则规定而去行动，甚至是这种错觉，即把意志在理智上的可规定性之主观的东西视为某种感性的东西和一种特殊的感性情感（因为一种理智的情感会是一个矛盾）的作用。让人注意到我们的人格性的这种属性，并尽可能地培养理性对这种情感的作用，这也具有很大的重要性。但是，人们也必须小心提防，通过由于人们把特殊的快乐的情感作为根据（它们毕竟只是后果）加给这种作为动机的道德规定根据而对这种规定根据作出的不真实的高度评价，仿佛是由于一种错误的陪衬而贬低和丑化真正的、真实的动机，即法则本身。因此，敬重，而不是愉悦或者对幸福的享受，才是没有一种给理性提供根据的、先行的情感（因为这种情感在任何时候都会是感性的和病理学的）为之可能的某种东西，作为对通过法则直接强迫意志的意识，几乎说不上是愉快情感的类似物，因为它在与欲求能力的关系中所造成的恰恰是同样的东西，但却是出自另外的源泉；不过，人们惟有通过这种表象方式才能达到人们所寻找的东西，即行动不仅是合乎义务地（依照惬意的情感），而且是出自义务而发生的，这必须是一切道德教育的真正目的。

但是，人们就没有一个不像幸福一词那样表示着一种享受，但却指示着对自己的实存的心满意足、指示着必须必然地伴随德性意识的幸福的一种类似物的词吗？有！这个词就是**自我满意**，它在其本真的意义上任何时候都仅仅暗示着对自己的实存的一种消极的心满意足，在这种心满意足中人们意识到自己不需要任何东西。自由和对自由是一种以占优势的意向来遵守道德法则的能力的意识，就是**对于偏好的独立性**，至少是对于作为我们的欲求的规定性（即使不是作为其**刺激性**）动因的那些偏好的独立性，而且就我在遵循我的道德准则时意识到这种独立性而言，它就是一种必然与之结合在一起的、不基于任何特殊的情感的、不可改变的满意的惟一来源，而这种满意就可以叫做理智的满意。〔118〕基于对偏好的满足的感性的（非本真地如此称谓）满意，无论它是如何巧妙地挖空心思想出的，都永远不能适合人们对此所设想的东西。因为偏好是变易的，随着人们让它们受到的优待而增长，并且总是留下一个比人们想到去填满的还要更大的壑洞。因此，它们对于一个有理性的存在者来说在任何时候都是**累赘**，而且即使他不能甩掉它们，它们也迫使他期望摆脱它们。甚至对合乎义务之事（例如对善行）的偏好，虽然很能够使**道德**准则更容易发挥作用，但却不能产生任何道德准则。因为在道德准则中，如果行动应当不仅仅包含**合法性**，而且也包含**道德性**的话，一切都必须是为了表现作为规定根据的法则。偏好是盲目的和奴性的，无论它是不是良性的，而理性在事情取决于道德时不仅必须扮演偏好的监护人，而且必须不考虑偏好而作为纯粹实践理性完全只关照它自己的兴趣。甚至这种同情和好心肠的关心的情感，如果先行于什么是义务的思考并成为规定根据的话，对于好心的人格本身来说也是累赘，它将使他们深思熟虑的准则陷入混乱，并造成摆脱它们并仅仅服从立法的理性的愿望。

由此出发就可以理解：一个纯粹实践理性的这种能力的意识如何能够通过行为（德性）而产生出自己的偏好之上的高等力量的意识，由此就产生出对这些偏好，故而也对总是伴随着这些偏好的不满意的独立性的意识，因而就产生出对自己的状态的一种消极的心满意足，亦即**满意**，这种满意在其来源上就是对自己的人格的满意。自由本身以这样的方式（亦即间接地）将能够有一种享受，这种享受不能叫做幸福，因为它不依赖于一种情感的积极参与，严格说来也不能叫做**永福**，因为它并不包含对偏好和需要的完全独立性，但它毕竟和永福相似，也就是说，只要至少它的意志规定能够保持不受这些偏好和需要的影响，因而至少按照其起源来说与人们只能赋予最高存在者的那种自足类似。

从实践的纯粹理性的二论背反的这种解决得出：在实践的 〔119〕
原理中，道德意识和对作为道德的后果而与道德成比例的幸福的期待之间，一种自然的和必然的结合至少是可以设想为可能的（但当然还并不因此就是可以认识到和看出的）；与此相反，谋求幸福的原理却不可能产生出道德；因此，**至上的**善（作为至善的第一个条件）构成道德，与此相反，幸福虽然构成至善的第二个要素，但却是这样构成的，即幸福只不过是前者的有道德条件的、但毕竟是必然的后果。惟有在这种隶属关系中，**至善才**是纯粹实践理性的全部客体，纯粹实践理性必须把至善必然地表现为可能的，因为它的一条命令就是为产生至善而作出一切可能的贡献。但是，由于有条件者与其条件的这样一种结合的可能性完全属于事物的超感性的关系，而且按照感官世界的法则是根本不能被给予的，即便这个理念的实践后果亦即以使至善成为现实为目标的行动是属于感官世界的，所以，我们将试图首先就直接受我们控制的东西而言，其次在理性作为我们在至善的可能性上的无能的补偿而（按照实践原则必然地）呈现给我们的、不受我们控制的东西中，展示那种可能性的各个根据。

三、纯粹实践理性在其与思辨理性相结合时的优先地位

我把两个或者多个通过理性结合起来的事物之间的优先地位理解为某一个事物是与其余所有事物的结合的首要规定根据这种优势。在狭义的实践意义上，它意味着某一个事物的兴趣的优势，只要其他事物的兴趣都服从于它的兴趣（它的兴趣不能被置于其他兴趣之后）。对于心灵的任何一种能力，人们都可以赋予一种**兴趣**，亦即一个原则，它包含着惟有在其下这能力的实施才能得到促进的条件。理性作为诸原则的能力，规定
〔120〕着一切心灵力量的兴趣，但它自己的兴趣却是自己规定自己的。它的思辨应用的兴趣在于**认识**客体，直到那些最高的先天原则，而实践应用的兴趣则在于就最终的和完备的目的而言**规定**意志。一般理性应用的可能性所要求的东西，亦即理性的各个原则和主张必须不相互矛盾，并不构成理性的兴趣的任何部分，而是一般而言拥有理性的条件；惟有扩展，而不是仅仅与自己相一致，才被算做理性的兴趣。

如果实践理性除了**思辨**理性独自就能够从自己的洞识出发呈献给它的东西之外，不再可以假定任何东西并把它当做被给予的来思维，那么，思辨理性就占有优先地位。但假设实践理性独自就拥有源始的先天原则，与这些原则结合在一起的是某些理论的断定，而这些断定尽管如此却避开了思辨理性的一切可能的洞识（尽管它们也必须不与思辨理性相矛盾），那么问

题就是，哪一种兴趣是至上的兴趣（而不是哪一种兴趣必须退出，因为一种兴趣并不必然与另一种兴趣相矛盾）：对于实践理性交给它去接受的一切东西一无所知的思辨理性，是否必须接受这些命题，并且即使这些命题对于思辨理性来说是越界的，思辨理性也必须把它们当做一笔外来的、被过账给它的财产而与自己的概念一致起来，或者思辨理性是否有权顽固地恪守它自己的被隔离开的兴趣，并按照**伊壁鸠鲁**的准则学把一切不能通过显而易见的、可以在经验中提出的实例来认证自己的客观实在性的东西都当做空洞的玄想而加以拒绝，即使这东西还如此与实践的（纯粹的）应用的兴趣交织在一起，自身也不与理论理性相矛盾，只是由于它就取消思辨理性为自己设定的界限，并使思辨理性经受想象力的一切胡闹或者妄念而言，确实损害着思辨理性的兴趣罢了。

实际上，如果实践理性作为有病理学条件的，亦即作为在幸福的感性原则下仅仅管理诸偏好的兴趣的，而被奠定为基础，那么，就根本不能对思辨理性作出这种苛求。**穆罕默德**的天堂，或者**通神论者**和**神秘主义者**们与神性的融为一体，如同每个人兴之所至那样，都会把他们的巨大的怪物强加给理性，而完全没有理性，以及以这样的方式使理性经受一切梦幻，就 〔121〕
会是同样的事情。然而，如果纯粹理性独自就能够是实践的，而且也确实如此，就像道德法则的意识所证明的那样，那么，就毕竟总是只有同一种理性，无论是在理论的意图中还是在实践的意图中，它都在按照先天原则作出判断，而且在这里很清楚，即使理性的能力在前一个意图中做不到肯定地确立某些命题，然而这些命题却也不与理性相矛盾，正是这些命题，只要它们**不可分割地**属于纯粹理性的**实践兴趣**，虽然是作为一种对纯粹理性来说外来的建议，这建议并不是在纯粹理性的地基上生长起来的，但毕竟得到了充分的认可，理性就必须接受它们，并力图把它们与理性作为思辨理性所能控制的一切进行比较和联结；但要满足于：这并不是理性的洞识，然而却是理性的应用在某个别的，亦即实践的意图中的扩展，这与理性那本身在于限制思辨的违禁的兴趣是根本不相悖的。

因此，在纯粹思辨理性与纯粹实践理性结合成为一种知识时，后者占有**优先地位**，因为已经预设的是，这种结合绝不是**偶然的**和随意的，而是先天地基于理性本身的，因而是**必然的**。因为没有这种隶属关系，就会产生理性与自己本身的一种冲突；因为如果两者仅仅相互并列（并立），那么，前者就会独自紧紧地闭锁自己的边界，而不从后者接受任何东西到自己的疆域中来，但后者仍然会把自己的边界扩展到一切之外，并且在它的需要有要求时，力图把前者一起包括到自己的边界之内。但是，人们根本不能苛求纯粹实践理性隶属于思辨理性，从而把这种秩序颠倒过来，因为一切兴趣最终都是实践的，而且思辨理性的兴趣也只是有条件的，惟有在实践应用中才是完整的。

〔122〕

四、作为纯粹实践理性之公设的灵魂不死

在尘世中造就至善，这是一个可以由道德法则规定的意志的必然客体。但在这个意志中，意向与道德法则的**完全适合**是至善的至上条件。因此，这种适合必须与其客体一样是可能的，因为它是包含在促进这个客体的诫命之中的。但是，意志与道德法则的完全适合就是**神圣性**，是没有一个感官世界的理性存在者在其存在的某一时刻能够达到的一种完善性。然而，既然这种完善性尽管如此仍然作为实践上必要的而被要求，所以它就惟有在向着完全适合的一种**无限**进展的进步中才能被发现，而且按照纯粹实践理性的各原则，把这样一种实践的进步假定为我们意志的实在客体，也是必要的。

但是，这种无限的进步惟有预设同一个理性存在者的一种**无限**绵延的**实存**和人格性（人们把这称为灵魂的不死）才是可能的。因此，至善在实践上惟有预设灵魂的不死才是可能的，因而灵魂不死与道德法则不可分离地结合在一起，是纯粹实践理性的一个公设（我把公设理解为一个**理论的**，但本身不可证明的命题，只要这个命题不可分离地依附于一个先天无条件地有效的**实践**法则）。

关于我们本性的道德规定的这一命题，即惟有在一种无限进展的进步中才能达到与道德法则的完全适合，具有极大的效用，这不仅是考虑到目前对思辨理性的无能的补偿，而且也是就宗教而言的。如果缺少这一命题，则道德法则要么就完全被贬值而失去其**神圣性**，因为人们把它矫饰为**宽纵的**（宽容的），从而适合我们的惬意的，要么就把自己的天职，同时也把自己的期待张大，使之成为一种无法达到的规定，即成为所期冀的意志的神圣性的完全获得，并且迷失在狂热的、与自知之明完〔123〕全相矛盾的**通神论的**梦幻中，而这两者都只会妨碍对准确而且完全地遵循一种严格的、不宽纵的，尽管如此也并非理想的，而是真正的理性诫命的不懈**追求**。对于一个理性的，但却有限的存在者来说，惟有从道德完善性的低级阶段向较高阶段的无限进步才是可能的。对于**无限者**来说，时间条件是无，他把这个对我们来说无穷无尽的序列看做与道德法则的那种适合性的整体，而且他的诫命为了在他给每一个人规定的至善份额上与它的公正相符而毫不含糊地要求的神圣性，惟有在对理性存在者的存在的一种理智直观中才可以完全发现。而就这种份额的希望而言惟一能够属于造物的东西，则是对他那经过考验的意向的意识，为的是从他迄今由比较恶到道德上比较善的进步中，从他由此得知的始终不渝的决心中，希望不论他的实存能够达到多久，甚至超出此生，这种进步今后都将坚持不懈地延续下

去①，而且绝不是此时或者在他的存在的某个可以预见的未来时刻，而只是在他的存续的（惟有上帝才能综观的）无限性中
〔124〕与上帝的意志完全契合（无须与公正不相称的宽纵和赦免）。

五、作为纯粹实践理性之公设的上帝存在

在前面的分析中，道德法则导致了无须感性动机的任何参与而仅仅由纯粹理性指定的实践任务，也就是至善的第一和主要的部分亦即**道德性**的必然完备性，而且既然这一任务惟有在一种永恒中才能完全得到解决，就导致了**不死**的公设。正是这一法则，也必然和前面一样无私地、仅仅从不偏不倚的理性出发，导致至善的第二个要素的可能性，亦即与那种道德性相适合的**幸福**的可能性，也就是说，导向一个与这种结果相符的原

① 尽管如此，**确信**自己的意向在向善的进步中始终不渝，对于一个造物独自来说似乎是不可能的。因此缘故，基督教的宗教学说也仅仅让这种确信起源自圣灵，圣灵使人神圣，也就是说造成坚定的决心，并与此同时造成在道德进步中的不屈不挠的意识。但是，意识到自己毕生很长时间里直到生命终结都在坚持向着更善进步，并且是出自真正的道德动机的人，也自然而然地可以形成尽管还不是确知却令人慰藉的希望，即他在一种超出此生而继续的实存中还将坚守这些原理，而且尽管在他自己的眼中，他在这里绝没有充足的理由，也不可以凭着所期冀的他的自然完善性的未来增长——但与此同时他的义务也在增长——而在某个时候希望有一个**永福的**未来的前景，尽管如此却可以在这种虽然涉及一个无限推移的目标，但对于上帝来说却已属拥有的进步中希望这一点；因为永福是理性用来表示一种不依赖于尘世中一切偶然原因的完备**福祉**的术语，这种福祉与**神圣性**一样，是一个只能包含在一种无限的进步及其总体性之中的，因而永远不为造物完全达到的理念。

因的存在的预设，亦即把**上帝的实存**公设为必然属于至善（我们意志的这一客体是与纯粹理性的道德立法必然相结合的）的可能性的。我们要令人信服地阐述这一联系。

幸福是尘世中一个理性存在者的状态，对这个理性存在者来说，就他的实存的整体而言**一切都按照愿望和意志进行**，因而所依据的是自然与他的整个目的，此外与他的意志的本质性规定根据的协调一致。现在，道德法则作为一条自由的法则，是通过应当完全不依赖于自然及其与我们的欲求能力（作为动机）的协调一致的那些规定根据发布命令的；但是，在尘世中行动着的理性存在者毕竟并不同时是世界和自然本身的原因。因此，在道德法则中没有丝毫的根据，来使一个作为部分属于世界，因而依赖于世界的存在者的道德性和与之成比例的幸福之间有一种必然的联系，这个存在者正因此而不能通过自己的意志成为这个自然的原因，而且就他的幸福而言，也不能从自己的力量出发使这个自然与他的实践原理完全一致。尽管如此，在纯粹理性的实践任务中，也就是说，在对至善的必然探讨中，〔125〕
这样一种联系却被公设为必然的：我们**应当**力求促进至善（所以它毕竟必然是可能的）。因此，整个自然的一个与自然有别的原因的存在也就被**公设**了，这个原因包含着上述联系亦即幸福与道德性精确一致的根据。但是，这个至上的原因应当不仅包含自然与理性存在者的意志的一种法则一致的根据，而且还就这些理性存在者把这一法则给自己设定为**意志的至上规定根据**而言包含着自然与这一**法则**的表象一致的根据，从而不仅包含着自然与道德在形式上的一致，而且还包含着自然与道德在作为他们动机的他们的道德性上的一致，也就是说，与他们的道德意向的一致。因此，惟有假定自然的一个拥有与道德意向相符合的因果性的至上原因，尘世中的至善才是可能的。现在，一个能够按照法则的表象采取行动的存在者就是一个**理智**（理性存在者)，而且这样一个存在者按照法则的这种表象的因果性就是他的**意志**。因此，自然的至上原因，就其为至善而必须被预设而言，就是一个通过**知性**和**意志**而是自然的原因（因而是创造者）的存在者，亦即上帝。所以，**派生的至善**（最好的世界）的可能性的公设同时就是一个**源始的至善**的现实性的公设，亦即上帝的实存的公设。现在，对于我们来说，促进至善本就是义务，因而预设这种至善的可能性就不仅是权限，而且也是与作为需要的义务相结合的必然性；既然至善惟有在上帝存在的条件下才是成立的，所以上帝存在的预设就与义务不可分割地结合在一起，也就是说，假定上帝的存在，在道德上是必然的。

这里应当注意的是：这种道德上的必然性是**主观的**，亦即是需要，而不是**客观的**，亦即本身不是义务；因为根本不可能有一种假定某个事物实存的义务（因为这仅仅关涉理性的理论应用）。这也不被理解为，假定上帝的存在是**一切一般责任的一个根据**，乃是必然的（因为如已经充分证明了的，这个根据
〔126〕所依据的仅仅是理性自身的自律）。在这里，属于义务的惟有对尘世中的至善的产生和促进所作的探讨；因此，这种至善的可能性是可以公设的，但是，我们的理性发现，只有预设一个最高的理智，这种可能性才是可思议的；因此，假定一个最高的理智的存在与我们的义务的意识是结合在一起的，尽管这种假定本身是属于理论理性的；仅仅就理论理性而言，这种假定作为解释根据来看可以叫做**假说**，但在与一个毕竟通过道德法则提交给我们的客体（至善）的关系中，因而在与一种实践的意图中的需要的关系中，它就可以叫做**信念**，而且是纯粹的理性信念，因为惟有纯粹的理性（不仅在其理论应用上，也在其实践应用上）才是这种信念由以产生的源泉。

从现在开始，从这一**演绎**出发就可以理解，为什么**希腊**各学派从来未能解决它们关于至善的实践可能性的问题，仅仅因

为它们总是使人的意志应用自己的自由的规则成为这种可能性的惟一的和充足的根据，在它们看来为此并不需要上帝的存在。虽然它们不依赖于这一公设，仅仅从理性与意志的关系出发来确立道德的原则，从而使之成为至善的**至上**实践条件，这一点做得很对，但它却并不因此就是至善的可能性的**全部**条件。**伊壁鸠鲁学派**虽然把一个完全错误的道德原则，亦即幸福的原则，假定为最高的原则，并且把依照每一个人自己的偏好进行任意选择的准则偷换成一条法则，但他们在这里的行事方式却毕竟是足够**前后一致的**，他们同样地，亦即与他们的原理的低下成正比地贬低了他们的至善，而且并不期望有比通过人的明智（节制和偏好的控制也属于明智）所获得的更大的幸福，而如人们所知，这种明智的结果必定是相当贫乏的，并且根据种种情况是极为不同的；就更不用说他们的准则必须不断地承认的，并且使得他们的准则不适合于用做法则的种种例外了。与此相反，**斯多亚学派**完全正确地选择他们至上的实践原则亦即德性来作为至善的条件，但由于他们把德性的纯粹法则所需要的德性程度想象为在此生完全可以达到的，所以他们不〔127〕仅把人的道德能力以一个**智者**的名义扩张到超出人的本性的所有限制的高度，并假定某种与一切人类知识相矛盾的东西，而且尤其也根本不想让属于至善的第二个**成分**，亦即幸福，被视为人的欲求能力的一个特殊对象，而是使他们的**智者**宛如一个意识到自己人格的卓越性的神祇一般完全独立于自然（在他的满意方面），因为他们虽然使这位智者遭受生活的不幸，但却不使他屈服于这些不幸（同时也把他表现为摆脱了恶的），这样就实际上删除了至善的第二个要素，亦即自身的幸福，因为他们把这一要素仅仅设定在行动和对自己人格价值的满足中，从而将它包括在道德思维方式的意识中，但在这里，他们通过他们自己的本性的声音就已经能够被充分地驳倒了。

基督教的学说①，即便人们还不把它视为宗教学说，也在
〔128〕 这一点上提供了一个至善（上帝之国）的概念，惟有这个概念才使实践理性的最严格的要求得到满足。道德法则是神圣的（不宽纵的），并且要求道德的神圣性，虽然人所能够达到的所

① 人们通常认为，基督教的道德规范就其纯粹性而言，并没有胜过斯多亚学派的道德概念之处；然而，二者的区别毕竟是十分明显的。斯多亚学派的体系使坚忍的意识成为一切道德意向应当绕之旋转的枢纽，而且尽管这一体系的追随者们谈到了义务，也十分清楚地规定了义务，但他们毕竟把动机和意志真正的规定根据置于思维方式超越低级的，仅仅通过懦弱来起决定作用的感官动机之上的升华中。因此，德性在他们那里就是超升于人的动物本性之上的**智者**的某种英雄气概；对于智者本人来说，英雄气概就够了，他虽然给别人讲义务，但自己却超脱了义务，不屈服于任何逾越道德法则的诱惑。但是，如果他们像福音书的规范所做的那样，纯粹且严格地表象这种法则，他们就做不到这一切了。如果我把一个**理念**理解为一种完善性，在经验中没有任何东西能够与它契合地被给予，那么，道德理念因此就不是什么过分的东西，也就是说，不是我们甚至连它的概念也不能充分规定的东西，或者是否某个地方有一个对象与之相应也不确定的东西，就像思辨理性的理念那样；相反，它们作为实践完善性的原型，充当着道德行为不可或缺的准绳，同时充当着**比较的尺度**。如果我从其哲学方面来考察**基督教道德**，那么，它与希腊各学派的理念相比就会表现如下：**犬儒学派、伊壁鸠鲁学派、斯多亚学派和基督徒们**的理念分别是：**素朴、明智、智慧**和**神圣**。至于达到它们的途径，希腊哲学家们则各不相同，犬儒学派认为**平常的人类知性**就够了，其他的认为只有**科学**的途径才可以，因此二者毕竟都认为单纯**应用自然力量**就足以做到。基督教的道德由于如此纯粹和不宽纵地确立自己的规范（也必须是这样），就剥夺了人至少在此生与它完全契合的自信，但毕竟又这样建立了自信，即如果我们尽我们**能力**所及地行为善良，我们就能够希望，非我们能力所及的东西，将在别的地方使我们受益，无论我们现在是否知道以何种方式。**亚里士多德**和**柏拉图**只是就我们道德概念的起源而言才彼此有别。

有道德完善性都始终只不过是德性，亦即出自对法则的**敬重**的合乎法则的意向，因而是对于逾越，至少是遵循法则的动机不纯，亦即混杂许多不纯正的（非道德的）动机的一种持续的倾向的意识，所以是一种与谦卑相结合的自我欣赏，从而就基督教的法则所要求的神圣性而言，留存给造物的就只有无限的进步，但也正因为此，造物就有理由希望自己无限的存续。一种与道德法则完全适合的意向的**价值**是无限的，因为一切可能的幸福在一个智慧的和万能的幸福分配者的判断中，除了理性存在者对自己的义务缺乏适合之外，没有任何别的限制。但是，道德法则独自说来毕竟不应许幸福；因为按照关于一般自然秩序的概念，幸福并不与道德法则的遵循结合在一起。基督教的道德学说通过把理性存在者在其中尽心尽意地献身于道德法则的世界描绘为一个**上帝之国**而弥补了这一（至善的第二个不可或缺的成分的）欠缺，在上帝之国中，通过一位使派生的至善成为可能的神圣创造者，自然与道德达到了一种对二者中的每一个单独说来都不具有的和谐。道德的**神圣性**已经被指定为他们此生的准绳，但与这种神圣性成正比的福祉，亦即**永福**，却 〔129〕
仅仅被表象为在一种永恒中可达到的，因为**前者**在任何状况中都必须始终是他们的行为的原型，而且向它的进步即便在此生中也是可能的和必然的，而**后者**则在这个尘世中却是不能以幸福的名义达到的（就取决于我们的能力而言），因而仅仅被当做希望的对象。尽管如此，基督教的**道德**原则本身毕竟并不是神学的（因而不是他律的），而是纯粹实践理性独自说来的自律，因为这种道德并不使上帝及其意志的知识成为这些法则的根据，而是仅仅使之成为在遵循这些法则的条件下达到至善的根据，它甚至把遵循这些法则的真正**动机**不是置于所期望的遵循法则的后果中，而是仅仅置于义务的表象中；配得上获得这些后果，就在于忠实地遵循这种义务。

以这样的方式，道德法则就通过至善作为纯粹实践理性的客体和终极目的的概念导致了**宗教**，也就是说，导致了**一切义务是神的诫命的知识**，这些诫命**不是强迫命令，亦即不是一个外来意志的任意的、自身偶然的指令**，而是每一个自由意志自身的根本**法则**，但尽管如此却必须被视为最高存在者的诫命，因为我们惟有从一个道德上完善的（神圣的和仁慈的），同时也是全能的意志那里才能希望至善，从而通过与这个意志的一致才能希望达到至善，而把至善设定为我们追求的对象，则是道德法则使之成为我们的义务的。因此，即便在这里，一切也依然是无私的，仅仅以义务为根据的；不可以把恐惧或者希望作为动机当做基础，它们如果成为原则，就会毁掉行动的全部道德价值。道德法则命令，要使一个尘世中可能的至善成为我的一切行为的最终对象。但是，除非通过我的意志与一个神圣的和仁慈的世界创造者的意志一致，我就不能希望去造成这个至善；尽管在作为一个整体的至善概念中，最大的幸福与最大程度的道德的（在造物中可能的）完善性被表象为以最精确的比例结合在
〔130〕一起的，**我自己的幸福**就一并包含在其中，但毕竟不是幸福，而是道德法则（它毋宁说把我对幸福的无限度追求严格地限制在一些条件上），才是被指定去促进至善的那个意志的规定根据。

因此，即便道德，真正说来也不是我们如何**使得**自己幸福的学说，而是我们应当如何**配享**幸福的学说。惟有当宗教出现时，也才出现我们有朝一日按照我们曾关注不至于不配享幸福的程度来分享幸福的希望。

如果某人拥有一件事物或者一种状态，这与至善是一致的，那么，他就**配享**这种拥有。现在，人们很容易就可以看出，所有的配享都取决于道德行为，因为道德行为在至善的概念中构成了其余的（属于状态的）东西的条件，亦即分享幸福的条件。于是由此得出：人们必须永远不把道德当做**幸福学**

说，亦即当做一种分享幸福的指南来对待；因为它只与幸福的理性条件（conditio sine qua non［必要条件］）相关，而与获得幸福的手段无关。但是，如果道德（它仅仅提出义务，但不给自私的愿望提供规则）得到完备的阐述，惟有在这种情况下，当此前没有一个自私的灵魂能够产生的促进至善（给我们带来上帝之国）的道德愿望被唤醒，并为了这个愿望迈出了走向宗教的步伐之后，这种道德学说才能够也被称为幸福学说，因为对幸福的**希望**是随着宗教才开始的。

人们由此就可以看出：如果就创造世界而言追问**上帝的终极目的**，则人们必须举出的不是世上理性存在者的**幸福**，而是**至善**，至善给这些存在者的那个愿望附加了一个条件，即配享幸福的条件，也就是这同一些理性存在者的**道德性**，惟有道德性才包含着他们据以能够希望凭借一位**智慧的创造者**之手分享幸福的惟一尺度。因为既然**智慧**在理论上来看意味着**至善的知识**，而在实践上来看意味着**意志对至善的适合**，所以人们就不〔131〕能把一种仅仅基于**仁慈**的目的赋予一个最高的独立智慧。因为只有在与创造者的意志的神圣性①相一致这个限制条件下，人们才能把仁慈的这种结果设想成与源始的至善相适合的。因

① 在这里，并且为了标明这些概念的独特之处，我还要说明的只是：当人们赋予上帝种种不同的属性时，人们发现这些属性的性质也适合造物，只不过它们在上帝那里被提升到最高的程度罢了，例如力量、知识、在场、善等，被称为全能、全知、全在、全善等；但毕竟有三种性质仅仅被赋予上帝，并且不带关于大小的附加语，而且它们全都是道德上的：上帝是**惟一神圣的、惟一永福的、惟一智慧的**；因为这些概念已经具有不受限制性。因此，按照它们的秩序，上帝在这种情况下也是**神圣的立法者**（和创造者）、**仁慈的统治者**（和维护者）、**公正的审判者**，这三个属性包含着上帝借以成为宗教对象的一切，而与它们相适合，种种形而上学的完善性就自行添加进理性中。

此，那些把创造的目的设定在上帝的荣耀之中（前提条件是，人们不要以神人同形同性论的方式把这种荣耀设想成受称颂的偏好）的人们，也许就发现了最好的表述。因为再也没有比尘世中最宝贵的东西更能荣耀上帝了，这就是：敬重他的诫命，遵循他的法则交付给我们的神圣义务，如果他的壮丽的部署还要使这样一种美好的秩序配上相适合的幸福而得以圆满的话。如果后者（以人的方式来说）使上帝值得爱，那么，他就由于前者而是崇拜（朝拜）的对象。甚至人们虽然也能够通过行善而获得爱，但却永远不能仅仅通过行善就获得敬重，以至于最大的善行也只有通过按照配享来施行，才给他们带来荣耀。

在种种目的的秩序中，人（以及每一个理性存在者）就**是目的自身**，也就是说，人永远不能被某个人（甚至不被上帝）仅仅当做手段来使用，而不同时自身就是目的，因此，我们人格中的人性对我们自己来说必然是**神圣的**，这是从现在起自行得出的结论，因为人是**道德法则的主体**，从而是那种就自身而
〔132〕言神圣的、一般来说某种东西只是因为它并且与它相一致才能够被称为神圣的东西的主体。因为这种道德法则乃是建立在他的意志的自律之上的，作为一种自由的意志，他的意志按照自己的普遍法则必然能够同时与它应当**服从**的东西**协调一致**。

六、总论纯粹实践理性的公设

这些公设全都是从道德性的原理出发的，这个原理不是公设，而是理性用来直接规定意志的一个法则，这个意志正由于它被这样规定而作为纯粹意志要求着遵循它的规范的这些必要条件。这些公设不是理论的教义，而是在必然实践的考虑中的**前提条件**，因而虽然并不扩展思辨知识，但却**总的来说**（凭借它们与实践的东西的关系）给予思辨理性的理念以客观实在

性，并使思辨理性对于它本来甚至不能自诩哪怕是仅仅主张其可能性的概念具有权利。

这些公设就是**不死**的公设、积极地来看（作为一个存在者就其属于理知世界而言的因果性）的**自由**的公设和**上帝存在**的公设。**第一个**公设产生自持存与道德法则的完整履践相适应这个实践上的必要条件；**第二个**公设产生自对感官世界的独立性和按照一个理知世界的法则规定其意志的能力，亦即自由这个必要的前提条件；**第三个**公设产生自通过预设独立的至善亦即上帝的存在来给这样一个理知世界为了成为至善提供条件的必要性。

因此，由于对道德法则的敬重而成为必要的针对至善的意图，亦即由此产生的对至善的客观实在性的预设，就通过实践理性的公设导向了思辨理性虽然能够作为课题提出，但却未能解决的几个概念。所以，1. 导向了这样一个课题，在它的解决中思辨理性只能犯下**谬误推理**（亦即不死的课题），因为它〔133〕缺乏持久性的特征，不能把在自我意识中必然被赋予灵魂的那个最终主体的哲学概念补足成一个实体的实在表象，这一点，实践理性通过一种为在作为实践理性的全部目的的至善中与道德法则相适合所要求的持存的公设而做到了。2. 借助于自由的公设，它导向了这样一个概念，关于它思辨理性只包含有**二论背反**，思辨理性只能把这二论背反的解决建立在一个虽然可以或然地思维，但就其客观实在性而言却对思辨理性来说不能证明和规定的概念之上，这就是一个理知世界的**宇宙论**理念，以及对我们在这个理知世界中的存在的意识（至于自由的实在性，它是通过道德法则，与此同时通过一个理知世界的法则来阐明的，对这个理知世界思辨理性只能指出，但却不能规定它的概念）。3. 它使思辨理性虽然想到，但却不得不使之作为纯然的先验**理想**而不加规定的东西，即元始存在者的**神学**概念，获得了意义（在实践的意图中，亦即作为由那个法则所规定的意志的客体之可能性的条件），也就是在一个理知世界中通过在其中实行统治的道德立法使至善的至上原则获得意义。

但是，我们的知识以这样的方式就通过纯粹实践理性得到了现实的扩展，而对于思辨理性来说曾是**超验的**东西，在实践理性中就是**内在的**吗？当然，但**只是在实践的意图中**。因为我们虽然由此既没有对于我们灵魂的本性，也没有对于理知的世界，更没有对于最高的存在者，按照它们就自身而言之所是而有所认识，而只是把它们的概念在作为我们意志的客体的**至善这一实践**概念中结合起来了，而且是完全先天地通过纯粹理性来结合的，但却只是借助于道德法则，并且也仅仅与道德法则相关，就它所要求的客体而言才如此。但是，何以哪怕自由也仅仅是可能的，而且人们如何能够在理论上并积极地表现这个种类的因果性，这却没有由此而看出来，而是仅仅通过道德法则并为了道德法则而公设了有这样一种因果性存在。别的那些理念的情况亦复如是，永远没有任何人类知性按照其可能性来〔134〕探究它们，但它们不是真实的概念这一点，也将永远没有任何诡辩从哪怕最普通的人的确信中夺走。

七、如何可能设想纯粹理性在实践的意图中的扩展却不同时由此扩展其思辨的知识?

为了不致过于抽象，我们要马上在目前这个场合的应用中来回答这个问题。——为了**在实践上**扩展一种纯粹的知识，必须被先天地给予一个**意图**，亦即一个作为（意志之）客体的目的，这个客体独立于一切理论的原理，通过一个直接规定意志的（定言的）命令式，被表现为实践上必然的，而这在此处就是**至善**。但是，如果不预设三个理论概念（由于它们只是纯粹的理性概念，所以不可能为它们找到相应的直观，因而不可能沿着理论的途径为它们找到任何客观实在性），亦即自由、不死和上帝，至善就是不可能的。因此，通过要求在一个世界里可能的至善有实存的道德法则，纯粹思辨理性的那些客体的可能性，以及纯粹思辨理性不能向这些客体保证的客观实在性，就被公设出来了；由此，纯粹理性的理论知识当然就获得了一种增长，但这种增长仅仅在于，那些通常对于纯粹理论来说或然的（仅仅可思维的）概念，现在就被实然地解释为应现实地把客体归于它们的概念了，因为实践理性为了自己的而且是实践上绝对必要的客体亦即至善的可能性，不可避免地需要它们的实存，而理论理性由此就被授权去预设它们。但是，理论理性的这种扩展并不是思辨的扩展，亦即不是为了**在理论的意图**中从现在起对它作出一种积极的应用。因为既然在这方面通过实践理性所提供的无非是：那些概念是实在的，而且现实地拥有自己的（可能的）客体，但同时关于这些客体的直观却没有任何东西被给予我们（这也是不可以要求的），所以，没有任何综合命题通过这些概念被承认的实在性而成为可能。因此，这种开放在思辨的意图中对我们没有丝毫帮助，但就纯粹理性的实践应用而言，倒是有助于扩展我们的这种知识。思辨理性的上述三个理念就自身而言还不是什么知识；但这毕竟是些 〔135〕
（超验的）**思想**，在它们里面没有任何不可能的东西。现在，它们通过一个无可置疑的实践法则，作为这个法则要求当做客体的那种东西的可能性的必要条件，获得了客观实在性，也就是说，我们通过那个法则得到指示：**它们拥有客体**，但却毕竟不能指出它们的概念是如何与一个客体发生关系的，而这也就还不是对**这些客体**的知识；因为人们由此根本不可能作出任何综合的判断，也不可能对它们的运用在理论上作出规定，因而对它们根本不能做理性的任何理论应用，而理性的一切思辨知识真正说来就在于这种应用。但尽管如此，**虽然不是这些客体**

的，但却是一般理性的理论知识却由此而在下述意义上得到了扩展，即通过这些实践的公设，毕竟把**客体给予了**那些理念，因为一个仅仅或然的思想首先借此获得了客观实在性。因此，这并不是**关于被给予的超感性对象**的知识的扩展，但毕竟是理论理性及其在一般超感性事物方面的知识的扩展，这是就理论理性被迫承认**有这样一些对象**而言的，但对于这些对象却不能作出更详细的规定，因而不能扩展关于这些客体（它们从现在起就出自实践的理由并且也只是为了实践的应用而被给予了理性）的知识本身，因此，纯粹理论理性必须把上述知识的增长仅仅归功于它的纯粹实践能力，而对它来说，所有那些理念都是超验的，都没有客体。在纯粹实践能力这里，它们都成为**内在的**和**建构性的**，因为它们都是使纯粹实践理性的**必要客体**（至善）**成为现实**的那种可能性的根据，除此之外，它们就是**超验的**，是思辨理性的纯然**范导性**原则，这些原则责成思辨理性的事情，并不是超出经验之外去假定一个新的客体，而仅仅是使它在经验中的运用接近完备。但是，一旦理性具有了这种增长，那么，它作为思辨理性（真正说来只是为了保证它的实践应用）借助那些理念进行的工作就将是消极的，也就是说，不是在扩展，而是在澄清，以便一方面抵挡作为**迷信**之源泉的
〔136〕**神人同形同性论**或者通过自以为的经验对那些概念所作的表面上的扩展，另一方面抵挡通过超感性的直观或者诸如此类的感觉应许那种扩展的**狂信**；这一切都是纯粹理性的实践应用的障碍，因此，对它们的防范当然属于我们的知识在实践的意图中的扩展，而同时承认理性在思辨的意图中丝毫也没有因此而有所收获，这与那种扩展并不矛盾。

对于理性就一个对象而言的任何应用，都要求有纯粹的知性概念（范畴），没有它们，就不能思维任何对象。这些纯粹的知性概念只能被运用于理性的理论应用，也就是说，被运用

于同时配备有直观（直观在任何时候都是感性的）的那种知识，因而仅仅是为了通过它们来表现可能经验的一个客体。但现在，理性的这些根本不可能在任何经验中被给予出来的**理念**，在这里却是我必须通过范畴来思维以便认识的东西。不过，这里所说的也不是对这些理念的客体的理论知识，而只是说这些理念一般而言具有客体。纯粹实践理性获得了这种实在性，而在此理论理性所要做的无非是通过范畴仅仅**思维**那些客体，这正如我们在别的地方已经清楚地指出的那样，完全可以不需要直观（无论是感性直观还是超感性直观）来进行，因为范畴在独立于并且先于一切直观、仅仅作为思维能力的纯粹知性中拥有自己的位置和起源，而且它们永远只意味着一个一般客体，**无论它以哪一种方式被给予我们**。现在，就范畴应当被运用于那些理念而言，虽然不可能在直观中给予它们以任何客体；但是，它们毕竟是通过实践理性在至善的概念中毫无疑问地呈现出来的一个客体，通过为了至善的可能性所要求的**那些概念的实在性**，而充分地得到保证：**这样一个客体是现实的**，从而范畴作为一种纯然的思维方式在这里不是空洞的，而是有意义的，尽管如此，也并不由于这种增长而造成根据理论原理的知识的丝毫扩展。

※ ※ ※

除此之外，如果通过取自我们自己的本性的那些谓词来规定上帝、一个理知世界（上帝之国）和不死这些理念的话，那么，人们就既不可以把这种规定视为那些纯粹的理性理念的**感性化**（神人同形同性论），也不可以把它视为对**超感性的**对象的越界知识；因为这些谓词无非是知性和意志，确切地说是当它们在道德法则中被思维时在相对关系中这样看的，因而只是就对它们作一种纯粹的实践应用而言的。在这种情况下，其余一切在心理学上，亦即就我们对我们的这些能力**在它们实施时** 〔137〕

进行经验性观察而言与这些概念有关联的东西（例如，人的知性是推论性的，因而它的表象是思想而不是直观，这些表象在时间中前后相继，人的意志总是带有满意对于其对象的实存的一种依赖性，如此等等，而在最高的存在者里面却不可能是这样），就都被抽掉了，这样，对于我们用来思维一个纯粹知性存在者的那些概念，所剩下的就无非是恰恰为了思维一个道德法则这种可能性所要求的东西了，因而虽然是对上帝的一种知识，但却是仅仅在实践的关系中，由此，如果我们试图把它扩展成为一种理论知识，我们就将得到一种并不思维但却**直观**的知性，一种指向对象而其满意丝毫也不依赖对象的实存的意志（我甚至不想提及那些先验的谓词，例如实存的某种量，亦即持存，但它并不出现在时间中，而时间是我们把存在表现为量的惟一对我们来说可能的手段），完全是些我们对之不能形成任何与对象的**知识**相适合的概念的属性，我们由此也就得知，它们永远不能被运用于关于超感性存在者的**理论**，因而也根本不能够在这方面建立起一种思辨的知识，而是把自己的应用仅仅限制在道德法则的履践上。

后面这一点是如此显而易见，并能够通过事实得到如此清晰的证明，以至于人们可以大胆放心地要求所有自以为的**自然的对神博学者**（一个怪异的名称①），哪怕只举出一个（超出

① **博学**真正说来只是各种**历史**科学的总和。因此，惟有启示神学的教师才能叫做**对神博学者**。但是，如果人们也想把那种拥有各种理性科学（数学和哲学）的人称为一个博学者，尽管这已经会与词义（即它在任何时候都仅仅把绝对必须被**教给**，因而不能通过理性自行发明的东西算做博学）相矛盾，那么，哲学家就完全可能以自己作为实证科学的上帝知识给人以太坏的印象，以至于因此不能被称为一个**博学者**。

纯然本体论的谓词）规定他们的对象的属性，例如知性的属性 〔138〕
或者意志的属性，让人们不能对之无可争议地表示，如果从中抽掉一切神人同形同性论的东西，给我们剩下的就是纯然的语词，不能把丝毫的概念与之相结合，借以可以希望对理论知识有一种扩展。但就实践的东西而言，从一个知性和意志的那些属性中毕竟还是给我们留下了一种关系的概念，实践法则（它恰恰先天地规定了知性与意志的这种关系）使这个概念获得了客观实在性。这种情况一旦发生，一个道德上受到规定的意志之客体的概念（至善的概念），以及与它一起这客体的可能性的条件亦即上帝、自由和不死的理念，也都被给予了实在性，但永远只是在与道德法则的履践的关系中（不是为了任何思辨的目的）被给予的。

在作了这些提醒之后，现在也就可以很容易地找到这个重要的问题的答案了：**上帝的概念是一个属于物理学**（因而当形而上学只包含物理学在普遍意义上的那些纯粹先天原则时，也属于形而上学）**的概念还是一个属于道德的概念**？对自然安排或者其变化作出**解释**，如果人们乞灵于作为一切事物的创造者的上帝，那么这至少不是一种物理学的解释，而到处都是在承认自己的哲学完结了：因为人们为了能够对自己眼前看到的东西形成一个概念而不得不假定自己对之本来没有任何概念的东西。但是，通过形而上学从对**这个**世界的知识出发**凭借可靠的推论**来达到上帝的概念及其实存的证明，这之所以是不可能的，乃是因为我们必须把这个世界当做最完满的可能整体来认识，从而为此目的而必须认识一切可能的世界（以便能够把它们与这个世界进行比较），从而必须是全知的，以便说这个世 〔139〕
界惟有通过一个**上帝**（就像我们必须思维这个概念那样）才是可能的。但是，完全从纯然的概念出发来认识这个存在者的实存，这是绝对不可能的，因为任何一个实存命题，亦即关于一个我对之形成一个概念的存在者说它实存着的命题，都是一个综合命题，也就是这样一个命题，通过它，我超出那个概念，关于这个存在者说出比在概念中所曾想到的更多的东西，亦即对于这个**知性之中**的概念来说，还要设定一个**知性之外**的对象与之相应，而这显然是通过任何一种推论都不可能得出的。因此，对于理性来说，就只剩下一种程序来达到这种知识了，这就是它作为纯粹理性，从它的纯粹实践应用的至上原则出发（因为这种应用本来就仅仅指向作为理性之后果的某物之**实存**）来规定自己的客体。而在这里，就不仅仅是在理性不可避免的任务，亦即使意志必然指向至善的任务中显示出在世界上的这种善的可能性的关系中假定这样一个元始存在者的必要性，而且最值得注意的是，还显示出理性沿着自然道路的进程所完全缺乏的某种东西，即**这个元始存在者的一个得到精确规定的概念**。既然我们只认识这个世界的一小部分，更不能把这个世界与一切可能的世界进行比较，所以，我们固然可以从这个世界的秩序、合目的性和巨大而推论出它的一个**智慧**、**善意**、**强大**等的创造者，但却不能推论出他的**全知**、**全善**、**全能**等。人们也完全可以承认：自己完全有权通过一个可以容许的、完全合理的假说来弥补这个不可避免的缺陷；也就是说，如果在我们较切近的知识所呈现出的如此之多的部分中都凸显出智慧、善意等，那么，在其余所有部分中就也会是这样，因而把一切可能的完善赋予世界的创造者就是合理的；但是，这并不是我们自以为有所洞识所凭借的什么**推论**，而只是人们能够迁就我们的一种许可，而这种许可为了能够得到应用毕竟还需要其他方面的推荐。因此，上帝的概念沿着经验性的途径（物理学的途径）就依然永远是关于第一存在者的完善的**一个不曾得到精确规定的概念**，不能把它视为与一个神祇的概念是相适合的（但凭借形而上学在其先验部分中却根本不可能有任何建树）。

现在，我试图把这个概念固定在实践理性的客体上，在这里我发现，道德原理惟有在预设一个具有**最高完善性**的世界创造者的情况下才允许这个概念是可能的。这个世界创造者必须是**全知的**，以便在一切可能的场合和在一切未来都认识我的行为，直到我的意向的最深处；他必须是**全能的**，以便赋予我的行为以适当的后果；他同样必须是**全在的**、**永恒的**；等等。从而，道德法则就通过作为一种纯粹实践理性之对象的至善的概念规定着作为**最高存在者**的元始存在者的概念，这是理性的物理学进程（并更高地延伸到形而上学进程），因而其全部思辨进程所无法做到的。因此，上帝的概念是一个原初就不属于物理学的概念，亦即不是对思辨理性来说的概念，而是一个属于道德的概念，而且对于我们上面已经当做理性在其实践应用中的公设来对待的其他那些理性概念，人们也都可以说同样的话。 〔140〕

如果人们在**阿那克萨哥拉**之前的希腊哲学史中没有发现一种纯粹的理性神学的任何清晰的痕迹，那么，原因并不在于这些较早的哲学家们缺乏知性和洞识，以至于不能通过思辨的途径至少借助一种完全合理的假说来把自己提高到这一点；有什么能够比自行呈现给每个人的思想，即不假定不同的世界原因的不确定的完善程度，而是假定一个具有**一切完善性**的惟一理性的世界原因，要更为容易和更为自然呢？但是，世界上的灾祸似乎对他们来说是许多太重要的异议，以至于不能认为有权利作出这样一种假说。因而他们在这一点上表现出来的恰恰是知性和洞识，即他们并不冒昧地作出那种假说，反而在自然原因中去四处寻找，看自己是否能够在这些原因中遇到元始存在者所要求的那种性状和能力。但是，当这个思想敏锐的民族在探究中走过如此之远，甚至对其他民族从来也没有超出过空泛议论的那些道德对象也作了哲学上的探讨之后，他们这时才第一次发现了一种新的需要，即一种实践的需要，这种需要不会不给他们确定地指明元始存在者的概念，而此时思辨理性却袖手旁观，至多还有这样的功劳，即对一个不是在自己的地基上
〔141〕成长起来的概念加以修饰，并且用现在才出现的一系列出自自然观察的证实，来与其说是提高这个概念的声望（这声望已经确立起来了），倒不如说只是用自以为的理论上的理性洞识大讲排场。

※　　　※　　　※

从这些提醒中，纯粹思辨理性批判的读者将完全确信，那个费力的范畴**演绎**对于神学和道德而言是如何极其必要、如何有益了。因为惟有通过这种演绎才能防止，当人们把这些范畴设定在纯粹知性中时与**柏拉图**一起把它们看做天生的，并在这上面用人们无法预见其结局的超感性事物的理论建立起越界的僭妄，却由此使神学成为充满幻影的魔灯；而当人们把这些范畴视为获得的时，则防止人们与**伊壁鸠鲁**一起把它们所有的和每一种应用，甚至是实践的意图中的应用，都仅仅限制在感官的对象和规定根据之上。但现在，批判在那个演绎中证明了，**第一**，这些范畴并没有经验性的起源，而是先天地在纯粹知性中有自己的位置和来源；还有**第二**，既然它们不依赖于对象的直观而与**一般对象**发生关系，它们虽然惟有在运用于通过纯粹实践理性而被给予的对象时也充当对**超感性的东西**的**确定的思维**，但却仅仅是就这种超感性的东西只是通过这样一些必然属于纯粹的、被先天地给予的**实践意图**及其可能性的谓词来规定而言的。对纯粹理性在思辨上的限制和对它在实践上的扩展就第一次把纯粹理性带入了一般理性在其中可以得到合目的的运用的**平等关系**之中，而这个例子就比别的例子更好地证明，通过**智慧**的道路如果应当是可靠的而不是不可通行的或者引入歧途的，那么它在我们人这里就不可避免地必须经过科学，但人

们惟有在这科学完成之后，才能够确信它是导向那个目标的。

八、出自纯粹理性的一种需要的视之为真 〔142〕

纯粹理性在其思辨应用中的一种**需要**仅仅导向**假说**，但纯粹实践理性的需要却导向**公设**；因为在前一种场合，我从派生的东西出发在根据的序列中上升到**如我所愿**的高度，并且需要一个元始根据，不是为了给予那种派生的东西（例如世界上的事物和变化的因果结合）以客观实在性，而只是为了就派生的东西而言完全满足我的研究的理性。这样，我就在我面前的自然中看到了秩序和合目的性，而且并不为了确信它们的**现实性**而需要着手去进行思辨，而只是为了**解释**它们而需要**预设一个神祇**来作为它们的原因；这样，由于从一个结果向一个确定的原因，尤其是像我们必须想到上帝时那样严格一样完全地确定的原因所作的推论永远是不可靠的和困难的，所以这样一个预设就不能超过对我们人来说最合理的意见的程度。① 与此相反，纯粹**实践**理性的一种需要乃是基于一种**义务**的，即是使某种东西（至善）成为我的意志的对象，以便尽我的一切力量去促成它；但我在这里必须预设它的可能性，从而也预设这种可能性

① 但即便在这里，倘若不是有一个或然的，但毕竟不可避免的理性概念，即一个绝对必然的存在者的概念摆在我们眼前的话，我们也就不可能借口**理性**有一种需要了。现在要使这个概念得到规定，而这一点，在对此加以扩展的冲动出现时，就是思辨理性的一种需要的客观根据，即对应当用做其他存在者的元始根据的一个必然存在者的概念进一步作出规定，因而使这个存在者成为可识别的。没有这样一些先行的必要问题，也就没有任何**需要**，至少是没有任何**纯粹理性**的需要；其余的就都是**偏好**的需要了。

的条件，亦即上帝、自由和不死，因为我通过我的思辨理性不能证明它们，尽管也不能反驳它们。这个义务建立在一个当然完全不依赖于后面这些预设的、独自就是无可置疑地确定的法则亦即道德法则之上，因而就此来说并不需要通过关于事物的
〔143〕内部性状、世界秩序或者一个主管世界秩序的统治者的隐秘目的的理论意见来获得其他方面的支持，以便约束我们最完善地作出无条件地合乎法则的行动。但是，这个法则的主观效果，即与它相适合并且通过它也是必然的那个促成实践上可能的至善的**意向**，毕竟至少预设这种至善是**可能的**，否则的话，竭力追求一个其实空洞和没有客体的概念的客体，就会是实践上不可能的。现在，上述公设仅仅涉及至善之**可能性**的那些物理学的或者形而上学的、一言以蔽之处于事物的本性之中的条件，但不是为了一个随意的思辨意图，而是为了纯粹的理性意志的一个实践上必然的目的，纯粹的理性意志在这里并不**选择**，而是**服从**一个严谨的理性命令，这个命令**客观上**在事物的性状中有其根据，只要事物必须由纯粹理性来进行普遍的判断，而且这个命令绝不是建立在**偏好**之上的，偏好为了我们出自纯然**主观的**根据而**期望**的东西，绝对没有权利马上就假定达到这种东西的手段是可能的，或者甚至假定这对象是现实的。因此，这是一个**在绝对必然的意图中的需要**，它并不是把自己的预设仅仅当做允许的假说，而且是当做实践意图中的公设来辩解；而且如果承认道德法则作为命令（而不是作为明智规则）严谨地约束着每一个人，正直的人就完全可以说：**我愿意**有一个上帝，我在这个世界中的存在也要在自然联结之外还是一个纯粹的知性世界中的存在，最后还有我的持存要是无限的，我坚持这些并且非要有这种信仰不可；因为这是惟一的东西，在其中由于我丝毫不可以忽视我的兴趣，我的兴趣就不可避免地规定着我的判断，而不去注意一些玄想，哪怕我对这些玄想可能会

多么难以回答，或者多么难以做到以更加虚假的玄想去对抗它们。①

※ ※ ※

为了在使用像一种纯粹的实践的理性信念这样一个还是如此不习惯的概念时防止误解，请允许我再附上一个说明。——事情应当看起来差不多是，好像这个理性信念在这里甚至被宣布为**命令**，即把至善假定为可能的。但是，一种被命令的信念是一件荒唐无稽的事情。不过，人们可以回忆一下上面对于被要求在至善的概念中假定的东西所作的辨析，人们将注意到，假定这种可能性，这是根本不可以被命令的，它也不要求有**承认**这种可能性的任何实践意向，相反，思辨理性无须申请就必须承认这种可能性；因为毕竟不可能有任何人愿意主张，世界上的有理性存在者与道德法则相适合的配享幸福，与对这种幸 〔144〕

① 在1787年2月号的《德意志博物馆》上，有一篇论文出自一位非常敏锐和清醒的人物，即可惜早逝的**魏岑曼**，他在其中否认有从需要推论到该需要的对象的客观实在性的权限，并用一个**热恋者**的例子来阐明他的观点，这个热恋者由于迷恋于本来只是他的幻影的美的理念，就想推论这样一个客体是现实地在某个地方实存着的。在需要基于**偏好**的一切场合里，我承认他在这一点上是完全有道理的，偏好就连对受到其诱惑的人也不是必然能够公设其客体的实存的，更不用说包含对每一个人都有效的要求了，因而是种种期望的一个**主观的**根据。但在这里，需要是一种产生自意志的一个**客观的**规定根据的，亦即产生自道德法则的**理性需要**，道德法则必然地约束着每一个有理性的存在者，因而先天地有权利预设自然中与它相适合的条件，并使得这些条件与理性的完全的实践应用不可分割。义务就是尽我们最大的能力使至善成为现实；因此，至善毕竟也必须是可能的；所以，对于世界上的每一个有理性的存在者来说，预设对至善的客观可能性来说必要的东西，这也是不可避免的。这个预设与道德法则一样是必要的，它也惟有与道德法则相关才是有效的。

福的一种与上述配享成正比的占有相结合，本身是**不可能的**。现在，就至善的前一部分，即涉及道德的东西而言，道德法则仅仅给予我们一个命令，而怀疑那个组成部分的可能性，也就等于对道德法则本身提出质疑。但就那个客体的第二部分，亦即与那个资格完全适合的幸福而言，虽然一般来说承认幸福的可能性根本不需要一个命令，因为理论理性自身丝毫不反对这一点：只是我们应当**如何**设想自然法则与自由法则的这样一种
〔145〕和谐的方式，本身却具有要由我们作出一种**选择**的某种东西，因为理论理性对此不能以无可置疑的确定性作出任何决定，而就这种确定性而言，可以有一种道德的兴趣来起决定性的作用。

我在上面曾经说过，按照世界上的一种纯然的自然进程，精确地与道德价值相适合的幸福是不可指望的，必须被视为不可能的，因此，至善的可能性从这方面惟有在预设一个道德的世界创造者的情况下才能被承认。我曾有意地克制着不把这个判断限制在我们理性的**主观**条件之上，以便惟有在应当对理性的视之为真的方式作出进一步的规定时才使用这种限制。实际上，上述不可能性**仅仅是主观的**，也就是说，我们的理性发现**它不可能**使自己根据一个纯然的自然进程来理解两种按照如此不同的法则而发生的世界事件之间如此精确地适合并完全合目的的联系，尽管就像在所有通常在自然中是合目的的东西那里一样，理性毕竟也不能根据普遍的自然法则来证明，亦即出自客观的理由来充分阐明这种联系的不可能性。

不过，现在有一种不同类型的决定根据加入了游戏，要在思辨理性动摇不定时起决定性的作用。促成至善这个命令在客观上（在实践理性中）是有根据的，至善的一般可能性同样在客观上（在对此不加丝毫反对的理论理性中）是有根据的。然而，我们应当如何表现这种可能性的方式，是按照普遍的自然

法则而无须一个主管自然的智慧创造者，还是仅仅在预设这个创造者的情况下来表现，这是理性不能客观地决定的。现在，这里出现了理性的一种**主观的**条件：惟一在理论上对理性可能的、同时对道德性（它是服从理性的一个**客观的**法则的）只有益处的方式，即把自然王国与道德王国的精确一致设想为至善的可能性的条件。现在，既然促成至善，因而预设它的可能性**在客观上**（但仅仅按照实践理性来说）是必要的，但同时我们要怎样把至善设想为可能的那种方式却是由我们选择的，但在这种选择中纯粹实践理性的一种自由的兴趣却决定要假定一个 〔146〕 智慧的世界创造者，所以，在这里规定我们的判断的那个原则虽然作为需要是**主观的**，但同时作为**客观上**（实践上）必要的东西的促成手段，却也是在道德意图中视之为真的一条**准则**的根据，亦即是一种**纯粹的实践的理性信念**。因此，这种信念不是被命令的，而是作为对我们的判断的自愿的、有益于道德的（被命令的）意图的、此外还与理性的理论需要一致的规定，即预设那种实存，此外把那种实存作为理性应用的基础，其本身是产生自道德意向的；因此，即便在有良好意向的人那里，它也经常可能有时动摇不定，但却永远不会陷入无信念。

九、人的认识能力与人的实践规定明智地相适合的比例

如果人的本性注定要追求至善，那么，他的各种认识能力的程度，尤其是这些认识能力彼此之间的比例关系，也必须被假定为是适合于这一目的的。但现在，对纯粹**思辨**理性的批判证明理性有极大的不足，不能与这个目的相适合地解决提交给它的最重要的任务，尽管这个批判也没有低估这同一个理性的自然的和不可忽视的提示，同样也没有低估它为了接近这个给它标出的伟大目标而能够迈出的巨大步伐，但它毕竟不能单凭

自己在某个时候达到这个目标，甚至借助于最大的自然知识也不行。因此，自然在这里显得只是**继母般地**为我们提供了达到我们的目的所必需的能力。

现在，假如自然在这里顺从了我们的愿望，赋予了我们这样一种我们乐意具有，或者一些人干脆误以为自己已经现实地具有的洞识能力或者光照，那么，从一切迹象来看这会有什么样的后果呢？只要我们的全部本性没有同时得到改变，那么，毕竟总是第一个发言的**偏好**就会首先要求自己的满足，而且与〔147〕理性的考虑相结合，就会以**幸福**的名义要求自己最大可能的和持久的满足；道德法则在此之后会说话，为的是把那些偏好保持在与它们相称的限制之中，甚至使它们全都服从一个更高的、不考虑任何偏好的目的。但是，不是现在道德意向必须与偏好进行的那场几经失败之后毕竟可以在其中赢得灵魂的道德力量的争斗，而会是**上帝**和**永恒**以其**可怕的威严**持续不断地处于我们**眼前**（因为我们完全能够证明的东西，就确定性而言对我们来说是等于我们因亲眼看见而确信的东西的）。对法则的违反当然会被避免，被命令的东西会被执行；但由于行动应当从中发生的那种**意向**不可能通过任何命令一起灌输进来，对活动的刺激在这里却是立刻就在手边的，并且是**外部的**，因此，理性不可以首先努力向上，以便通过法则之尊严的活生生的表象来聚集抵抗偏好的力量，那样的话，绝大多数合乎法则的行动的发生就会是出自恐惧，只有少数会出自希望，而根本没有一个会出自义务了，但这些行动的道德价值也就会荡然无存了，而人格的价值，甚至世界的价值在最高智慧的眼中却毕竟仅仅取决于这种道德价值。因此，只要人们的本性还保持像它现在这样，那么，人们的行为就将会变成一种纯然的机械作用，其中就像是在木偶戏中一样一切都**姿势**对路，但在人物形象中却不会看到**任何生命**。现在，既然在我们这里完全是另一种情况，既然我们凭借我们的理性的一切努力对未来也只有一种极为模糊不清的眺望，世界的统治者只让我们猜测而不是看到或者清晰地证明他的存在及其壮丽，与此相反，我们心中的道德法则并不向我们肯定地有所应许或者有所威胁，而是要求我们无私的敬重，但除此之外，当这种敬重成为主动的和占统治地位的时，它在这种情况下并仅仅由此才允许眺望超感性事物的王国，但也只是以微弱的目光眺望；所以，真正的道德的、直接被奉献给法则的意向是能够发生的，有理性的造物是能够配得上与他的人格的道德价值相适合，而不是仅仅与他的行动相适合的至善份额的。因此，即便在这里，对自然和人的 〔148〕
研究通常充分地教给我们的东西，即我们借以实存的那个不可探究的智慧，在它拒绝给予我们的东西中比在它让我们分享的东西中并不更少值得崇敬，也可以由此而是很正确的。

第二部分
纯粹实践理性的方法论

人们不能把纯粹**实践**理性的**方法论**理解为（无论是在反思中还是在陈述中）就其科学知识而言对待纯粹实践原理的方式，这种知识人们通常本来只在**理论的东西**中才称为方法（因为通俗的知识需要一种**风格**，但科学却需要一种**方法**，也就是说，需要一种**按照**理性的原则的程序，一种知识的杂多惟有借助这种程序才能成为一个**体系**）。毋宁说，这种方法论被理解为人们如何能够使纯粹实践理性的法则**进入**人的心灵并**影响**其准则，亦即使客观的实践理性也**在主观上**成为实践的那种方式。 〔151〕

现在虽然很清楚，意志的那些惟一使准则真正成为道德的并赋予它们以一种道德价值的规定根据，法则的直接表象和作为义务的对法则的客观必然的遵守，都必须被表现为行动的真正动机，因为若不然，虽然会造就出行动的**合法性**，但却造就不出意向的**道德性**。但不是那么清楚的，毋宁说初看起来必定对每个人来说都显得难以置信的是，对纯粹德性的那种描述即便在主观上，也能够比由娱乐和一般而言人们可以归为幸福的一切东西的哄骗所可能造成的一切诱惑，或者还有由痛苦和灾 〔152〕祸某个时候所可能造成的一切威胁，都对人的心灵拥有**更多的力量**，并能够提供一种强有力得多的动机去自己造就行动的那种合法性，产生出一些更有力的、出自对法则的敬重把法则置于任何别的考虑之前的决断。尽管如此，事情确实就是这样，而且假如人的本性不是这种性状，那么，也就不会有法则的任何表现方式在某个时候转弯抹角地以劝说的手段来产生意向的道德性了。一切都会是全然的伪善；法则会遭到憎恨乃至于轻视，但为了自己的好处仍然得到遵守。法则的字句（合法性）将会能够在我们的行动中找到，但法则的精神却在我们的意向中根本找不到，而既然我们用尽了自己的一切努力也毕竟在我们的判断中不能完全摆脱理性，所以我们会不可避免地必定在我们自己的眼中显得是毫无价值的、卑鄙的人，即使我们试图以如下方式来补偿在内心的法庭面前受到的屈辱，即我们借助娱乐来使自己轻松愉快，按照我们的妄念，有一个我们所假定的自然的或者属神的法则把这些娱乐与它们的警察机器结合在一起，这警察仅仅关注人们所做之事，对于人们为什么做这件事却不关心。

虽然人们不能否认，为了把一个或者尚无教养或者粗野化了的心灵首次带到道德上的善的轨道上来，需要一些准备性的指导，通过他自己的好处来引诱这心灵，或者通过害处来恐吓它；然而，一旦这种机制、这个襻带起到了一些作用，纯粹的道德动因就绝对必须被带给灵魂，这动因不仅由于它是惟一建立起一种性格（按照不变的准则的实践上一以贯之的思维方式）的动因，而且也由于它教人感到他自己的尊严，而给心灵提供了一种对它自己来说出乎意料的力量，从一切想要占据统治地位的感性依赖性中挣脱出来，并在他的理知本性的独立性和他发现自己被规定要达到的崇高思想中为他所奉献的牺牲找到丰厚的补偿。因此，我们要通过任何一个人都能够进行的观察，把我们心灵的这种属性，把对一个纯粹的道德兴趣的这种感受性，因而把纯粹的德性表象的这种推动力，在它被恰如其分地带给人心的时候证明为最强有力的向善动机，在对道德准
〔153〕则的遵守中关键在于持久性和严格性的时候证明为惟一的向善动机；此际必须同时记住，如果这些观察只是证明了这样一种情感的现实性，却没有证明由此而完成的道德改善，那么，这并不会对仅仅通过义务的纯粹表象就使纯粹理性的客观上实践的法则成为主观上实践的那个惟一的方法造成任何损害，就好像这方法是一种空洞的幻想似的。因为既然这种方法还不曾被实行过，所以，就连经验也还不能关于它的成果展示出任何东西，相反，人们只能要求有对这样一些动机的感受性的证据，

我现在想简明扼要地展示这些证据，然后再稍微勾画一下建立和培养真正的道德意向的方法。

如果注意一下不仅由学者和玄想家而且也由商人和家庭妇女组成的那些混杂的社交聚会的交谈进程，那么，人们就会发现，除了讲故事和戏谑之外，还有闲聊亦即闲谈在其中也占有一席之地；因为讲故事如果应当本身带有新奇同时有趣味的话，很快就会耗尽，而戏谑则很容易走味。在所有的闲谈中，没有什么比关于应当用来确定某个人的性格的这个或者那个行动的**道德价值**的闲谈，更多地激起那些通常在所有的玄想中很快会感到无聊的人们的参与，并把某种生气带入社交聚会了。那些通常对理论问题中的一切玄妙的和苦思冥想的东西都感到枯燥和伤脑筋的人，当事情取决于确定一个被讲述的好行动或者坏行动的道德内涵时，马上就会参加进来，并且像人们在任何思辨客体那里都不可能期待于他们的那样精细、那样苦思冥想、那样玄妙地，把一切能够使意图的纯洁性和意图中的德性的程度减低，或者哪怕只是使其变得可疑的东西都想出来。人们在这些评判中经常看到对别人作判断的人士自己的性格闪现出来，他们中的一些人在他们主要对已死之人行使法官职务时，显得特别倾向于为关于这些人的这个或者那个行为所讲述出来的善作辩护，以反驳一切不正派的伤害性非议，最终为人格的全部道德价值辩护，以反驳虚伪和阴毒的指责，与此相反，另一些人更多盘算的是控告和谴责，不承认这种价值。但 〔154〕
人们毕竟不能总是赋予后一种人以如下意图，即想通过玄想从人类的一切榜样中完全去除德性，以便由此使德性成为一个空洞的名称，相反，这常常只不过是在按照一个毫不容情的法则来规定真正的道德内涵时的善意严格罢了，与这个法则作比较，而不是与榜样做比较，道德事务上的自大就大为降低，而谦恭绝不纯然是教出来的，而是在严厉的自我拷问中被每个人所感到的。尽管如此，人们还是常常能够从为被给予的榜样的意图的纯洁性做辩护的人那里看出，在他们对正直有自己的猜想时，他们也乐意为这些榜样擦去最微小的污点，其动因乃是为了当一切榜样都被怀疑其真实性、一切人类德性都被否认其纯洁性时，德性不会最终被完全视为一种纯然的幻影，从而趋向德性的一切努力都被当做虚荣的做作和骗人的自大而遭到蔑视。

我不知道，为什么青年的教育者们没有早就已经利用理性很乐意在被提出来的实践问题本身中作出审查这种倾向，而且在他们把一种纯然道德的教义问答作为基础之后，却不怀着这种意图搜遍古代和近代的人物传记，以便手中握有所提出的那些义务的凭据，根据这些凭据，他们尤其是通过对不同情况下的类似行动进行比较，而使他们的学生的评判运作起来，以便觉察这些行动的较小或者较大的道德内涵，他们将在这里发现，甚至本来对任何思辨都还不成熟的少年，马上就变得很敏锐，并由于感到自己的判断力的进步而对此产生不小的兴趣，但最重要的是，他们能够有把握地希望，经常练习在其全部纯洁性中去认识和赞许正派的行为，与此相反则惋惜或者轻蔑地去觉察对这种纯洁性的哪怕最小的偏离，即便这直到此时还仅仅是作为小孩子们能够在其中相互比赛的判断力游戏来进行的，但却会留下在一方面作出高度评价并在另一方面表示憎恶的一种持久的印象，它们仅仅通过把这些行动经常地看做值得
〔155〕赞许的或者值得谴责的这种习惯，就会为未来的生活方式中的正直构成一个良好的基础。只不过，我希望别用我们那些多愁善感的作品如此滥用的所谓**高尚的**（过誉的）行动的榜样来打扰这种练习，并把一切都转移到义务和一个人在他自己眼中通过没有违背义务的意识而能够和必须给予自己的价值上，因为凡是导致对高不可攀的完善性的空洞期望和渴求的东西，所产

生的全然是小说中的人物，这些人物由于自己对这种夸张的伟大而自鸣得意，为此就宣布自己可以不遵守平常的和通行的职责，这种职责在这种情况下对他们来说显得微不足道地渺小。①

但如果有人问，真正说来究竟什么是人们必须当做试金石来检验任何行动的道德内涵的**纯粹道德**，那么，我就必须承认，惟有哲学家才能够使这个问题的裁断成为可疑的；因为在平常的人类理性中，这个问题虽然不是通过抽象的普遍公式，但却通过日常的应用而仿佛是左手和右手之间的区别那样早已得到裁断了。因此，我们要首先用一个例子来指出纯粹德性的检验标志，并且通过我们设想它例如被交给一个十岁的小男孩去评判，来看一看他是否无须由老师来指导，自己也必定这样来判断。且讲一个正派人的故事，有人想鼓动他加入一个无辜的、此外没有任何权能的人（例如被英国的亨利八世控告的安妮·博林）的诽谤者的行列。人们提供出好处，亦即重礼或者高位，他都予以拒绝。这在听众的心中将引起的全然是赞许和 〔156〕
认同，因为那是好处。现在人们开始以损失相威胁。在这些诽谤者中有他的一些最好的朋友，他们现在声称与他绝交，有他的一些近亲，他们威胁要剥夺他的继承权（他没有财产），有

① 赞扬那些从中辐射出伟大的、无私的、关切的意向和人性的行动，这是完全可取的。但是，人们在这里必须注意的，与其说是**灵魂的提升**，倒不如说是对**义务**的**由衷的服从**，前者是转瞬即逝的和暂时的，对后者却可以期待有一个更长久的印象，因为它带有原理（但前者却仅仅带有激动）。人们只要稍作一点反思，就总是会发现他以某种方式就人类而言所承担的一种债务（哪怕只是这样一种债务，即有人通过公民状态中人们的不平等而享受好处，为此缘故别的人就必然更加匮乏），以免通过**值得赞扬**这种虚荣的自负来排挤**义务**的思想。

一些权贵，他们能够在任何地点和任何情况下迫害他和羞辱他，有一位君王，他威胁他将失去自己的自由乃至生命。但是，为了让他也感受到惟有道德上善良的心才能相当真切地感受到的那种痛苦，以便苦难忍无可忍，人们可以设想他的受到极度的困苦和匮乏威胁的家庭**恳求**他**顺从**，他自己虽然正直，但毕竟对于同情和对于自己的困苦并不具有坚定的、无动于衷的感官，在他期望自己永远不过那种使他遭受一种如此难以言说的痛苦的日子的时刻，他却依然忠于自己的正直的决心，毫不动摇或者哪怕是怀疑：于是，我这位年轻的听众就将逐步地被从纯然的认同提升到惊赞，从惊赞提升到惊奇，最后一直提升到极大的崇敬，提升到自己能够成为这样一个人（尽管当然不是在他那种情况下）的强烈愿望；而在这里，德性之所以仍然具有如此之多的价值，只是因为它付出了如此之多，而不是因为它带来了某种东西。整个惊赞，甚至要与这种性格相似的努力，在这里都完全基于道德原理的纯粹性，这种纯粹性惟有通过把人们只要能够归给幸福的一切都从行动的动机中除去，才能够被相当引人注目地表现出来。因此，道德越是被纯粹地展现出来，就越是必定对于人心有更多的力量。由此得出，如果道德法则和圣洁与德性的形象到处都应当对我们的灵魂施加一些影响的话，那么，道德能够施加这种影响，只是就它不混杂对自己的福祉的意图，纯粹地作为动机得到细心照料而言的，因为它在苦难中才最庄严地表现出来。但是，其被清除将加强一种推动力的作用的东西，必定曾是一个障碍。所以，从自己的幸福取得的动机的任何混杂，都对道德法则获得对人心的影响是一个障碍。——此外我主张，甚至在那种受到惊赞的行动中，如果该行动由以发生的动因是对自己的义务的尊重，
〔157〕那么，正是这种对法则的敬重，而绝不是对慷慨大度和高尚可嘉的思维方式的那种内心意见的要求，恰恰会对观众的心灵拥

有极大的力量，所以是义务，而不是功德，才必定对心灵有不仅最确定的影响，而且如果它在自己的不可侵犯性的正当光辉中被表现出来，也必定对心灵有最具渗透力的影响。

在我们的时代，比起通过义务那与人类的不完善和在善中的进步相适应的枯燥严肃的表象来，人们更希望借助于温存的、心肠软的情感或者雄心勃勃的、头脑膨胀的，与其说使人心强健倒不如说使人心萎缩的僭妄，来对心灵产生更多的效果，在这样的时代对这种方法予以提示，就比任何时候都更为必要了。为儿童们树立一些行动，作为高尚的、慷慨的和可嘉的行动使之成为典范，以为通过灌输某种热忱就可以引起他们对这些行动的好感，这完全是违背目的的。因为既然他们在遵守最平常的义务上，甚至在正确地评判这些义务上还如此远远滞后，那么，这就等于要使他们及时地成为幻想家。但即便是在更有学问、更有经验的那部分人那里，这种臆想的动机对人心如果不是具有有害的作用的话，至少也不具有任何真正的道德作用，而人们本来却是想借此达成这种作用的。

一切**情感**，尤其是应当造成如此非同寻常的努力的情感，都必须在它们正猛烈的时刻而且在衰退之前发挥它们的作用，若不然，它们就做不出任何事情；因为人心将自然而然地退回到它的自然的、适度的生命运动，然后沉入到它此前特有的疲惫中去，因为被带给它的虽然是某种刺激它的东西，但却绝不是使它精力充沛的东西。**原理**必须被建立在概念上，在一切别的基础上都只能形成一些心血来潮，它们不能使人格获得任何道德价值，甚至也不能获得对自己本身的信心，而没有这种信心，对自己的道德意向和这样一种性格的意识，即人里面的至善，就根本不可能发生。现在，这些概念如果应当成为主观上实践的，就必须不再停留在道德的客观法则那里，以便惊赞并在与人性的关系中尊重这些法则，而是必须在与人和与人的个

〔158〕体的关系中来考察它们的表象；因为那个法则显现在一个虽然极其值得敬重，但却不那么讨人喜欢的形象中，并不是好像属于他自然而然地习惯了的要素似的，反而是像要迫使他经常不是没有自我克制地放弃这一要素，而投身于一个更高的要素，在其中他惟有怀着对退步的不断忧虑才能费力地维持下去。一言以蔽之，道德法则要求出自义务；而不是出自偏爱来遵守，人们根本不能也不应当把偏爱当做前提条件。

现在，让我们在一个例子中看一看，在把一个行动表现为高尚的和慷慨的行动时，比起这个行动在与严肃的道德法则的关系中仅仅被表现为义务时，是否有一种动机的更多主观上的推动力。某人冒着极大的生命危险力图从沉船中救人，如果他最终在做这件事时丧失了自己的生命，那么，这行动虽然一方面被算做义务，但另一方面，而且绝大多数情况下也被算做可嘉的行动，然而，我们对这个行动的尊重就由于在这里显得受到某种损害的对自己的义务的概念而受到很大削弱。更具决定性的是为保卫祖国而慷慨捐躯，然而，自行地、不等命令就献身于这种意图，这是否也是如此完善的义务，对此却留有一些疑虑，而且该行动自身并不具有一个典范和推动人去仿效的全部力量。但如果这是不可免除的义务，对它的违反就自身而言并且不考虑人类的福祉就损害了道德法则，仿佛是践踏了道德法则的神圣性（这类义务人们通常称为对上帝的义务，因为我们在上帝里面所想的是实体中的神圣性的理想），那么，对于牺牲一切只会永远对我们的所有偏好中最深切的偏好具有价值的东西来遵守道德法则，我们就献上最完善不过的敬重，而且如果我们凭借这样一个例子能够确信，人的本性有能力超越自然只会永远在相反的动机上具有的一切而达到一个如此大的高度，那么，我们就发现自己的灵魂通过这样一个例子得到了加强和提升。**尤维纳利斯**在一种使读者鲜明地感受到在义务之为义务的纯粹法则中所蕴涵的动机之力量的强调中，表现了这样一个例子：

Esto bonus miles，tutor bonus，arbiter idem
Integer；ambiguae si quando citabere testis
Incertaeque rei，Phalaris licet imperet，ut sis 〔159〕
Falsus，et admoto dicet periuria tauro，
Summum crede nefas animam praeferre pudori
Et propter vitam vivendi perdere causas.
[要做一个好士兵，做一个好监护人，做仲裁者同样要
不偏不倚；一旦你被召来做证人
以决疑案，即使法拉里斯命令你
说假话，并拖来铜牛向你口授伪证，
你也深信罪孽就是舍荣誉而求生，
以及为活命而败坏生存的理由。]①

如果我们可以把任何一种讨人喜欢的东西从可嘉的东西中带入我们的行动，那么，动机就已经与自重有所混淆了，因而就从感性方面获得了一些赞助。但惟有把一切都置于义务的神圣性的后面，并意识到人们**能够**这样做，乃是因为我们自己的理性承认这是它的命令，并且宣布人们**应当**这样做，这才叫做仿佛把自己完全提升到感官世界之上，而且在对法则的这

①《讽刺诗集》，Ⅲ，8，79～84；康德在《纯然理性界限内的宗教》（《康德全集》，第Ⅵ卷，49页。[参见李秋零主编：《康德著作全集》，第6卷，50页，北京，中国人民大学出版社，2007。——译者注]）和《道德形而上学》（《康德全集》，第Ⅵ卷，334页。[参见《康德著作全集》，第6卷，345页。——译者注]）中也曾同样引用。——科学院版编者注

同一种意识中也作为一种**控制感性的**能力的动机而与效果不可分割地相结合，尽管并不总是相结合，但通过经常关注这动机并对其应用作最初较小的尝试，效果毕竟也给自己的造就提供希望，以便在我们心中逐渐地产生对这动机的最大的，但却是纯粹的道德兴趣。

因此，这种方法采取如下的进程。**首先**，事情所涉及的仅仅是，使按照道德法则作出评判成为一件自然的，既伴随着我们自己的自由行动也伴随着对他人的自由行动的观察的工作，并使之仿佛成为习惯，并通过人们首先追问行动是否客观上符合**道德法则**以及符合哪种道德法则，来磨砺这种评判；此际，人们把对仅仅给约束力提供一个**根据**的法则的注意与事实上本身就**有约束力**的法则（leges obligandi a legibus obligantibus [作出约束的法则与被约束的法则]）区别开来（例如，人们的**需要**所要求我的那种东西的法则，与人们的**权利**所要求我的那种东西的法则相对立，其中后者指定的是本质性的义务，前者指定的则是非本质性的义务），并教人把汇集在一个行动中的不同义务区别开来。注意力应当指向的另一点，是如下问题：行动是否也是（在主观上）**为了道德法则**而发生的，因而它不仅仅拥有作为行为的道德正确性，而且也拥有作为意向、按照准则的道德价值。现在毫无疑问，这种练习和由此产生的培养我们仅仅对实践事务作出判断的理性的意识，必定会逐渐地产生
〔160〕生甚至对理性的法则，因而对道德上善的行动的某种兴趣。因为我们最终将慢慢喜欢上这样一种东西，对它的考察使我们感到我们认识能力的扩展了的应用，而尤其促成这种应用的是我们在其中发现道德正确性的东西；因为理性惟有在事物的这样一种秩序中，才能很好地适应自己先天地按照原则来规定什么事情应当发生的那种能力。然而，一个自然观察者最终会慢慢喜欢上起初令他的感官反感的对象，如果他在这些对象上揭示

出它们的组织的重大合目的性，并如此使他的理性在观察这些对象方面得到享受的话，而莱布尼茨则爱惜地把他用显微镜仔细观察过的一只昆虫重新放回它的叶子上，因为他认为自己通过观看获得了教益，仿佛是从它身上享受了一件善行。

但是，判断力的这种让我们感觉到我们自己的认识能力的工作，还不是对行动及其道德性本身的兴趣。这种工作只是使得人们乐意以这样一种评判来消遣，并给予德性和按照道德法则的思维方式以一种美的形式，这种形式令人惊赞，但还并不因此而被人寻求（laudatur et alget [他受到赞扬却感到发冷]①）；就像所有那些东西一样，我们对它们的观察在主观上造就了对我们的各种表象能力的和谐的意识，而且在它们那里我们感觉到我们的全部认识能力（知性和想象力）都得到了加强，它们就产生出一种也能传达给别人的愉悦，此时客体的实存仍对我们来说是无所谓的，因为它只被视为觉察到我们心中那些才能的超出动物性之上的禀赋的诱因。但现在，**第二种**练习开始了自己的工作，亦即在借助例子生动地展示道德意向时使人注意到意志的纯洁性，首先只是作为意志的消极的完善性，是就一个出自义务的行动中根本没有任何偏好的动机作为规定根据对意志发生影响而言的；但这毕竟使初学者对自己的**自由**的意识保持注意，并且虽然这种放弃激起了最初的痛苦感觉，但却由于它使那个初学者摆脱了甚至真实的需要的强制，同时也就向他通报了对所有这些需要把他纠缠在其中的各种各样不满意的一种解放，并使心灵对于来自其他源泉的满意感也易于接受。如果在相关例子已被摆出来的那些纯粹道德决定 〔161〕

① probitas laudatur et alget [诚实受到赞扬却感到发冷]，尤维纳利斯：《讽刺诗集》，第Ⅰ卷，1，74。——科学院版编者注

上，给人揭示出一种内部的，甚至通常根本不为他正确知道的能力，即**内在的自由**，也就是如此挣脱偏好的剧烈纠缠，以至于根本没有任何偏好，哪怕是最喜爱的偏好对我们现在应当利用我们的理性作出的决定产生影响，那么，人心就毕竟从任何时候都暗中压在它上面的重负中得到解放和减轻了。如果**只有我一个人**知道错误在我这一方，而且，尽管坦率地承认错误、提议作出赔礼道歉因虚荣心、自私，甚至对被我侵权的人通常并非不公正的反感而遇到如此巨大的反对，我还仍然能够把所有这些疑虑置之度外，那么在这一种情况中，就毕竟包含着对偏好、对机遇的一种独立性和对自我满足的可能性的意识，即便是在别的意图中，这种可能性对我来说也是处处有益的。而现在，义务的法则通过对它的遵守使我们感到的那种积极的价值，通过在对我们的自由的意识中**对我们自己的敬重**而找到了更方便的门路。如果这种敬重完全被建立起来了，如果没有任何东西比在内部的反省中在人自己的眼中觉得自己是可鄙的和下流的更强烈地使人感到害怕，那么，任何善良的道德意向都能够被嫁接在这种敬重上；因为这是防止心灵受不高尚的和堕落的冲动入侵的最好的，甚至是惟一的守卫者。

我借此只是想指出一种道德教养和练习的方法论的最普遍准则。既然义务的多样性为其每一个种类还要求特殊的规定，且这样就会构成一项广泛的工作，所以如果我在像这样一部只是预备性练习的作品中仅限于讨论这些基本特征，人们将认为我是情有可原的。

结束语

有两样东西，越是经常而持久地对它们进行反复思考，它们就越是使心灵充满常新而日益增长的惊赞和敬畏：**我头上的**

星空和我心中的道德法则。我不可以把这二者当做遮蔽在黑暗 〔162〕
中的或者在越界的东西中的，而在我的视野之外去寻求和纯然猜测它们；我看到它们在我眼前，并把它们直接与对我的实存的意识联结起来。前者从我在外部感官世界中所占有的位置开始，并把我处于其中的联结扩展到具有世界之上的世界、星系组成的星系的无垠范围，此外还扩展到它们的周期性运动及其开始和延续的无限时间。后者从我不可见的自我、我的人格性开始，把我展现在这样一个世界中，这个世界具有真正的无限性，但惟有对于知性来说才是可以察觉的，而且我认识到我与这个世界（但由此也就同时与所有那些可见世界）不是像在前者那里一样处于只是偶然的联结中，而是处于普遍的和必然的联结中。前面那个无数世界之集合的景象仿佛根除了我作为一个**动物性的造物**的重要性，这种造物在它短时间内（人们不知道是怎样）被配备了生命力之后，又不得不把它曾由以生成的物质归还给行星（宇宙中的一个纯然的点）。与此相反，后面这种景象则通过我的人格性无限地提升了我作为一个**理智**的价值，在这种人格性中，道德法则向我启示了一种不依赖于动物性，甚至不依赖于整个感官世界的生活，至少是从凭借这个法则对我的存在的合目的的规定中可以得出的，这种规定并不局限于此生的条件和界限，而是无限延续的。

然而，惊赞和敬重虽然能够诱人去探索，但却不能弥补探索的缺陷。现在，为了以有用的和与对象的崇高相适合的方式来着手进行这种探索，应该做些什么呢？在这里，例子可以用做警告，但也可以用做效仿。对世界的考察曾经从人类的感官只能永远呈现、我们的知性则只能永远忍受在感官的广袤范围里去追踪的那种最壮丽的景象开始，而终止于——占星学。道德曾经是从人类本性中其发展和培养可望有无限好处的那种最高尚的属性开始，而终止于——狂热或者迷信。一切尚属粗糙的尝试情况都是这样，在这些尝试中，工作的最主要的部分都取决于理性的应用，这种应用并不像双脚的应用那样凭借经常的练习就将自行产生，尤其是当它涉及不能如此直接地在平常
〔163〕经验中展现的那些属性的时候。但是，无论多么迟，在对理性打算采取的一切步骤都事先周密思考，并只让这些步骤在一种事先深思熟虑的方法的轨道上运行这一准则流行开来之后，对世界大厦的评判就获得了一个完全不同的方向，同时与这个方向一起获得了一个无比幸运的出发点。一块石头的降落、一个投石器的运动，在它们被分解成它们的各个要素和在此表现出来的力并经过数学处理之后，最终就产生出对世界结构的那种清晰的、对一切未来都不可改变的洞识，这个洞识在进一步的考察中可以希望永远只是扩展自身，但绝对不用担心不得不倒退回去。

上述例子能够建议我们在对待我们的本性的道德禀赋时同样选择这条道路，并给予我们达到类似的良好成果的希望。我们手头毕竟有在道德上作出判断的理性的一些例子。现在把这些例子分解成它们的要素概念，在缺乏**数学**时采用一种类似于**化学**的**离析**程序，即在对平常人类知性反复进行的实验中把可能存在于这些概念中的经验性的东西和理性的东西离析开来，这就能够使我们**纯粹地**辨识二者，并确定无疑地辨识每一个单独就能够提供的东西，这样就能够一方面预防一种尚属**粗糙的**、未经练习的评判的失误，另一方面（这更为必要得多）预防天才亢奋，由于这种**天才亢奋**，就像哲人之石的炼金术士们习惯于做的那样，不用任何方法上的研究和对自然的知识，就被许诺了梦想中的宝藏，但真正的宝藏却被挥霍掉了。一言以蔽之：科学（经过批判的寻求和方法上的引导）是导向**智慧学**的窄门，如果这种智慧学不仅被理解为人们应当**做**的事情，而且被理解为应当用做**教师们**的准绳的东西，以便妥善而明确地开辟那条

每个人都应当走的通向智慧的道路，并保护别人不走歧路的话；这门科学，哲学在任何时候都必须依然是它的保管者，公众对它的玄妙的研究不感兴趣，但却对按照这样一种研究才能使他们真正恍然大悟的**学说**大感兴趣。

伊曼努尔·康德

1790 年

判断力批判

1790 年

判断力批判

伊曼努尔·康德硕士

李秋零 译

科学院版编者导言

威廉·文德尔班（Wilhelm Windelband）

《判断力批判》的产生史的起跳点，恰恰就在于这本书的巨大历史影响由以出发的地方：这就是在一个共同的观点下讨论美和艺术的问题与有机生命的问题。在这部著作的两个部分中作为**审美判断力批判**和**目的论判断力批判**彼此并立的两个实际领域，康德已各自长时间频频探讨过了，并且激发了各种各样的研究和表述；但是，两个问题系列借以同时获得其在一个共同的原则之下的完成的那种趋同，却绝没有持续地和逐渐地通过建立两个对象之间的实际关系而完成，而是相对迅速地和让哲学家本人在某种意义上惊喜地通过把两个问题归在批判哲学的一个形式上的基本问题之下来造就的。

对于康德来说，和对于整个18世纪来说一样，当其认识论的整个发展旨在于为纯粹自然科学，亦即为牛顿的数学物理学理论找到哲学基础的时候，对自然的目的论考察日益成为一个主要的问题。这种纯粹自然科学越是鲜明地集中于力学因果性的概念，有机生命就越是表现为理论的自然解释的一个边界概念。这样，康德在《一般自然史与天体理论》中就已经说明：在清楚完备地用力学理由说明一棵草、一个幼虫的生成之前，却能够认识一切天体的形成、它们运动的原因，简言之，能够认识世界结构的整个当前状况。①但是，在《纯粹理性批

①《前言》，见《康德全集》，第Ⅰ卷，230页。［参见李秋零主编：《康德著作全集》，第1卷，226页，北京，中国人民大学出版社，2003。——译者注］

判》中确立了关于纯粹知性的范畴和原理的学说并原则上排除了目的概念之后，哲学家从他的理念学说出发，在他探讨人类理性的自然辩证法的终极意图的先验辩证论附录中承认对自然的目的论考察具有范导性的意义，即就按照力学解释的原理对世界上的事物的详尽解释表现为不可能而言，可以这样看待它们，**就好像**它们是从一个最高的理智获得其存在似的。但是，研究有机目的论的问题的特殊诱因呈现给康德，是在与他的历史哲学思考相联系的《人的种族的概念规定》中。康德在刊印于《德意志信使报》1788 年 1 月号的《论目的论原则在哲学中的运用》这部作品中，为他以上述发表在《柏林月刊》1785 年 11 月号的文章所采取的态度辩护，驳斥格奥尔格·福斯特尔（Georg Forster）的攻击。这里所陈述的原则，完全是当时在《纯粹理性批判》和后来在《判断力批判》中的原则，这些原则在那里以其全部丰富多样的运用而获得了其更详细的阐述。但是，这部在《实践理性批判》完稿时写就的作品中没有任何东西使人推论到作者在更大的维度上探讨对象的意图，没有任何东西使人推论到这些问题应当与审美问题一起被置于其中的联系。

康德早就以同样强烈的个人旨趣追踪着审美问题。《关于美感和崇高感的考察》就已经表现出从一个广博的知识范围出发的极为丰富的机智评论，而从他的讲演中，以及从他的反思中得出，他极为熟悉他那个时代的美文学现象和艺术批判理论。①但是，他对此的旨趣最初仅仅是一种人类学的旨趣。他只是从心理学的立场出发考察这些对象，而且认为相对于它们

① 迄今，奥托·施拉普（Otto Schlapp）已经极为详尽地搜集了大量的材料：《康德关于天才的学说和判断力批判》，格廷根，1901。

另一种学说的可能性在当时是被排除的。与此完全一致的是，康德在他的这个“经验性的”时期在讲台上是完全在鲍姆加登（Baumgarten）的意义上把美学当做逻辑学的补充并与之平行来探讨的。如在《1765—1766 年冬季学期课程安排的通告》中逻辑学的预告的结尾处说道：“在这里，同时材料上非常接近的渊源关系也提供了在**理性批判**的时候也关注一些**鉴赏力批判**即美学的机会，其中一方的规则在任何时候都有助于阐明另一方的规则，而它们的区分也是更好地理解二者的手段。”① 康德实际上也继续归给鉴赏力问题以如此之多的重要性，以至于当他在 1771 年于教授就职论文之后计划写一部名为《感性和理性的界限》的著作时，他也想在其中讨论这个问题。② 对他来说，当时在根本上取决于，对基于人的不仅是感性而且还有知性的灵魂力量之**主观原则**的东西与在整个世俗智慧中恰恰关涉对象的东西之区别的确定且清晰的认识，一般而言对人的最重要的目的有什么重要的影响。如果在这种意义上，构成鉴赏学说、形而上学和道德之本性的东西的构想也应当包含在所计划的著作中，那么，这显然具有如下的意义，即鉴赏学说会被阐述为一种纯粹经验性的、不为先天原则所规定的学说。因为康德在《纯粹理性批判》中还持这种立场，那里在导论中关于先验感性论是这样说的：“惟有德国人如今在用**感性论**这个词来表示别人叫做鉴赏力批判的东西。在此，作为基础的是杰出的分析家**鲍姆嘉登**所持有的一种不适当的希望，即把对美的

① 《康德全集》，第Ⅱ卷，311 页。［参见李秋零主编：《康德著作全集》，第 2 卷，313 页，北京，中国人民大学出版社，2004。——译者注］

② 参见 1771 年 6 月 7 日康德致马库斯·赫茨（Marcus Herz）的信，见《康德全集》，第Ⅹ卷，117 页。［参见李秋零编译：《康德书信百封》，31 页，上海，上海人民出版社，2006。——译者注］

批判性判断置于理性原则之下，并把这种判断的规则提升为科学。然而，这种努力是徒劳的。因为上述规则或者标准就其来源而言仅仅是经验性的，因而绝不能充当我们的鉴赏判断必须遵循的先天规律；毋宁说，鉴赏判断构成了那些规则的正确性的真正试金石。因此可取的是，使这一称谓再次死亡，并把它保留给是真正的科学的学说，这样一来，人们也就会更为接近古人的语言和意义。"①同样，在先验方法论中关于纯粹理性的法规的一个注释中说道："所以，我们的判断只要与快乐或者不快相关，从而也就是实践判断，其要素就不属于先验哲学的范围。"②

但是，在对这些对象的进一步研究中，康德的表述逐渐地发生了变化。其手稿产生于1786年的《纯粹理性批判》第二版，就已经对那个地方做了一个值得注意的改动。在这里，说的不是"**就其来源而言**"，而是"**就其最主要的来源而言**"，不是"**规律**"，而是"**确定的规律**"。因此，在这个时刻，必定是审美活动中的一种哪怕极小程度的先天性至少不再被康德完全视为不可能的了。此外，他在同一个地方除了建议再放弃鲍姆加登的术语之外，现在也还看到了别的可能性，即"**与思辨哲学分享这一称谓，并部分地在先验的意义上、部分地在心理学的意义上接受感性论**"③。但恰恰是这种术语上的让步，后来

①《纯粹理性批判》，第1版，21页注，见《康德全集》，第Ⅳ卷，30页。[参见《康德著作全集》，第4卷，24页注。——译者注]

②《康德全集》，第Ⅲ卷，520页。[参见李秋零主编：《康德著作全集》，第3卷，511页，北京，中国人民大学出版社，2004。——译者注]

③ 参见李秋零主编：《康德著作全集》，第3卷，46页。——译者注

发展到康德自己为在今天的意义上使用“美学”和“审美的”这些表述作出了决定性的规定，在这个地方却毕竟表现出，他当时也还根本上是在心理学意义上对待应当意味着**鉴赏批判**的美学，并且对其与先验训练的平行地位不感兴趣。

但显而易见，他对这些问题的研究越来越达到如此完整的结果，以至于他在撰写自己的伦理学代表作期间就在考虑鉴赏学说的批判阐述了。我们从贝林（Bering）致他的一封信（1787年5月28日）① 中得知，莱比锡博览会目录已经预告了1787年康德的一部《鉴赏批判奠基》；而他自己在同年6月25日致许茨（Schütz）的一封信② 中，除了告知他打算下星期把《实践理性批判》的稿子寄往哈勒付印之外，在结尾处还说，他如今必须马上转向《鉴赏批判基础》。根据这些表述，似乎不排除（本诺·埃德曼［Benno Erdmann］的）假定，即康德有一段时间曾打算像把《道德形而上学的奠基》置于《实践理性批判》之前那样，也让一个类似的奠基走在《鉴赏批判》之前，它也许同样有这样的任务，即阐述从对美者的通俗理解到哲学的，亦即批判的探讨的过渡。在这种情况下，它就会负有阐述康德自己对对象的考察的发展进程、它被从心理学立场转移到先验立场的使命。但是，康德是否认真地着手也在这个领域作出这样一种划分，却无法再做出裁定。

无论如何，1787年给康德带来了鉴赏理论中的巨变。在1787年12月28日致莱因霍尔德（Reinhold）的信③ 中，他就《关于康德哲学的通信》向莱因霍尔德表示感谢，同时把关于

①《康德全集》，第Ⅹ卷，465页。
② 同上书，467页。［参见《康德书信百封》，107页。——译者注］
③ 同上书，487～488页。［参见《康德书信百封》，109～110页。——译者注］

目的论原则的文章寄给他用于《德意志信使报》，这封信使人毫不怀疑，康德在研究鉴赏判断时获得的新认识在根本上返回到对以前所考察的能力的解析“使我在人的心灵中发现的系统的东西，赞赏这种东西，尽可能地论证这种东西，为我的余生提供了充足的素材”。康德的自白尤其重要，不仅是它一般而言使人认识到他的哲学思维方式中系统因素的重要性，而且清晰地说出，他的著作中最强有力的这一部，就在他由此发现自己被迫对自己的理解作出深刻的、出乎他意料之外的修改的意义上基于这种系统的因素的作用。他在这封信中明确地说，他沿着这条系统的道路已经在这个领域发现了先天原则，而他过去曾认为这是不可能的。他在这里简明扼要地刻画了划分一般而言的批判哲学的大纲，他事后在《判断力批判》的导论中——确切地说在其两种形式中同样地——贯彻了这个大纲：“心灵具有三种能力：认识能力、愉快和不快的感觉以及欲求能力。我在纯粹（理论）理性的批判里发现了第一种能力的先天原则，在实践理性的批判里发现了第三种能力的先天原则。”因此，鉴赏批判的任务在这个时候就注定是发现愉快和不快的感觉的先天原则，而康德则通过把哲学的这个部分与理论哲学和实践哲学并列，称之为目的论。

如果不是康德在当时就已经获得了这样的认识，即审美判断的先天性基于认识能力的共同作用中的主观合目的性，从而基于建立在这上面的情感的普遍可传达性，归根结底基于一般意识或者人性的超感性基底，那么，把鉴赏批判等同于目的论就会是不可能的。实际上，在 1787 年夏天完稿的《实践理性批判》的方法论中，就已经有如下的说明：“就像所有那些东西一样，我们对它们的观察在主观上造就了对我们的各种表象能力的和谐的意识，而且在它们那里我们感觉到我们的全部认识能力（知性和想象力）都得到了加强，它们就产生出一种也能传达给别人的愉悦，此时客体的实存仍对我们来说是无所谓的，因为它只被视为觉察到我们心中那些才能的超出动物性之上的禀赋的诱因。”① 是的，对美者的分析论的根本要点的这种简练的预告在那里是处在这样一种联系之中，其中也谈到有机组织的合目的性，甚至谈到判断力的“让我们感觉到我们自己的认识能力的工作”，但当然只是以后来的系统联系至多在萌芽中可认识的方式来谈的。对于理解使康德达到这个让他自己也惊喜的结果的思想发展来说，我们并不拥有可靠的说明，因此我们依赖于在《判断力批判》自身中所包含的对这个结果的论证。但据此就很清楚，新的认识对于康德来说产生自他对审美判断的逻辑结构的研究。因此，对于他和他的审美哲学来说，绝对根本性的是，**美者的分析论**是按照他的范畴学说的图式划分的，而且不可忽视的是，恰恰是从这种探讨方式中产生出的决定性疑难就在于如下问题：审美判断的普遍有效性如何与其个别品性相统一。审美问题的这种表述以一种令人信服的类比接续着康德为说明其范畴学说而在《导论》中新提出的那个认识论区分：**感知判断**与**经验判断**的区分。按照康德的理解，这种关系与关于适意者的判断和关于美者的判断之间关系的类似是直接显而易见的。② 康德在那里发现，个别的**感知判断**惟有通过附加上作为确立原则的一个范畴，亦即一个概念才能够成为要求普遍性的**经验判断**。与此相反，在美的判断这里，这种借着一个概念的确立可以明确地被排除，而且由此这对于哲学家来说成为一个逻辑问题。在康德于那种主观合目的性中揭示出虽有其形式上的个别性及其对概念的独立性

①《康德全集》，第Ⅴ卷，160页。[参见《康德著作全集》，第5卷，168页。——译者注]

② 这种类似是在Fr. 布伦克那里阐述的：《美者和适意者在康德的判断力批判中的分离》，莱比锡，1889。

却使人理解审美判断的普遍性的那种先天因素的时刻，对他来说，美学必然从心理学的领域移入了先验哲学的领域。这样一来，如康德以苏尔策、门德尔松和特滕斯同时的划分所认定的那样，灵魂生活的第三个领域，即情感，成了批判方法的对象。

尽管1787年12月28日致莱因霍尔德的信表达了对情感能力的这种哲学批判与目的论的等同，它在另一方面却不包含丝毫暗示，说这个新发现的哲学部分也应当包含其他问题，而且它极为特别地并不提供丝毫的依据，说预计需要美者的这种先验美学与这样一些问题有某种联系，就像它们通常在别的地方、并且也被康德同时称为目的论的那样。对《判断力批判》的体系整体形象来说决定性的规定以及两方面的问题与反思性的判断力的基本原则的关系，在这段时间尚未找到，或者至少尚未达到清晰的认识和表述。因此，就连康德在1787年12月24日写信告诉马库斯·赫茨（Marcus Herz）很快结束自己整个哲学代表作的希望①，也没有实现，而且不仅是他在1788年3月7日致莱因霍尔德的信中谈到的校长事务②，然后是撰写针对埃贝哈德（Eberhard）的争论文章在这期间造成了延缓，而且主要是对首先在这里表述的问题的重新布局，使得这部著作在1789年5月12日致莱因霍尔德的信中第一次以“我的《判断力批判》(鉴赏批判是其中的一个部分)”的标题可望在下一个米迦勒节博览会上出现。③因此，现在才实现了审美问题与狭义的目的论问题在判断力的原则下的统一：而问题

①《康德全集》，第Ⅹ卷，486页。
② 同上书，505页。［参见《康德书信百封》，113页。——译者注］
③《康德全集》，第Ⅺ卷，39页。［参见《康德书信百封》，126页。——译者注］

是，康德哲学的这种最后转变是如何被发现的。众所周知，如今所说的判断力作为反思性的判断力，与康德在《纯粹理性批判》中所探讨的那种判断力具有完全不同的意义，后者在“原理分析论”中被称为先验判断力，正是关于它的原理分析论构成了先验学说。现在，与这种规定性的判断力对峙的是反思性的判断力，它是应当包含着情感能力的先天功能之先验条件的原则。

即便在这里，对于康德来说，本质上系统的思考也是决定性的。对于他区分为表象能力、情感能力和欲求能力的灵魂生活三个领域来说，又只能够在三种所谓的高级认识能力中去寻找先天的原则，如果这样的原则存在的话。这三种高级认识能力就是知性、判断力和理性。他在知性中，也就是说，在范畴和原理中找到了先天认识的原则，按照《实践理性批判》的研究在狭义的“理性”中找到了欲求能力或者纯粹意志的原则。这样，对于情感的先天来说，如果应当有这样一种先天的话，就只剩下判断力来作为源泉了。但是，判断力不能够以它在“纯粹知性概念的先验演绎”中所拥有的作为感性材料归摄于范畴之下的那种意义的形态来承担这种功能。毋宁说，在这个场合必须假定判断力的一种完全不同种类的功能。总的来说，康德把判断力的本质视为把特殊的东西归摄在普遍的东西之下。①在这种归摄如此发生，使得普遍的东西特殊化为特殊的东西能够被视为一种概念的必然性的地方，我们就能够凭借作为一种先验的或者经验性的能力的规定性判断力这样做：康德在这种意义上于先验分析论中把先验判断力阐述为凭借纯粹知

① 参见《纯粹理性批判》，见《康德全集》，第Ⅲ卷，131页：“判断力就是在把某物归摄在规则之下的能力。”［参见《康德著作全集》，第3卷，125页。——译者注］

性概念的图型把感性归摄在范畴之下。现在康德发现，审美判断为自己所要求的必然性和普遍有效性基于对象的形式对于认识能力亦即感性和知性的协调的主观合目的性，但绝不是基于概念。因此，在这里表现出这样一种判断力，其中被表象的对象不再为了认识而与普遍概念相关，而毋宁是为了情感而与一个合目的性原则以普遍有效的方式相关。这样，康德就揭示出一种无须普遍概念的判断力的原则，他把这种判断力称为反思性的判断力，其中特殊的东西被归摄于其下的普遍的东西不是在概念中给出的，而是必须去寻找。① 这样一来，一方面找到了把像愉快和不快这样总的来说完全是经验性的情感与反思性的判断力联系起来，并由此使它们获得先天性质的道路，但另一方面也给出了这样的可能性，即在认识活动的领域里，在特殊的东西不可能以规定性的判断力的形式归摄在普遍的东西之下的地方，到处都让反思性的判断力来代替它。如果看不出杂多凭借规定性的判断力的概念功能的综合统一，那么，反思性的判断力就能够以杂多归摄在一个统一的目的之下的原则来代替它。从因果机械性的概念预设出发不能理解其必然性的那些有机自然产物的合目的性，被反思性的判断力在这种观点下来审视。但特别是，这个原则适宜于补充康德在自然形而上学方面的努力。因为如果在自然形而上学中，从普遍的东西导出特殊的东西、普遍的东西特殊化为特殊的东西沿着规定性的判断力的概念道路行不通，因此，如果自然的特殊显象和合目的性在一种概念上可认识的必然性的意义上依然是偶然的，那么，

① 参见《纯粹理性批判》，见《康德全集》，第Ⅲ卷，429 页，那里在这种意义上把理性的不容置疑的和建构性的应用与或然的和范导性的应用区别开来了。[参见《康德著作全集》，第 3 卷，421 页。——译者注]

我们当做自然来思维的显象之综合统一就可以按照反思性判断力的原则被视为一个合目的的整体。

因此，我们必须又到最普遍的逻辑认识论问题中寻找情感能力与狭义的所谓目的论问题之关系的起跳点。因为从后来所谓的有机存在者的客观合目的性的观点到确立审美判断的心灵状态中的所谓主观合目的性，并没有直接的道路。在批判哲学的思想中促成最后的统一的中间环节，毋宁说在于康德称为自然的特殊化问题的那些思考。这就是如下问题：从纯粹知性的那些同时是按照“纯粹知性概念的先验演绎”由知性规定给自然的普遍法则的原理中，在多大程度上可以演绎出特殊的自然法则。这个问题对于康德来说，在他于《自然科学的形而上学初始根据》中通过定言原理与数学原则的结合进一步深入自然法则体系的特殊性之后，依然是一个体系的主要旨趣，而且众所周知，他在老年时以不知疲倦地更新的种种尝试来致力于回答这个问题，这些尝试就写在关于从形而上学到物理学的过渡的遗稿中。至于他在《判断力批判》产生的时间里忙于这件事，我们是从致赫茨的信中看出的，他于1789年5月26日在这封信中写道：“我已经是66岁的人了，但还肩负着一个广泛的工作，要完成我的计划（这一方面在于提交批判的最后部分，即**判断力**部分，它不久即将问世；另一方面在于按照批判哲学的那些要求，撰写一个形而上学**体系**，既有自然形而上学，也有道德形而上学）。”① 因此，他尚未承认《自然科学的形而上学初始根据》是自然形而上学，同样没有承认《实践理性批判》是道德形而上学。但是，他当时还以完全批判性的尖锐认为从先验原则引出特殊的自然法则为不可能

①《康德全集》，第Ⅺ卷，49页。[参见《康德书信百封》，136～137页。——译者注]

的事情，而且他在这里只发现了目的论考察的出路，据此，所有个别的、经验性认识可接近的合法则性协调成一个统一的经验体系，这应当被视为自然对于认识活动的合目的性。这是目的论的反思性判断力的基本观点，它使目的论的反思性判断力与审美的反思性判断力得到直接的类比。因此，在《判断力批判》的两篇谈到目的论问题的导论中——无论是在康德最终置于这部著作前面的导论中，还是在我们只是从西吉斯蒙德·贝克（Sigismund Beck）那里知道其摘录的导论中——，都不是首先关涉生物的合目的性问题，而毋宁说在原则上关涉自然作为一个经验体系的统一性问题。在同样的意义上，即便是对于《判断力批判》的导论来说，**自然的形式合目的性**原则也以第Ⅶ节和第Ⅷ节划分为**“自然的合目的性的审美表象”**和**“自然的合目的性的逻辑表象”**。显然，这里作为基础的，是从《纯粹理性批判》得知的感性论和逻辑论的划分图式，而且像那里与先天认识相关一样，在这里与对反思性判断力的先天考察相关。但是，两个部分的共同之处依然是自然的一种形式合目的性的理性必然性。这是康德在《纯粹理性批判》的地基上实现批判的形而上学时揭示的新的极限概念，而且审美的问题序列和目的论的问题序列必须一起交汇在反思性的判断力的原则上。

在以这种方式于一个全新的观点下找到了新著作的系统框架之后，撰写就能够相对快地把康德大部分依据关于审美问题和目的论问题的讲演具体地已经持续做过的所有特殊研究综合起来。对情感能力和反思性判断力之间联系的洞识构成了原则上的阐发的本质性东西：在康德发现正是反思性判断力为情感能力提供其在美者和崇高者的审美功能之先天性的论证之后，狭义的目的论判断的理论就必然取代审美判断的理论，因为即便是狭义的目的论判断的理论，也必然导致在由反思性判断力规定的对作为一个合目的的经验体系之自然的考察中来阐述他的论证。因此，有机生命问题与艺术问题的这种影响深远的综合是在规定着康德世界观之最后完成的关于作为一个合目的的整体的经验体系之统一性的思想下进行的。在康德认识论的源始预设及其形式与质料的严格分离中，蕴含着这样的根据，即被给予的经验内容相对于认识能力的综合形式而言归根结底必定依然是某种偶然的东西，而它可以通过范畴获得形式，可以被归摄在原理之下，则构成一种非概念的、“幸运的”事实，这个事实不再能对于概念认识来说，而是只能对于目的论考察来说获得一种必然性的品质：从这种关系出发来看，《判断力批判》构成对《纯粹理性批判》的一个不可或缺的补充，如同康德在另一个方向上通过《实践理性批判》给出的补充一样。90年代的思想工作就完成了在80年代的思想工作中开始的东西。

在康德使这些思想联系达到系统的完成之后，《判断力批判》的写作看起来就进行得相对快了。康德就出版问题与柏林书商德·拉伽尔德（de la Garde）签了约。康德曾应他的旧出版商的儿子、里加的约翰·弗里德里希·哈特克诺赫（Johann Friedrich Hartknoch）关于出版《美的鉴赏批判》的请求（参见其1789年8月15、26日的信①）给予他一个不确定的允诺，此人如其1790年12月9、20日的信②所示，对此痛感惊讶。康德的选择似乎是因顾及出版社在制作迅速和经营可靠方面的工作能力而引起的，因为他在1790年1月21日借寄送稿件第一部分的机会写信告诉自己的学生、他推荐给德·拉伽尔德作校对者的基塞维特尔（Kiesewetter，1789年10月15日

①《康德全集》，第Ⅺ卷，71页。
② 同上书，217页。

致德·拉伽尔德的信和 1789 年 11 月 19 日基塞维特尔的来信①），如果德·拉伽尔德不能在复活节博览会之前完成这部著作，则基塞维特尔应当与另一位书商即希姆堡（Himburg）磋商。②他在同一天，连同寄送稿件写信告诉德·拉伽尔德："我把这稿件交给阁下您的出版社的第一个也是最重要的条件是：它将及时地被提交给下一个莱比锡复活节博览会。如果您不敢说做到这一点，则请把这告诉受我所委托的基塞维特尔先生。然而我希望，在柏林或者临近的萨克森毕竟有一家印刷厂，它将在 14 天印刷 5 个印张，从而让印刷尽早完成。但是，既然我毫不怀疑，您将在柏林找到这样一位印刷商，所以我重申我的推荐，用基塞维特尔先生作校对，您为此只需就像通常为同样的工作那样慷慨地任意付费就可以了。"③基塞维特尔和德·拉伽尔德于 1790 年 1 月 29 日的信④表明，出版商和校对者开始极热心地遵循康德的意愿了。然后，康德在 2 月 9 日给德·拉伽尔德寄送了第二部分稿件，此后就只欠一小点了。⑤他在与出版商和校对者另一次书信往来中⑥在说明他对书的装潢和排印的满意时表现出动人的坚定性。校对者如其 1790 年 3 月 3 日的信所表明的那样，要克服各种各样的困境："也就是说，稿件中有一些地方明显包含着歪曲意思的书写错误，我发现自己被迫在这些地方作出修改"。我们也了解到，他"在校对第 2 到第 6 印张时病了，因而是另一位⑦忠实地遵循手稿

①《康德全集》，第Ⅺ卷，95、106 页。
② 同上书，121 页。
③ 同上书，122～123 页。
④ 同上书，124、126 页。
⑤ 同上书，129～130 页。
⑥ 同上书，141、193、383 页。
⑦ 这"另一位"据猜测是弗里德里希·根茨（Friedr. Gentz），从他现在发表了的书信往来（Fr.

的人接手校对”。此时让他极为恼火的是，两处歪曲意思的错误保留下来了，它们应当被归为印刷错误。① 此后，在1790年3月9日，康德（参见致德·拉伽尔德的信②）把稿件剩余的文本寄给了出版商，并承诺耶稣受难周周末交出前言和导论。然后，这个诺言是在3月22日践履的（参见1790年3月25日致德·拉伽尔德的信③）。同时，康德提供了他的赠送样书的地址，其一览表是蛮有趣的：波希米亚的文蒂施-格勒茨伯爵（Graf von Windisch-Grätz）、杜塞尔多夫的枢密顾问雅可比（Jacobi）、耶拿的莱因霍尔德教授、哈勒的雅克布（Jacob）教授、格廷根的布鲁门巴赫（Blumenbach）教授，此外是柏林的财政枢密顾问乌略默尔（Wloemer）、迪·比斯特尔（D. Biester）、基塞维特尔、赫茨教授。④ 在此期间，就像从1790年4月20日致基塞维特尔的信中可以看出的那样，康德通读了校样的一部分，但他就此写道：“我开始通读校样，但（由于印刷错误）我实在是烦透了，因此就把它放下了，准备收到其余部分再开始，以便能够一下子干完”⑤。然后，他附

卡尔·韦迪希编：《弗里德里希·冯·根茨往来书信集》，第1卷，慕尼黑和柏林，1909）中得知，他在《判断力批判》出第一版时阅读了第二校样，并在致伽尔韦的一封信（1790年12月5日，参见上书第1卷，182页）中提及，他在其中清除了数千个印刷错误。

①《康德全集》，第Ⅺ卷，136页。

② 同上书，140～141页。

③ 同上书，142～143页。［参见《康德书信百封》，149～152页。——译者注］

④ 除此之外，根据德·拉伽尔德1790年5月22日信中的名单（同上书，172页），还有所罗门·迈蒙（Salomon Maimon）和米歇尔森（Michelsen）教授。

⑤ 同上书，151～152页。［参见《康德书信百封》，152～154页。——译者注］

上了所发现的印刷错误的表格，还有一处遗漏，它们也许还能够附在这部著作上，而且他还更详细地谈到出现在一个标题上的书写错误。那个当然并不怎么仔细的印刷错误表被附在这部著作的第一版上了，它按照康德的愿望及时地出现在1790年的复活节博览会上。

如基塞维特尔在1790年5月就已经向康德报告的那样，出版商对这本书的销量如此满意，以至于他预计来年就需要出版一个新版本。就连德·拉伽尔德也在1790年5月22日的信中证实了这一点。① 然而，第二版并没有如此快地问世。康德在1790年9月2日、并在10月19日② 再次询问出版商，他至迟应当在什么时候寄出为新版本所做的修订。对此的答复(《书信集》，第427a号）没有保存下来，如我们从德·拉伽尔德1791年6月5日的信③ 中可以看出的那样，它必定说的是新版本要到1791年夏天才行。此后德·拉伽尔德写信说，他想在米迦勒节博览会后开始印刷，并寄了一本拉开行距的样书，康德签收的日期是1791年8月15日。出版商请求到10月底收到修订，根据康德1791年10月28日的信，他不能满足这个请求："因为我必须把我的全部时间不间断地用于通透思考这里所探讨的事情，但我在刚过去的夏天里直到10月份，都被非同寻常的公务和一些文字上不可避免的分心所阻，而未能获得这个时间。"④ 他当时请求推迟到11月底，但此后——德·拉伽尔德对此是什么态度，我们不得而知，因为他的答复

① 《康德全集》，第Ⅺ卷，172页。参见根茨1790年12月5日致伽尔韦的信（《弗里德里希·冯·根茨往来书信集》，第1卷，182页）。
② 同上书，193～194、216～217页。
③ 同上书，257～258页。
④ 同上书，288页。

(《书信集》，第463a号）没有保存下来——只是在1792年3月30日才告诉出版商，他打算在复活节后不久寄出校对过的样书。[①]实际上，如6月12日的信[②]所说，他在6月10日才寄出。当然，导论的校对直到1792年10月2日才到达，而且康德在这时说明："在标题上加上'第二修订版'这个表述，我认为并不合适，因为它并不完全诚实；修订毕竟并不重要得足以使其成为促销的动因。因此，我也禁用那个表述。"[③]至于后一个问题，德·拉伽尔德1792年11月2日遗憾地告诉他，"第二修订版"已经出现在博览会目录上了[④]，康德也表示赞同，因为这根本无足轻重。他就此在1792年12月21日写道："这至少是不真实的，尽管我觉得有一点点自吹自擂。"[⑤]但在书的标题上，附加词"修订"毕竟去掉了。无论如何，康德在1793年1月4日就已经可以为新版本的装潢考究的样书向出版商致谢了。[⑥]康德为第二版本身所做的改动很难至少只能假定性地与如基塞维特尔在第一版中、现在的柏林校对者放手所做的改动区分开来。但是，究竟谁是这一次的校对者，却无法完全确定。至于说又是基塞维特尔，也不能假定，一方面是因为在与他的连续通信中找不到任何有关的东西，另一方面是因为在他和康德之间，由于基塞维特尔的《逻辑学》而出现了一段暂时的不和谐（参见基塞维特尔1791年6月3日的信、德·拉伽尔德1791年6月5日的信、康德1791年8月2日的信）。与基塞维特尔的书信往来是在康德通过寄送一部作

①《康德全集》，第Ⅺ卷，317页。
② 同上书，327页。
③ 同上书，359页。
④ 同上书，369页。
⑤ 同上书，383页。
⑥ 同上书，389页。

品——《纯然理性界限内的宗教》——来迁就基塞维特尔之后才由基塞维特尔于1793年6月15日又重拾的。与此相反，极为可能的是，第二（同样还有第三）版的校对者是弗里德里希·根茨。根茨迄今发表了的书信往来虽然直接地仅仅说明了他在第一版的校对时的参与，但就像他已经根本上也是出自对“老保姆即康德哲学”的爱（他曾是康德的听众①）而接手了那次校对②那样，他也出自实际的旨趣，并且同时兼顾到很多尚存留下来的印刷错误，第二次读了这部著作。此际，他提到了新版本的需要，但——1790年12月5日——尚无这方面的部署。此外，既然出版商德·拉伽尔德是他的“很信任的朋友和亲戚”③，而他的经济状况也长期使他必定欢迎这样一项兼职工作，所以，这一切都说明可以把他视为迄今徒劳地寻找的第二（和第三）版的校对者，而且如果编者们总是恰恰在避免语气生硬和修饰表述方面成功地发现校对者的手迹，那就说明这是像弗里德里希·根茨这样的一位头等修辞学家。

这部著作还有一个第三版是在康德有生之年于1799年在德·拉伽尔德这里出版的。不过，关于这个版本，书信中的信息完全没有提到。从与德·拉伽尔德和基塞维特尔的通信中，得不到任何与这个新版本有联系的东西。甚至在德·拉伽尔德和军事枢密顾问舍弗纳（Scheffner）之间尚未付印的书信往来中找到这方面的讯息的尝试，也仅仅得知，德·拉伽尔德在1798年8月4日（书信集，第773a号）寄给康德《批判》第

① 参见他父亲致康德的信（《康德全集》，第Ⅹ卷，294页）及其对门德尔松的表述（同上书，322页）以及弗里德里希·根茨致康德的信（同上书，346页）。

②《弗里德里希·冯·根茨往来书信集》，第1卷，156页。

③ 同上书，159页。

三版稿酬的汇票，并且认为康德应当记得自己的承诺，至少还让他出版自己著作中的一部；此外，在1798年9月30日的信中，出现了关于康德也许在身体状况的压力下中断与出版商的联系的一种看起来不怎么友好的方式的说明："您关于康德对我说的，当然说明了一些他对我的古怪态度。我刚从巴黎返回，就给他寄去了他的《批判》第三版的稿酬，并借此机会感谢他对费维格（Vieweg）的友好表示，即还想与我继续合作。在我两个月后没有从他那里得到回复时，我请他至少鉴于程序告知收到钱了，但他直到现在也没有回复一个字。他似乎认为，我的感谢包含着一种要求，即离开他现在的出版商。这样做，他当然就会履行他的承诺，但却并不会那么给我带来幸运，因为我拥有的出版项目已超出我的力量允许我在3年里所承担的。"

第三版虽然在页数和页码划分上与第二版完全一致，但并不像人们大概认为的那样是一次没有改动的重印，而是再次表现出大量语言上的改动，偶尔还有实际上的偏离，——这些改动在文风上是在第二版的改动的方向上进行的。因此，这里是同一个校对者，因而据猜测是根茨参与了此事，如同在第二版时，他再次放手改动，这并非不可能，尽管不能以任何方式确认。

因此，关于这三个版本的印刷史我们所知道的，使得似乎不可能可靠地确立该著的一种在每个方面都回溯到康德自己的文本审核的形式。在第一版时，基塞维特尔就已经、有时另一位校对者亦插手其中；在第二版时，毫无疑问最重要的文本改动回溯到康德的拉开行距的样书，但也有修辞上的润色是由可能的校对者根茨加上的；最后在第三版时，我们没有任何根据假定康德直接参与了改动，但也许可以预设，哲学家又对校对者所做的改动给予了普遍的同意。关于三个文本的关系，本诺·埃德曼在其《判断力批判》的特别版本（1880年）中有一个如此全面周到的研究，以至于在这里必须指出。对于这个版本来说，大体上根据以上所述的关系，以第二版（A^2）的文本为基础，康德本人还以可证明的方式参与了这个版本，尽管不是独自从事的。不过，在第三版的某些改动明显意味着表述的改进和有助于理解的地方，把它们用于从康德方面来看最后也如此达到合法性的改动，如同对于第二版的改动一样，这表明是合目的的，也许还是必要的。

前言 〔167〕

第一版，1790年

人们可以把出自先天原则的认识能力称为**纯粹理性**，而把一般而言对纯粹理性的可能性和界限的研究称为纯粹理性批判；尽管人们只是把这种能力理解为在其理论应用中的理性，如同在第一部著作中也曾以那种称谓出现一样，当时还没有想把理性的能力作为实践理性来按照其特殊的原则而予以研究。在这种情况下，那种批判就仅仅关涉我们先天地认识事物的能力，因而仅仅讨论**认识能力**，而把愉快和不快的情感与欲求能力排除在外；在诸认识能力中则根据其先天原则来讨论**知性**，而把**判断力**和**理性**（作为同样属于理论认识的能力）排除在外，因为在这一进程中情况是，除了知性，没有别的认识能力能够提供先天的建构性认识原则。因此，其他认识能力中的每一种都会伪称出自自己的根源而对知识的现金资产拥有份额，按照这种份额对它们全都进行审理的批判，所留下的东西无非就是**知性**先天地当做法则，为作为显象之总和的自然所指定的东西（显象的形式同样是被先天地给予的）；但是，批判指点其他所有纯粹概念都居于理念之下，理念对于我们的理论认识能力来说是越界的，但在这方面却绝不是无用的或者可以缺少的，而是用做范导性的原则：一方面抑制知性的令人忧虑的僭妄，就好像它（由于它能够先天地指出它所能认识的所有事物的可能性的条件）由此也就一般而言把一切事物的可能性包括 〔168〕
在这些界限之内似的；另一方面为的是在考察自然时按照一条知性尽管永远达不到的完备性原则来引导知性，并由此来促进一切知识的最终意图。

因此，真正说来是**知性**，就它包含着先天的建构性原则而言，拥有其自己的领域，确切地说是在**认识能力**中拥有，它应当通过一般地如此称谓的纯粹理性批判而针对其余一切追求者来确保他自己独占的财产。同样，惟有就**欲求能力**而言才包含着先天的建构性原则的**理性**，在实践理性批判中分得了自己的财产。

如今，在我们的认识能力的秩序中、在知性和理性之间构成一个中介环节的**判断力**，是否也独自拥有先天的原则；这些先天原则是建构性的还是纯然范导性的（因而不表明任何特有的领域），而且它是否会先天地把规则赋予作为认识能力和欲求能力之间的中介环节的愉快和不快的情感（正如知性为认识能力，而理性为欲求能力先天地指定法则那样），这就是目前的判断力批判所要讨论的。

对纯粹理性亦即我们根据先天原则作出判断的能力进行的批判，如果不把判断力独自作为认识能力也要求的判断力批判作为它的一个特殊部分来探讨的话，就会是不完备的；尽管判断力的诸原则在一个纯粹哲学体系中并不可以构成理论哲学和实践哲学之间的一个特殊部分，而是只能在必要时附带地加入双方中的任何一方。因为如果这样一个体系应当有朝一日以普遍的形而上学名义来实现的话（十分完备地做到这一点是可能的，而且对于理性在一切关系中的应用来说也是极为重要的），那么，批判就必须事先对这座大厦的地基作出如此深的探查，直到不依赖于经验的诸原则之能力的最初基础所在的位置，以便大厦不在任何一个部分上沉陷，这沉陷是会不可避免地导致整体的坍塌的。

〔169〕但是，人们从判断力的本性（判断力的正确应用是如此必然和普遍地不可缺少，因而健全知性这一名称所指的不是别的

什么东西，而恰恰就是这种能力）中轻而易举地就能够得出，要找出判断力的一条特有的原则，这必定伴随着巨大的困难（因为任何一条特有的原则，它都必须先天地包含在自身之中，若不然，它就不会作为一种特殊的认识能力而本身经受最普通的批判了），尽管如此，这原则也必须不是从先天概念推导出来的；因为这些概念属于知性，而判断力仅仅关涉知性的运用。因此，判断力应当自己指出一个概念，通过这概念真正说来没有任何事物被认识，而是这概念仅仅充当判断力的规则，但不是充当判断力能够使自己的判断与之适合的一个客观规则，因为这就会又需要另一种判断力，以便能够裁决该判断是否合规则的胃口。

由于一条原则（不管它是一条主观的还是客观的原则）而导致的这种困境，主要出现在人们称为审美的、与自然或者艺术的美者和崇高者相关的评判中。而尽管如此，对判断力在这些评判中的一条原则的批判性研究，却是对这种能力的一个批判的最重要的部分。因为尽管这些评判单凭自身对于认识事物没有丝毫贡献，但它们毕竟是只属于认识能力的，并且表明这种能力根据某一条先天原则而与愉快或者不快的情感有一种直接的关系，并不与能够是欲求能力的规定根据的东西相混淆，因为欲求能力是在理性的概念中有其先天原则的。——但是，就对自然的逻辑评判而言，在经验提出事物的一种合法则性，而关于感性东西的普遍知性概念不再足以理解或者解释这种合法则性，而且判断力从自身中能够得出自然事物与不可认识的超感性东西之关系的一种原则，也必须仅仅着眼于自身而使用这原则来认识自然的地方，这样一条先天原则虽然能够并且必须被运用于**认识**世间存在者，同时开启对实践理性有利的前景；但是，它与愉快和不快的情感并没有任何直接的关系，这种关系恰恰是判断力的原则中的难解之点，它使得有必要在批

〔170〕判中为这种能力划出一个特殊的部分，因为按照概念（从概念中永远不能直接推论到愉快和不快情感）作出的逻辑评判至多能够附属在哲学的理论部分连同对它的一种批判性限制上。

既然对作为审美判断力的鉴赏能力的研究在这里不是为了陶冶和培养鉴赏（因为这种陶冶和培养即使没有迄今和以后的所有这样的研究也将进行下去），而纯然是在先验的意图中进行的，所以，我自以为这一研究就缺乏那种目的而言也将受到宽容的评判。但就先验的意图来说，它必须做好准备经受最严厉的检验。然而我希望，即便在这里，解决一个如此纠缠着自然的问题的巨大困难也可以用来为在解决这个问题时的某些不能完全避免的模糊性作出辩解，只要足够清楚地说明，原则已被正确地指出；假如由此推导出判断力这种现象的方式不具有人们在别的地方，亦即对于根据概念的认识所能够正当地要求的所有那些明晰性，则我相信在这部著作的第二部分中也达到了这种明晰性。

因此，我以此结束我的全部批判工作。我将毫不迟疑地着手学说的工作，以便尽可能地为我日增的年龄再争取到对此还算有利的时间。不言而喻的是，对于判断力来说，这里没有一个特殊的部分，因为就判断力而言，效力的是批判而不是理论；相反，根据哲学被划分为理论哲学和实践哲学以及纯粹哲学被划分为同样两个部分，将是自然的形而上学和道德的形而上学来构成学说的工作。

导论 〔171〕

一、哲学的划分

如果就哲学通过概念包含着对事物的理性认识的诸原则（不纯然像逻辑学那样包含着一般思维的形式的诸原则而不问客体的区别）而言，像通常那样把哲学划分为**理论哲学**和**实践哲学**，那么，人们做得完全正确。但在这种情况下，为这种理性认识的诸原则指定了它们的客体的那些概念，就必定是在类上不同的，因为若不然，它们就没有理由被划分开来，划分在任何时候都以分属一门科学的不同部分的理性认识之诸原则的一种对立为前提条件。

但是，只有两种概念，它们允许其对象的可能性有同样多的不同原则：这就是各个**自然概念**和那个**自由概念**。现在，既然前者使一种按照先天原则的**理论**知识成为可能，而后者就前者而言在其概念中就已经只带有一个否定的原则（纯然的对立的原则），与此相反对于意志的规定则建立起扩展的原理，这些原理因而叫做实践的，所以，哲学正当地被划分为两个在原则上完全不同的部分，被划分为作为**自然哲学**的理论哲学和作为**道德哲学**的实践哲学（因为理性根据自由概念所作的实践的立法就是被这样称谓的）。但迄今为止，为了划分不同的原则，并与这些原则一起也划分哲学，流行着对这些术语一种巨大的滥用：因为人们把按照自然概念的实践与按照自由概念的实践当做一回事，并如此在理论哲学和实践哲学这些相同的称谓下 〔172〕
进行了一种划分，通过这种划分事实上什么也没有划分开来

(因为两个部分能够拥有同一些原则)。

也就是说，作为欲求能力的意志，是世界上多种多样的自然原因中的一种，亦即按照概念起作用的那种自然原因；凡是被表现为通过一个意志而可能（或者必然）的东西，都叫做实践上可能的（或者必然的）；与一个结果的物理学的可能性或者必然性不同，后者的原因不是通过概念（而是像在无生命的物质那里通过机械作用，而在动物那里则通过本能一样）被规定为因果性的。——在这里，如今就实践而言尚未规定的是：给意志的因果性提供规则的概念是一个自然概念，还是一个自由概念。

但后一种区别是根本性的。因为如果规定因果性的概念是一个自然概念，那么，诸原则就是**技术实践的**；但如果它是一个自由概念，那么，诸原则就是**道德实践的**；而由于在一门理性科学的划分中，事情完全取决于对象的那种需要不同的原则来认识的不同，所以，前一类原则就属于理论哲学（作为自然学说），后一类原则却完全独立地构成第二部分，亦即（作为道德学说的）实践哲学。

一切技术实践的规则（亦即艺术和一般技巧的规则，或者也有作为对人及其意志施加影响的一种技巧的明智的规则），就它们的原则基于概念而言，必须只被算做理论哲学的补充。因为它们仅仅涉及事物按照自然概念的可能性，属于自然概念的，不仅有为此可以在自然中找到的手段，而且甚至有意志（作为欲求能力，因而作为自然能力），这是就它能够由自然的动机按照那些规则来规定而言的。不过，这样的实践规则并不叫做法则（例如像物理学的法则那样），而是仅仅叫做规范；确切地说之所以如此，乃是因为意志并不纯然服从自然概念，而是也服从自由概念，它的诸原则与自由概念相关时就叫做法则，并且连同其推论构成了哲学的第二部分，亦即实践的部分。

因此，就像纯粹几何学问题的解决并不属于几何学的一个特殊的部分，或者土地丈量术配不上一门与纯粹几何学有别的 〔173〕
实践几何学的名称而作为一般几何学的第二部分一样，实验或者观察的机械艺术或者化学艺术就同样不可以，而且更不可以被视为自然学说的一个实践部分，最后，家庭经济、地区经济、国家经济，交往艺术，饮食学的规范，且不说普遍的幸福学说，甚至就连为了幸福学说的目的对偏好的抑制和对激情的约束也不说，都不可以被算做实践哲学，或者这些东西根本不构成一般哲学的第二部分；因为它们全都仅仅包含技巧的规则，这些规则因而只是技术实践的，为的是产生一种按照原因和结果的自然概念而有可能的结果，这些自然概念既然属于理论哲学，就服从作为出自理论哲学（自然科学）的纯然补充的那些规范，因而不能要求在一种被称为实践哲学的特殊哲学中有任何位置。与此相反，完全建立在自由概念之上、完全排除意志的出自自然的规定根据的那些道德实践的规范，则构成规范的一种完全特殊的方式；它们也像自然所服从的那些规则一样，绝对叫做法则，但却不像后者那样基于感性的条件，而是基于一个超感性的原则，并且在哲学的理论部分之外完全独立地要求一个另外的部分，名叫实践哲学。

由此可见，哲学所提供的实践规范的总和，之所以构成哲学的一个被置于理论部分旁边的特殊部分，并不是由于这些规范是实践的；因为即使它们的原则完全取自自然的理论知识（作为技术上实践的规则），它们也能够是实践的；而是由于它们的原则根本不是借自永远以感性为条件的自然概念，从而是基于惟有自由概念才通过形式的法则使之可以辨识的超感性东西的，所以是道德实践的，亦即不纯然是这种或者那种意图中的规范和规则，而且无须与目的和意图先行发生关系就已是法则；而且如果是这样，那总和就构成哲学的一个特殊部分。

〔174〕

二、一般哲学的领域

先天概念在多大的范围具有其运用，我们的认识能力根据原则的应用所达到的范围就有多大，从而哲学达到的范围就有多大。

但是，那些概念为了尽可能地实现对象的某种知识而与之发生关系的一切对象的总和，可以根据我们的认识能力对这种意图不同的胜任或者不胜任来进行划分。

概念如果与对象发生关系，无论对于这些对象的一种知识是否可能，就都拥有自己的疆场，这个疆场纯然是按照它们的客体与我们的一般认识能力所具有的关系来规定的。——这个疆场的那个我们可能有所认识的部分，就是这些概念和为此所需要的认识能力的一个地域（territorium）。这个地域的那个由这些概念在其上立法的部分，就是这些概念和它们该有的认识能力的领域（ditio）。因此，经验概念虽然在作为一切感官对象之总和的自然中拥有自己的地域，但却没有领域（而是只有其居留地，domicilium）；因为它们虽然被合法地生成出来，但却不是立法的，相反，基于它们的规则都是经验性的，因而是偶然的。

我们的全部认识能力有两个领域，即诸自然概念的领域和自由概念的领域；因为认识能力是通过这两者而先天地立法的。现在，哲学也按照这一点分为理论哲学和实践哲学。但是，哲学的领域建立于其上和哲学的立法**施行**于其上的这个地域，却永远只是一切可能经验的对象之总和，只要这些对象仅仅被当做纯然的显象；因为若不是这样，知性就这些对象而言的立法就会是不可设想的。

通过自然概念来立法，这是通过知性发生的，并且是理论的。通过自由概念来立法，这是由理性而发生的，并且是纯然实践的。不过惟有在实践中，理性才能是立法的；就（自然的）理论知识而言，它只能（作为凭借知性而精通法则的）从所立的法中通过推理而得出结论，这些结论毕竟永远只停留在自然那里。但反过来，如果规则是实践的，理性却并不因此马上就是**立法的**，因为这些规则也可能是技术实践的。〔175〕

因此，知性和理性在经验的同一个地域上有两种不同的立法，一种立法不可以损害另一种立法。因为自然概念对于通过自由概念的立法没有影响，同样，自由概念也不干扰自然的立法。——至少无矛盾地设想两种立法以及属于它们的能力在同一个主体中的共存，其可能性是《纯粹理性批判》所证明的，《纯粹理性批判》通过揭示反对的理由中的辩证幻相而摧毁了这些反对的理由。

但是，这两个虽然不在其立法上，但毕竟在其感官世界中的作用上不停地相互限制的不同领域，却构不成**一个东西**，其原因在于：自然概念虽然在直观中表现其对象，但却不是将之表现为物自身，而是表现为纯然的显象；与此相反，自由概念在它的客体中虽然表现物自身，但却不是在直观中表现的，因而双方没有一方能够获得关于自己的客体（甚至关于能思维的主体）作为物自身的一种理论知识，这物自身将会是超感性的东西，人们虽然必须把关于它的理念作为经验那一切对象的可能性的基础，但却永远不能把这理念本身提升和扩展为一种知识。

因此，对于我们全部的认识能力来说，有一个不受限制的，但也不可接近的疆场，这就是超感性东西的疆场，在其中我们为自己找不到任何地域，因而在它上面既不能为知性概念也不能为理性概念拥有一个用于理论认识的领域；这个疆场，我们虽然为了理性的理论应用和实践应用而必须用理念去占领，但我们在与出自自由概念的法则的关系中能够使这些理念获得的，却无非是实践的实在性，据此，我们的理论知识丝毫也没有由此扩展到超感性的东西上面去。

现在，虽然在作为感性东西的自然概念领域和作为超感性
〔176〕东西的自由概念领域之间强化了一道明显的鸿沟，以至于从前者到后者（因而凭借理性的理论应用）不可能有任何过渡，就好像这是两个不同的世界，前一个世界不能对后一个世界有任何影响似的；但是，后一个世界毕竟应当对前一个世界有影响，也就是说，自由概念应当使通过它的法则所提出的目的在感官世界中成为现实；因此，自然必须也能够这样来设想，即它的形式的合法则性至少与要在它里面造就的目的按照自由法则的可能性相协调。——所以，毕竟必须存在着作为自然之基础的超感性东西与自由概念实践上所包含的东西的**统一性**的某种根据，这个根据的概念虽然既没有在理论上也没有在实践上达到对这个根据的一种认识，因而不拥有特有的领域，但却仍然使按照一方的原则的思维方式向按照另一方的原则的思维方式的过渡成为可能。

三、作为哲学的这两个部分结合成为一个整体的手段的判断力批判

就认识能力能够先天地提供的东西而言对这些认识能力进行的批判，真正说来在客体方面不拥有任何领域；因为它不是任何学说，而仅仅是要研究，按照我们的能力现有的情况，一种学说通过这些能力是否以及如何是可能的。这个批判的疆场伸展到这些能力的一切僭妄之上，以便把它们置于它们的合法性的界限之内。但是，不能进入哲学的划分之中的东西，却有可能作为一个主要部分进入对一般纯粹认识能力的批判中来，也就是说，如果它包含着一些自身既不适合于理论应用也不适合于实践应用的原则的话。

包含着一切先天的理论知识之根据的自然概念基于知性的立法。——包含着一切无感性条件的先天实践规范之根据的自

由概念基于理性的立法。因此，这两种能力除了按照逻辑形式能够被运用于不论何种起源的原则上之外，还每一个都按照内容有其自己的立法，在这立法之上没有别的（先天的）立法，因 〔177〕
而这种立法就论证了把哲学划分为理论哲学和实践哲学的理由。

不过，在高等认识能力的家族中毕竟还有知性和理性之间的一个中间环节。这就是**判断力**，关于它人们有理由按照类比来猜测，它即便不可以先天地在自身包含着一种自己的立法，但却同样可以先天地在自身包含着一条它所特有的寻求法则的原则，也许是一条纯然主观的原则。这个原则虽然不应有任何对象疆场作为它的领域，但毕竟能够拥有一个地域，而对于该地域的某种性状来说，恰恰惟有这条原则才会有效。

但为此，还（按照类比来判断）有一个新的根据，来把判断力与我们的表象能力的另一种秩序联结起来，比起与认识能力家族的亲缘关系，这种联结看起来具有还要更大的重要性。因为一切灵魂能力或者机能都可以被回溯到这三种不能再从一个共同根据推导出来的能力：**认识能力、愉快和不快的情感**和**欲求能力**。① 对于认识能力来说，惟有知性是立法的，如果认 〔178〕

① 对于人们作为经验性原则来使用的那些概念，如果人们有理由猜测它们与先天的纯粹认识能力有亲缘关系，那么，由于这种关系而尝试对它们作出一种先验的定义，是有益处的；也就是说，通过纯粹的范畴来定义，只要仅仅这些范畴就已经充分地说明眼前的概念与其他概念的区别。在这里，人们遵循的是数学家的榜样，数学家让自己的课题的经验性材料尚不确定，而只是把它们在这个课题的纯粹综合中的关系置于纯粹算术的概念之下，并由此使该课题的解决普遍化。——人们曾由于一个类似的程序（《实践理性批判》前言，16页）而指责我，并指责我对欲求能力的定义，即**凭借其表象而是这些表象的对象之现实性的原因的能力**；因为据说纯然的愿

识能力（如它不与欲求能力相混淆而被单独考察时也必定发生

望毕竟也是欲求，但对此每一个人都告诉自己，他仅仅凭借这些愿望是不能产生出它们的客体的。——但这无非是证明了，在人心中也有一些使他自己与自己相矛盾的欲求，因为他仅仅凭借自己的表象就致力于产生客体，但他却不能指望这表象有什么成果，因为他意识到，他的机械力量（如果我可以这样称谓非心理学的力量的话）必须由那个表象来规定，以便（因而是间接地）产生出客体，但这些力量要么不充分，要么所关涉的根本就是不可能之事，例如使发生了的事不曾发生（O mihi praeteritos, etc. [哦，要是……把逝去的年华送还给我就好了]*），或者在焦急的等候中能够取消直到期待的那个瞬间到来的中间时间。——尽管我们在这样一些幻想的欲求中意识到我们的表象不足以（或者根本不适合于）成为它们的对象的原因，但毕竟在每一个愿望中都包含有这些对象的关系作为原因，因而包含着它们的**因果性**的表象，在这个愿望是一种情绪，亦即是**渴望**的时候，这一点就尤其明显。因为这些幻想的欲求由此证明，它们使人心膨胀和萎缩，并如此耗尽力量，以至于这些力量通过表象而反复地紧张起来，但却让心灵在考虑到不可能性时不断地又沉沦回到疲惫中去。甚至对避开巨大的、就人们所看出而言无法避免的灾祸的祈求，以及为达到以自然的方式不可能的目的而采取的诸多迷信的手段，都证明了表象与其客体的因果关系，这种因果关系甚至不能由于意识到不足以达到努力的效果而被阻挡。——但是，为什么在我们的本性中被置入了对有意识地为空的欲求的这种癖好，这是一个人类学上的目的论问题。看起来，如果直到我们确保我们的能力足以产生一个客体之前，我们都不应当被规定去使用力量的话，这些力量在大多数情况下就会依然未曾使用。因为通常我们惟有通过尝试自己的力量才认识自己的力量。因此，在空的愿望中的这种错觉只不过是我们的本性中的一种善意安排的结果罢了。

* 维吉尔：《伊尼特》，Ⅷ，560，完整的诗句为：O mihi praeteritos referat si Juppiter annos [哦，要是朱庇特把逝去的年华送还给我就好了]。——科学院版编者注

的那样）作为一种理论认识的能力与自然发生关系的话，惟有就自然（作为显象）而言，我们才有可能通过先天的自然概念来立法，而先天的自然概念真正说来也就是纯粹的知性概念。——对于作为一种依据自由概念的高级能力的欲求能力来说，惟有理性（自由概念惟有在理性中才成立）才是先天地立法的。——现在，在认识能力和欲求能力之间所包含的是愉快的情感，就像在知性和理性之间所包含的是判断力一样。因此，至少暂时可以猜测，判断力同样独自包含着一个先天原则，而且既然与欲求能力必然结合在一起的是愉快或者不快的情感（无论愉快或者不快是像在低级的欲求能力那里一样先行于这种能力的原则，还是像在高级的欲求能力那里一样只是从 〔179〕 道德法则对这能力的规定中产生出来），判断力同样将造成从纯粹的认识能力，亦即从自然概念的领域向自由概念的领域的一种过渡，就像它在逻辑应用中使得从知性向理性的过渡成为可能一样。

因此，即使哲学只能被划分为两个主要部分，亦即理论哲学和实践哲学，即使我们关于判断力自己的原则有可能说出的一切在哲学中都必须被算做理论的部分，亦即被算做依据自然概念的理性知识，然而，必须在着手建立那个体系之前就为了它的可能性而澄清这一切的纯粹理性批判，毕竟是由三个部分构成的：纯粹知性批判、纯粹判断力批判和纯粹理性批判，这些能力之所以被称为纯粹的，乃是因为它们是先天地立法的。

四、作为一种先天地立法的能力的判断力

一般判断力是把特殊的东西当做包含在普遍的东西之下、来对它进行思维的能力。如果普遍的东西（规则、原则、法则）被给予了，那么，把特殊的东西归摄在普遍的东西之下的

判断力（即使它作为先验的判断力先天地指明了诸条件，惟有依据这些条件才能被归摄在那种普遍的东西之下）就是**规定性的**。但如果只有特殊的东西被给予了，判断力为此必须找到普遍的东西，那么，这种判断力就纯然是**反思性的**。

规定性的判断力从属于知性提供的普遍的先验法则，它只是归摄的；法则对它来说是先天地预先确定下来的，因此它不必为自己想到一条法则，以便能够把自然中的特殊的东西置于普遍的东西之下。——然而，自然有如此多种多样的形式，仿佛是普遍的先验自然概念有如此之多的变异，它们通过纯粹知性先天地立的那些法则依然未得到规定，因为这些法则仅仅一般而言地关涉一个自然（作为感官的对象）的可能性，但这
〔180〕样，对于这些变异就也必须有一些法则，这些法则虽然作为经验性的法则按照**我们**知性的洞识来看可能是偶然的，但如果它们应当叫做法则的话（就像一个自然的概念也要求的那样），就必须从杂多之统一性的一个尽管不为我们所知的原则出发被视为必然的。——反思性的判断力的职责是从自然中的特殊的东西上升到普遍的东西，因此它需要一个原则，它不能从经验借来这个原则，因为这原则恰恰应当为一切经验性的原则在同样是经验性的，但却更高的原则之下的统一性提供根据，因而为这些原则相互之间的系统隶属的可能性提供根据。因此，这样一个先验原则，反思性的判断力只能当做法则自己给自己确立，不能从别处拿来（因为若不然，它就会是规定性的判断力了），也不能指定给自然，因为关于自然法则的反思取决于自然，而自然并不取决于我们力图去获得一个就这些法则而言完全是偶然的自然概念所依据的那些条件。

现在，这个原则不可能是别的，而只能是：既然普遍的自然法则的根据在我们的知性里面，所以知性把这些法则指定给自然（虽然只是按照自然之为自然的普遍概念），而特殊的经

验性法则，就其中通过那些普遍的自然法则依然未得到规定的东西而言，必须按照这样一种统一性来考察，就好像同样有一个知性（即便不是我们的知性）为了我们的认识能力而给予了这种统一性，以便使一个按照特殊的自然法则的经验体系成为可能似的。这并不是说好像必须以这种方式现实地假定一个这样的知性（因为这只是反思性的判断力，这个理念把它用做原则，是为了反思，而不是为了规定）；相反，这种能力由此是给自己立法，而不是给自然立法。

现在，由于关于一个客体的概念，只要同时包含着这个客体的现实性的根据，就叫做目的，而一个事物与各种事物的那种惟有按照目的才有可能的性状的协调一致，就叫做该事物的形式的**合目的性**，所以，判断力的原则就服从一般经验性法则的那些自然事物的形式而言，就是**自然**在其杂多性中的**合目的性**。也就是说，自然通过这个概念被如此表现，就好像有一个知性包含着它的经验性法则的杂多之统一性的根据似的。〔181〕

因此，自然的合目的性是一个特殊的先天概念，它仅仅在反思性的判断力中有其起源。因为人们不能这样把某种东西当做自然在自然产品上与目的的关系来赋予自然产品，而只能运用这个概念，就显象在自然中按照经验性法则已给出的那种联结而言来反思自然。这个概念与（人类艺术的，或者也有道德的）实践的合目的性也是完全不同的，尽管它是按照与后者的类比而被思考的。

五、自然的形式合目的性的原则是判断力的一个先验原则

一个先验的原则，就是借以表现事物惟有在其下才能成为我们知识的一般客体的那种普遍先天条件的原则。与此相反，

一个原则如果表现的是其概念必须被经验性地给予的客体惟有在其下才能被先天地进一步规定的条件，就叫做形而上学的。于是，物体作为实体和作为可变实体，其知识的原则如果表达的是它们的变化必定有一个原因，那这个原则就是先验的；但是，如果它表达的是它们的变化必定有一个**外部的**原因，那这个原则就是形而上学的。因为在前一种场合里，物体惟有通过本体论的谓词（纯粹知性概念），例如作为实体，才可以被思维，以便先天地认识这个命题；但在第二种场合里，一个物体（作为空间中的一个运动物）的经验性概念必须被当做这个命题的基础，但在这种情况下，后面这个谓词（仅仅通过外部原因而有的运动）应当归于物体，这却是完全能够先天地看出的。——这样，正如我马上就要指出的，自然（在其经验性法则的杂多性之中）的合目的性的原则就是一个先验的原则。因为客体只要被思考为服从这个原则的，其概念就只是可能经验
〔182〕知识的一般对象的纯粹概念，而不包含任何经验性的东西。与此相反，必须在一个自由**意志**的**规定**的理念中来思考的那种实践的合目的性的原则，却会是一个形而上学的原则，因为作为一个意志的一种欲求能力的概念毕竟必须经验性地被给予（不属于先验的谓词）。但是，这两种原则仍然都不是经验性的，而是先天的原则，因为为了把谓词与它们判断中的主体的经验性概念结合起来，并不需要任何其他的经验，相反，那种结合是完全能够先天地看出的。

自然的一种合目的性的概念属于先验的原则，这一点，人们可以从判断力的那些被先天地当做自然研究之基础的准则中充分地看出来，这些准则仍然只关涉经验的可能性，因而是自然的知识的可能性，但不仅仅是作为一般的自然，而是作为通过特殊法则的一种杂多性来规定的自然。这些准则作为形而上学智慧的格言，借人们不能从概念出发来阐明其必然性的一些

规则的机会，足够经常地，但只是分散地出现在这门科学的进程中。“自然取最短之路（lex parsimoniae［节俭律］）；但自然并不飞跃，无论是在其变化的序列中，还是在种类不同的形式的编排中（lex continui in natura［自然中的连续律］）；尽管如此，自然在经验性法则中的巨大的杂多性，却是少数原则之下的统一性（principia praeter necessitatem non sunt multiplicanda［如无必要，勿增原则］）”；如此等等。

但是，如果人们想指明这些原理的起源，并沿着心理学的途径来尝试这样做，那么，这是完全违背这些原理的意思的。因为它们所说的，并不是有什么事情发生，亦即我们的认识能力按照什么规则现实地推进自己的游戏，以及它如何被判断，而是它应当如何被判断；而在这里，如果原则纯然是经验性的，这种逻辑上的客观必然性就不会出现。因此，对于我们的认识能力及其应用来说，明显地从这些认识能力中闪现出来的自然的合目的性就是判断的一个先验原则，因而也需要一个先验的演绎，如此作判断的根据必须借助这个演绎到先天的知识源泉中去寻找。

也就是说，在一个经验的可能性的诸根据中，我们首先找到的是某种必然的东西，亦即普遍的法则，没有它们，一般的 〔183〕
自然（作为感官的对象）就不能被思维；而这些法则是基于范畴，被运用于一切我们可能有的直观的形式条件之上的，只要这些直观同样是先天地被给予的。在这些法则之下，判断力就是规定性的；因为它要做的无非就是在被给予的法则之下进行归摄。例如，知性说一切变化都有其原因（普遍的自然法则）；先验的判断力现在要做的，无非就是指明在已提交的知性概念之下进行归摄的条件，而这就是同一个事物的诸规定的演替。对于一般自然（作为可能经验的对象）来说，那条法则就被认为是绝对必然的。——但现在，经验性知识的对象除了那个形式的时间条件之外还以诸多方式被规定，或者就人们能够先天地作出判断而言是可被规定的，以至于种类不同的自然除了它们都属于一般自然而共有的东西之外，还能够以无限多样的方式成为原因；这些方式中的每一种都（按照一般原因的概念）有其自己的规则，这个规则就是法则，因而带有必然性，尽管我们按照我们认识能力的性状和限制根本看不出这种必然性。因此，我们必须在自然中就其纯然经验性的法则而言来思维无限多样的、对于我们的见识来说仍然是偶然的（不能被先天地认识到的）经验性法则的一种可能性；而且就它们而言，我们把根据经验性法则的自然统一性和经验（作为根据经验性法则的体系）的统一性的可能性评判为偶然的。但是，由于毕竟必须必然地预设和假定这样一种统一性，若不然，就不会出现使经验性知识成为一个经验整体的普遍联系了，因为普遍的自然法则虽然按照事物作为一般自然物的类提供了事物中间的这样一种联系，但却不是特别地按照其作为这样一些特殊的自然存在者的类提供的，所以，判断力为了其自己的应用，必须假定这一点是先天原则，即特殊的（经验性的）自然法则中对人的见识来说偶然的东西，在把它们的杂多结合成为一个就自身而言可能的经验时，仍然包含着一种对我们来说虽然无法探究，
〔184〕但毕竟可以思维的合法则的统一性。因此，由于合法则的统一性是在一个我们虽然按照某种必然的意图（知性的某种需要），但同时毕竟是当做就自身而言偶然的来认识的结合中被表现为诸客体（在这里就是自然）的合目的性的，所以，就服从可能的（尚待揭示的）经验性法则的事物而言纯然是反思性的判断力，必须就这些法则而言按照对我们的认识能力来说的一个**合目的性原则**去思维自然，这原则也就被表述在判断力的上述准则中。现在，自然的合目的性这个先验概念既不是一个自然概念，也不是一个自由概念，因为它根本没有把任何东西赋予客

体（自然），而是仅仅表现着我们关于一个普遍关联着的经验而对自然的对象作出反思时必须如何行事的惟一方式，因而表现着判断力的一个主观原则（准则）；因此，如果我们在纯然经验性的法则中找到这样一种系统的统一性，我们也感到高兴（真正说来是了结了一种需要），就好像这是一个幸运的、对我们的意图有利的巧合似的；尽管我们必须必然地假定，它是这样一种统一性，我们毕竟不能看出和证明它。

为了确信对眼前概念的这个演绎的正确性和假定这个概念是先验认识原则的必要性，人们只须考虑到这一任务的重大：使一个或许包含着无限多样的经验性法则的自然之被给予的诸知觉成为一个有关联的经验，这个任务是先天地处在我们的知性之中的。知性虽然先天地拥有自然的普遍法则，没有这些法则，自然根本不能是一个经验的任何对象，但是，知性除此之外毕竟也还需要自然在其特殊的规则中的某种秩序，这些规则只能经验性地为知性所认识，而且它们就知性而言是偶然的。没有这些规则，就不会有从一般可能经验的普遍类比向特殊类比的进展，知性必须把这些规则设想为法则（亦即设想为必然的），因为若不然，它们就不会构成任何自然秩序；尽管知性并不认识或者能够在某个时候看出它们的必然性。因此，尽管知性就它们（客体）而言不能先天地规定任何东西，它却必须 〔185〕
为了探究这些经验性的所谓法则，而把一个先天原则，亦即按照这些法则自然的一种可认识的秩序是可能的，奠定为关于自然的一切反思的基础，而表述这同一个原则的是如下的命题：在自然中类和种有一种我们能够把握的隶属关系；那些类和种又按照一个共同的原则而相互接近，以便一个向另一个的过渡并由此向更高的类的过渡成为可能；既然必须为诸自然结果在类上的差异假定同样多不同种类的因果性，这对于我们的知性来说一开始就显得是不可避免的，所以，它们仍然可以服从少数原则，而我们则必须致力于搜寻这些原则；如此等等。自然与我们的认识能力的这种协调一致，是判断力为了自己按照其经验性法则对自然作出反思而先天地预设的，因为知性同时在客观上承认它是偶然的，而惟有判断力才把它当做先验的合目的性（与主体的认识能力相关）赋予了自然；因为我们没有这个预设，就不会有自然按照经验性法则的任何秩序，因而对于应当按照其一切多样性来对待这些规律的经验和自然研究来说就不会有任何导线了。

因为完全可以设想，无论自然事物按照普遍的法则如何齐一，没有这种齐一，经验知识的一般形式就根本不会出现，但自然的诸经验性法则连同其作用在类上的差异却仍可能如此巨大，以至于对于我们的知性来说，不可能在自然中揭示出一种可理解的秩序，把自然的产物划分为类和种，以便把对一个自然产物的解释和理解的原则也运用于对另一个自然产物的解释和把握，并使一种对我们来说如此混乱的（真正说来只是无限杂多的、不适合于我们的理解能力的）材料成为一个有关联的经验。

因此，判断力对于自然的可能性来说也有一个先天原则，但只是在自身的主观考虑中，判断力借此不是给自然指定法则（作为自律），而是为了对自然的反思而给它自己指定法则（再
〔186〕自律），人们可以把这法则称为在自然的经验性法则方面**自然的特殊化**法则，这一法则不是判断力先天地在自然身上认识到的，而是它为了自然的一种可以为我们的知性所认识的秩序，在它关于其普遍的法则所做的划分中，当它要使特殊法则的一种多样性隶属这些普遍法则时所假定的。因此，如果人们说：自然按照对我们的认识能力来说的合目的性原则，也就是说，为了在其必要的工作上适应人类的知性，即为知觉呈现给它的特殊的东西找到普遍的东西，并为不同的东西（虽然对于每一个属来说是普遍的东西）又找到在原则的统一性中的联结，使

自己的普遍法则特殊化，那么，人们由此既没有给自然指定一个法则，也没有通过观察从自然学到一个法则（尽管那个原则可以通过这种观察得到证实）。因为它不是规定性的判断力的一个原则，而纯然是反思性的判断力的一个原则；人们只是希望，自然尽可以随意地按照自己的普遍原则建立起来，人们却绝对必须按照那个原则和建立在它上面的那些准则去探究自然的经验性法则，因为我们惟有在那个原则成立的范围内才能凭借运用我们的知性而在经验中前进并获取知识。

六、愉快情感与自然合目的性概念的结合

自然在其特殊法则的多样性中与我们要为它找出原则的普遍性的需要的协调一致，按照我们的一切见识来说都必须被评判为偶然的，但对我们的知性需要来说毕竟仍然是不可缺少的，因而是自然与我们的仅仅指向知识的意图协调一致所凭借的合目的性。——知性的普遍法则同时是自然的法则，它们对于自然来说与物质的运动法则一样是必要的（尽管是出自自发性）；而它们的产生也不凭借我们的认识能力以任何意图为前提条件，因为我们惟有通过它们才首先对什么是事物（自然）的知识获得一个概念，而且这些法则是应当必然地归于作为我〔187〕们认识的一般客体的自然的。然而，自然依据其特殊的法则的秩序，无论有怎样超出我们的把握能力的，至少可能的多样性和不同类性，毕竟还是现实地适合这种把握能力的，这一点，就我们能够看出的而言，是偶然的；而找出这种秩序，是我们的知性的工作，它被有意地引向知性的一个必然的目的，即把诸原则的统一性带进自然；在这种情况下，判断力必须把这个目的赋予自然，因为知性在这方面不能给自然指定任何法则。

任何意图的实现都与愉快情感相结合；如果实现的条件是

一个先天表象，就像在这里是反思性的判断力的一个一般原则那样，那么，愉快情感也就是通过一个先天根据被规定的，而且这规定对每个人都有效；确切地说是仅仅通过客体与认识能力的关系被规定的，合目的性概念在这里丝毫不考虑欲求能力，因而与自然的一切实践的合目的性完全有别。

事实上，既然我们没有也不可能从知觉与依据普遍自然概念（范畴）的法则的吻合中发现对我们心中的愉快情感的丝毫作用，因为知性在这里是无意地按照其本性而必然行事的，那么另一方面，发现两个或者更多经验性的异质自然法则在一个包含着它们两者的原则之下的一致性，就是一种十分明显的愉快的根据，常常甚至是一种惊赞的根据，乃至是一种即便人们足以熟悉了它的对象也不会停止的惊赞的根据。虽然，只是由于自然的可理解性及其种类划分的统一性，我们按照其特殊法则认识自然所凭借的那些经验性概念才是可能的，而我们在这种可理解性和统一性上已不再感到任何明显的愉快，但是，这种愉快肯定在当时曾经存在，只是由于最平常的经验没有它就会是不可能的，它逐渐地被混同于纯然的知识，而不再被特别注意到罢了。——因此，这就需要在评判自然时使人注意到自然对我们的知性来说的合目的性的某种东西，即一种把自然的不同类的法则尽可能地置于更高的，尽管总还是经验性的法则
〔188〕之下的研究，以便在做到这一点时，对自然对于我们的认识能力来说的这种我们视为仅仅偶然的一致感到愉快。与此相反，自然的这样一个表象绝对会引起我们的反感，人们通过这个表象事先告诉我们，如果超出最通常的经验做丝毫的研究，我们就会遇到自然的诸法则的一种异质性，它使得把自然的特殊法则结合在普遍的经验性法则之下对于我们的知性来说成为不可能的，因为这与自然在其种类中的主观上合乎目的的特殊化的原则和我们以后者为意图的反思性判断力相抵触。

然而，判断力的这个前提条件，在自然对于我们认识能力的那种理想的合目的性应当被扩展到多远这一点上，仍然是如此地不确定，以至于如果有人对我们说，通过观察而对自然的一种更深刻或者更广泛的认识最终必然遇到一种法则的多样性，任何人类知性都不能把这种多样性回溯到一个原则，那么，我们也将满意，尽管我们更乐意在另外一些人给我们以希望时听到：我们对自然的内部了解越多，或者越能够把它与我们现在还不知道的外部环节作比较，我们就会发现自然在其原则上越是简单，尽管有其经验性法则的表面上的异质性也越是一致，我们的经验就前进得越远。因为我们的判断力的指令就是：按照自然与我们的认识能力相适合的原则，就我们的认识能力所及去行事，不去断定（因为它不是给予我们规则的规定性的判断力）它是否在某个地方有自己的界限，因为我们虽然在我们的认识能力的合理应用方面能够规定界限，但在经验性的领域里对界限的任何规定都是不可能的。

七、自然的合目的性的审美表象

在一个客体的表象上纯然主观的东西，亦即构成这表象与主体的关系、而不构成其与对象的关系的东西，就是该表象的审美性状；但是，在该表象上用做或者能够被用于对象的规定（知识）的东西，则是该表象的逻辑有效性。在对一个感官对 〔189〕
象的知识中，这两种关系一起出现。在对我之外的事物的感官表象中，我们在其中直观这些事物的那个空间的性质，就是我对这些事物的表象的纯然主观的东西（这些事物作为客体就自身而言是什么，由此依然未得到澄清），由于这种关系的缘故，对象即便由此也只是作为显象被思维的；但是，空间尽管自己纯然主观的性质，却仍然是作为显象的事物的一个知识成分。

感觉（这里是外部感觉）同样表达着我们对我们之外的事物的表象之纯然主观的东西，但真正说来是表达着这些表象的质料性的（实在的）东西（由此某种实存的东西被给予），就像空间表达着这些事物的直观之可能性的纯然先天形式一样；而感觉仍然被用于认识我们之外的客体。

但是，在一个表象上**根本不能成为任何知识成分**的主观的东西，就是与该表象相结合的**愉快**或者**不快**；因为通过它，我在该表象的对象上没有认识到任何东西，尽管它很可能是某种知识的结果。如今，一个事物的合目的性，如果它在知觉中被表现出来，也不是客体本身的任何性状（因为这样一种性状是不能被知觉的），尽管它能够被从一个事物的某种知识中推论出来。因此，先行于一个客体的知识的，甚至不想为了一种知识而使用该客体的表象也仍然与这表象直接地结合着的那种合目的性，就是这表象的主观的东西，它根本不能成为知识的成分。因此，对象在这种情况下之所以被称为合目的的，就只是因为它的表象直接地与愉快的情感相结合；而这表象本身就是合目的性的一个审美表象。问题仅仅在于，一般说来是否有合目的性的这样一种表象。

如果对一个直观对象的形式的纯然把握（apprehensio）无须直观与一个概念的关系就为了一个确定的知识而有愉快与之相结合，那么，这个表象就由此不是与客体相关，而是仅仅与主体相关；而这愉快所能表达的就无非是客体与在反思性的判断力中起作用的认识能力的适应性，而且是就这些能力在其
〔190〕中起作用而言的，因而所表达的纯然是客体的主观的、形式的合目的性。因为使诸形式进入想象力的上述把握，如果不是反思性的判断力哪怕是无意地，至少把这些形式与判断力的把直观与概念联系起来的能力进行比较，是永远不可能发生的。现在，如果在这种比较中，想象力（作为先天直观的能力）通过

一个被给予的表象被无意地置于与知性的一致之中，那么，对象在这种情况下就必定被视为对反思性的判断力来说合目的的。这样一个判断就是对客体的合目的性的审美判断，它不是建立在关于对象的任何现成概念之上的，也不造就关于对象的任何概念。它的对象的形式（不是它的表象的质料性的东西，即感觉）在关于这个形式的纯然反思中（无意于一个要从对象获得的概念）就被评判为这样一个客体的表象上的愉快的根据：这种愉快也被判断为与这客体的表象必然地结合着的，因而不仅是对把握这个形式的主体来说，而是对任何一般而言的作判断者来说都是如此。对象在这种情况下就叫做美的，而通过这样一种愉快（因而也是普遍有效地）作判断的能力就叫做鉴赏。因为既然愉快的根据仅仅被置于一般反思的对象的形式中，因而不被置于对于对象的任何感觉中，也与一个包含着某种意图的概念无关，所以，这就只是主体中一般判断力的经验性应用的合法则性（想象力与知性的统一），在其先天条件普遍有效的反思中，客体的表象与这种合法则性是协调一致的；而且既然对象与主体能力的这种协调一致是偶然的，所以它就造就了该对象就主体的认识能力而言的合目的性的表象。

现在，这里有一种愉快，它与一切不是由自由概念（亦即由通过纯粹理性对高等欲求能力所作的先行规定）所造成的愉快和不快一样，永远不能从概念出发被视为与一个对象的表象必然相结合的，而是在任何时候都必须被认识为仅仅通过反思的知觉与表象相联结的，因而与一切经验性判断一样不能预示 〔191〕
任何客观必然性和要求先天有效性。但是，鉴赏判断也像任何其他经验性判断一样，只是要求对每个人都有效，这一点即使它有内在的偶然性，也总是可能的。令人惊讶之处和不同之处只是在于：不是一个经验性的概念，而是一个愉快情感（因而根本不是概念），要苛求于每一个人，并与客体的表象相联结，就好像它是与客体的知识结合着的谓词似的。

个别的经验判断，例如一个人在一块水晶中发觉有一个移动的水滴，有理由要求每一个别的人都必定同样发现这一点，因为他是按照规定性的判断力的普遍条件在一般的可能经验的法则之下作出这个判断的。同样，一个人在对一个对象的形式的纯然反思中不考虑一个概念就感到愉快，尽管这个判断是经验性的，是一个个别的判断，他也有理由要求任何人的赞同；因为这种愉快的根据是在反思性的判断的普遍的，尽管是主观的条件中，亦即在一个对象（无论它是自然的产物还是艺术的产物）与诸认识能力相互之间的关系之合目的的协调一致中被发现的，这些认识能力是为每一个经验性知识（想象力和知性的经验性知识）所要求的。因此，愉快在鉴赏判断中虽然依赖一个经验性的表象，并且不能先天地与任何概念相结合（人们不能先天地规定哪个对象将适合或者不适合鉴赏，人们必须试一试它）；但是，愉快毕竟是这个判断的规定根据，这只是由于人们意识到，它是仅仅基于反思及其与一般客体知识的协调一致之普遍的，虽然只是主观的条件的，对这种反思来说，客体的形式是合目的的。

这就是为什么鉴赏判断按照其可能性也经受一种批判的原因，因为这种可能性以一个先天原则为前提条件，尽管这个原
〔192〕则既不是知性的一个认识原则，也不是意志的一个实践原则，因而根本不是先天地作出规定的。

但是，由对事物（既有自然的事物也有艺术的事物）的形式的反思而来的一种愉快的感受性，不仅表明了客体在主体身上按照自然概念在与反思性的判断力的关系中的合目的性，而且也反过来表明了主体就对象而言按照对象的形式乃至无形式根据自由概念的合目的性；而这样一来所发生的就是：审美判断不仅作为鉴赏判断与美者相关，而且作为出自一种精神情感

的判断与**崇高者**相关，于是对审美判断力的那个批判就必须分为两个与此符合的主要部分。

八、自然的合目的性的逻辑表象

在一个于经验中被给予的对象上，合目的性可以要么出自一种纯然主观的根据，被表现为对象的形式在先于一切概念而对该对象的**把握**（Apprehensio）中与诸认识能力为将直观与概念结合成一种知识而有的协调一致；要么出自一种客观的根据，被表现为对象的形式按照事物的一个先行的、包含这形式的根据的概念而与事物本身的协调一致。我们看到过：前一种合目的性的表象基于在仅仅反思对象的形式时对该形式的直接愉快；因此，第二种合目的性的表象由于不是把客体的形式与主体在把握这形式时的认识能力联系起来，而是把它与对象在一个被给予的概念之下的一种确定的知识联系起来，就与对事物的一种愉快情感毫无干系，而与对事物的评判中的知性相关。如果关于一个对象的概念被给予了，那么，在应用这概念达到知识时，判断力的工作就在于**展现**（exhibitio），也就是说，在于用一个相应的直观来支持该概念；无论这件事是通过我们自己的想象力发生的，就像在艺术中，当我们把一个预先 〔193〕
把握到的关于一个对我们来说是目的的对象的概念实现出来时那样，还是通过自然在它的技术中（就像在有机体中那样）发生的，如果我们把我们的目的概念加给自然以评判它的产品的话；在后一场合，不仅自然在事物的形式中的合目的性，而且它的这个作为**自然目的**的产品也都得到了表现。——尽管我们关于自然根据经验性法则在其种种形式中的主观合目的性的概念根本不是关于客体的概念，而只是判断力在自然的这种过于庞大的杂多性中获得概念（能够在这种杂多性中判定方向）的一个原则罢了；但是，我们由此却仿佛是把对我们的认识能力的一种考虑按照一个目的的类比赋予了自然；这样，我们就能够把**自然美**视为形式的（纯然主观的）合目的性这个概念的**展现**，把**自然目的**视为一种实在的合目的性这个概念的展现，我们通过鉴赏（在审美上、借助愉快的情感）来评判前者，通过知性和理性（在逻辑上、按照概念）来评判后者。

把判断力批判划分为**审美的**判断力批判和**目的论的**判断力批判，其根据就在于此；因为审美的判断力被理解为通过愉快或者不快的情感来评判形式的合目的性（通常也被称为主观的合目的性）的能力，目的论的判断力则被理解为通过知性和理性来评判自然的实在的合目的性（客观的合目的性）的能力。

在对判断力的一种批判中，包含着审美的判断力的部分是在根本上属于它的，因为惟有审美的判断力才包含着判断力完全先天地作为它对自然进行反思的基础的那个原则，亦即自然按照其特殊的（经验性的）法则对我们认识能力的一种形式的合目的性的原则，没有这种合目的性，知性就会在自然中找不到路径；与此不同，对于必须存在着自然的客观目的，亦即必须存在着惟有作为自然目的才有可能的事物，根本不能指出任何先天根据，甚至就连其可能性也不是由既作为普遍经验对象也作为特殊经验对象的自然的概念出发来说明的；而是仅仅判断力，无须先天地在自身包含着这方面的原则，在出现（某些产品的）场合时，在那个先验原则已经使知性做好准备把一个
〔194〕目的的概念（至少是按照形式）运用于自然上面之后，就包含着这种规则，以便为了理性而使用目的的概念。

但是，把自然在一个事物的形式上与我们认识能力的主观关系中的合目的性设想为评判这形式的原则，使得我应当在什么地方和在哪些场合把这种评判当做对一个按照合目的性原则的产品，而不是对一个宁可仅仅按照普遍的自然法则的产品的

评判来进行，依然悬而未决，并任由**审美的**判断力在鉴赏中去发现这产品（它的形式）对我们认识能力的适合（只要这种适合不是通过与概念的协调一致，而是通过情感来断定的）。与此相反，作目的论应用的判断力则确定地指出了某种东西（例如一个有机体）能够在其下按照一个自然目的的理念来评判的条件；但是，对于把与目的的关系先天地赋予作为经验对象的自然，哪怕只是不确定地从对这样一些产品的现实经验中假定此类目的的权限，它却不能从这个自然的概念中提出任何原理；这样做的根据在于，必须得出许多特殊的经验，并在其原则的统一性之下来考察它们，以便能够仅仅经验性地在某一个对象上认识一种客观的合目的性。——因此，审美的判断力是按照一个规则，而不是按照概念来评判事物的一种特殊的能力。目的论的判断力则不是什么特殊的能力，而只是一般反思性的判断力，如果它就像处处在理论知识中那样按照概念，但就某些自然对象而言则按照特殊的原则，亦即按照一种纯然反思的，并不规定客体的判断力来行事的话，因而按照其运用它属于哲学的理论部分，并且由于这些特殊的原则并不像在一个学说中必须的那样是作出规定的，它必定也构成批判的一个特殊的部分；与此不同，审美的判断力对认识其对象毫无贡献，因而必须被**仅仅**列入是一切哲学的入门的对判断主体及其认识能力的批判，只要这些认识能力能够提供先天的原则，而不管这些先天原则除此之外还有什么应用。

九、知性的立法和理性的立法通过判断力而联结 〔195〕

知性对于作为感官客体的自然是先天地立法的，以达到在一种可能的经验中对自然的理论知识。理性对于作为主体中的超感性东西的自由及其固有因果性是先天地立法的，以达到一种无条件实践的知识。前一种立法之下的自然概念的领域和后一种立法之下的自由概念的领域，背逆它们独自（每一方根据自己的基本法则）就能够有的相互影响，被把超感性的东西与显象分离开来的那个巨大的鸿沟完全隔离开来。自由概念就自然的理论知识而言不规定任何东西；自然概念就自由的实践法则而言同样不规定任何东西；就此来说，架起一座从一个领域通向另一个领域的桥梁是不可能的。——然而，即使按照自由概念（以及它所包含的实践规则）的因果性的规定根据未在自然中得到证明，而感性的东西也不能够规定主体中的超感性的东西，但这一点毕竟反过来（虽然不是就自然的知识而言，但毕竟是就出自自由概念对自然产生的后果而言）是可能的，并且已经包含在一种凭借自由的因果性的概念之中，这种因果性的**结果**应当按照自由的这些形式法则来在世界上发生，尽管**原因**这个词在运用于超感性的东西时仅仅意味着按照自然事物固有的自然法则，但同时毕竟也与理性法则的形式原则相一致地规定自然事物的因果性来达成一个结果的那个**根据**，这样做的可能性虽然看不出来，但关于其中存在着所谓矛盾的反对理由却可以充分驳倒。①——按照自由概念的结果就是终极目的，

① 在自然因果性与凭借自由的因果性的这整个区分中，各种臆测的矛盾之一就是人们责难这种区分时说的矛盾，即如果我谈到自然给按照自由法则（道德法则）的因果性设置的**障碍**或者自然对这种因果性的**促进**，那么，我就毕竟承认了前者对后者有一种**影响**。但是，只要人们想理解所说的话，那么，误解是很容易避免的。阻抗或者促进并不存在于自然和自由之间，而是存在于作为显象的前者和后者的作为感官世界中的显象的**结果**之间；甚至（纯粹的和实践的理性的）自由的**因果性**也就是一种隶属于自由的自然原因（作为人，因而作为显象来看的主体）的**因果性**，在自由之下被思维的理知的东西以一种在其他情况下（正如构成自然的超感性基底的同一种理知的东西一样）无法解释的方式包含着**规定**这种因果性的根据。

它（或者它在感官世界中的显象）应当实存着，为此人们预设了它在自然中的可能性的条件（即作为感官存在者，也就是作为人的那个主体的可能性的条件）。先天地、不顾及实践而预设这些条件的东西，即判断力，在自然的一种**合目的性**的概念中，提供了自然概念和自由概念之间的中介概念，这个概念使得从纯粹的理论理性到纯粹的实践理性、从按照前者的合法则性到按照后者的终极目的的过渡成为可能；因为这样一来，惟有在自然中并且与自然的法则相一致才能成为现实的那个终极目的的可能性，就被认识到了。 〔196〕

知性通过它对于自然而言的先天法则的可能性提供了一种证明，即自然只是作为显象才为我们所认识，因而同时提供了对自然的一个超感性基底的指示，但却使这个基底完全**未被规定**。判断力通过其按照自然可能的特殊法则来评判自然的先天原则，使自然的超感性基底（无论是在我们之中的还是在我们之外的）获得了**通过理智能力来规定的可能性**。但是，理性则通过其先天的实践法则赋予同一个基底以**规定**；这样，判断力就使得从自然概念的领域到自由概念的领域的过渡成为可能。

就一般心灵能力而言，只要把它们当做高层能力，亦即包含着一种自律的能力来看待，那么，对于**认识能力**（对自然的理论认识能力）来说，知性就是包含着**建构性的**先天原则的能力；对于**愉快和不快的情感**来说，这种能力就是判断力，它不依赖于能够与欲求能力的规定相关，并由此直接是实践的那些 〔197〕
概念和感觉；对于**欲求能力**来说则是理性，它无须任何一种不论从哪里来的愉快的中介而是实践的，并作为高层的能力为欲求能力规定终极目的，这个终极目的同时带有对客体的纯粹的理智愉悦。——判断力关于自然的一种合目的性的概念还是属于自然概念的，但只是作为认识能力的范导性原则，尽管引起该概念的关于某些对象（自然的对象或者艺术的对象）的审美判断，就愉快或者不快的情感而言，是一个建构性的原则。各种认识能力的协调一致包含着愉快的根据，这些认识能力的游戏中的自发性使得上述概念适用于作自然概念的领域与自由概念在其后果中联结的中介，因为这种联结同时促进了心灵对道德情感的感受性。——下表可以有助于按照其系统的统一性来概观一切高层的能力。①

〔198〕

心灵的全部能力	认识能力	先天原则	运用于
认识能力	知性	合法则性	自然
愉快和不快的情感	判断力	合目的性	艺术
欲求能力	理性	终极目的	自由

① 有人曾对我在纯粹哲学中的划分结果几乎总是三分的而感到疑虑。但这却在于事物的本性。如果一种划分应当先天地进行，那么，它将要么按照矛盾律是**分析的**；而在这里它任何时候都是二分的（quodlibet ens est aut A aut non A［任何一个存在者都要么是A，要么是非A］）。要么它就是**综合的**；而如果它在这一场合应当从先天**概念**出发（而不是像在数学中那样从先天地与概念相应的直观出发）来进行，那么，按照一般综合统一所要求的东西，亦即(1)条件，(2)一个有条件者，(3)从有条件者与它的条件的结合中产生的概念，划分就必须是三元体。

整部作品的划分 〔199〕

第一部分
审美判断力的批判

第一卷
审美判断力的分析论

第一章

美者的分析论

第二章

崇高者的分析论

第二卷
审美判断力的辩证论

第二部分
目的论判断力的批判

第一卷
目的论判断力的分析论

第二卷
目的论判断力的辩证论

附录
目的论判断力的方法论

第一部分
审美判断力的批判

第一卷 〔203〕

审美判断力的分析论

第一章

美者的分析论

鉴赏判断[①]的第一契机，按照质来看

第1节 鉴赏判断是审美的

为了区分某种东西是不是美的，我们不是通过知性把表象与客体相联系以达成知识，而是通过想象力（也许与知性相结合）把表象与主体及其愉快或者不快的情感相联系。因此，鉴赏判断不是知识判断，因而不是逻辑的，而是审美的，人们把它理解为这样的东西，它的规定根据只能是**主观的**。但是，表象的一切关系，甚至感觉的一切关系，都能够是客观的（而这时这些关系就意味着一个经验性表象的实在的东西）；惟有与愉快和不愉快的情感的关系不是这样，通过它根本没有标明客 〔204〕

① 这里当做基础的鉴赏的定义是：鉴赏是评判美者的能力。但是，要把一个对象称为美的，这需要什么，必须由对鉴赏判断的分析来揭示。这种判断力在其反思中所注意的要素，我是按照判断的逻辑功能的指引来寻找的（因为在鉴赏判断中，总是还包含着与知性的一种关系）。我首先考察的是质的功能，因为关于美者的审美判断首先考虑的就是质。

体中的任何东西，而是在它里面主体如同被表象刺激那样感觉到自己本身。

凭借自己的认识能力（无论是在清晰的表象方式中还是在含混的表象方式中）去把握一座合乎规则的、合乎目的的建筑，这与凭借愉悦的感觉去意识到这个表象是完全不同的。在后者，表象在愉快或者不快的情感的名义下完全是与主体相关，确切地说与主体的生活情感相关：这就建立起一种完全特殊的区分和评判的能力，它对于认识没有丝毫贡献，而是仅仅把主体中被给予的表象与主体在其状态的情感中意识到的全部表象能力相对照。一个判断中的被给予的表象可以是经验性的（因而是审美的）；但通过那些表象所作出的判断却是逻辑的，如果那些表象在判断中只是与客体相关的话。但反过来，如果被给予的表象完全是合理的，但在判断中却仅仅与主体（它的情感）相关，那么，它们就此而言在任何时候都是审美的。

第2节　规定着鉴赏判断的那种愉悦是没有任何兴趣的

被称为兴趣的那种愉悦，我们是把它与一个对象的实存的表象结合在一起的。因此，这样一种愉悦总是同时具有与欲求能力的关系，要么它就是欲求能力的规定根据，要么毕竟与欲求能力的规定根据有必然联系。但现在，既然问题是某种东西是否美，人们就不想知道事情的实存对我们或者任何一个人是否有某种重要性，或者哪怕只是可能有重要性；而是想知道，我们如何在纯然的观察（直观或者反思）中评判它。如果某人问我，对于我眼前看到的那座宫殿我是否觉得美，那么我虽然可以说：我不喜欢此类纯然是为了引人注目而造的事物，或者像那位易洛魁人酋长一样，在巴黎没有比熟食店更让他喜欢的东西了；此外我还可以按十足**卢梭的**方式责骂大人物们的虚荣心，他们把人民的血汗挥霍在如此没有必要的事物上；最后，我可以极为容易就确信，如果我处身在一个无人居住的小岛 〔205〕 上，毫无希望在某个时候重返人类，而且我单凭我的愿望就能够用魔术变出这样一座豪华建筑来，如果我已经有一间对我来说足够舒适的茅舍的话，我也根本不会为此花费这点儿力气。人们可以对我承认和赞同这一切，只是现在不谈这一点。人们只想知道，对象的纯然表象在我心中是否伴随有愉悦，哪怕就这个表象的对象的实存而言我总是无所谓的。人们很容易看到，要说这个对象是**美的**，并且证明我有鉴赏，这取决于我从我心中的这个表象本身得出什么，而不取决于我在其中依赖于该对象的实存的东西。每一个人都必须承认，关于美的判断只要掺杂了丝毫兴趣，就会是偏袒的，就不是鉴赏判断。人们必须对于事物的实存没有丝毫倾向性，而是在这方面完全无所谓，以便在鉴赏的事情上扮演裁决者。

但是，对于这个极其重要的命题，我们不可能作出更好的阐释，除非我们把与兴趣相结合的那种愉悦与鉴赏判断中这种纯粹的、无兴趣的[①] 愉悦对立起来；尤其是如果我们同时能够肯定，除了马上就应当列举的几种兴趣之外，再也没有别的什么兴趣了。

第3节　对适意者的愉悦是与兴趣相结合的

在感觉中使感官喜欢的东西就是**适意的**。在这里，马上就

① 对于愉悦的一个对象的判断可以是完全**无兴趣的**，但却毕竟是很**有趣味的**，也就是说，它并不建立在任何兴趣之上，但却产生出某种兴趣；一切纯粹的道德判断都是这样的判断。但是，鉴赏判断就自身而言也根本不建立任何兴趣。惟有在社交中，拥有鉴赏才是**有趣味的**，其理由将在后面指明。

出现了机会，来指责对感觉这个词所可能有的双重含义的一种极为常见的混淆，并使人们注意到这一点。一切愉悦（人们说的或者想的）本身都是感觉（一种愉快的感觉）。因此，一切
〔206〕招人喜欢的东西都恰恰在它招人喜欢这一点上是适意的（而且按照不同的程度或者与其他适意的感觉的关系而是**妩媚的**、**可爱的**、**赏心悦目的**、**令人高兴的**等）。但是，如果这得到承认，那么，感官的那些规定着偏好的印象、理性的那些规定着意志的原理、直观的那些规定着判断力的纯然反思形式，就对快乐情感的作用而言，都完全是一回事。因为这种作用在对情感状态的感觉中就是适意，而既然对我们种种能力的一切探讨最终必然都目的在于实践的东西，并在作为其目标的实践的东西中结合起来，人们也就不能苛求这些能力对事物及其价值作出别的估价，除非这种估价在于它们所预示的欢娱。事情最终根本不取决于它们如何达到这一点的方式；而且既然手段的选择惟有在这里才造成一种区别，所以人们尽可以相互指责愚蠢和不理智，但绝不可以互相指责卑鄙和恶意：因为他们虽然每一个人都按照自己的方式看待事物，却毕竟全都奔向一个对每一个人来说都是欢娱的目标。

如果对愉快或者不快的情感的一种规定被称为感觉，那么，这一表述就意味着某种完全不同于我在把一件事物的（通过感官，即一种属于认识能力的感受性而来的）表象称为感觉时的东西。因为在后一场合，表象与客体相关，但在前一场合，表象则仅仅与主体相关，并且根本不用于任何知识，也不用于主体借以**认识**自己的东西。

但是，我们在上面的解释中把感觉这个词理解为感官的一个客观的表象；而且为了不总是冒被误解的危险，我想用情感这个通常流行的名称来称谓在任何时候都必定仅仅保持为主观的、绝对不可能构成一个对象的表象的那种东西。草地的绿色

属于**客观的**感觉，是对一个感官对象的知觉；但这绿色的适意则属于**主观的**感觉，通过它不能表现任何对象，也就是说，它属于对象被视为愉悦（这愉悦不是对象的知识）的客体所凭借的情感。

现在，关于一个对象，我宣布它是适意的所凭借的那个判断会表达出对该对象的一种兴趣，这由以下情况来看已可明 〔207〕白，即它通过感觉激起了对这样一个对象的欲望，因而愉悦不是以关于该对象的纯然判断，而是以该对象的实存与我的状态的关系为前提条件的，如果我的状态受到这样一个客体的刺激的话。因此，关于适意者人们不仅仅说：它**招人喜欢**，而且说：它**使人欢娱**。这并不是奉献给它的一个纯然赞许，而是由此产生了偏好；以最鲜活的方式而适意的东西甚至不需要关于客体性状的任何判断，以至于那些永远只以享受为目的（因为享受是人们用来标示欢娱的内在方面的一个词）的人们很乐意使自己免除一切判断。

第4节　对善者的愉悦是与兴趣相结合的

借助于理性而通过纯然概念使人喜欢的东西就是**善的**。我们把一些只是作为手段而使人喜欢的东西称为**为某事而善的**（有用的东西）；但把独自就使人喜欢的东西称为**就自身而言善的**。在二者之中，都总是包含着一个目的的概念，因而都包含着理性与（至少可能的）意欲的关系，所以包含着对一个客体或者一个行动的**存在**的愉悦，亦即包含着某种兴趣。

为了认为某种东西是善的，我在任何时候都必须知道对象应当是一个什么样的事物，也就是说，拥有一个关于该对象的概念。为了在它身上发现美，我却不需要这样做。花朵、自由的描画、无意图地相互缠绕而名为卷叶饰的线条，它们没有任何含义，不依赖于任何确定的概念，却毕竟使人喜欢。对美者的愉悦必须依赖于导向某一个（不定是哪一个）概念的、关于一个对象的反思，并由此不同于适意者，适意者是完全基于感觉的。

虽然，适意者与善者在许多场合看起来是一回事。于是，人们通常将说：一切欢娱（尤其是持久的欢娱）是就自身而言善的；这差不多就是说：是持久适意的或者是善的，这是一回事。然而，人们马上就会发现，这纯然是一种错误的语词混淆，因为与这些表述特别相关联的概念是绝对不能互相代换的。
〔208〕的。适意者本身惟有与感官相关才表现对象，它必须通过一个目的的概念才被置于理性的原则之下，以便把它作为意志的对象称为善的。但是，如果我把使人欢娱的东西同时称为**善的**，这就是与愉悦的一种完全不同的关系，这一点，是从以下情况看出的，即在善者那里总是有如下问题：它是仅仅间接善的还是直接善的（是有用的还是就自身而言善的）；与此相反，在适意者这里根本不可能有这方面的问题，因为这个词在任何时候都意味着某种直接招人喜欢的东西（同样，我称为美的东西也是这种情况）。

甚至在最平常的言谈中，人们也把适意者与善者区别开来。对于一道通过调料和其他佐料来提升味道的菜肴，人们毫不犹豫就说它是适意的，而且同时承认它并不是善的；因为它虽然直接使感官**中意**，但间接地，亦即通过那留意后果的理性来看，就不合人意了。甚至在对健康的评判中，人们也还能够发现这种区别。对于每一个拥有健康的人来说，健康是直接适意的（至少在消极意义上，作为对一切肉体痛苦的摆脱）。但要说健康是善的，人们就必须还通过理性使它指向各种目的，亦即它是一种使我们对我们的一切事务都充满兴致的状态。最后，就幸福而言，毕竟每个人都相信，可以把生活之适意的最大总和（无论在量上还是在持久上）称为一种真正的，甚至是最高的善。然而，就连这一点理性也反对。适意就是享受。但是，如果仅仅是为了享受，那么，在使我们获得享受的手段方面顾虑重重，要看这享受是承受自大自然的慷慨，还是通过主动性和我们自己的活动达成的，这就是愚蠢的了。但是，一个人活着仅仅是为了**享受**（而且就这个意图来说他还是忙忙碌碌的），甚至对于同样的目的都仅仅在于享受的其他人来说，他作为这方面的手段是极为有益的，确切地说是因为他由于同感而一起享受一切欢娱，就说他的生存就自身而言具有一种价值，这将永远不能说服理性。惟有通过他不考虑享受而完全自由地、不取决于自然有可能创造出来使他承受的东西就做的事情，他才给予自己的存在作为一个人格的生存以一种绝对的价值；而幸福则连同其全部充沛的适意还远远不是一种无条件 〔209〕
的善。①

但是，即便在适意者和善者之间有所有这些不同，二者毕竟在这一点上是一致的，即它们在任何时候都是与对其对象的一种兴趣相结合的，不仅适意者（第3节），以及作为达到某种适意的手段而让人喜欢的间接善的东西（有用的东西），而且绝对善的、在一切方面都善的东西，亦即自身带有最高兴趣的道德上的善，都是如此。因为善是意志（亦即一种由理性规定的欲求能力）的客体。但是，意欲某种东西和对它的存在有一种愉悦，亦即对此有一种兴趣，这二者是同一的。

① 对于享受的责任是一种显而易见的无稽之谈。因此，借口对一切仅仅以享受为其目标的行动有责任，也必定同样是无稽之谈；哪怕这享受被任意地设想成（或者被伪饰成）精神性的，即便它是一种神秘的、所谓上天的享受。

第5节　愉悦的三种不同方式的比较

适意者和善者都与欲求能力有一种关系，而且就此而言，前者带有一种生理学上有条件的愉悦（通过刺激，stimulos），后者带有一种纯粹的实践的愉悦，这不仅是由对象的表象，而且同时是由主体与对象的实存被表象出来的联结来规定的。不仅对象，而且对象的实存都让人喜欢。与此相反，鉴赏判断纯然是**静观的**，也就是说，是一种对一个对象的存在漠不关心，仅仅把对象的性状与愉快和不快的情感加以对照的判断。但是，这种静观本身也不是集中于概念的；因为鉴赏判断不是认识判断（既不是理论的认识判断，也不是实践的认识判断），因而也不是**基于**概念，或者也以概念**为目的**的。

因此，适意者、美者、善者表示表象与愉快和不快的情感
〔210〕的三种不同的关系，与此相关，我们把对象或者表象方式彼此区别开来。人们用来表示这些关系中的中意的那些与每一种关系相适合的表述也不是一样的。对于某个人来说，使他**欢娱**的东西就是**适意的**；仅仅让他**喜欢**的东西就是**美的**；**受赏识**、**被赞同**，亦即其中被他设定了一种客观价值的东西则是**善的**。适意也适用于无理性的动物；美仅仅适用于人，亦即动物性的、但毕竟有理性的存在者，但也不仅仅作为有理性的存在者（例如精灵），而且同时作为动物性的存在者；但是，善者却适用于任何一般的理性存在者；这是一个惟有在后面才能得到完全的辩护和解释的命题。人们可以说：在愉悦的所有这三种方式中，惟有对美者的鉴赏的愉悦才是一种没有兴趣的和**自由的**愉悦；因为没有任何兴趣，既没有感官的兴趣也没有理性的兴趣，来强迫作出赞许。因此，关于愉悦可以说：它在上述三种场合与**偏好**，或者**惠爱**，或者**敬重**相关。因为**惠爱**是惟一自由的愉悦。

一个偏好的对象和一个由理性法则责成我们去欲求的对象，并没有留给我们使某种东西成为我们自己的一个愉快的对象的自由。一切兴趣都以需要为前提条件，或者是产生一种需要；而作为赞许的规定根据，需要不再让关于对象的判断是自由的。

至于在适意者那里的偏好的兴趣，每个人都说：饥饿是最好的厨师，有健康食欲的人觉得任何只要可吃的东西都好吃；因此，这样一种愉悦并不证明是按照鉴赏来选择的。惟有当需要被满足之后，人们才能够辨别，在众人之中谁有鉴赏或者没有鉴赏。同样，也有缺乏德性的风尚（品行）、缺乏好意的客套、缺乏正直的体面等。因为在风尚的法则表态的地方，就该做的事情而言，客观上就不再有任何自由的选择；而在自己的举止中（或者在对别人的举止的评判中）显示出鉴赏，这与表现出自己道德上的思维方式是某种完全不同的东西；因为后者包含着一个命令并产生一种需要，而与此相反，风尚的鉴赏却只是拿愉悦的对象做游戏，并不眷恋一个对象。

从第一契机推论出的对美者的解释 〔211〕

鉴赏是通过**不带任何兴趣**的愉悦或者不悦而对一个对象或者一个表象方式作评判的能力。这样一种愉悦的对象就叫做**美的**。

鉴赏判断的第二契机，按照量来看

第6节 美者是无须概念而被表现为一种普遍的愉悦之客体的东西

对美者的这种解释可以从上面对美者的解释，即美者是不带任何兴趣的愉悦的对象这一解释推论出来。因为一个东西，某人意识到对它的愉悦在他自己这里是不带任何兴趣的，他就只能这样来评判这东西，即这东西必定包含着使每个人都愉悦的一个根据。因为既然愉悦不是建立在主体的某个偏好之上的（也不是建立在某个别的经过考虑的兴趣之上的），而是判断者就他投入到对象上的愉悦而言感到自己是完全**自由的**；所以，他不可能发现惟有他的主体才依恋的私人条件来做愉悦的根据，因而必须把愉悦视为基于他也能够在任何别人那里预设的东西的；因此，他必须相信有理由指望每个人都有一种类似的愉悦。于是，他将这样来谈论美者，就好像美是对象的一种性状，而判断是逻辑的（通过客体的概念构成对客体的一种知识的）似的；尽管这判断只是审美的，而且仅仅包含对象的表象与主体的一种关系，这是因为，它毕竟与逻辑判断有相似性，即人们能够在这方面预设它对每个人的有效性。但是，从概念中也不能产生出这种普遍性。因为不存在从概念到愉快或者不快的情感的任何过渡（除非是在纯粹的实践法则中，但这些法则带有一种兴趣，这样的东西并不与纯粹的鉴赏判断相结合）。因此，
〔212〕与意识到自身中脱离了一切兴趣的鉴赏判断必然相联系的，是一种不带有被置于客体之上的普遍性而对每个人都有效的要求，也就是说，与它相结合的必须是一种主观普遍性的要求。

第 7 节　通过上述特征把美者与适意者和善者加以比较

就**适意者**而言，每一个人都满足于：他建立在一种私人情感之上、他借以说一个对象让他喜欢的判断，也仅仅是限于他个人的。因此，如果他说：加那利香槟酒是适意的，另一个人纠正他的表述，提醒他应当说：这酒**对我来说**是适意的，他也欣然满意；而且不仅在舌头、腭部和咽喉的鉴赏中，即便在对眼睛和耳朵来说有可能使每个人适意的东西中亦是如此。对一个人来说紫色是温柔的和可爱的，对另一个人来说它则是无生

气的和死寂的。一个人喜爱管乐声，另一个人则喜爱弦乐声。对此怀着这样的意图去争执，要把别人与我的判断不同、好像在逻辑上与我的判断相对立的判断斥为不正确的，这会是件蠢事；因此，就适意者而言适用的是如下原理：**每一个人都有他自己的鉴赏**（感官的鉴赏）。

美者的情况则完全不同。如果某人对自己的鉴赏有点自负，想为自己辩护而说：这个对象（我们看到的建筑、那人穿的衣服、我们听到的音乐会、被提交评判的诗）**对我来说**是美的，那就会（恰恰颠倒过来）是可笑的。因为如果只是他喜欢这东西，他就不必把它称为美的。对于他来说，有许多东西具有魅力和适意性，没有人关心这一点；但是，如果他声称某种东西是美的，那么，他就在指望别人有同样的愉悦：他不是仅仅为自己，而且是为每个人作出判断的，而且在这种情况下谈论美，就好像它是事物的一个属性似的。因而他说：这个**事物**是美的，而且绝不是因为他曾发现别人多次赞同他的判断，就 〔213〕
指望别人赞同他的愉悦判断，而是**要求**别人赞同他。如果别人作出不同的判断，他就指责别人，并否认别人有鉴赏，而他毕竟要求别人应当具有鉴赏；就此而言，人们不能说：每一个人都有自己特殊的鉴赏。这会等于是说：根本不存在任何鉴赏，亦即不存在任何能够合法地要求每个人都赞同的审美判断。

尽管如此，人们就适意者而言还是发现，在对它的评判中人们之间也可以发现一致性，但在这一致性方面，人们毕竟否认一些人有鉴赏，承认另一些人有鉴赏，确切地说不是在感觉器官的意义上，而是作为在一般适意者方面的评判能力。于是，某人善于用种种适意（以所有的感官来享受的适意）来为自己的客人助兴，使他们皆大欢喜，人们就说这人有鉴赏。但在这里，普遍性只是比较而言的；而此时只有**总体性的**规则（正如所有经验性的规则都是总体性的规则一样），而不是关于美的鉴赏判断所采取或者所要求的**全体性的**规则。就社交基于经验性的规则而言，这是一个与社交相关的判断。就善者来说，虽然判断也有权要求对每个人都有效；然而，善者却只是**通过一个概念**而被表现为一种普遍的愉悦的客体，无论在适意者还是在美者那里，都不是这种情况。

第 8 节　愉悦的普遍性在一个鉴赏判断中只被表现为主观的

在一个鉴赏判断中能够遇到的对一个审美判断的普遍性的这种特殊规定，是一件虽然不是对于逻辑学家，但却对先验哲学家来说值得注意的事情，它要求先验哲学家付出不小的努力去发现它的起源，但为此也揭示出我们的认识能力的一种属性，没有这一分析，这种属性就会依然不为人所知。

首先，人们必须完全确信：人们通过（关于美的）鉴赏判
〔214〕断要求**每个人**都在某个对象上感到愉悦，但却并不基于一个概念（因为这样的话就会是善了）；而且，对普遍有效性的这种要求是如此在本质上属于我们宣称某种东西是**美的**所借助的判断，以至于如果不在这方面考虑到这种普遍有效性，就不会有人想到运用这一表述，而是一切无须概念就让人喜欢的东西都会被算做适意者，就适意者而言人们让每个人各有各的头脑，没有一个人指望别的人赞同自己的鉴赏判断，这在关于美的鉴赏判断中毕竟是随时发生的。我可以把前者称为感官的鉴赏，把后者称为反思性的鉴赏；这是就前者仅仅作出私人的判断，而后者则作出所谓普适性的（公共性的）判断而言的，但二者都是仅仅在一个对象的表象与愉快和不快的情感的关系方面对该对象作出了审美的（不是实践的）判断。而如今令人奇怪的是，既然对于感官的鉴赏来说，不仅经验表明它的判断（对某种东西愉快或者不快的判断）不是普遍有效的，而且每个人也

都是自发地如此谦虚，不那么要求别人的赞同（虽然即便在这些判断中，也确实经常出现一种很广泛的一致），而反思性的鉴赏即使像经验教导的那样，其对自己（关于美者的）的判断对于每个人都普遍有效的要求也足够经常地遭到拒绝，却仍然会感到有可能（它实际上也这样做）设想有一些判断是能够普遍地要求这种赞同的，而且事实上对它的每个鉴赏判断都指望每个人给予这种赞同，作判断者并不为了这样一种要求的可能性而发生争执，而是仅仅在特殊场合为了这种能力的正确应用不能达成一致。

这里首先要注意的是，一种不是基于客体的概念（哪怕只是经验性的概念）的普遍性根本不是逻辑的，而是审美的，也就是说，它不包含判断的一种客观的量，而只包含一种主观的量，对于后者来说，我也使用**普适性**这个表述，这个表述并不表示一个表象与认识能力的关系对每个主体的有效性，而是表示它与愉快和不快的情感的关系对每个主体的有效性（但是，人们也可以把这个表述用于判断在逻辑上的量，只要人们再加 〔215〕
上**客观的**普遍有效性，以有别于纯然主观的普遍有效性，后者每次都是审美的）。

于是，一个**客观上**普遍有效的判断也在任何时候都是主观上普遍有效的，就是说，如果判断对于包含在一个被给予的概念之下的一切都有效，那么，它也对于每个通过该概念表现一个对象的人都有效。但是，从一种**主观的普遍有效性**，也就是说，从不基于任何概念的审美的普遍有效性，不能够推论到逻辑的普遍有效性，因为那种判断根本不关涉客体。但正因为如此，即便被赋予一个判断的审美的普遍性，也必须是特殊种类的，因为它不是把美这个谓词与完全在逻辑的范围内来看的**客体**的概念联结起来，但却同样把该谓词扩展到**作判断者**的整个范围。

就逻辑的量而言，一切鉴赏判断都是**单称**判断。因为既然我必须在我愉快和不快的情感上直接把握对象，而毕竟不是通过概念，所以，那些判断就不可能具有客观普适性的判断的量；虽然在鉴赏判断的客体的单个表象按照规定该判断的那些条件通过比较而被转变成一个概念时，从中是能够形成一个逻辑上普遍的判断的，例如，我通过一个鉴赏判断，宣布我所看到的这朵玫瑰花是美的。与此相反，通过比较许多单个的玫瑰花而产生的判断，即玫瑰花一般而言都是美的，从此就不仅仅被表述为审美判断，而是被表述为一个基于审美判断的逻辑判断。现在，“这朵玫瑰花（在气味上）是适意的”这个判断虽然也是一个审美的单称判断，但却不是一个鉴赏判断，而是一个感官判断。也就是说，它与前者的区别在于：鉴赏判断带有普遍性，亦即对每个人的有效性的一个**审美的量**，这个量在关于适意者的判断中是找不到的。惟有关于善者的判断，虽然它们也在一个对象上规定愉悦，却具有逻辑的，不仅仅是审美的普遍性；因为它们适用于客体，是客体的知识，并因此而对每个人都有效。

如果人们仅仅按照概念来评判客体，那么，美的一切表象就都丧失了。因此，也不可能有任何规则让某人被迫承认某种
〔216〕东西是美的。一件衣服、一座房子、一朵花是否美，对此人们是不能通过一些理由或者原理来说服人接受自己的判断的。人们要让客体经受他自己的眼光，正好像他的愉悦依赖于感觉似的；而尽管如此，当人们在这种情况下称对象是美的时，他相信自己会获得普遍的同意，并要求每个人都赞同，与此相反，那种私人感觉只是对于观看者及其愉悦来裁定的。

这里应当看到，在鉴赏判断中没有假定别的任何东西，只是就愉悦而言无须概念的中介的这样一种**普遍的同意**；因而是一个能够同时被视为对每个人都有效的审美判断的**可能性**。鉴赏判断本身并不假定每个人都赞同（因为只有一个逻辑上普遍的判断才由于可以举出理由而这样做）；它只是**要求**每个人都

作出这种赞同，作为规则的一个实例，就这实例而言它不是期待概念，而是期待别人的赞同来作出证实。因此，普遍的同意只是一个理念（这个理念基于什么，在这里尚未研究）。相信自己作出一个鉴赏判断的人，事实上是否在按照这个理念作出判断，这一点是不能肯定的；但是，他毕竟使判断与之发生了关系，从而这应当是一个鉴赏判断，这一点，他是通过美这种表述来宣布的。但对于自己来说，他单凭意识到把属于适意者和善者的一切与还剩余给他的愉悦分离开来，就可以肯定这一点了；而这就是他之所以指望每个人的同意所为了的一切：这是他在这些条件之下也会有权利提出的一个要求，只要他不违背这些条件而经常出错，因而作出一个错误的鉴赏判断。

第 9 节　对如下问题的研究：在鉴赏判断中是愉快的情感先行于对象的评判还是后者先行于前者

这个课题的解决是鉴赏批判的钥匙，因而值得高度注意。

如果对被给予的对象的愉快先行，而且在该对象的表象的鉴赏判断中只应当承认愉快的普遍可传达性，那么，这样一种 〔217〕
处理方式就会陷入自相矛盾。因为这样的愉快就会不是别的，而仅仅是感官感觉中纯然的适意，因而按照其本性只能具有私人的有效性，因为它直接依赖于对象**被给予**所凭借的那个表象。

因此，正是被给予的表象中心灵状态的普遍能传达性，作为鉴赏判断的主观条件必须是这个判断的基础，并以对该对象的愉快为后果。但是，除了知识和属于知识的表象之外，没有任何东西是能够被普遍传达的。因为就此而言，惟有知识才是客观的，并仅仅因此才具有一个普遍的关联点，所有人的表象力都不得不与这个关联点相一致。现在，如果关于表象的这种普遍可传达性的判断的规定根据应当纯然主观地，亦即无须关于对象的一个概念来思考，那么，这个规定根据就无非是在表象力的相互关系中所遇到的那个心灵状态，这是就这些表象力把一个被给予的表象与**一般的知识**联系起来而言的。

被这个表象发动起来的认识能力，在这里处于一种自由的游戏中，因为没有任何确定的概念把它们限制在一个特殊的认识规则上。因此，这个表象中的心灵状态必定是各种表象力在一个被给予的表象上要达成一般知识而进行的自由游戏的情感状态。现在，属于一个对象借以被给予，以便一般而言由此形成知识的那个表象的，有为了直观的杂多之复合的**想象力**和为了结合各表象的概念之统一的**知性**。各认识能力在对象借以被给予的表象这里的**自由游戏**的这种状态，必须是能够普遍传达的；因为知识作为对被给予的诸表象（无论在哪个主体中）都应当与之相一致的那个客体的规定，是惟一对每个人都有效的表象方式。

一个鉴赏判断中表象方式在主观上的普遍可传达性，由于应当不以一个确定的概念为前提条件而发生，就不能是别的任
〔218〕何东西，只能是想象力和知性的自由游戏中的心灵状态（只要它们像**一般知识**所要求的那样相互一致），因为我们意识到，这个适合于一般知识的主观关系，必须对每个人都有效，因而是普遍可传达的，正如任何一个确定的知识都是如此，任何确定的知识毕竟总是基于作为主观条件的那种关系的。

对于对象或者对象借以被给予的表象的纯然主观的（审美的）评判，如今先行于对该对象的愉快，并且是对诸认识能力之和谐的这种愉快的根据；但是，惟有在评判对象的主观条件的那种普遍性之上，才建立起我们将之与我们称为美的那个对象的表象结合在一起的愉悦的这种普遍的主观有效性。

能够哪怕是仅仅就认识能力而言传达自己的心灵状态，这会带有一种愉快，对此，人们可以轻而易举地从人对社交的自

然倾向出发（经验性地和在心理学上）作出阐明。但这对于我们的意图来说是不够的。我们指望每一个别人都把我们感觉到的愉快当做是必然的，正好像我们称某种东西是美的时，这可以被看做是对象的一种在其身上按照概念得到规定的性状似的；因为美毕竟不与主体的情感相关自身就什么也不是。但是，我们必须把这个问题的讨论留待回答如下问题时进行：先天审美判断是否以及如何可能？

现在，我们所研究的还是较低级的问题：我们是以审美方式意识到鉴赏判断中诸认识能力彼此之间相互在主观上的一致的，是通过纯然的内感官和感觉而在审美上意识到的，还是通过我们借以发动那些认识能力的有意能动的意识而在理智上意识到的？

假如促成鉴赏判断的那个被给予的表象是一个把知性和想象力在对于对象的评判中结合成为客体的一种知识的概念的话，那么，对这种关系的意识就会是理智的（就像批判所探讨过的判断力的客观图型法中那样）。但在这种情况下，判断也就会不是与愉快和不快相关而作出的，因而不是鉴赏判断。但〔219〕现在，鉴赏判断不依赖于概念而在愉悦和美这个谓词方面规定客体。因此，关系的那种主观统一就惟有通过感觉才能标明。激活这两种能力（想象力和知性），使之成为不确定的，但毕竟凭借被给予的表象的诱因而一致的活动，亦即属于一般知识的那种活动，这就是鉴赏判断假定了其普遍可传达性的那种感觉。一种客观的关系虽然只能被思维，但就它按照自己的条件来说是主观的而言，毕竟是能够在对心灵的作用中被感觉到的；而在一种没有概念作基础的关系（就像表象力与一般认识能力的关系那样）那里，也不可能对它有别的意识，除非通过对作用的感觉，这作用就在于两种通过相互协调一致而被激活的心灵力量（想象力和知性）变得轻松了的游戏。一个表象，作为单个的并且不与其他表象作比较却仍然与构成知性的一般工作的那种普遍性的诸条件有一种协调一致，就把诸认识能力带入了我们为一切知识所要求，因而也认为对每个注定要通过知性和感官相结合来作出判断的人（对任何人）都有效的那种合乎比例的相符之中。

从第二契机推论出的对美者的解释

无须概念而普遍地让人喜欢的东西，就是**美的**。

鉴赏判断的第三契机，按照在它们里面所考察的目的的关系来看

第 10 节　一般的合目的性

如果人们要按照目的的先验规定（不以某种经验性的东西
〔220〕为前提条件，这类东西是愉快的情感）来解释目的是什么，那么，目的就是一个概念的对象，只要这概念被视为那对象的原因（它的可能性的实在根据）；而一个**概念**在其客体方面的因果性就是合目的性（forma finalis［目的性的形式］）。因此，在绝不仅仅是关于一个对象的知识，而且作为结果的对象本身（这对象的形式或者实存）都被仅仅设想为通过这结果的一个概念而可能的地方，人们就设想有一个目的。在这里，结果的表象就是这结果的原因的规定根据，并且先行于它的原因。一个关于主体状态的表象，其把主体**保持**在同一状态之中的因果性的意识，在这里可以普遍地表明我们称为愉快的东西；与此相反，不快则是包含着把诸表象的状态规定成它们自己的反面（阻止或者取消它们）的根据的那种表象。

欲求能力，如果它只是通过概念，亦即按照一个目的的表

象行动而是可规定的，就会是意志。但是，一个客体，或者一个心灵状态，或者一个行动，尽管其可能性并不必然以一个目的的表象为前提条件，却也被称为合目的的，这仅仅是因为我们惟有把一种按照目的的因果性，亦即一个按照某种规则的表象来这样安排它们的意志假定为它们的根据，才能解释和理解它们的可能性。因此，合目的性可以没有目的，这是就我们并不把这个形式的诸原因设定在一个意志中，但毕竟只能通过从一个意志推导出对这形式的可能性的解释来使我们理解这种解释而言的。于是，我们并不总是必须通过理性（按照其可能性）去认识我们所观察的东西。因此，我们即使不把一个目的（作为 nexus finalis［目的的联系］的质料）当做合目的性的基础，也至少能够按照形式考察合目的性，在对象身上哪怕只是通过反思而发现合目的性。

第 11 节　鉴赏判断仅仅以一个对象（或者其表象方式）的合目的性的形式为根据 〔221〕

一切目的，如果被视为愉悦的根据，就都总是带有一种兴趣，作为关于愉快对象的判断的规定根据。因此，没有任何主观的目的能够作为鉴赏判断的根据。但是，也没有一个客观的目的的表象，亦即对象本身按照目的联结原则的可能性的表象，因而没有善的概念，能够规定鉴赏判断；因为它是一个审美判断，而不是知识判断，所以它不涉及任何关于对象的性状以及对象通过这个或者那个原因而有的内在的或者外在的可能性的**概念**，而仅仅涉及诸表象力相互之间的关系，只要它们通过一个表象被规定。

于是，在把一个对象规定为美的对象时的这种关系，就是与一种愉快的情感相结合的，这种愉快通过鉴赏判断同时被解释为对每个人都有效的；所以，一种伴随着表象的适意，正如对象的完善性的表象和善的概念一样，不可能包含着这种规定根据。因此，惟有一个对象的表象中不带任何目的（无论是客观的目的还是主观的目的）的主观合目的性，因而惟有一个对象借以**被给予**我们的表象中的合目的性的纯然形式，就我们意识到这种形式而言，才构成我们评判为无须概念而普遍可传达的那种愉悦，因而构成鉴赏判断的规定根据。

第12节　鉴赏判断基于先天的根据

先天地澄清一种愉快或者不快的情感作为一个结果与作为其原因的某个表象（感觉或者概念）的联结，这是绝对不可能的；因为这会是一种因果关系，这种因果关系（在经验对象中
〔222〕间）只能任何时候都后天地并且借助于经验本身来认识。虽然我们在实践理性批判中确实已经先天地从普遍的道德概念中推导出了敬重的情感（作为上述情感的一个特别的和独特的变相，它与我们从经验性对象获得的无论是愉快还是不快都不会真正一致）。但是，我们在那里也能够越过经验的界限，并提供出一种基于主体的超感性性状的因果性，亦即自由的因果性。然而即便是在那里，我们真正说来也不是从作为原因的道德理念推出这种情感，而是仅仅从中推导出了意志的规定。但是，一个无论由什么来规定的意志的心灵状态，就自身而言已是一种愉快情感，并且与意志是同一的，因而并不是作为结果从中得出的，后一种情况惟有在作为一种善的道德的概念先行于通过法则对意志的规定时才是必须假定的；在这种情况下，要从作为一种纯然知识的概念中推导出与该概念相结合的愉快来，就会是白费力气了。

现在，审美判断中的愉快以类似的方式就是这种情况：只

不过愉快在这里纯然是静观的，而且不造成对客体的兴趣，与此相反，在道德判断中的愉快则是实践的。在一个对象借以被给予的表象那里，对主体诸认识能力的游戏中纯然形式的合目的性的意识就是愉快本身，因为这种意识在一个审美判断中包含着主体就激活其认识能力而言的能动性的规定根据，所以包含着就一般认识而言，但并不局限于一个确定的知识的一种内在的因果性（这种因果性是合目的的），因而包含着一个表象的主观合目的性的纯然形式。这种愉快也不以任何方式是实践的，既不像出自适意性的生理学根据的愉快，也不像出自被表现的善的理智根据的愉快。但是，它在自身中毕竟有因果性，亦即无须进一步的意图而**保持**表象本身的状态和诸认识能力的活动。我们**流连**于对美者的观赏，因为这种观赏在加强自己和再生自己，这和对象的表象中的一种魅力反复唤起注意时的那种流连是类似的（但毕竟与它不是一回事），在后一种流连中，心灵是被动的。

第13节 纯粹的鉴赏判断不依赖于魅力和感动 〔223〕

一切兴趣都败坏着鉴赏判断，并使它失去自己的不偏不倚，尤其是在它不像理性的兴趣那样把合目的性置于愉快的情感之前，而是把合目的性建立在这种情感之上的时候；这后一种情况总是发生在就某种东西使人快乐或者使人痛苦而言对它的审美判断中。因此，如此被刺激起来的判断对于普遍有效的愉悦要么根本不能提出任何要求，要么能够提出的要求如此之少，正如上述方式的感觉处于鉴赏的规定根据中间一样。鉴赏在它为了愉悦而需要混有**魅力**和**感动**，甚至把它们当做自己的赞赏的尺度的地方，任何时候都是未开化的。

然而，魅力毕竟常常不是仅仅作为对审美的普遍愉悦的贡献而被算做美（但美真正说来却只应当涉及形式），而是它们甚至就自身而言被冒充为美，因而是愉悦的质料被冒充为形式；这是一种误解，它与其他一些毕竟还总是有某种真实的东西作为根据的误解一样，可以通过对这些概念的细心规定来消除。

一个不受魅力和感动任何影响（即使它们可以与对美者的愉悦相结合），因而仅仅以形式的合目的性为规定根据的鉴赏判断，就是一个**纯粹的鉴赏判断**。

第14节 通过例子来说明

审美判断可以如同理论判断（逻辑判断）一样，被划分为经验性的判断和纯粹的判断。前者是些陈述适意或者不适意的审美判断，后者是些陈述一个对象或者该对象的表象方式的美的审美判断；前者是感官判断（质料的审美判断），惟有后者（作为形式的审美判断）才是真正的鉴赏判断。

〔224〕因此，一个鉴赏判断只是就没有任何纯然经验性的愉悦混入其规定根据而言，才是纯粹的。但是，每当魅力和感动在某种东西应当被宣布为美的所凭借的判断中有一种份额的时候，上述情况就会发生。

于是，又出现了一些异议，最终伪称魅力不仅仅是美的必然成分，而是甚至单凭自己就足以被称为美的。一种纯然的颜色，例如一片草坪的绿色，一种纯然的音调（不同于声响和噪音），例如一把小提琴的音调，被大多数人宣布为自身就是美的；虽然二者看起来都是以表象的质料，亦即仅仅以感觉为根据的，并因此只配被称为适意的。然而，人们毕竟将同时注意到，无论是颜色还是音调的感觉，都惟有就二者是**纯粹的**而言，才认为自己有资格被视为美的；这是一个已经涉及形式的规定，也是这些表象中惟一可以确定地普遍传达的东西；因为不能假定感觉本身的质在所有的主体中都是一致的，一种颜色的适意性优于另一种颜色，或者一种乐器的音调的适意性优于另一种乐器的音调，这是很难在每个人那里都以同样的方式来评判的。

如果人们和欧拉一样假定，颜色是以太等时相互继起的搏动（pulsus），就像音调是在声响中振动的空气等时相互继起的搏动一样，而且最重要的是，心灵并不仅仅通过感官而知觉到它们对激活器官的作用，而且还通过反思知觉到诸印象的合规则的游戏（因而知觉到不同的表象的结合中的形式）——对此我毕竟没有丝毫怀疑①——，那么，颜色和音调就会不是纯

① 由于前两版在此写的都是“对此我毕竟很是怀疑”，所以这里就出现了一点完全的实际差异。因为在第三版中“没有”取代了“很是”，这不可能仅仅是一个印刷错误的事情。也就是说，第三版的这处大概源出于校对者，并被纳入了这一版的文本的改动，完全符合康德对这里提及的问题所采取的态度。对于欧拉理论即光的波动理论，就像特别是其学位论文《论火》中的一段话已经表明的那样，康德实际上并不怀疑。他在那里（第二章，命题八，《康德全集》，第Ⅰ卷，378页。[参见《康德著作全集》，第1卷，354页。——译者注]）把这种理论称为“与自然规律最一致、最近由极为著名的欧拉用新的辩护予以捍卫的假说”。在《自然科学的形而上学初始根据》中（第二章，定理8，附释1，脚注，《康德全集》，第Ⅳ卷，520页。[参见《康德著作全集》，第四卷，533页。——译者注]），他以坚决的赞同探讨了欧拉的假说，并试图把产生自光仅仅直线运动的困难归溯到**对光物质的一种完全可以避免的数学设想**。就连《人类学》第19节（《康德全集》，第Ⅶ卷，156页。[参见《康德著作全集》，第7卷，148页。——译者注]）的措辞，也不能被视为对光的辐射理论的一种让步。无论如何，康德在《判断力批判》中到处都是与在这个方向上两种“更高级的”感官相关联来完全平行地探讨光和声响的：例如参见第42节，302页；或者第51节，324页。但更为重要且本质上更有意义的是，就连这个物理学—生理学理论的审美运用也被康德到处都给予了肯定，按照这种理论，无论是纯粹的颜色还是纯粹的音调，都不仅包含着对感官的一种作用，而且包含着对印

然的感觉，而已经是对感觉之杂多的统一的形式规定，在这种情况下就也能够单凭自己被算做美了。

但是，一种单纯的感觉方式的纯粹的东西意味着，这感觉方式的齐一性不被任何异类的感觉所干扰和打断，而且这种纯

象的合规则游戏的一种反思。虽然他在第51节的“三”中（324页）对这个问题进行了更深刻的思考，说人们不能很好地断定，音调和颜色的感觉的特殊性是以感官还是以反思为基础的。——“人们不能确定无疑地说，一个颜色或者一个音调仅仅是**适意的感觉**，还是就自身而言已经是**诸感觉**的一种美的游戏，并且作为这样一种游戏带有**在审美判断中对形式的愉悦**”。但进一步的阐述就说得明确了：“人们会发现自己不得不把二者的感觉不视为纯然的感觉印象，而是视为在多种感觉的游戏中对形式的一种评判的结果”。由此他得出，音乐应当被解释为美的艺术，确切地说被解释为各种感觉通过听觉的美的游戏；而且按照这一段的开头，同样的东西也适用于色彩艺术。这样一来，就明确地肯定了按照第一版和第二版在这个地方的异文，康德应当很是怀疑的东西。但同样，在第42节（302页）关于光和声响写道：这些是惟一不仅允许感官情感，而且也允许对感觉的这些变相的形式所进行的反思的感觉。而进一步（329页），康德在鉴于有比例的相称（这种相称由于在音调这里就这些音调同时地或者也前后相继地彼此结合起来而言，乃是基于在同一时间里空气振动的数目的比例关系的，所以能够在数学上被置于某些规则之下）而探讨音调艺术时说：“这种数学的形式虽然不是通过确定的概念表现的，但惟有在这种形式上，才依附着把关于这样一批相互伴随或者前后相继的感觉的纯然反思与感觉的这种游戏联结起来作为其美的对每个人都有效的条件的那种愉悦；而且惟有这种形式，才是鉴赏据以自认为有权预先说出每个人的判断的东西”。因此，即便据猜测用“没有”取代“很是”应当是源出于第三版的校对者，即便由他依据更早的文本而使用的形式会造成一种过于强硬的表述，这个改动毕竟符合康德在这部著作中无一例外地主张的观点，以至于把它纳入文本看来不仅是有理由的，而且也是必要的。——科学院版编者注

粹的东西仅仅属于形式，因为人们在这里可以抽掉那种感觉方式的质（即它是否表现和表现着哪一种颜色，它是否表现和表现着哪一种音调）。因此，一切单纯的颜色，就它们是纯粹的而言，都被认为是美的；混合的颜色就没有这种优点，这恰恰是因为，既然它们不是单纯的，对于应当把它们称为纯粹的还是不纯粹的，人们就没有任何评判的尺度。〔225〕

但是，至于由于对象的形式而被赋予对象的美，就其如人们认为的那样能够通过魅力甚至得到提高而言，这是一个常见的而且对纯正的、不受诱惑的、彻底的鉴赏十分有害的错误；尽管为了除单调的愉悦之外还通过对象的表象使心灵产生兴趣，并这样用于赞扬鉴赏及其培养，尤其是当鉴赏还是粗糙的和未经训练的时候，当然是可以在美之上再加上魅力的。但是，它们实际上损害着鉴赏判断，如果它们作为美的评判根据把注意力吸引到自身上来的话。因为这是大错特错的，以为它们会对美有所贡献，其实它们是必须作为外来者，只是就它们不干扰那种美的形式而言，在鉴赏还孱弱和未经训练的时候，才被接受下来的。

在绘画、雕刻中，甚至在一切造型艺术中，在建筑艺术、园林艺术中，就它们是美的艺术而言，**素描**都是根本性的东西，在素描中，不是在感觉中使人快乐的东西，而仅仅是通过其形式使人喜欢的东西，才构成了鉴赏的一切素质的基础。使轮廓生辉的颜色属于魅力；它们虽然能够使对象自身对于感觉生动起来，但却不能使之值得观赏并成为美的；毋宁说，它们大部分由于美的形式所要求的东西而是十分受限制的，而且甚至在魅力被允许的地方，它们也是仅仅通过美的形式才变得高贵。

感官对象（不仅外部感官的对象，而且间接地还有内部感官的对象）的一切形式，要么是**形象**，要么是**游戏**；在后一种场合要么是形象的游戏（在空间中表情和舞蹈），要么只是感觉的游戏（在时间中）。颜色或者乐器的适意音调的**魅力**可以加进来，但前者中的**素描**和后者中的作曲却构成纯粹的鉴赏判断的真正对象；至于无论是颜色还是音调的纯粹性，或者甚至它们的多样性及其鲜明对比显得对美有所贡献，这却并不等于要说，它们就是因为单凭自身就是适意的而仿佛是对形式的愉悦的一种同类的附加物，而只是因为它们使这种形式更精确、
〔226〕更确定、更完全地直观化了，此外还通过它们的魅力而使表象生动起来，因为它们唤起并保持对于对象本身的注意。

甚至人们称为**装饰**（附件）的东西，亦即并不作为组成部分内在地属于对象的整个表象，而只是作为附属品外在地属于它，并且加大鉴赏的愉悦的那种东西，做到这一点毕竟也只是通过它的形式，就像油画的镶框，或者雕像的衣着，或者宏伟的建筑周围的柱廊那样。但是，如果装饰不是自身在于美的形式，如果它像金制的画框那样仅仅是为了通过它的魅力来让油画博得喝彩而安装上的，那么，它在这种情况下就叫做**修饰**，并损害着纯正的美。

感动，即适意在其中仅仅凭借瞬间的阻碍和接踵而至的生命力更强烈的涌流而被产生出来的一种感觉，根本不属于美。但崇高（感动的情感与它结合在一起）要求另一种评判尺度，不同于鉴赏以之为基础的；而这样，一个纯粹的鉴赏判断就既不是以魅力也不是以感动为规定根据的，一言以蔽之，不是以任何作为审美判断之质料的感觉为规定根据的。

第 15 节　鉴赏判断完全不依赖于完善性的概念

客观的合目的性惟有借助于杂多与一个确定的目的的关系，因而惟有通过一个概念才能被认识。仅仅这一点就可以说

明：其评判以一种纯然形式的合目的性，亦即一种没有目的的合目的性为基础的美者，完全不依赖于善者的表象，因为善者是以一种客观的合目的性，亦即对象与一个确定的目的的关系为前提条件的。

客观的合目的性要么是外在的合目的性，亦即对象的**有用性**，要么是内在的合目的性，亦即对象的**完善性**。我们由以把一个对象称为美的那种对该对象的愉悦不能基于该对象的有用性的表象，这是从上面两章可以充分看出的；因为那样一来，它就不会是对该对象的一种直接的愉悦了，而后一种愉悦却是关于美的判断的根本条件。但是，一种客观的内在的合目的性，即完善性，已经很接近于美这个谓词了，因而也被著名的哲学家们认为与美是一回事，但却有一个附言，**如果这完善性被含混地思维的话**。在一个鉴赏批判中断定美是否也可以实际上化解在完善性的概念中，这是非常重要的。 〔227〕

要对客观的合目的性作出评判，我们在任何时候都需要一个目的的概念和（如果那个合目的性不应当是一种外在的合目的性［有用性］，而应当是一种内在的合目的性的话）包含着对象的内在可能性之根据的一个内在目的的概念。就像一般目的是其**概念**可以被视为对象本身的可能性根据的东西一样，为了在一个事物上想象一种客观的合目的性，关于该事物**应当是怎样一个事物**的概念就将走在前面；而在该事物中杂多与这个概念（它给出该事物上杂多之联结的规则）的协调一致就是一个事物的**质的完善性**。作为每一个事物在其种类上的完备性的**量的完善性**与它完全不同，纯然是一个量的概念（全体性），在这个概念那里，**该事物应当是什么**，这已经预先被设想为确定的了，所问的只是它身上是否有为此所需要的一切。一个事物的表象中形式的东西，亦即杂多与一（它应当是什么尚不确定）的协调一致，独自根本不能使人认识到任何客观的合目的性；因为，既然作为**目的**的这个一（该事物应当是的东西）被抽掉了，在直观者心灵中所剩下来的就无非是表象的主观合目的性了，后者虽然表明了主体中表象状态的某种合目的性，并在这种状态中表象了主体把一个被给予的形式把握进想象力的一种惬意，但并不表明在这里不通过一个目的的概念就被设想的某一个客体的完善性。例如，我在森林中发现一个周围环绕着树木的草坪，而且我在这方面没有设想一个目的，即它也许应当用来开一个乡村舞会，此时就没有丝毫关于完善性的概念
〔228〕通过纯然的形式被给予。设想一个形式的**客观的**合目的性但却没有目的，亦即设想一种**完善性**的纯然形式（没有任何质料和关于与之协调一致的东西的**概念**，哪怕它仅仅是一个一般合法则性的理念），这是一个真正的矛盾。

于是，鉴赏判断就是一个审美判断，亦即一个基于主观根据的判断，而且其规定根据不能是概念，因而也不能是一个确定的目的的概念。所以，通过美这样一个形式的主观合目的性，绝对没有把对象的完善性设想为所谓形式的，尽管如此却还仍然是客观的合目的性；而在美者的概念和善者的概念之间作出的这种区别，就好像二者只是按照逻辑形式被区别开来，前者只是完善性的一个含混概念，后者则是完善性的一个清晰概念，但除此之外在内容上和起源上是一回事，这是没有意义的。因为这样一来，在它们之间就会没有任何**类的**区别，相反，一个鉴赏判断就会正如某种东西被宣布为善的所凭借的那种判断一样，是一个认识判断了；这大概就像平常的人在说欺骗不正当时把自己的判断建立在含混的理性原则之上，而哲学家则把自己的判断建立在清晰的理性原则之上，但在根本上二者都把自己的判断建立在同样的理性原则之上一样。不过，我已经指出过，一个审美判断在其种类上是惟一的，并且绝对不提供关于客体的任何知识（哪怕是一种含混的知识），这后一

种情况惟有通过逻辑判断才发生；与此相反，审美判断使一个客体借以被给予的那种表象仅仅与主体发生关系，并且不是使人注意对象的性状，而是仅仅使人注意在规定致力于对象的表象力时的合目的的形式。判断之所以叫做审美的，也正是因为它的规定根据不是概念，而是诸般心灵能力的游戏中那种一致性的（内部感官的）情感，只要那种一致性被感觉到。与此相反，如果要把含混的概念和以之为基础的判断称为审美的，人们就会有一种感性地作判断的知性，或者有一种通过概念表现自己的客体的感官，这两者都是自相矛盾的。概念无论是含混的还是清晰的，其能力都是知性；而尽管作为审美判断的鉴赏判断也（像一切判断那样）需要知性，但鉴赏判断需要它，却 〔229〕
毕竟不是把它当做对一个对象的认识能力，而是当做按照判断与主体及其内部情感的关系，确切地说，就这个判断按照一个普遍的规则是可能的而言，来规定判断及其表象（无须概念）的能力。

第16节 在一个确定的概念的条件下宣布一个对象是美的所凭借的鉴赏判断不是纯粹的

有两种美：自由的美（pulchritudo vaga［飘移的美］），或者纯然依附的美（pulchritudo adhaerens［附着的美］）。前者不以任何有关对象应当是什么的概念为前提条件，后者则以这样一个概念以及对象依照这个概念的完善性为前提条件。前一种美的诸般种类叫做这个事物或者那个事物的（独自存在的）美，后一种美则作为依附于一个概念的美（有条件的美），被赋予隶属于一个特殊目的的概念的那些客体。

花是自由的自然美。一朵花应当是一个什么样的事物，除了植物学家之外，很难有别的人知道；而即便是认识花是植物的授粉器官的植物学家，在他通过鉴赏对花做判断时，也并不考虑这种自然目的。因此，这个判断并不以某个物种的完善性，不以杂多的复合与之相关联的内在合目的性为基础。许多鸟类（鹦鹉、蜂鸟、极乐鸟）、大量海洋贝类自身就是美，这些美根本不应归于任何按照概念就其目的而言被规定的对象，而是自由地并且独自让人喜欢的。所以，*à la grecque*［希腊式的］素描、用于镶框的或者裱糊纸上的卷叶饰等，自身没有任何含义，它们不表现任何东西，不表现一个确定的概念之下的任何客体，而且是自由的美。人们也可以把音乐中称为幻想曲（无主题）的东西，甚至把整个无文本的音乐都归为这个类型。

在（按照纯然的形式）对一种自由的美的评判中，鉴赏判断是纯粹的。它不以关于某个目的的概念为前提条件，让杂多〔230〕为了这个目的而服务于被给予的客体，因而对这个客体有所表现，那样的话只会限制在观赏形态时仿佛在做游戏的想象力的自由。

然而，一个人的美（而且在这个种类中有一个男人的美，或者一个女人的美，或者一个孩子的美）、一匹马的美、一座建筑（教堂、宫殿、军械库或者花园小屋）的美，都以关于目的的一个概念为前提条件，这个概念规定着该事物应当是什么，因而规定着它的完善性的概念，所以纯然是附着的美。就像适意者（感觉）的条件与真正说来仅仅涉及形式的美相结合就妨碍鉴赏判断的纯粹性一样，善（也就是说，为此杂多对于事物本身来说按照事物的目的是善的）与美相结合也将损害鉴赏判断的纯粹性。

人们可以把许多直接在直观中让人喜欢的东西安装在一座建筑上，除非这座建筑应当是一座教堂；人们可以像新西兰人用其文身所做的那样用各种各样的花饰和轻柔而有规则的线条来美化一个形象，除非这是一个人；而一个人也可以具有更漂亮得多的容貌和更讨人喜欢、更温柔的脸型轮廓，除非他应当表现一个男人，或者甚至表现一个武士。

于是，与规定着一个事物的可能性的内在目的相关对该事物中的杂多的愉悦就是一种基于一个概念的愉悦；但对美的愉悦却是不以任何概念为前提条件，而是与对象借以被给予（而不是对象借以被思维）的那个表象直接相结合的这样一种愉悦。现在，如果就后一种愉悦而言的鉴赏判断被变成依赖于前一种作为理性判断的愉悦中的目的，并由此受到限制，那么，那种鉴赏判断就不再是一个自由的和纯粹的鉴赏判断了。

尽管鉴赏由于审美愉悦与理智愉悦的这种结合而在它被固定下来这一点上，以及在它虽然不是普遍的，但人们毕竟能够就某些合目的地被规定的客体而言给它颁布规则这一点上有所收获。然而，这些规则在这种情况下也不是鉴赏的规则，而纯然是些鉴赏与理性，以及美者与善者相一致的规则，通过这种一致，前者可以被用做就后者而言的意图的工具，以便把这种自己维持并具有主观的普遍有效性的心灵情调配给惟有通过艰难的决心才能维持，但却客观地普遍有效的那种思维方式。但 〔231〕
真正说来，既不是完善性通过美而有所收获，也不是美通过完善性而有所收获；而是由于当我们把一个对象借以被给予我们的那个表象通过一个概念与客体（就它所应当是的东西而言）作比较时，不能避免把这表象同时与主体中的感觉放在一起相对照，所以，有所收获的是表象力的**整个能力**，如果这两种心灵状态协调一致的话。

一个鉴赏判断，就一个具有确定的内在目的的对象而言，惟有当判断者要么对这个目的没有概念，要么在自己的判断中抽掉了这个目的时，才会是纯粹的。但在这种情况下，这个判断者尽管由于把该对象评判为自由的美而作出了一个正确的鉴赏判断，却仍然会受到另一个把该对象上的美仅仅视为依附的性状（关注对象的目的）的人的责备，被指责有一种错误的鉴赏，虽然两个人都以自己的方式正确地作出了判断：一个人是按照他在感官面前所拥有的东西，另一个人是按照他在思想中所拥有的东西。通过这种区分，人们就能够调停鉴赏的裁决者们关于美的不少纷争，因为人们向他们指出，一个人坚持的是自由的美，另一个人坚持的是依附的美，前者所作的是一个纯粹的鉴赏判断，后者所作的是一个应用的鉴赏判断。

第17节　美的理想

不可能有任何客观的鉴赏规则来通过概念去规定什么是美的。因为出自这一源泉的一切判断都是审美的；也就是说，它的规定根据是主体的情感，而不是一个客体的概念。寻求一个通过确定的概念来指出美者的普遍标准的鉴赏原则，这是一种徒劳的努力，因为所寻找的东西是不可能的，而且就自身而言是矛盾的。感觉（愉悦或者不悦）的普遍可传达性，确切地说这样一种无须概念就发生的普遍可传达性，可能的话一切时代
〔232〕和一切民族就这种情感而言在某些对象的表象中的一致性，就是那个经验性的，尽管微弱而且不足以猜测出来的标准，即一个如此通过种种实例所证实了的鉴赏从评判对象在其下被给予人们的诸形式时的那种一致性的根据中起源的标准，这个根据深深地隐藏着，对于一切人来说都是共同的。

因此，人们把鉴赏的一些产品视为**示范性的**；这并不是说，好像鉴赏可以通过模仿别人来获得似的。因为鉴赏必须是一种自己特有的能力；但是，模仿一个典范的人，就其模仿得好而言，虽然表现出技巧，但却惟有在他自己能够评判这一典

范的时候才表现出鉴赏。① 但由此得出，最高的典范，即鉴赏的原型，是一个纯然的理念，每个人都必须在自己里面产生出这个理念，而且他必须依据它来评判一切是鉴赏的客体，是借助鉴赏进行评判的实例的东西，甚至评判每个人的鉴赏。**理念**真正说来意味着一个理性概念，而**理想**则意味着一个个别的存在者，作为与某个理念相应的存在者的表象。因此，鉴赏的那个原型固然是基于理性关于一个最大值的不确定的理念的，但毕竟不能通过概念，而是只能在个别的描绘中被表现出来，更确切地说被称为美者的理想，这类东西我们虽然并不占有它，但却努力在我们心中创造出它来。但是，它将仅仅是想象力的一个理想，这正是因为它不是基于概念，而是基于描绘；但描绘的能力就是想象力。——于是，我们如何达到美的这样一个理想呢？先天地还是经验性地？此外，美者的哪一个类能够成为一个理想呢？

首先一定要注意：应当为之寻找一个理想的那种美，必须不是一种**飘移的**美，而是一种由一个关于客观合目的性的概念**固定下来的**美，因而不属于一个完全纯粹的鉴赏判断的客体，而属于一个部分地理智化了的鉴赏判断的客体。也就是说，一 〔233〕
个理想应当以哪一种评判根据而产生，这里必须有某种理性理念按照确定的概念来作为基础，这理念先天地规定着对象的内在可能性所基于的目的。美的花朵、一件美的家具、一道美的风景，它们的一个理想是不可思议的。但即便是对于依附一个

① 在言谈艺术方面鉴赏的典范必须以一种已死的学术语言来撰写：第一，为的是不必忍受活着的语言不可避免地要遇到的那种改变，即高贵的表述变得平庸，常用的表述变得过时，新创的表述只有短暂持续的流行；第二，为的是它具有一种不遭受时尚的任意变迁，而是有其不变的规则的语法。

确定的目的的美，例如一幢美的住房、一棵美的树、一个美的花园等，也不能想象任何理想；这也许是因为这些目的未因其概念得到足够的规定和固定，因而合目的性几乎像在**飘移的**美那里一样自由。惟有在自身中就有其实存的目的的东西，即能够通过理性自己规定自己的目的的人，或者在必须从外部知觉中取得这些目的时，毕竟能够把它们与本质的和普遍的目的加以对照，并在这种情况下也能够在审美上去评判与那些目的协调一致的人；因而惟有这人，才能够成为美的一个理想，正如人类在人的人格中，作为理智，能够成为世界上一切对象中的**完善性**的一个理想一样。

但是，为此就需要两个成分：**第一**，是审美的**基准理念**，它是一个把对人的评判的尺度作为一个属于某种特殊动物物种的事物的尺度予以表现的个别直观（想象力的直观）；**第二**，是**理性理念**，它使人类的那些不能被感性地表现出来的目的成为评判人的形象的原则，通过作为其结果的人的形象，那些目的在显象中显现出来。基准理念必须从经验中取得其成为一种特殊种类的动物之形象的要素；但是，在形象的建构中适合于作为对该物种的每个个体的审美评判之普遍尺度的最大合目的性，即仿佛是有意被奠定为自然之技术的基础、惟有整体上的类却没有任何个体特别与之相符的肖像，毕竟仅仅存在于评判者的理念中，但这理念连同其比例作为审美理念却可以在一个典范肖像中完全具体地展示出来。为了在某种程度上使人理解这是如何发生的（因为谁能诱骗自然完全说出其秘密呢?），我们想尝试作一个心理学的说明。

要注意的是：想象力以一种我们完全不理解的方式，不仅
〔234〕善于偶尔地，甚至是从久远的时代唤回诸概念的标志；而且也善于从说不清数字的不同种类乃至同一种类的对象中再生产出对象的肖像和形象；甚至如果心灵有意于比较的话，还善于根

据一切猜测实际地，尽管不充分有意识地让一个肖像仿佛是叠加在另一个肖像上，并通过同一种类的多个肖像的一致而得出一个平均值，来用做一切肖像的共同标准。某人看见过上千的成年男子。如果他现在对能够以比较的方式加以估量的基准身材作出判断，那么，（在我看来）想象力就可以让大量肖像（也许就是所有那些上千的成年男子）相互叠加；而且如果允许我在这里使用光学描述的类比的话，在大多数肖像合并起来的那个空间中，以及在显示出涂以最浓重颜色的位置的那个轮廓之内，那个**平均身材**就将清晰可辨，它无论是按照高度还是按照宽度都与最大体形和最小体形最外面的边线等距离远；而这就是一个美男子的体形。（人们可以机械地得出同样的结果，如果人们测量这所有上千的成年男子，把它们的高度和宽度[以及胖度]分别相加在一起，再把总和除以一千的话。然而，想象力乃是通过从对这样一些形象的多种多样的把握在内部感官的官能上产生的动力学效果来做到这同一件事的。）如果现在以类似的方式为这个平均的男子寻找平均的头，为这个平均的头寻找平均的鼻子等等，那么，这个形象就是进行这种比较的那个国度中美男子的基准理念的基础；因此，一个黑人在这些经验性的条件下必不可免地具有另一种不同于白人的形象美的基准理念，而中国人则有另一种不同于欧洲人的基准理念。（某个种类的）一匹美的马或者一只美的狗的**典范**，也会是同样的情况。——这个**基准理念**并不是从取自经验的比例亦即**确定的规则**推导出来的；而是惟有根据它，这些评判规则才是可能的。它是在一切个别的、以诸多方式各不相同的个体直观之间飘浮着的整个类的肖像，自然将这肖像奠立为在这个物种中类的产生的原型，但看起来在任何一个个体中都没有完全达到 〔235〕
它。基准理念绝不是这个类中全部的**美的原型**，而只是构成一切美的不可忽视的条件的那种形式，因而仅仅是类的描述中的

正确性。它就像人们称呼**波吕克勒特**的著名的**荷矛者**那样，是**规则**（同样，**米隆**的母牛在它的种类中也可以用做规则）。正因为这一点，基准理念也不能包含任何物种特有的东西；因为若不然，它就会不是类的**基准理念**了。对它的描述也不是因美而令人喜欢，而只是由于它不与这个类的一个事物惟有在其下才能够是美的那个条件相矛盾。这种描述仅仅是循规蹈矩的。①

然而，美者的**理想**与美者的**基准理念**还是有区别的，出自已经提到的理由，人们惟有在**人的形象**上可以指望美者的理想。在人的形象上，理想就在于**道德**的表达，没有道德，这对象就不会普遍地而且为此积极地（不仅仅是在一种循规蹈矩的描述中消极地）让人喜欢。对内在地统治着人的道德理念的明显的表达虽然只能取自经验；但是，要把这些道德理念与我们的理性在最高的合目的性的理念中与道德上的善联结起来的一切东西的结合，即心地善良，或者纯洁，或者强大或者宁静等等，在身体的表现（作为内心的作用）中变得仿佛清晰可见，这就需要理性的纯粹理念和想象力的巨大威力在只是想评判它们的那个人身上结合起来，更别说还有谁想描述它们了。美的这样

① 人们将发现，画家想请来坐下给他当模特的一张完全合乎规则的脸容，通常并不表现任何东西，因为它不包含任何表明性格的东西，因而与其说表达了一个人格的特别之处，倒不如说表达了类的理念。这个种类的表明性格的东西，如果它被夸张，亦即损害基准理念（类的合目的性）本身的话，就叫做**漫画**。经验也表明，那些完全合乎规则的脸容，在内心通常也只是暴露出一个平庸的人；这也许（如果可以假定自然在外部表现出内部的比例的话）是因为，如果心灵禀赋中没有一项是突出于仅仅构成一个无缺点的男人所要求的那种比例之上的，那就不可以对人们称为**天才**的东西有任何指望，在天才里面，自然显得为了惟一的一种心灵能力的利益而偏离了其各种心灵能力的正常关系。

一个理想的正确性表现在：它不允许任何感官刺激掺杂进它对自己的客体的愉悦，但仍可以对这客体有巨大的兴趣；而这也就表明，按照一个这样的尺度作出的评判绝不可能是纯粹审美的，而且按照一个美的理想作出的评判不是纯然的鉴赏判断。〔236〕

从第三契机推论出的对美者的解释

美是一个对象的**合目的性**的形式，如果这形式**无须一个目的的表象**而在对象身上被感知到的话。①

鉴赏判断的第四契机，按照对对象的愉悦的模态来看

第18节 什么是一个鉴赏判断的模态

关于任何一个表象，我都能够说：它（作为知识）与一种愉快相结合，这至少是**可能的**。关于我称为**适意**的东西，我则说它在我心中**现实地**造成了愉快。但关于**美者**人们却想到，它与愉悦有一种必然的关系。这里的必然性是特殊类型的：不是一种理论的客观必然性，在那里可以先天地认识到，每个人在〔237〕

① 人们可能反对这种说明而引述如下事例：有一些事物，人们在它们身上看到一种合目的的形式，却没有在它们身上认出一个目的；例如，经常从古墓中取出的、带有一个用于装柄的孔的石器，尽管在其形象上明显表露出一种合目的性，其目的人们并不了解，因而仍然不被宣布为美的。不过，人们把它们视为一种艺术品，这已经足以使得必须承认，人们把它们的形状与某个意图以及一个确定的目的相关联。因此，在对它们的直观上也根本没有直接的愉悦。与此相反，一朵花，例如一朵郁金香，则被视为美的，因为在对它的知觉中发现有某种合目的性，这种合目的性如我们对它的评判根本不与任何目的相关。

被我称为美的那个对象上都**将感到**这种愉悦；也不是一种实践的客观必然性，在那里通过充当自由行动的存在者们的规则的一种纯粹理性意志的概念，这种愉悦就是一个客观法则的必然结果，而且除了人们绝对地（没有别的意图地）应当以某种方式行动之外，没有任何别的意思。相反，它作为在一个审美判断中所设想的必然性，只能被称为**示范性的**，亦即**所有人**都赞同一个被视为某个人们无法指明的普遍规则之实例的判断的必然性。既然一个审美判断不是一个客观判断和认识判断，所以这种必然性也不能从确定的概念中推导出来，因而不是无可置疑的。它更不能从经验的普遍性中（从关于一个对象的美的诸判断无一例外的一致性中）推论出来。因为不仅经验会很难为此提供足够多的证据，在经验性的判断之上，也不能建立起这些判断的必然性的概念。

第19节　我们赋予鉴赏判断的那种主观必然性是有条件的

鉴赏判断要求每个人的赞同；而谁宣布某种东西是美的，他就想要每个人都应当赞许面前这个对象，并同样宣布它是美的。因此，审美判断中的应当本身是按照为作评判而要求的一切材料说出的，但却只是有条件地说出的。人们追求每一个别人的赞同，因为人们对此有一个对所有人都共同的根据；人们也能够指望这种赞同，只要人们总是能够肯定，该事例是被正确地归摄在作为赞许之规则的那个根据之下的。

第20节　一个鉴赏判断所预先确定的必然性的条件就是共感的理念

假如鉴赏判断（与认识判断一样）有一个确定的客观原

则，那么，根据这原则作出这些判断的人就会要求他的判断具有无条件的必然性。假如这些判断就像纯然的感官鉴赏的判断一样没有任何原则，那么，人们就根本不会想到它们有任何必然性。因此，它们必须有一个主观的原则，这原则只通过情感而不通过概念，但却毕竟普遍有效地规定着什么是让人喜欢或者讨厌的。但这样一个原则只能被视为**共感**，它与人们有时也称为共感（sensus communis）的普通知性有着本质的不同；因为后者不是按照情感，而是任何时候都按照概念，尽管通常只是按照被模糊地表象出来的原则来作判断的。 〔238〕

因此，惟有在存在着一种共感（但我们并不把它理解为任何外部感觉，而是理解为我们的诸认识能力的自由游戏的结果）的前提条件下，我是说，惟有在这样一种共感的前提条件下，才能作出鉴赏判断。

第21节 人们是否能够有根据来以一种共感为前提条件

知识和判断必须能够连同伴随着它们的那种确信被普遍地传达；因为若不然，就会没有任何与客体的协调一致应当被归于它们，它们就会全都是诸表象力的纯然主观的游戏，恰如怀疑论所要求的那样。但是，如果知识应当被传达，那么，心灵状态，亦即诸认识能力与一种一般知识的那种相称，确切地说对于一个表象（一个对象由以被给予我们的表象）来说适宜于从中产生出知识来的那种比例，必须可以普遍地传达；因为没有这个作为主观的认识条件的比例，就不可能产生出作为结果的知识。这件事实际上任何时候都在发生，如果一个被给予的对象借助于感官而推动想象力把杂多复合起来，而想象力又推动知性达到杂多在概念中的统一的话。但是，诸认识能力的这种相称根据被给予的客体的不同而有不同的比例。但尽管如此

却必须有一个比例，在其中这种内在的关系对于激活（一种能力被另一种能力激活）来说就是在一般知识（被给予的对象）
〔239〕 方面最有利于两种心灵能力的相称；而这种相称也只能通过情感（不能按照概念）来规定。既然现在这种相称本身必须能够普遍传达，因而这种（在一个被给予的表象那里）的相称的情感也必须能够普遍传达；但是，一种情感的普遍可传达性是以一种共感为前提条件的，所以，这种共感就将能够有理由被假定，确切地说，既然如此，就无须立足于心理学的观察，而把它假定为我们的知识的普遍可传达性的必要条件，这种普遍的可传达性在任何逻辑和任何非怀疑论的认识原则中都必须被当做前提条件。

第22节　在一个鉴赏判断中所设想的那种普遍赞同的必然性是一种主观的必然性，它在一种共感的前提条件下被表现为客观的

在我们宣布某物是美的所借助的一切判断中，我们不允许任何人有别的意见；但我们仍然不把我们的判断建立在概念之上，而是仅仅建立在我们的情感之上，因此，我们不是把这种情感作为私人情感，而是作为一种共同的情感奠定为基础的。现在，这种共感为此目的不能被建立在经验之上；因为它要授权人们作出包含着一个应当的判断：它所说的不是每个人都**将**与我们的判断一致，而是每个人都**应当**与我们的判断一致。因此，我在这里把我的鉴赏判断说成是共感的判断的一个实例，因而赋予它以**示范性的**有效性，共感就是一个纯然的理想基准，在它的前提条件下人们就能够有理由使一个与它协调一致的判断以及在该判断中表达出来的对一个客体的愉悦对每个人都成为规则，因为原则虽然仅仅是主观的，但却仍然被假定为

主观上普遍的（一个对每个人都必然的理念），在涉及不同的判断者的一致性时，就能够像一个客观的原则那样要求普遍的赞同；只要人们肯定已正确地将之归摄在这个原则之下了。

一种共感的这种不确定的基准实际上已经被我们当做前提条件：我们自诩能作出鉴赏判断就证明了这一点。至于是事实 〔240〕
上存在着这样一种作为经验可能性的建构性原则的共感，还是有一个更高的理性原则使它对于我们来说仅仅成为范导性原则，即为了更高的目的才在我们心中产生出一种共感；因此，鉴赏是一种原初的和自然的能力，或者仅仅是一种还需要获得的和人为的能力的理念，以至于一个鉴赏判断连同它对一种普遍赞同的要求事实上只是一种理性要求，即要产生出性情的这样一种一致性，而应当，即每个人的情感与每个他人的特殊情感相汇合的客观必然性，仅仅意味着在这里达成一致的可能性，鉴赏判断则只是提供了这个原则的运用的一个实例。上述情况，我们在这里还不想也不能作出研究，而是现在仅仅把鉴赏能力分解成为它的诸要素，并最终把这些要素结合在一种共感的理念中。

从第四契机推论出的对美者的解释

无须概念而被认识为一种**必然的**愉悦之对象的东西，就是**美的**。

※ ※ ※

对分析论第一章的总附释

如果人们从上述剖析引出结果，那么出现的就是，一切都归结到鉴赏的概念：鉴赏是与想象力**自由的合法则性**相关的对一个对象的评判能力。如果这里在鉴赏判断中想象力必须在其自由中被考察，那么，它首先就不是被设想为再生的，如同它服从联想法则那样，而是被设想为生产的和主动的（作为可能直观的任意形式的创造者）；而且尽管它在把握一个被给予的感官对象时被束缚在这个客体的一个确定形式之上，就此而言没有任何自由的游戏（就像在作诗时那样），但却毕竟还可以很好地理解：对象能够恰好把这样一种形式交到它手上，这形
〔241〕式包含着杂多的一种复合，就像是想象力在自由地放任自己时，与一般的**知性合法则性**相一致地设计了这形式。然而，说**想象力是自由的**，却又是**自发地合法则的**，亦即说它带有一种自律，这是一个矛盾。惟有知性才立法。但是，如果想象力被迫按照某个确定的法则来行事，那么，它的产品在形式上就像应有的那样，是由概念来规定的；但在这种情况下，愉悦如上面已指出的，就不是对美者的愉悦，而是对善者（完善，或许仅仅是形式上的完善）的愉悦，而判断也就不是通过鉴赏的判断。因此，一种合法则性而没有法则，以及想象力与知性的一种主观的协调一致而没有在表象与关于一个对象的确定概念相关时的客观的协调一致，就将是惟一能够与知性自由的合法则性（这种合法则性也被称为合目的性而没有目的）以及与一个鉴赏判断共存的。

于是，几何学上合乎规则的形象，即一个圆形、一个正方形、一个正立方体等，通常都被鉴赏的批评家们当做美的最单纯、最无可怀疑的实例来引用；而尽管如此，它们之所以被称为合乎规则的，乃是因为人们只能这样来表现它们，即它们被视为仅仅是一个确定的概念的展现，这个概念为那个形象指定规则（该形象惟有按照这规则才是可能的）。因此，二者必有一错：要么是批评家的那个判断，即把美赋予上述形象；要么是我们的判断，它认为对于美来说需要无概念的合目的性。

没有人会轻易地认为，要在一个圆形上比在一个乱画的轮廓上获得更多的愉悦，要在一个等边等角的四边形上比在一个歪斜的、不等边的、仿佛是畸形的四边形上获得更多的愉悦，就需要一个具有鉴赏的人；因为为此只需要普通的知性，根本不需要鉴赏。在觉察到某种意图的地方，例如在评判一个场地的大小，或者把握一种划分中各部分的相互关系以及与整体的关系的时候，就需要合乎规则的形象，确切地说需要具有最单纯性质的形象；而愉悦并不是直接基于这形象的外观，而是基于这形象对于各种各样的可能意图的可用性。一个墙壁构成斜 〔242〕
角的房间、一块具有这样的风格的园地，甚至一切对于对称性的损害，无论是在动物的形象上（例如独眼）还是在建筑或者花卉画的形象上，都是不讨人喜欢的，因为这是违背目的的，不仅是实践上就对这些事物的一种确定的应用而言，而且对于在各种各样的可能意图上作出的评判来说亦是如此；在鉴赏判断中就不是这种情况，鉴赏判断如果是纯粹的，就不考虑应用或者某个目的，而把愉悦或者不悦直接与对对象的纯然**观赏**结合起来。

导向关于一个对象的概念的那种合规则性，虽然是在一个惟一的表象中把握对象并在对象的形式中规定杂多的必不可少的条件（conditio sine qua non）。这种规定是一个就知识而言的目的；而且与知识相关，这种规定也是任何时候都与愉悦（它与任何一种哪怕是仅仅或然的意图相伴随）结合在一起的。但在这种情况下，愉悦就仅仅是对适合于一个任务的那种解决的赞成，而不是各种心灵能力以我们称为美的那种东西所作的一种自由的、不确定地合目的的娱乐，而且在后者中，是知性为想象力效力，而不是想象力为知性效力。

在一个惟有通过某种意图才有可能的事物上，在一座建筑上，甚至在一个动物身上，存在于对称性之中的那种合规则性，必须把直观的那种伴随着目的概念并同属于知识的统一性表达出来。但是，在只应当让各种想象力的自由游戏（但却是在知性此时不受任何阻碍的条件下）得到娱乐的地方，在游乐园里，在室内装饰中，在各种各样富有鉴赏的器具上，等等诸如此类，那预示着强制的合规则性就被尽可能地避免；因此，园林中的英国式鉴赏、家具上的巴洛克式鉴赏，都宁可把想象力的自由一直推进到接近于怪诞的地步，而在对规则的一切强制的这种摆脱中，正好确立了鉴赏能够在想象力的设计中展示其最大的完善性的场合。

一切呆板地合乎规则的东西（它接近于数学上的合规则性），本身都有违背鉴赏的成分：它并不以对它的观赏提供长〔243〕久的娱乐，而是如果它并不明确地以知识或者一种确定的实践目的为意图的话，就将造成无聊。与此相反，想象力能够自然而然地和合目的地以之游戏的东西，对于我们来说任何时候都是新颖的，而且人们不会对观看它感到厌倦。**马斯登**在其关于苏门答腊的描述中评说道，那里大自然的自由的美到处包围着参观者，因而对他来说很少再有吸引力；与此相反，他在森林中央遇到的一个胡椒园，那里攀绕着这种植物的支架以平行的直线构成了中间的林荫道，对他来说很有魅力；由此推论出，野生的、表面上没有规则的美，只是对于看腻了合乎规则的美的人来说，为了变换口味，才是让人喜欢的。不过，他只需要尝试一下在他的胡椒园里待一天，就可以领悟到：当知性通过合规则性而置身于它到处都需要的与秩序的相称之中的时候，对象就不再使他得到娱乐，反倒使想象力遭受到一种难受的强制；与此相反，在那里多样性过分丰富到肆无忌惮的大自然，不服从任何人为规则的强制，却能够给它的鉴赏不断地提供营养。——甚至我们不能将之置于任何音乐规则之下的鸟类歌唱，也比哪怕是按照一切音乐艺术规则进行的人类歌唱显得包含有更多的自由，因而包含有更多可鉴赏的东西；因为如果后者经常地和长时间地重复的话，人们就将对它感到厌倦。不过在这里，我们也许把我们对一个可爱小动物的欢乐的同感与它的歌唱的美混为一谈了，这种歌唱，如果由人来完全准确地加以模仿（就像人们有时模仿夜莺的鸣啭一样）的话，我们的耳朵就会觉得全无趣味。

还要把美的对象与对对象（常常是由于遥远而不再能被清晰辨认的对象）的美的眺望区别开来。在后者中，鉴赏显得不仅不是附着于想象力在这一领域所**把握**的东西，反倒是附着于想象力在这里有机会去**虚构**的东西，亦即附着于心灵在连续地被触目所见的多样性所唤醒时用以自娱的真正的想象；就像在注视一团壁炉的火焰或者一条潺潺小溪那变化无常的形象时一样，这二者都不是什么美，但毕竟对想象力带有一种魅力，因 〔244〕
为它们使想象力的自由游戏得到娱乐。

第二章
崇高者的分析论

第 23 节 从对美者的评判能力到对崇高者的评判能力的过渡

美者与崇高者在这一点上是一致的，即二者都自身就让人喜欢。此外，二者都既不以感官判断也不以逻辑的规定性判断，而是以反思判断为前提条件，所以，愉悦既不有赖于一种感觉，如对适意者的感觉，也不像对善者的愉悦那样有赖于一个确定的概念，但却仍然与概念相关，虽然未确定是哪一些概念；因此，愉悦是与纯然的展现或者展现的能力紧密相连的，由此，展现的能力或者想象力在一个被给予的直观那里就作为对理性的促进，被看做与知性或者理性的**概念能力**协调一致。因此，就连这两种判断也都是**单称的**，但却是预示着自己就每个主体而言都普遍有效的判断，虽然它们仅仅要求愉快的情感，而不要求对象的知识。

不过，二者之间显著的区别也是引人注目的。自然的美者涉及对象的形式，这形式就在于限制；与此相反，崇高者也可以在一个无形式的对象上发现，只要在这个对象上，或者通过这个对象的诱发而表现出**无限制**，但毕竟还给这种无限制联想到总体性；美者似乎被当做一个不确定的知性概念的展现，而崇高者则被当做一个同样的理性概念的展现。因此，愉悦在前者是与**质**的表象相结合，在后者则与**量**的表象相结合。甚至后一种愉悦在种类上也与前一种愉悦有很大的区别，因为前者（美者）直接带有一种促进生命的情感，因而可以与魅力和一
〔245〕种游戏着的想象力相结合；而后者（崇高者的情感）则是一种仅仅间接地产生的愉快，也就是说，这使得它乃是通过一种对生命力的瞬间阻碍，以及接踵而至的生命力更为强烈的涌流的情感而产生的，因此它作为激动显得不是游戏，而是想象力的工作中的认真。所以，它也不能与魅力相结合，并由于心灵不仅被对象所吸引，而且也交替着一再被对象所拒斥，对崇高者的愉悦就与其说包含着积极的愉快，倒不如说包含着惊赞和敬重，也就是说，它应当被称为消极的愉快。

但是，崇高者与美者的最重要的和内在的区别也许是这种区别：当我们在这里合理地首先只考虑自然客体上的崇高者（因为艺术的崇高者总是被限制在与自然的协调一致的那些条件之上）的时候，自然美（独立的自然美）在其显得仿佛是预先为我们的判断力规定对象所凭借的形式中就带有一种合目的性，于是就独立地构成愉悦的一个对象；与此相反，在我们心

中无须玄想仅仅在把握中就激起崇高者的情感的东西，尽管在形式上可能显得对我们的判断力来说是违背目的的、与我们的展现能力不相适合的、对想象力来说仿佛是粗暴的，但仍然只是被判断为更加崇高的。

但是，人们由此马上就看出，当我们把某个**自然对象**称为崇高的时，我们表达得根本不正确，尽管我们能够完全正确地把很多自然对象称为美的；因为怎么能用一个赞许的表述来称谓自身被把握为违背目的的东西呢？我们所能够说的仅仅是，对象适用于展现一种可以在心灵中发现的崇高；因为真正的崇高者不能包含在任何感性的形式中，而是仅仅涉及理性的理念：虽然不可能有任何与这些理念相适合的展现，但这些理念却正是通过这种可以感性地予以展现的不适合性而被激活，并被召唤到心灵之中的。于是，辽阔的、被风暴所激怒的大洋就不能被称为崇高的。它的景象是恐怖的；而且如果要通过这样一种直观，通过心灵受鼓励离开感性而专注于包含着更高的合 〔246〕
目的性的理念，而使心灵具有一种本身崇高的情感，那么，人们就必须已经用各种各样的理念装满了心灵。

独立的自然美给我们揭示出自然的一种技巧，这种技巧使自然表现为一个依据法则的体系，这些法则的原则是我们在自己的全部知性能力中找不到的，也就是说，它所依据的是就判断力在显象上的应用来看的一种合目的性的原则，使得这些显象不仅必须被评判为在自然的无目的的机械性中属于自然的，而且也必须被评判为属于与艺术的类比的。因此，它实际上虽然并不扩展我们对自然客体的知识，但毕竟把我们关于作为纯然机械性的自然的概念扩展成为关于作为艺术的自然的概念，这就吸引我们深入地研究这样一种形式的可能性。但是，那在自然中我们经常称之为崇高的，其中却根本没有任何东西导致特殊的客观原则以及符合这些原则的自然形式，以至于自然在大多数情况下激发起崇高者的理念，毋宁说是在它的混乱中，或者是在它的极其野性的、极无规则的无序和破坏之中，只要可以看出伟大和威力。由此我们看到，自然的崇高者的概念远远不如自然中的美者的概念那样重要和富有结果；它所表明的根本不是自然中的合目的的东西，而只是其直观的可能**应用**中的合目的的东西，为的是使一种完全不依赖于自然的合目的性在我们自己心中能够被感觉到。对自然的美者来说，我们必须在我们之外寻找一个根据，但对于崇高者来说，我们则仅仅在我们心中，在把崇高带入自然的表象之中的那种思维方式中去寻找根据；这是一个很有必要的暂时说明，它把崇高者的理念与**自然**的一种合目的性的理念完全分开，并使崇高者的理论成为对自然的合目的性的审美评判的一个纯然附录，因为由此并没有表现出自然中的任何特殊形式，而仅仅是展示了想象力对自然的表象所作的一种合目的的应用。

〔247〕

第24节　对崇高者的情感所作的一种研究的划分

涉及与崇高者的情感相关来划分对象的审美评判的各契机，分析论将可以如同分析鉴赏判断时那样按照同一个原则进行。因为作为审美的反思性判断力的判断，无论是对崇高者的愉悦，还是对美者的愉悦，都必须在**量**上表现为普遍有效的，在**质**上表现为无兴趣的，在**关系**上表现出主观的合目的性，在**模态**上把这种主观的合目的性表现为必然的。因此，在这里方法与前一章的方法并无不同：除了人们必须对如下情况有所考虑，即我们在审美判断涉及客体的形式的地方是从对质的研究开始的；但在这里，由于能够归于我们称为崇高的那东西的无形式性，则将从量开始，量是关于崇高者的审美判断的第一个契机：这样做的根据可以从前一节看出。

但是，崇高者的分析论必须有美者的分析论所不需要的一种划分，亦即划分为**数学的崇高者**和**力学的崇高者**。

因为既然崇高者的情感自身带有一种与对象的评判相结合的心灵**感动**作为其特征，而对美的鉴赏则把心灵预设和维持在**宁静的**沉思中；但这种感动却应当被评判为主观上合目的的（因为崇高者让人喜欢）。所以，这种感动就通过想象力要么与**认识能力**发生关系，要么与**欲求能力**发生关系，但在两种关系中，被给予的表象的合目的性都只是就这两种**能力**而言（没有目的或者兴趣地）被评判的；在这种情况下，前者就作为想象力的一种**数学的**情调、后者就作为想象力的一种力学的情调被加给客体，因而客体就以上述两种方式被表现为崇高的。

一、数学的崇高者 〔248〕

第25节 崇高者的名称解说

我们把**绝对地大的**东西称为**崇高的**。但是，“是大的”和“是一个大小”，这是两个完全不同的概念（magnitudo［大］和quantitas［量］）。同样，**直截了当地**（simpliciter［简单地］）**说**某种东西是大的，这也完全不同于说它是**绝对地大的**（absolute，non comparative magnum［绝对地，并非相比地大的］）。后者是**超越于一切比较之上的大的东西**。——但是，说某种东西是大的，或者是小的，或者是中等的，这种表述想要说的是什么呢？由此所表示的并不是一个纯粹的知性概念；更不是一个感官直观；同样也不是一个理性概念，因为它根本不带有任何知识原则。因此，它必定是一个判断力的概念，或者是起源自这样一个概念，并以表象与判断力相关的主观合目的性为基础。说某种东西是一个大小（quantum［量］），这可以从事物本身中无须与其他事物作任何比较就认识到，也就是说，如果同质的东西的多一起构成一的话。但它有**多大**，这在任何时候都需要本身也是大小的某种别的东西来作为它的尺度。因为在对大小作出评判时，不仅取决于多（数目），而且也取决于单位（尺度）的大小，而单位的大小总是又需要它能够与之比较的某种别的东西来作为尺度；于是我们看到，对显象的一切大小的规定完全不能提供关于一个大小的任何绝对的概念，而是永远只能提供一个比较的概念。

如果我现在绝对地说某种东西是大的，那么看起来，我根本无意作任何比较，至少是无意与客观的尺度作比较，因为由此根本没有确定该对象有多大。但是，尽管比较的尺度是纯然主观的，判断也依然要求普遍的赞同；用"这个人是美的"和"这个人是高大的"这两个判断都并不仅仅局限在作判断的主体上，而是和理论判断一样要求每个人的赞同。

〔249〕但是，由于在把某种东西绝对地称为大的所借助的一个判断中，并不仅仅是要说该对象具有一个大小，而是要说这个大小同时是优先于许多其他的同类对象而赋予该对象的，但又没有明确地指明这种优先性；于是，当然就为这种优先性奠立了一种尺度来作为基础，人们预设这种尺度对于每个人来说都可以当做同样的尺度来采用，但它却不能用于对大小的逻辑评判（数学上确定的评判），而只能用于对大小的审美评判，因为它是纯然主观地为对大小作出反思的判断奠立基础的尺度。此外，它可以是经验性的，例如我们熟悉的那些人、某个物种的动物、树木、房子、山岭等诸如此类的事物的中等大小；或者它是一个先天地被给予的尺度，这尺度由于作评判的主体的缺陷而被具体地限制在展示的主观条件上，例如在实践上某种德性或者一个国家里公共自由和正义的大小，或者在理论上所作出的一种观测或者测量的正确性或者不正确性的大小，诸如此类。

这里值得注意的是：即使我们对客体根本没有任何兴趣，亦即客体的实存对于我们来说是无所谓的，但仅仅客体的大小，哪怕它被视为无形式的，也就能够带来一种愉悦，这种愉悦是可以普遍传达的，因而包含着我们的认识能力的应用中有一种主观的合目的性的意识；但绝不像在美者（因为它可以是无形式的）那里一样是对客体的愉悦，而是对想象力自身的扩展的愉悦。在美者那里，反思性的判断力则是与一般知识相关来合目的地调整的。

如果我们（在上述限制之下）关于一个对象直截了当地说它是大的，那么，这就不是一个数学上的规定性判断，而只是关于该对象的表象的一个反思判断，这表象对于我们的认识能力在大小估量上的某种应用来说是主观上合目的的；而且在这种情况下，我们就在任何时候都把一种敬重与这个表象结合起来，就像把一种轻视与我们直截了当地称之为小的东西结合起来一样。此外，事物或大或小的评判，关涉一切东西，甚至关涉事物的一切性状；因此，我们甚至把美也称为大的或者小的，对此应当到这里来寻找根据，即但凡我们能够按照判断力 〔250〕
的规定在直观中展示（因而在审美上表现）的东西，全都是显象，因而也是一种量。

但是，如果我们不仅仅把某种东西称为大的，而且完全地、绝对地、在一切意图中（超越一切比较）把它称为大的，亦即把它称为崇高的，那么人们马上就会看出，我们不允许在该事物之外，而只允许在该事物之中去为它寻找与它相适合的尺度。这是一种仅仅与自身相等的大小。因此，说崇高者不应当到自然的事物中，而只应当到我们的理念中去寻找，就是由此得出的；但它存在于哪些理念中，这却必须留给演绎去谈。

上面的解说也可以这样来表达：**与之相比别的一切都是小的，这种东西就是崇高的。**这里很容易看出：在自然中不可能给出任何东西，即便被我们评判得如此之大，也不会在另一种关系中来看时被贬低到无限小的东西；而反过来，也没有任何东西如此之小，不会在与更小的尺度相比时对于我们的想象力来说被扩展到一个世界的大小。望远镜对前者的说明，显微镜对后者的说明，都给我们提供了丰富的材料。因此，没有任何能够是感官的对象的东西，立足于此来看可以被称为崇高的。但正因为在我们的想象力中有一种无限前进的努力，在我们的理性中却有一种对绝对的总体性亦即对一个真实的理念的要求；所以甚至我们对感官世界的事物作出大小估量的能力对于这个理念的不适应性，也在我们心中唤醒着一种超感性能力的情感；而且，是判断力为了后者（情感）起见自然而然地在某些对象上的应用，而非感官的对象是绝对地大的，但与这种应用相比任何别的应用都是小的。因此，是因某种使反思性的判断力活动起来的表象而来的精神情调，而非客体应当被称为崇高的。

因此，我们还可以给解说崇高者的上述语式再加上如下语式：**哪怕只是能够设想地表明心灵有一种超越感官尺度的能力的东西，就是崇高的。**

〔251〕

第26节　崇高者的理念所要求的对自然事物的大小估量

通过数目概念（或者它们在代数中的符号）所作的大小估量是数学的，但在纯然直观中（根据目测）所作的大小估量则是审美的。如今，我们虽然只能通过尺度为其单位的数目（必要时通过由延伸至无限的数目系列而来的接近）来获得某种东西有**多大**的确定概念；就此而言一切逻辑的大小估量都是数学的。然而，既然尺度的大小毕竟必须被假定为已知的，所以，如果它现在又应当只是通过另一个尺度为其单位的数目来估量，因而在数学上来估量的话，我们就会永远也不能拥有一个第一的或者基本的尺度，因而也不能拥有关于一个被给予的大小的任何确定概念。因此，对基本尺度的大小的估量必定仅仅在于，人们能够在一个直观中直接把握它，并通过想象力把它用于展示数目概念，也就是说，对自然对象的一切大小估量最终都是审美的（亦即主观上确定的，而不是客观上确定的）。

如今，虽然对于数学的大小估量来说没有任何最大的东西（因为数目的权限延伸至无限）；但是，对于审美的大小估量来说，却当然有一个最大的东西；而关于这个东西我要说：如果它被评判为绝对的尺度，主观上（对于评判主体来说）不可能有更大的尺度超过它，那么，它就会带有崇高者的理念，并且产生出没有一种通过数目所作的数学的大小估量（除非那个审美的基本尺度此际被生动地保持在想象力之中）所能够造成的感动；因为数学的估量总是通过与其他同类大小的比较仅仅展示相对的大小，而前一种估量则展示绝对的大小，只要心灵能够在一个直观中把握它。

直观地把一个量接纳入想象力，以便能够把它用做尺度，或者作为单位用于通过数目所作的大小估量，这就需要这种能力的两个行动：**把握**（apprehensio［把捉］）和**总括**（comprehensio aethetica［审美的总揽］）。把握没有什么困难，因为它是能够无限进行的；但是，把握推进得越远，总括就越变得困难，并且很快就达到其最大值，亦即其大小估量在审美上最大的基本尺度。因为如果把握达到如此之远，以至于感性直观的那些最初把握到的局部表象在想象力中已经开始淡化，而想象力却继续推进去把握更多的东西，那么，想象力在一方面所丢失的就与它在另一方面所获得的一样多，而在总括中就有一个它不能超越的最大的东西。 〔252〕

由此就可以解释**萨瓦里**在他关于埃及的报道中所说明的东西了：为了对金字塔的伟大获得完全的感动，人们就必须不走得离它太近，同样也不离它太远。因为如果离它太远，那么，把握到的那些部分（它的那些层层叠叠的石块）就只是被模糊地表象出来，而它们的表象就对主体的审美判断造不成什么影响。但如果离得太近，那么，眼睛就需要一些时间来完成从底部直到尖顶的把握；但在想象力接受尖顶之前，底部就在把握中部分淡化，而总括就永远不是完备的。——正是这一点，也足以能够解释有人所讲述的参观者第一次进入罗马圣彼得大教堂时突然向他袭来的震惊和某种困惑。因为这里有一种不适合的情感，即对于一个整体的理念来说他的想象力不适合于展示它，在这里想象力达到了它的最大值，而在努力扩展这最大值时就降回到自身，但却因此被置入一种动人的愉悦之中。

我现在还不想就这种愉悦的理由列举任何东西，这种愉悦是与一个人们最不应当有所指望的表象结合在一起的，因为这表象使我们察觉到表象对于判断力在大小估量方面的不适合性，因而也察觉其主观的不合目的性；相反，我仅仅说明，如果审美判断应当**纯粹地**（不与作为理性判断的**任何目的论判断相混淆地**）给出，而且就此应当给出一个完全适合**审美**判断力批判的实例，那么，人们就必须不是去指明艺术产品（例如建筑、柱子等）上的崇高者，那里有一个属人的目的既规定着形式也规定着大小，也不去指明自然事物上的崇高者，**它们的概**
〔253〕**念已经带有一个确定的目的**（例如具有已知的自然规定的动物），而是去指明未经加工的自然（而且只是就它不带有任何魅力，或者不带有出自现实危险的感动而言）上的崇高者，这是仅仅就它包含着大小而言的。因为在这种方式的表象中，自然不包含任何过大的东西（也不包含壮观的或者可怖的东西）；把握到的大小可以增长到任意的规模，只要它能够被想象力总

括在一个整体中。如果一个对象消除了构成它的概念的那个目的，该对象就是**过大的**。但**庞大的**却只是指称某种概念的展示，该概念对于一切展示来说都几乎太大了（接近于相对过大的东西），因为展示一个概念的目的由于对象的直观对于我们的把握能力来说几乎太大而变得困难。——但是，一个关于崇高者的纯粹判断必须根本不以任何客体的目的为规定根据，如果它应当是审美的并且不与任何一种知性判断或者理性判断相混淆的话。

※　　　※　　　※

由于一切应当使纯然反思性的判断力不带兴趣地喜欢的东西，都必然在其表象中带有主观的，并且作为主观的而普遍有效的合目的性，但尽管如此这里却没有对象的形式的合目的性（就像在美者那里）作为评判的基础，所以问题是：这种主观的合目的性是什么东西呢？而且，它是通过什么被预先规定为基准，以便在纯然的大小估量中，确切地说在一直被推进到我们想象力的能力在展示一个大小的概念时的不适合性的那种大小估量中，充当普遍有效的愉悦的一个根据呢？

想象力在大小表象所需要的那种总括中自行无限前进，没有某种东西会阻碍它；但是，知性通过数目概念来引导它，那个大小表象则必须为它提供图型；而在这种属于逻辑的大小估量的行事方式中，虽然有某种按照关于一个目的的概念客观合目的的东西（每一次测量都是这类东西），但却没有任何对于审美判断力来说合目的的和让人喜欢的东西。即便在这种有意的合目的性之中，也没有任何东西强迫尺度的大小；因而强迫 〔254〕
把多纳入一个直观的那种**总括**的大小一直推进到想象力的能力的界限，推进到想象力在展示中哪怕能达到的地步。因为在对大小的知性估量（算术）中，人们所达到的正是这么远，无论是把单位的总括一直推进到10（在十进制中），还是仅仅推进到 4（在四进制中）；但是，大小进一步的产生却是在复合中，或者当量在直观中被给予的时候在把握中，只是累进地（而非总揽地）按照一种假定的累进原则完成的。知性在这种数学的大小估量中都得到了同样好的服务和满足，无论想象力是选择一个人们一眼就能够把握的大小作单位，例如 1 英尺或者 1 竿，还是选择想象力虽然有可能去把握，但却不可能将之总括进一个直观中去（即不能通过 comprehensio aethetica［审美的总揽］总括进一个直观中去，尽管完全可以通过 comprehensio logica［逻辑的总揽］而总括进一个数目概念中去）的 1 德里或者干脆地球直径作单位。在这两个场合，逻辑的大小估量都毫无阻碍地无限前进。

但现在，心灵在自身中倾听着理性的声音，理性对所有被给予的大小，甚至对那些虽然永远也不能完全把握，尽管如此却（在感性表象中）被评判为完整地被给予的大小，都要求总体性，因而要求总括进**一个**直观中去，并为一个日益增长的数目序列的所有那些环节都要求**作出展示**，甚至也不把无限的东西（空间和流逝的时间）排除在这一要求之外，反倒是不可避免地导致把它设想为**完整地**（按照其总体性）**被给予的**。

但是，无限的东西是绝对地（而不是比较地）大的。与这种东西相比较，一切别的东西（具有同一种量度的东西）都是小的。但最重要的是，哪怕只是能够把它设想为**一个整体**，这也表明心灵有一种超越感官的一切尺度的能力。因为这就会要求一种总括，它提供一个作为单位的尺度，这尺度要与无限的东西有一种确定的、可以用数目来说明的比例关系，这是不可能的。但是，**哪怕只是能够设想**被给予的无限者而不矛盾，这也就要求心灵中有一种能力，它本身是超感性的。因为惟有通
〔255〕过这种能力及其一个本身不允许有直观，但却给作为纯然显象的世界直观奠定基底的本体的理念，感官世界的无限者才在纯

粹理智的大小估量中被**完整地**总括在一个概念**之下**，尽管它在数学的大小估量中**通过数目概念**永远也不能被完整地思考。甚至一种能够把超感性直观的无限者设想为（在其理知基底中）被给予的能力，本身就超越了感性的一切尺度，大得甚至超过与数学估量能力的一切比较；当然，这不是在理论的意图中为了认识能力，但毕竟是作为心灵的扩展，心灵感到自己有能力在别的（实践的）意图中超越感性的局限。

因此，自然在它的这样一些显象中是崇高的，这些显象的直观带有其无限性的理念。这后一种情况，只是由于我们的想象力在一个对象的大小估量中即使作出了最大努力也不适合，才会发生。但现在，对于数学的大小估量来说，想象力能对付任何对象，以便为这种大小估量提供充分的尺度，因为知性的数目概念能够通过累进而使任何尺度适合任何一种被给予的大小。因此，必定是**审美的**大小估量，在其中人们感觉到超越想象力的能力而将累进的把握包括到一个直观整体中去的这种总括努力，而与此同时也察觉到这种在进展中不受限制的能力不适合于领会以秩序的最小消耗适宜于大小估量的基本尺度，不适合于用于大小估量。现在，自然的真正不变的基本尺度就是它的绝对整体，它在自然那里就是被总括为显象的无限性。但是，既然这个基本尺度是一个自相矛盾的概念（因为一个无终点的累进的绝对总体性是不可能的）；所以，一个自然客体的这种大小，即想象力徒劳地把自己全部的总括能力运用于其上的大小，必然把自然的概念引导到一个超感性的基底（这基底既是自然的基础，同时也是我们的思维能力的基础），这基底大得超越感官的一切尺度，因而不是那么让人把对象，而反倒 〔256〕
是让人把估量对象时的心灵情调评判为**崇高的**。

因此，就像审美的判断力在评判美者时把想象力在其自由游戏中与**知性**联系起来，以便与知性的一般**概念**（无须规定这些概念）协调一致那样，它也在把一个事物评判为崇高的时把同一种能力与**理性**联系起来，以便主观上与理性的**理念**（不确定是哪些理念）协调一致，也就是说，产生出一种心灵情调，这种情调是与确定的理念（实践的理念）对心灵的影响所会造成的那种心灵情调是相称的，也是能够与之共容的。

人们由此也看出，真正的崇高必须只在判断者的心灵中，而不是在对其评判引起判断者的这种情调的自然客体中去寻找。谁会愿意把不成形的、乱七八糟地堆积起来的山峦以及它们的那些冰峰，或者阴沉沉的汹涌大海等等称为崇高的呢？但是，心灵在它自己的评判中感到被提高了，如果它在观看它们的时候不考虑它们的形式而委身于想象力，并委身于一种尽管完全没有确定的目的而与之相结合、只是扩展着那个想象力的理性，却发现想象力的全部威力仍然不适合于理性的理念的话。

自然在纯然直观中的数学崇高者的例子，全都是这样一些场合提供给我们的，在这些场合里，被给予我们的与其说是一个更大的数目概念，倒不如说是作为想象力的尺度的大单位（为的是压缩数的序列）。我们按照人的身高来估量的一棵树，也许为一座山提供了尺度；而如果这座山例如有一英里高，它就可以用做表达地球直径的数目的单位，以便使地球的直径直观化，而地球的直径对于我们已知的行星系、行星系对于银河系来说亦复如是；这样一些银河系以星云为名的无法测量的集合，也许在它们中间又构成一个诸如此类的系统，使我们在这里就别预期任何界限了。现在，在对一个如此无法测量的整体的审美评判中，崇高者与其说在于数目的大，倒不如说在于我们在这一进展中总是达到越来越大的单位；有助于此的是对宇
〔257〕宙大厦的系统划分，它把自然里面一切大的东西都一再对我们表现为小的，但真正说来是把我们完全无边无际的想象力，以

及与它一起把自然表现为对于理性的理念来说微不足道的，如果想象力要作出一种与这些理念相适合的展示的话。

第27节 在对崇高者的评判中愉悦的质

感到我们的能力不适合于达到一个**对我们来说是法则**的理念，这种情感就是**敬重**。现在，把每一个可能被给予我们的显象都总括进一个整体的直观中去的理念，就是这样一个由理性法则托付给我们的理念，它除了绝对整体之外，不知道还有别的什么确定的、对于每个人来说都有效的和不变的尺度。但是，我们的想象力即使作出了最大的努力，就它所要求的把一个被给予的对象总括进一个直观整体中去（因而是为了展示理性的理念）而言，也表现出它的局限和不适合性，但毕竟同时表现出它的使命，即造就与这个作为法则的理念的适合性。因此，对自然中的崇高者的情感就是对我们自己的使命的敬重，我们通过某种偷换（用对于客体的敬重替换对于我们主体里面人性理念的敬重）对一个自然客体表现出这种敬重，这就仿佛把我们的认识能力的理性使命对感性的最大能力的优越性对我们直观化了。

因此，对崇高者的情感就是由于想象力在审美的大小估量中不适合于通过理性进行的估量而产生的不快情感，而且是一种与此同时被唤起的愉快，它是出自恰恰对最大的感性能力的不适合性的这个判断与理性理念的协调一致，如果对理性理念的追求毕竟对于我们来说是法则的话。因为对于我们来说是（理性的）法则并且属于我们的使命的是，把自然作为感官对象所包含的一切对我们来说大的东西，与理性的理念作比较都估量为小的；而在我们心中激起对这个超感性的使命的情感的东西，则与那个法则是协调一致的。现在，想象力在展示大小 〔258〕

估量的单位时的最大努力，就是与某种**绝对大的东西**的关系，因而也是与只把这个绝对大的东西接受为大小的至上尺度的理性法则的关系。因此，对一切感性尺度不适合于理性的大小估量的内在知觉，就是与理性法则的协调一致，而且是一种不愉快，它在我们心中激起我们的超感性使命的情感，按照这种使命，发现任何感性尺度都与理性的理念不适合，这是合目的的，因而是愉快。

心灵在自然里面的崇高者的表象中感到**激动**，而它在对自然的美者的审美判断中则是处在平静的静观中。这种激动可以（尤其是在它开始的时候）比做一种震动，亦即对同一个客体的迅速变换的排斥和吸引。对于想象力来说越界的东西（想象力在直观的把握中一直被推进到这种东西）仿佛是一个深渊，它害怕自己会失足跌入这个深渊；但毕竟对关于超感性东西的理性理念来说，产生出想象力的这样一种努力，却不是越界的，而是合乎法则的；因而它对纯然的感性是排斥的，但在同等程度上又是吸引的。但是，判断本身在这里总还只是审美的，因为它并不把关于客体的一个确定概念作为基础，而只是把心灵力量（感性和理性）本身的主观游戏通过它们的对照表现为和谐的。因为就像想象力和**知性**在对美者的评判中通过它们的一致性产生出心灵力量的主观合目的性那样，想象力和**理性**在这里则通过它们的冲突产生出这种主观合目的性，亦即对我们拥有纯粹的、独立的理性或者拥有一种大小估量能力的情感，这种能力的优越性只能通过那种在展示（感性对象的）大小时不受限制的能力的不足才能被直观化。

对一个空间的测量（作为把握）同时就是对它的描述，因而是想象中的一种客观运动和一种累进；与此相反，把多总括进一中去，不是思想的一，而是直观的一，因而是把相继把握到的东西总括进一个瞬间中去，这却是一种回归，它又取消掉想象力的累进中的时间条件，使**同时存在**直观化。因此，这种总括（由于时间序列是内部感官的一个条件，而且是一个直观）就是想象力的一个主观运动，通过这个运动，想象力对内部感官施加强制力，想象力总括进直观中去的量越大，这种强制力就越是显著。因此，把一个大小尺度纳入个别的直观，把握这一点需要可察觉到的时间，而这种努力则是一种主观上看与目的相悖，客观上却是大小估量所需要的，因而是合目的的表象方式；但在这里却正是通过想象力而使主体遭受到的这种强制力，**对于**心灵的**整个规定来说**被评判为合目的的。 〔259〕

崇高者的情感的**质**就是：它是在一个对象上关于审美评判能力的一种不快的情感，这种不快在其中毕竟同时被表现为合目的的；这之所以可能，乃是由于这种特有的无能揭示出同一个主体的不受限制的能力的意识，而心灵惟有通过前者才能对后者作出审美的评判。

在逻辑的大小估量中，通过在时间和空间中测量感官世界的事物的累进在某个时候达到绝对的总体性的不可能性，被认做是客观的，也就是说，是不可能把无限者**设想**为被给予的，而不是认做纯然主观的，亦即没有能力**把握**无限者；因为这里所留意的，根本不是把总括进一个直观的程度当做尺度，而是一切都取决于一个数目概念。然而在一个审美的大小估量中，数目概念必须去除或者被改变，而惟有把想象力总揽到尺度的单位上（因而避开大小概念相继产生的某种法则的概念），才对它来说是合目的的。——现在，当一个大小几乎达到了我们总括进一个直观中的能力的极致，而想象力却由于数目大小（对于这种大小，我们意识到我们的能力是不受限制的）而被要求在审美上总括进一个更大的单位中去的时候，我们在心灵中就感到审美上被封锁在界限之中了；但是，就想象力必然扩展到与我们的理性能力中不受限制的东西，亦即绝对整体的理

〔260〕念的适合性而言，这种不快，因而想象力的能力的不合目的性，对于理性理念及其唤醒来说就被表现为合目的的。但正是由于这一点，审美判断本身对于作为理念源泉的理性，作为这样一种理智总括的源泉的理性来说，就成为主观合目的的，对于这样一种理智总括来说，一切审美的总括都是小的；而对象也就作为崇高的，被以一种愉快接受，这种愉快惟有凭借一种不快才是可能的。

二、自然的力学的崇高者

第28节　作为一种威力的自然

威力是一种胜过大的障碍的能力。正是这种威力，当它也胜过那本身就具有威力的东西的抵抗时，就叫做**强制力**。自然，在审美判断中作为对我们没有强制力的威力来看，就是**力学上崇高的**。

如果自然应当被我们在力学上评判为崇高的，那么，它就必须被表现为激起畏惧的（尽管并不反过来说，任何激起畏惧的对象在我们的审美判断中都被认为是崇高的）。因为在（无概念的）审美评判中，对障碍的优势只能按照阻抗的大小来评判。但现在，我们努力阻抗的东西就是一场灾祸，而且如果我们发现我们的能力不能对付这种东西，它就是一个畏惧的对象。因此，对于审美的判断力来说，自然惟有就它被视为畏惧的对象而言，才能被认为是威力，因而是力学上崇高的。

但是，人们可以把一个对象视为**可畏惧的**，并不是**面对**它感到畏惧，也就是说，如果我们这样来评判它，即我们仅仅**设想**这种情况，我们也许要阻抗它，而且此时一切阻抗都会是绝对徒劳的。于是，有德之人畏惧上帝，并不是面对上帝感到畏惧，因为他把要阻抗上帝及其命令设想为他并不担忧的情况。

但是，根据任何这样一种他设想为就自身而言不可能的情况，〔261〕
他都把上帝认做可畏惧的。

谁感到畏惧，他就根本不能对自然的崇高者作出判断，就像被偏好和食欲所支配的人不能对美者作出判断一样。前者逃避去看一个引起他胆怯的对象；而在一种认真说的恐怖上找到愉悦，这是不可能的。因此，出自不再有重负的适意就是**快活**。但是，这种快活由于释去一种危险，而是一种带有永远不再遭受这种危险的打算的快活；甚至人们就连回想一下那种感觉也不乐意，要说他会自己去寻找这种机会，那就大错特错了。

险峻高耸的、仿佛威胁着人的山崖，天边堆叠如山的携带着雷鸣电闪的雷雨云，火山以其全部毁灭性的暴力，飓风连同它留下的破坏，无边无际的被激怒的海洋，一条巨大河流的高悬的瀑布，诸如此类的东西，都使我们与之阻抗的能力与它们的威力相比成为无足轻重的小事。但是，只要我们处身于安全之中，则它们的景象越是可畏惧，就将越是吸引人；而我们乐意把这些对象称为崇高的，乃是因为它们把灵魂的力量提高到其日常的中庸之上，并让我们心中的一种完全不同性质的阻抗能力显露出来，这种能力使我们鼓起勇气，能够与自然表面上的万能相较量。

因为就像我们虽然在自然的不可测度性上，以及在我们的能力不足以采用一个与对自然的**疆域**的审美大小估量相匹配的尺度这一点上，发现了我们自己的局限，但也毕竟仍然在我们的理性能力上同时发现了另一种非感性的尺度，这个尺度把那种无限性本身作为单位置于自己下面，自然中的一切相对于它都是小的，因而在我们的心灵中发现了对处于不可测度性之中的自然的一种优势一样：虽然就连自然的威力的不可阻抗性也使我们作为自然存在者来看认识到自己在物理上的软弱无力，但同时也揭示出一种能力，能把我们评判为不依赖于自然的，并揭示出对自然的一种优势，在此之上建立起一种性质完全不同的自我保存，不同于可能受外在于我们的自然攻击并被其置
〔262〕于危险之中的那种自我保存，此时虽然人不得不屈服于那种强制力，但我们的人格里面的人性依然未被贬低。以这样的方式，自然在我们的审美判断中被评判为崇高的，并非就其是激起畏惧的而言的，而是因为它在我们心中唤起了我们的力量（这力量不是本性），为的是把我们所操心的东西（财产、健康和生命）看做是渺小的，因而把自然对于我们和我们的人格性的威力（我们就上述东西而言当然是屈服于这种威力的）尽管如此也不视为这样一种强制力，这种强制力，假如事情取决于我们的最高原理以及对它们的主张和放弃的话，我们本来是不得不屈从于它的。因此，自然在这里叫做崇高的，只是因为它把想象力提高到对如下场合的展示，在这样一些场合中，心灵能够使它自己超越于自然之上的使命本身的特有崇高成为它自己可以感到的。

这种自我评价并不因为下面这种情况而失去任何东西，即我们为了感受这种令人鼓舞的愉悦，就必须看到自己是安全的；因而，由于危险不是认真的，我们的精神能力的这种崇高也（就像可能显得那样）同样可以不是认真的了。因为愉悦在这里仅仅涉及我们的能力在这样的场合里被揭示出来的**规定**，如同这种能力的禀赋就在我们的本性之中那样；然而，这种能力的发展和练习却依然被委托给我们，是我们的责任。而真理就在这里，哪怕人在把自己的反思一直延伸到这里时如此会意识到他当前现实的软弱无力。

这个原则虽然看起来太牵强附会和玄想了，因而对于一个审美判断来说是过分的；然而，对人的观察却证明了相反的东西，证明它可以是最普通的评判的基础，尽管人们并不总是意

识到它。因为，什么东西即便对于野蛮人来说也是最大的惊赞的对象呢？是一个不惊慌、不畏惧，因而不逃避危险，但同时以充分的深思熟虑精力充沛地做事的人。即使在最文明的状态里，也依然有对战士的这种崇高的敬意；只是人们为此还要求他同时表现出一切和平的德性，温柔、同情，乃至对他自己的人格适当的谨慎，这正是因为在这上面认出了他的心灵不会被危险所征服。因此，人们尽可以在把政治家和统帅作比较时，对于谁比谁更值得崇高的敬重有如此之多的争执；审美判断裁定的是后者。甚至战争，如果它是以秩序和公民权利神圣不可侵犯而进行的，本身就具有某种崇高的东西，同时也使得以这种方式进行战争的人民遭受过的危险越多，并且在其中能够勇敢地坚持下来，其思维方式就越是崇高；与此相反，一种长期的和平通常使得纯然的商贸精神，但与它一起也使得卑劣的自私自利、怯懦和软弱流行，并降低人民的思维方式。〔263〕

看来会有人反驳对被加在威力之上的崇高者的概念的这种解析：我们通常在暴雨中、在狂风中、在地震以及诸如此类的东西中，把上帝想象成在愤怒中，但同时也在他的崇高中展现出来，而这时却还去想象我们的心灵对这样一种威力的各种作用，乃至看起来还对它的各种意图有一种优势，那就会同时是愚蠢的和亵渎的了。在这里，心灵的情调看起来并不是我们自己的本性的崇高感，反倒是屈服、颓丧和完全的无力感，它是与这样一个对象的显现相适合的，而且通常也是合乎习惯地与这个对象的理念在这类自然事件中结合在一起的。在一般宗教中，跪倒、低头膜拜，带着悔恨的、惶恐的神态和声音，这似乎是面对神灵时的惟一合适的态度，因而绝大多数民族也都采取了并仍在遵守着这种态度。然而，这种心灵情调也远远不是就自身而言并且必然地与一种宗教及其对象的**崇高**理念结合在一起的。一个人在现实地畏惧着，因为当他意识到以自己卑下的意向违背了某种威力，而这种威力的意志是不可抗拒的，同时是正义的时，他在自身中发现了这畏惧的原因，这个人根本不处在心灵的镇定中，以便惊赞属神的伟大，这要求一种安详的静观的情调和完全自由的判断。只有在他意识到自己那真诚的、神所喜悦的意向的情况下，这种威力的那些作用才有助于在他心中唤起这个存在者的崇高的理念，只要他在自己身上认识到这意向的一种符合这个存在者的意志的崇高，并由此提高到对自然的这样一些作用的畏惧之上，不把这些作用视为这个
〔264〕存在者的愤怒的爆发。甚至谦恭，作为对自己通常在意识到善的意向时可以轻而易举地以人性的脆弱来加以掩盖的那些缺陷的严厉评判，也是一种崇高的心灵情调，即执意屈服于自责的痛苦，以便逐渐地根除那自责的原因。惟有以这样的方式，宗教才内在地与迷信区别开来，后者在心灵中建立的不是对崇高者的敬畏，而是在极强大的存在者面前的畏惧和害怕，受惊吓的人发现自己屈服于这存在者的意志，但却并不怎么尊重它，从这里面能够产生的，当然无非是邀宠和谄媚，而不是善的生活方式的宗教。

因此，崇高不是包含在任何自然事物中，而是包含在我们的心灵中，只要我们能够意识到对我们里面的自然，并由此对我们外面的自然（如果它影响到我们的话）有优势。在这种情况下，凡是在我们心中激起这种情感——为此就需要自然的**威力**，它激励着我们的种种力量——的东西，就都叫做（尽管是非本真地）崇高的；而惟有在我们心中的这个理念的前提条件下，并且与它相关，我们才能够达到这个存在者的崇高的理念，这个存在者不仅通过它那在自然中表现出来的威力，并且还更多地通过置入我们心中的、毫不畏惧地评判那种威力以及把我们的使命设想为被提高到那种威力之上的那种能力，而在我们心中造成内在的敬重。

第29节 关于自然的崇高者的判断的模态

美的自然有无数事物，关于它们我们可以径直要求每个人的判断都与我们一致，并且也能够指望这种一致而不致有特别的差错；但是，凭借我们关于自然中的崇高者的判断，我们却不能如此轻易地在别人那里指望接受。因为看起来，要能够对自然对象的这种优越性下个判断，不仅审美的判断力，而且作为其基础的认识能力，都需要一种大得多的培养。

心灵对于崇高者的情感的情调，要求心灵对于理念有一种感受性；因为正是在自然对这些理念的不适合中，因而惟有在这些理念以及想象力把自然当做这些理念的一个图型来对待的这种努力的前提条件下，才有对于感性来说吓人的，但同时又吸引人的东西，因为这是理性施加于感性的一种威力，只是为了与理性自己的领域（实践的领域）相适合地扩展感性，并使感性眺望那对它来说是一个深渊的无限者。事实上，没有道德理念的发展，我们通过文化的准备而称之为崇高的那种东西，对于未开化的人来说就将显得是吓人的。他将从自然在毁灭中的暴力的证据，以及其威力使他自己的力量在其面前消失得无影无踪的尺度上面，所看到的全然是艰辛、危险和窘困，它们会包围着被驱赶到这里的人。于是，善良的，此外也是明智的萨伏依农夫（如索绪尔先生所讲述）就毫不犹豫地把一切冰山爱好者都称为傻瓜。如果那位观赏者纯然像大多数游客习惯做的那样乃是出自爱好，或者为了以后对此能够作出充满激情的描述而承受了他在这里所遭到的种种危险，那么谁又知道，这位农夫就如此完全没有道理呢？但是，索绪尔先生的意图是教导人；这位杰出的人拥有使心灵崇高的感觉，并把这种感觉呈送给购买他的游记的读者。 〔265〕

但是，即使对自然的崇高者的判断需要教养（比对美者的判断更需要），它却并不由此就正是首先从教养中产生出来的，并不是仅仅符合习俗地在社会中被采用的；相反，它的基础在于人的本性，确切地说在于人们以健康的知性能够同时向每个人建议和向每个人要求的东西，也就是在于对（实践的）理念的情感亦即道德情感的禀赋。

于是，在这上面就建立起别人对崇高者的判断赞同我们的判断的必然性，这种必然性是我们同时一起包括在我们的判断之中的。因为就像我们责备在对我们认为美的自然对象的评判中无动于衷的人缺乏**鉴赏**一样，对于在我们判断为崇高的对象上不为所动的人来说，我们就说他没有**情感**。但是，这两者都是我们要求于每个人的，并预设每个人只要具有一些教养就都
〔266〕有的：只不过区别在于，由于在前者中判断力把想象仅仅与作为概念能力的知性联系起来，所以我们直截了当地要求每个人具有前者，而由于在后者中判断力把想象力与作为理念能力的理性联系起来，所以我们只是在一种主观的前提条件（但我们相信自己有权可以向每个人建议这种前提条件），亦即人心中的道德情感的前提条件下才要求后者，因而就也把必然性赋予这种审美判断。

在审美判断的这个模态中，亦即在审美判断的这种自以为有的必然性中，有一个对于判断力批判来说的主要契机。因为这种必然性恰恰在这些审美判断上标明了一个先天原则，并把它们从经验性的心理学中提升出来——否则它们就会依然被埋没在欢乐和痛苦的情感之下（只不过附带有**精致的**情感这个什么也没说的修饰词）——以便把它们并凭借它们把判断力归入以先天原则为基础的判断一类，但又将它们作为这样的先天原则纳入先验哲学。

反思性的审美判断力之说明的总附释

在与愉快情感的关系中，一个对象可以要么被视为**适意者**，要么被视为**美者**，要么被视为**崇高者**，要么被视为（绝对的）**善者**（iucundum，pulchrum，sublime，honestum [适意者、美者、崇高者、可敬者]）。

适意者作为欲望的动机，完全具有同样的性质，不论它来自何处，不论其表象（客观地来看就是感官和感觉的表象）是如何在类上不同。因此，在评判其对心灵的影响时，事情仅仅取决于魅力的集合（同时的和相继的），而且仿佛是仅仅取决于适意的感觉的总量；因此，这种适意的感觉就只能通过**量**来使人理解。它也不使人有教养，而是属于纯然的享受。——与此相反，**美者**要求客体的某种质的表象，这质也可以使人理解，并且付诸概念（尽管美者在审美判断中并不付诸概念）；而且使人有教养，因为它同时也教人注意在愉快情感中的合目的性。——**崇高者**仅仅在于**关系**，自然表象中的感性东西被评判为对于其一种可能的超感性应用来说适宜的。——**绝对的善**，主观上按照它所引起的情感来评判，即（道德情感的客体）作为主体的各种力量通过一个**绝对强制性的**法则的表象的可规定性，首先是通过一种基于先天概念的，不仅本身包含每个人都赞同的**要求**，而且也包含其**命令**的必然性的**模态**来区分的，而且就自身而言虽然不属于审美的判断力，而是属于纯粹的理智判断力；它也不是在一个纯然反思性的判断中，而是在一个规定性的判断中，不是被赋予自然，而是被赋予自由。但是，**主体**通过这个理念的**可规定性**，确切地说一个能够于自身中在感性上感觉到**障碍**，但同时把通过克服这种障碍而对这种障碍的优越性感觉为**它的状态之变相**的主体的可规定性，亦即 〔267〕

道德情感，却与审美判断力及其**形式条件**有亲缘关系，也就是说，这情感可以用来把出自义务的行动的合法则性同时表现为审美的，也就是表现为崇高的，或者也表现为美的，而不损害它的纯粹性；如果人们要把它与适意者的情感置于自然的联系中，上述情况就不会发生。

如果人们从对两种审美判断迄今的说明中引出结论，那么，由此就会得出如下的简要解释：

美的就是在纯然的评判中（因而不是凭借感官的感觉按照知性的一个概念）令人喜欢的东西。由此自行得出，它必须是令人不带任何兴趣而喜欢的。

崇高的就是通过其对感官兴趣的阻抗而直接令人喜欢的东西。

二者作为对审美的普遍有效的评判的解释，都关系到一些主观的根据，亦即一方面是感性的根据，只要这些根据有利于静观的知性，另一方面是当它们违背感性，相反却对实践理性的目的以及在同一个主体中结合起来的二者来说在与道德情感的关系中是合目的的时候是根据。美者使我们做好准备无兴趣地喜爱某种东西，甚至无兴趣地喜爱自然；崇高者则使我们做好准备，甚至违背我们的（感性的）兴趣而高度尊重这些东西。

〔268〕人们可以这样来描述崇高者：它是一个（自然的）对象，**其表象规定着心灵去设想作为理念之展示的自然的不可及。**

字面上来说，而且在逻辑上来看，理念是不能被展示的。但是，如果我们为了直观自然而（以数学或者力学的方式）扩展我们的经验性的表象能力，那么，就不可避免地有理性作为绝对总体的独立性的能力加入进来，并引起心灵的虽然徒劳无功的努力，要使感官的表象去适合这个绝对整体。这种努力和理念凭借想象力不可及的情感，本身就是我们的心灵在为了它的超感性使命而利用想象力的时候的主观合目的性的一种展示，并且迫使我们主观上把自然本身就其总体性而言**设想**为某种超感性的东西的展示，而不能**客观上**实现这种展示。

因为我们马上就察觉，无条件者，因而还有绝对的大，都是完全脱离空间和时间中的自然的，但却是为最平常的理性所要求的。正是因此我们也被提醒，我们只是在与作为显象的自然打交道，而这个自然还必须被视为仅仅是一个自然自身（它是理性在理念中拥有的）的展示。但是，这个超感性者的理念我们虽然不能进一步去规定，因而也不能**认识**作为它的展示的自然，而是只能去**设想**，它却在我们心中通过一个对象被唤起，这个对象的审美评判使想象力竭尽全力一直到它的极限，或者是扩展的极限（在数学上），或者是它对于心灵的威力的极限（在力学上），因为这评判是基于心灵的一种使命的情感（道德情感），这使命完全超越了自然的领域，鉴于这种情感，对象的表象被评判为主观合目的的。

事实上，对自然的崇高者的情感，没有心灵的一种类似于道德情感的情调与之相结合，是无法设想的；而尽管对自然的美者的直接愉快同样以思维方式的某种**自由性**，亦即愉悦对纯然感官享受的独立性为前提条件，并对它加以培养，但由此得到表现的却更多的是**游戏**中的自由，而不是在一种合法的**事务**之下的自由；后者是人的道德的真正性状，在这里理性必须对 〔269〕
感性施加强制力，只是在关于崇高者的审美判断中，这种强制力被表现为由想象力本身作为理性的一个工具来实施的。

因此，对自然的崇高者的愉悦也只是**消极的**（与此不同，对美者的愉悦是**积极的**），也就是说，是想象力的自由被它自己剥夺的情感，因为想象力是按照另外的法则，而不是按照经验性应用的法则被合目的地规定的。由此，它获得了一种扩展和威力，这威力比它牺牲掉的威力更大，但这威力的根据对它自己来说却是隐藏的，它所**感到**的不是这根据，而是牺牲和剥夺，同时还有它所服从的原因。在观看高耸入云的山脉、深深的洞穴和里面汹涌着的激流、阴云密布而勾起人忧郁沉思的荒野等的时候，近乎惊恐的惊赞、恐惧和神圣的敬畏就会攫住观看者，而在观看者知道自己处于安全之中时，这都不是真正的畏惧，而只是试图凭借想象力使我们参与其中，以便感到这同一种能力的威力，并把由此激起的心灵活动与心灵的宁静结合起来，这样来胜过我们自己心中的自然，因而也胜过我们之外的自然，如果这自然能够对我们的惬意情感有影响的话。因为依据联想律的想象力使我们的满意状态在物理上有所依赖；但恰恰这想象力按照判断力的图型法的原则（因而就它从属于自由而言）却是理性及其理念的工具，但作为这种工具却是坚持我们对自然影响的独立性的一种威力，即把在自然影响上大的东西蔑视为小的，这样把绝对大的东西仅仅设定在他（主体）自己的使命之中。审美判断力把自己提升到与理性相适合（但无须一个确定的理念概念）的这种反思，甚至通过想象力即便有最大的扩展也对理性（作为理念的能力）在客观上的不适合，仍然把对象表现为主观上合目的的。

人们在这里一般而言必须注意上面已经提醒过的东西，即
〔270〕在判断力的先验美学中必须只谈论纯粹的审美判断，因而不可以从这样一些以关于一个目的的概念为前提条件的美的或者崇高的自然对象中提取例子；因为那样的话，它就会要么是目的论的合目的性，要么是基于对一个对象的纯然感觉（快乐或者痛苦）的合目的性，因而在前一种场合不是审美的合目的性，在后一种场合不是纯然形式的合目的性。因此，人们如果把繁星密布的天空称为**崇高的**，那么，就不得把这样一些世界的概念作为对它的评判的基础，这些世界被有理性的存在者居住

着，而现在我们看到布满我们头上的空间的那些亮点，作为它们的太阳在对它们来说安排得很合目的的圆周上运动着；而是仅仅像人们看到它的那样，把它视为一个包容一切的穹窿；我们必须仅仅在这个表象下来设定一个纯粹的审美判断赋予这个对象的那种崇高。同样，海洋的景象也不像我们在充实了各种各样的知识（但这些知识并不包含在直接的直观中）的时候所**设想**的那样；例如把它设想成一个辽阔的水生物王国，或者是一个巨大的水库，为的是蒸发水分，让空中充满云雾以利于田地，或者也是一种契机，它虽然把各大陆相互隔离开来，但仍使它们之间的最大的共联性成为可能，因为这所提供的全然是目的论的判断；相反，人们必须仅仅像诗人们所做的那样，按照亲眼目睹所显示的，在海洋平静地被观赏时把它视为一面仅仅与天际相连的清澈水镜，但在它不平静时则把它视为一个威胁着要吞噬一切的深渊，但却仍然是崇高的。关于人的形象中的崇高者和美者，可以说同样的话，在这里，我们并不回顾他的所有肢体**为之**存在的那些目的的概念，把它们当做判断的规定根据，而且必须不让与那些目的的一致**影响**我们的审美判断（那样的话就不再是纯粹的审美判断了），尽管它们不与那些目的相抵触，这当然也是审美愉悦的一个必要条件。审美的合目的性就是判断力在其**自由**中的合法则性。对于对象的愉悦取决于我们要在其中设定想象力的那个关系：只是想象力是独自把心灵维持在自由的活动之中的。与此相反，如果某种别的东西，或者是感官感觉，或者是知性概念，规定着判断，那么，〔271〕这判断虽然是合法则的，但却不是一个**自由的**判断力的判断了。

因此，如果人们谈到理智的美或者崇高，那么**首先**，这些表述并不完全正确，因为这是一些审美的表象方式，如果我们是纯然的理智（或者只是在思想上把我们置入这种性质之中）

的话，在我们里面就会根本找不到这些表象方式；**其次**，尽管二者作为一种理智的（道德的）愉悦的对象，虽然就它们不**基于**任何兴趣而言是可以与审美的愉悦一致的，但它们毕竟在其中又难以与审美的愉悦结合起来，因为它们应当**造就**一种兴趣，当那种展示应当与审美评判中的愉悦相一致的时候，这种兴趣在审美评判中就会永远仅仅通过感官兴趣而发生，人们在展示中把感官兴趣与它结合起来，但这样一来，理智的合目的性就受到损害，它变得不纯粹了。

一种纯粹的和无条件的理智愉悦的对象，就是在其威力之中的道德法则，它把这威力在我们心中施加于心灵的一切和每一个**先行于它的**动机；而且既然这种威力真正说来只是通过牺牲才使自己在审美上可以认识的（这是一种剥夺，尽管是为了内在的自由，与此相反，它揭示出我们心中这种超感性能力的一种不可探究的深度，连同它那些延伸到无限的后果），所以，这种愉悦从审美方面来看（与感性相关）就是消极的，亦即违背这种兴趣的，但从理智方面来看则是积极的和与一种兴趣结合在一起的。由此得出：理智的、就自身而言合目的的（道德上的）善者，在审美上来评判，就必须不是被表现为美的，而毋宁是被表现为崇高的，以至于它所唤起的更多的是敬重的情感（这种情感鄙视魅力），而不是爱和亲密的爱慕的情感；因为人的本性不是那么自行地，而是惟有通过理性施加于感性的强制力，才与那个善者协调一致。反过来，即便是我们在我们之外的自然中，甚至在我们里面的自然中称为崇高的那种东西（例如某些激情），也只是被表现为心灵的一种凭借道德原理跃升到**某些**感性障碍之上的威力，并由此而使人感兴趣的。

我要在后者稍作逗留。带有激情的善者的理念叫做**热忱**。
〔272〕这种心灵状态看起来是崇高的，以至于人们通常都预先规定：

没有它任何伟大的事情都不可能完成。但现在，任何激情①都是盲目的，要么是在其目的的选择上，要么是在目的的实施上，哪怕这目的是由理性提出的；因为激情是心灵的这样一种运动，它使得心灵没有能力对原理进行自由的思考，以便据以规定自己。因此，它不能以任何方式配得上理性的愉悦。尽管如此，热忱在审美上还是崇高的，因为它是各种力量由于理念而来的一种紧张，这些理念给予心灵一种比由于感官表象而来的推动更为有力、更为持久得多地起作用的激奋。但是（这看起来令人奇怪），就连一个顽强地执著于自己那些不变原理的心灵的**无激情**（Apatheia，Phlegma in significatu bono［冷漠、褒义的迟钝］），也是崇高的，确切地说以高级得多的方式是崇高的，因为它同时在自己那方面拥有纯粹理性的愉悦。惟有这样一类的心灵性质才叫做高贵的：这一表述后来也被用在这样的事物上，例如建筑、一件衣服、行文风格、仪表等，如果这些事物所激起的不仅是**惊奇**（超出期待的新颖性的表象中的激情），而且是**惊赞**（一种即使失去新颖性也不停止的惊奇）的话，当理念在其展示中无意地、没有做作地与审美愉悦协调一致的时候，上述情况就会发生。

每一种具有**英勇性质**的激情〔因为这种激情激发起对我们克服任何阻抗的力量（animi strenui［顽强的精神］）的意识〕，都是**在审美上崇高的**，例如愤怒，甚至绝望（亦即**愤然**

① **激情**与**热情**在类上不同。前者仅仅关系到情感；后者则属于欲求能力，并且是使任性凭借原理的一切可规定性变得困难或者不可能的偏好。前者是猛烈的和非蓄意的，后者是持久的和深思熟虑的，这样，不满作为愤怒就是一种激情；但作为仇恨（复仇欲）就是一种热情。后者永远并且在任何一种关系中都不能被称为崇高的，因为在激情中心灵的自由虽然受到**阻碍**，但在热情中却被取消了。

的绝望，但不是**沮丧的**绝望）。而具有**软化**性质的激情〔它使阻抗的努力甚至成为不快的对象（animum languidum［孱弱
〔273〕的精神］）〕自身并不具有任何**高贵的东西**，但却可以被列为性情的美的东西。因此，能够一直强化到成为激情的那些**感动**也是很不同的。有**勇敢的**感动，有**柔情的**感动。后者在一直上升到成为激情的时候根本没有任何用处；这样一种癖好就叫做**多愁善感**。一种同情的痛苦，它不愿让自己得到安慰，或者我们在它涉及一些虚构的祸害时蓄意参与其中，直到通过幻想而误以为它们是现实的祸害，它证明着和造就着一个温柔的、但同时是孱弱的灵魂，这灵魂表明了美的一面，而且虽然可以被称为幻想性的，但却根本不能被称为热忱的。小说、哭哭啼啼的戏剧、乏味的道德规范，都在卖弄着（尽管是虚假地）所谓的高贵意向，但事实上却使心灵变得干枯，对于严格的义务规范没有感觉，使它不能对我们人格中的人性尊严和人们的权利（它是完全不同于人们的幸福的某种东西）有任何敬重，使它一般而言不能有任何坚定的原理；甚至一篇宗教演说亦是如此，它兜售的是放弃对我们心中自己阻抗恶的能力的一切信任的卑躬屈膝的、低三下四的邀宠谄媚，而不是尝试用我们那些无论怎样脆弱却依然存留下来的力量以克服种种偏好的毅然决心；还有虚假的谦恭，它把人们惟一可能使最高存在者喜欢的方式设定在自我蔑视中，设定在摇尾乞怜的伪装忏悔和一种纯然是逆来顺受的心灵自制之中；这些就连与那能够被视为美的东西都不相容，更不用说与能够被视为性情的崇高的东西相容了。

但是，即便是猛烈的心灵运动，不论它们是以振奋的名义与宗教的理念相结合，还是纯然作为属于文化的而与包含着一种社会利益的理念相结合，即使它们如此使想象力紧张起来，也绝不能要求有一种**崇高的**展示的荣誉，如果它们不留下一种

心灵情调，这情调哪怕只是间接地影响到对它的力量和追求纯粹的理智合目的性带有的东西（超感性的东西）的决心的意识的话。因为若不然，所有这些感动就都只属于人们为了健康而乐意有的变动。紧随在由于激情的游戏而来的这样一种震撼之后的适意的疲倦，就是从我们里面的种种生命力重建平衡而来的对舒适的一种享受；这种享受最终所导致的，与东方的纵欲者们在仿佛让人按摩自己的身体、轻柔地挤压和屈伸自己的所有肌肉和关节时认为如此惬意的享受所导致的，是同样的结果；只不过对于前者来说运动的原则绝大多数在我们里面，而相反，对于后者来说运动的原则完全在我们外面罢了。于是，有人相信听一次布道就振奋了自己，其实在他心中却没有建立起任何东西（没有建立起任何善的准则的体系）；或者相信看一次悲剧就变好了，其实他只不过是为成功地排遣了无聊而感到高兴罢了。因此，崇高者在任何时候都必须与**思维方式**相关，也就是说，与赋予理智的东西和理性理念以对感性的支配威力的准则相关。 〔274〕

人们不必担忧崇高者的情感会由于这样一类在感性东西上完全否定性的抽象展示方式而丧失掉；因为想象力虽然超出感性东西之外找不到任何它可以求助的东西，它却毕竟也正是通过对它的限制的这种取消而感到自己是无界限的；因此，那种抽象就是无限者的一种展示，这种展示虽然正因为此而永远只能是一种否定的展示，但却毕竟扩展了心灵。也许，在犹太人的法典中没有哪段话比这条**诫命**更崇高了：你不可为自己雕刻偶像，也不可做什么形象，无论是天上的，还是地上的，还是地下的东西，等等。惟有这条诫命才能解释犹太民族在其教化时期与其他民族相比较对自己的宗教所感到的那种热忱，或者解释穆罕默德教所引起的那种骄傲。同样这一点，也适用于我们心中的道德法则和道德性禀赋的表象。担心如果道德性被剥夺它能够推荐给感官的一切，它在这种情况下就会只带有冷冰冰的没有生气的同意，而不带有任何激动人心的力量或者感动了，这是完全错误的。事情恰恰相反；因为在感官再也看不到任何东西，而不会出错也不可磨灭的道德理念仍然留存下来的时候，就会有必要宁可减弱一种无界限的想象力的激奋，不让它一直上升到热忱，也不出自对这些理念没有力量的畏惧而到偶像和童稚的器械中为它们寻求援助。因此，就连政府也乐意
〔275〕允许让宗教去大量供应后一种附属品，并力图这样来解除他的臣民把自己的心灵力量扩张到人们为他专断地设定的限制之外的辛劳，但同时也解除他这样做的能力，这样一来，人们就能够更容易地把他当做纯然被动的来处置了。

与此相反，道德的这种纯粹的、提升灵魂的、纯然否定的展示并不带来任何**狂热**的危险，狂热是一种**想要超出感性的一切界限看到某种东西**，亦即按照原理去梦想（凭理性飞驰）的妄念；这正是因为，展示在感性那里纯然是否定的。因为**自由理念的不可探究性**完全切断了一切积极展示的道路，但道德法则就自身而言在我们里面是充分地并且原初地进行规定的，以至于它根本不允许我们在它之外去寻求一种规定根据。如果热忱可以和**狂想**相比的话，那么，狂热就可以与**荒唐**相比，其中后者是一切事物中最不能与崇高者相容的，因为它是想入非非的和可笑的。在作为激情的热忱里面，想象力是无拘无束的；在作为根深蒂固的、冥想的热情的狂热里面，它是没有规则的。前者是暂时的偶然，最健全的知性有时也会遇到；后者则是一种病症，它会破坏最健全的知性。

纯朴（没有做作的合目的性）仿佛就是自然在崇高者里面，甚至也在道德里面的风格，道德是一个（超感性的）第二自然，我们只知道它的法则，但却不能通过直观达到我们自己心中包含着这种立法的根据的那种超感性的能力。

还要说明的是：尽管对美者的愉悦和对崇高者的愉悦一样，都不仅仅是通过普遍的**可传达性**而在其他审美评判中判然有别，而且还通过这种属性而与社会（愉悦在其中得以传达）相关获得一种兴趣，尽管如此，毕竟就连**与一切社会的脱离**也被视为某种崇高的东西，如果这种脱离是基于不顾一切感性兴趣的理念的话。自给自足，因而不需要社会，但却不是不合群，亦即不是逃避社会，这就是某种近乎崇高的东西了，对需求的任何超脱亦是如此。与此相反，由于敌视人们就出自**厌世**而逃避人们，或者由于把人们当做自己的敌人来畏惧就出自**恐** 〔276〕 **人症**（怕见人）而逃避人们，这一方面是丑陋的，另一方面也是可鄙的。尽管如此，有一种（十分非本真地说的）厌世，这种气质往往随着年龄的增长而出现在许多思想正派的人的心灵里，这些人虽然就**好意**来说是足够博爱的，但却由于一种长期的悲伤经验而远离了对人的**愉悦**：离群索居的癖好、在一个偏远的庄园里度其一生的幻想愿望，甚或（在年轻人士那里）在一个不为其余世界所知的岛屿上与小家庭度其一生的梦幻幸福，《鲁滨孙漂流记》式作品的小说家和诗人们很懂得利用的这些，都为此提供了见证。虚伪、忘恩负义、不公正，以及在我们自己认为重要和伟大的目的中的那种幼稚可笑，在追求这些目的时人们甚至相互带来一切想象得出的灾祸：这些都是与人们只要愿意就能够成为的样子的理念如此矛盾，并且与人们要看到自己改善的强烈愿望如此对立，以至于当有人不能爱人们时，为了不恨人们，放弃一切社交的乐趣看起来只是一个小小的牺牲而已。这种悲哀并不是针对命运加在其他人头上的灾祸的（这样的悲哀的原因是同情），而是针对人们自己给自己带来的灾祸的（这种悲哀在原理上是基于反感），这种悲哀由于是基于理念的，所以是崇高的，而前一种则充其量只能被视为美的。——既风趣又缜密的**索绪尔**在对他的阿尔卑斯山之游的描述中关于萨伏依诸山脉之一的**好人山**说道："那里弥漫着某种**乏味的**悲哀"。因此，他毕竟也知道一种**有趣的**悲哀，它是一片荒野的景象引起的，人们也许很愿意置身于其中，以便不再从世界听到任何东西，也不再从世界得知任何东西，但这荒野毕竟必须不是那么完全不令人流连的，以至于它只是给人们提供一段极其艰苦的逗留时光。——我作出这一说明，意图仅仅在于提醒，即便是忧郁（不是意志消沉的悲哀）也可以被列为**强有力的**激情，如果它在道德理念中有自己的根据的话；但是，如果它是基于同情的，并且作为这样的忧郁也是可爱的，那么，它就仅仅属于**软化的**激情，为的是由此让人注意到这样一种心灵情调，它惟有在前一种情况下才是**崇高的**。

〔277〕 ※ ※ ※

人们也可以把对审美判断现在详细阐述过的先验说明与诸如**博克**和我们中间许多思想敏锐之士曾探讨过的生理学说明比较一番，以便看出一种纯然经验性的说明会导向何处。**博克**[①]在这种探讨方式中堪称最优秀的作者，他沿着这一途径（该书223页）得出："崇高者的情感基于自保的冲动，基于**畏惧**，亦即一种痛苦，这种痛苦由于并不一直达到对肉体各部分的现实伤害，所以就引起一些激动，当这些激动使更细的或者更粗的血管清除了危险的和麻烦的堵塞时，就能够激起适意的感觉，尽管不是愉快，而是一种惬意的颤栗，是某种掺有惊恐的平静"。他把美者建立在爱上面（他毕竟自称懂得把欲望与爱分离开来），把它引导到（251～252页）"肉体纤维的懈弛、放松和疲软，因而是由于快乐而软化、而松弛、而疲惫，是由

① 据他的著作的德文译本：《对我们关于美者和崇高者的概念之起源的哲学考察》，里加，哈特诺赫出版社，1773。

于快乐而倾倒、而舍命、而销魂”。于是，他通过想象力不仅与知性相结合，而且甚至与感官感觉相结合而能够在我们心中激起美者以及崇高者的情感的那些场合，来证实这种解释方式。——作为心理学的说明，对我们的心灵现象的这些分析是绝对出色的，并且给最受欢迎的经验性人类学研究提供了丰富的素材。也不能否认，我们心中的一切表象，不论它们客观上是纯然感性的，还是完全理智的，都毕竟在主观上可能与快乐或者痛苦结合在一起，哪怕二者是不可觉察的（因为它们全都刺激生命的情感，而且它们中没有一个作为主体的变相而可能是无动于衷的）；甚至，就像伊壁鸠鲁所声称的，**快乐**和**痛苦**最终毕竟总是肉体的，无论它是从想象开始还是干脆从知性表象开始；因为生命若没有肉体感官的情感，就会纯然是它的实存的意识，但却不是舒适或者不适亦即促进或者阻碍生命力的情感；因为心灵独自就完全是生命（生命原则本身），而且障碍或者促进必须到它之外，但毕竟是在人里面，因而是在与他的身体的结合中去寻找。〔278〕

但是，如果把对于对象的愉悦完全设定在对象通过魅力或者通过感动使人快乐这一点上，那么，人们就也必须不苛求任何**别人**来赞同**我们**所作出的审美判断；因为对此每个人都有权仅仅征询他的私人感官。但在这种情况下，对鉴赏的一切审查就都中止了；人们就不得不使别人通过其判断的偶然一致所提供的例子对于我们来说成为赞同的**命令**，而我们毕竟也许会抗拒这一原则，而诉诸自然权利，使基于自己舒适的直接情感的判断服从自己的感官而不是别人的感官。

因此，如果鉴赏判断必须不被视为**唯我主义的**，而是根据其内在本性，亦即由于它自己，而不是由于别人从自己的鉴赏中提供的例子，必然地被看做**多元主义的**，如果人们把它评价成一个可以同时要求每个人都应当赞同的判断，那么，它就必须以某个（不论是客观的还是主观的）先天原则作为基础，这个先天原则是人们通过探查心灵变化的经验性法则所永远也达不到的；因为这些经验性的法则只是让人认识判断是如何作出的，而不是要求判断应当如何作出，确切地说，这要求根本就是**无条件的**；这类要求是鉴赏判断以之为前提条件的，因为鉴赏判断要懂得把愉悦与一个表象**直接地**联结起来。因此，尽管对审美判断的经验性说明总是作为开端，以便为一种更高的研究提供素材；但对这种能力的一种先验的讨论却毕竟是可能的，并且在本质上属于鉴赏的批判。因为若不是鉴赏拥有这些先天原则，它就不可能能够裁定别人的判断，并对别人的判断哪怕只是以某些权利的外表来作出赞同或者拒斥的表示。

属于审美判断的分析论的其余部分首先包括：

〔279〕

纯粹审美判断的演绎

第 30 节　关于自然对象的审美判断的演绎不可以针对我们在自然中称为崇高的东西，而只能针对美者

一个审美判断对于对每个主体都普遍有效的要求，作为一个必须立足于某个先天原则的判断，需要一个演绎（亦即它的要求的一种合法性证明），这个演绎还必须附加在对这判断的说明之上，也就是说，如果涉及对**客体的形式**的一种愉悦或者反感的话。这类判断就是关于自然的美者的鉴赏判断。因为在这种情况下，合目的性毕竟在客体及其形象中有它的根据，尽管它并不把这根据与其他对象的关系按照概念指示出来（成为知识判断）；而只是一般地涉及对这个形式的把握，这是就该形式在心灵中既与概念的能力也与展示概念的能力（它与把握

能力是同一个东西）相符合地显示出来而言的。因此，人们也可以就自然的美者而言提出各种各样的问题，这些问题涉及自然形式的这种合目的性的原因；例如，人们想如何解释，自然为什么如此挥霍地到处散布了美，甚至在人类的眼睛（美却惟有对于人类的眼睛来说才是合目的的）很少达到的海底，如此等等。

惟有自然的崇高者——如果我们对此作一个纯粹的审美判断，它不掺有作为客观合目的性的完善性的概念；在后一种场合，它就会是一个目的论的判断——才可以完全被看做无形式的或者无形象的，但仍被看做一种纯粹的愉悦的对象，并且表明被给予的表象的主观合目的性；于是，这里的问题就是：对于这种方式的审美判断来说，在对其中所思考的东西所作的说明之外，是否也还能够要求对它关于某个（主观的）先天原则的要求作出一番演绎。

对此的回答是：自然的崇高者只是非本真地如此称谓的，〔280〕
而真正说来它必须仅仅被赋予思维方式，或者毋宁说赋予人类本性中这种思维方式的基础。意识到这种基础，对一个通常无形式的和不合目的的对象的把握仅仅提供出诱因，该对象以这样的方式被主观合目的地**运用**，但却不是作为这样一个对象**独立地**，并由于它的形式而被判断（仿佛是 species finalis accepta，non data［被接受的，而不是被给予的目的概念］）。因此，我们对关于自然的崇高者的判断的说明同时就是它的演绎。因为如果我们对这些判断中的判断力的反思加以剖析，那么，我们在它们里面就将发现诸认识能力的一种合目的的关系，这种关系必须被先天地奠定为目的能力（意志）的基础，因而本身就先天地是合目的的：于是这马上就包含着那个演绎，亦即这样一类判断对普遍必然有效性的要求的辩护理由。

因此，我们需要寻找的将只是鉴赏判断的演绎，亦即关于自然事物之美的判断的演绎，并且就这样在整体上为全部审美判断力来完成这个任务。

第 31 节　鉴赏判断的演绎的方法

惟有当判断提出必然性的要求时，才会出现一类判断的演绎，亦即保证其合法性的责任；当判断要求主观的普遍性，亦即要求每个人都赞同的时候，情况也是这样；不过，这种判断毕竟不是知识判断，而仅仅是对一个被给予的对象的愉快或者不快的判断，即自认为具有一种对每个人都普遍有效的主观合目的性，这种合目的性不应当建立在关于事物的概念之上，因为它是鉴赏判断。

既然我们在后面这种场合所面对的不是任何知识判断，既不是把通过知性被给予的一般**自然**概念当做基础的一种理论判断，也不是把先天地通过理性被给予的**自由**理念当做基础的一种（纯粹）实践判断；因而要根据其先天有效性为之作辩护的，既不是表现一件事物是什么的判断，也不是表现我为了造成一件事物应当做什么的判断；所以，为一般判断力而必须阐明的，将只是表述一个对象的形式的某个经验性表象之主观合
〔281〕目的性的一个**单称**判断的**普遍有效性**，以便解释，某种东西仅仅在评判中（无须感官感觉或者概念）就能够让人喜欢，而且就像为了一般**知识**而对一个对象的评判具有一些普遍的规则一样，每一个人的愉悦也都可以对每个他人来说被预示为规则，这是如何可能的。

现在，如果这种普遍有效性不应当是建立在搜罗选票和到处向别人询问其感觉方式上面，而是仿佛基于对（在被给予的表象上的）愉快情感作出判断的主体的一种自律，亦即基于他自己的鉴赏，但尽管如此毕竟也不是从概念推导出来的；那

么，这样一个判断——就像鉴赏判断实际上所是的那样——就具有一种双重的而且也是逻辑的特性，也就是说，**首先**，它具有先天的普遍有效性，但毕竟不是一种按照概念的逻辑必然性，而是一个单称判断的普遍性；**其次**，它具有一种必然性（它在任何时候都必须基于先天的根据），但这种必然性毕竟不依赖于先天的证明根据，似乎通过这些根据的表象就能够强求鉴赏判断向每个人所要求的那种赞同。

如果我们在这里一开始就抽掉鉴赏判断的一切内容，亦即愉快的情感，并仅仅把审美形式与客观判断的那种由逻辑学规定的形式相比较，那么，一个鉴赏判断与一切知识判断的区别就在于上述逻辑特性，惟有对这些逻辑特性的解析才足以成为这种特殊的能力的演绎。因此，我们要预先通过讨论一些例子来表明鉴赏的这些具有特征的属性。

第 32 节　鉴赏判断的第一特性

鉴赏判断就愉悦（作为美）而言规定自己的对象，要求**每个人**都赞同，就好像它是客观的似的。

说这朵花是美的，就等于只是照着说这朵花有自己对每个人都愉悦的要求。它却根本不由于自己的香气而提出什么要求。这香气使这一个人心旷神怡，却使另一个人头晕目眩。除了美必须被视为花本身的一种属性，这种属性并不以这些头脑和如此之多的感官的不同为准，而是这些头脑和感官如果要对它作出判断的话，就必须以它为准之外，人们应当从中猜测出别的什么吗？然而事情却不是这样。因为鉴赏判断恰好就在于，它只是按照这样一种性状才把一件事物称为美的，在这种性状中，该事物以我们接受它的方式为准。 〔282〕

此外，对于每个应当证明主体有鉴赏的判断，都要求主体应当独立地作出判断，而不需要通过经验在别人的判断中到处摸索，以及由别人对同一个对象的愉悦或者反感来事先教导自己，因而他的判断不应当由于一个事物也许现实地普遍让人喜欢就作为模仿，而是应当先天地陈述出来。但是，人们应当想到，一个先天判断必须包含着关于客体的一个概念，它包含着对这个客体的认识的原则；但是，鉴赏判断根本不是建立在概念上面的，它在任何地方都不是知识，而只是一个审美判断。

因此，一个年轻的诗人不要因为公众的，哪怕是他的朋友们的判断而为他的诗是美的这种劝说所左右；如果他听从他们，那也不是因为他作出了另外的评判，而是因为他在自己对赞扬的欲望中找到理由，即使（至少在他的意图中）全部公众都具有一种错误的鉴赏，也依然（甚至违背他自己的判断）去迎合平庸的妄念。只是到了后来，在他的判断力通过练习而变得更加敏锐了之后，他才会自愿放弃他过去的判断；就像他也坚持自己那些完全基于理性的判断一样。鉴赏只提出自律的要求。把他人的判断当做自己的判断的规定根据，那就会是他律了。

人们有理由把古人的作品称颂为典范，把它们的作者称为经典的，如同作家们中间的一个贵族那样，他通过自己的在先行为而为民众立法；这似乎是指示了鉴赏的后天来源，反驳了鉴赏在每个主体中的自律。然而，人们同样可以说，直到今天
〔283〕还被视为综合方法的最高彻底性和完美性之不可缺少的典范的那些古代数学家，也证明了我们这方面的一种模仿的理性和理性的一种无能，即不能从自己本身中凭借最大的直觉通过概念的构建产生出严格的证明来。这里根本没有我们各种力量的任何运用，不论这种运用是如何自由，而且甚至也没有理性的运用（理性必须从共同的先天来源汲取它的一切判断），理性运用是在每个主体应当始终完全从他的天性的原始禀赋开始时，

即便没有别人以他们的尝试先行于他，也不会陷入到错误的尝试中去的，这不是为了使追随者成为纯然的模仿者，而是通过他们的做法指点别人，以便在自己本身里面寻找原则，并这样来选取他们自己的，往往是更好的道路。甚至在宗教中，无疑每个人都必须是从自己本身获取他的行为举止的规则的，因为他也仍然是自己对这行为举止负责的，不能把他所犯过错的罪责推到作为导师和先行者的其他人头上，但毕竟绝不能通过人们或者从教士们那里或者从哲学家们那里获得的，或者从自己本身取得的普遍规范，达到与通过一个德性或者圣洁的榜样所达到的同样多的效果，这种在历史中树立起来的榜样并不使得德性出自特有的和源始的（先天）道德理念的自律成为多余的，或者是把它转变为模仿的机械作用。与一个在先行为相关的**追随**，而不是模仿，才是一个示范性的创始人的产品对别人所可能具有的一切影响的正确表述；这只是意味着：从那个创始人自己所曾汲取的同一个源泉汲取，并且只向他的先行者学习在这方面行事的方式。但是，在一切能力和才能中间，鉴赏恰恰是这样的东西，由于它的判断不能通过概念和规范来规定，它最需要的是在文化的进展中最长久地维持着赞同的那种东西的榜样，为的是不要马上又变得粗野，跌回到最初的尝试的那种粗糙性中去。

第33节　鉴赏判断的第二特性 〔284〕

鉴赏判断根本不能通过证明根据来规定，就好像它纯然是**主观的**似的。

如果某人认为一座建筑、一片风景、一首诗不是美的，那么**首先**，他不可以受众口一词高度赞颂它所迫使而在内心中表示赞扬。他虽然可以装作好像他也喜欢它的样子，以免被视为没有鉴赏；他甚至可能开始怀疑自己是否通过对足够多的某类对象的了解而也充分地培养了自己的鉴赏（就像一个人相信认出远处的某种东西是一片森林，而所有其他人都把那东西看做是一座城市，他就要怀疑自己的亲眼目睹所作的判断一样）。但是，他毕竟清晰地看出的是：别人的赞扬根本不能充当对美的评判的任何有效证明；别人充其量可以替他去看和观察，许多人以同一种方式所看到的东西，对于相信看出不同的东西的人来说，可以用做理论判断，从而逻辑判断的一个充分的证明根据，但绝不能把别人喜欢的东西用做一个审美判断的根据。别人的不利于我们的判断虽然可以有理由使我们就我们自己的判断而言产生怀疑，但绝不能使我们确信我们自己的判断不正确。因此，不存在任何经验性的**证明根据**去强迫某人作出鉴赏判断。

其次，更不能用一个先天的证明按照确定的规则来规定关于美的判断。如果某人给我朗诵他的诗，或者把我引入一出戏剧，而这最终不能使我的鉴赏感到中意，那么，不论他是引用**巴托**还是引用**莱辛**，还是引用更早的也更著名的鉴赏评论家以及由他们提出的一切规则来作证明，说他的诗是美的；甚至可能我恰恰反感的某些段落与美的规则（就像这些规则在那里被给出并获得普遍的承认一样）完全吻合；我将堵住自己的耳朵，不会去听任何根据和任何玄想，而宁可假定评论家们的那些规则是错误的，或者至少这里不是它们应用的场合，而不假
〔285〕定我应当让自己的判断受先天的证明根据的规定，因为它应当是一个鉴赏判断，而不是知性判断或者理性判断。

看起来，这就是人们为什么把这种审美的评判能力恰恰冠以鉴赏之名的主要原因之一。因为某人尽可以把一道菜的所有配料给我列举出来，并且对每道菜都加以说明，说它们中的每一道通常对我来说都是适意的，此外也有理由夸赞这食物有利

于健康；我却对这所有理由充耳不闻，而是用**我自己的**舌头和味觉去品尝这道菜，而且据此（不是根据普遍的原则）我作出自己的判断。

事实上，鉴赏判断绝对总是作为一个关于客体的单称判断而作出的。知性可以通过把客体在令人愉悦这一点上与别人的判断进行比较而作出一个全称判断；例如，所有的郁金香都是美的；但这样一来，它就不是一个鉴赏判断，而是一个逻辑判断，它使一个客体与鉴赏的关系成为具有某种一般性质的事物的谓词；但是，惟有我借以认为某一个别的被给予的郁金香美，亦即认为我对它感到的愉悦普遍有效的那个判断，才是鉴赏判断。但它的特性却在于：尽管它只有主观的有效性，它却仍然这样来要求**所有的**主体，就像惟有当它是一个基于知识根据并能够通过一个证明来强加于人的时候才总是发生的那样。

第 34 节　不可能有任何客观的鉴赏原则

人们也许会把一个鉴赏原则理解成一条原理，人们能够把一个对象的概念归摄在这个原理的条件之下，并在这种情况下通过一个推论就能够得出，这个对象是美的。但这是绝对不可能的。因为我必须直接在这个对象的表象上感觉到愉快，而这种愉快是不能通过任何证明根据向我侈谈的。因此，虽然如**休谟**所说，评论家比厨师更显得能玄想，但他们却和厨师有同样的命运。他们不能指望从证明根据的力量中，而只能指望从主体对他自己的状况（愉快或者不快）的反思中，凭借拒绝一切 〔286〕
规范和规则，来获得他们的判断的规定根据。

但是，评论家尽管如此却能够也应当玄想，致使我们的鉴赏判断得到纠正和扩展的东西，并不是要以一个普遍可用的公式来阐明这一类审美判断的规定根据，这是不可能的；而是要研究这些判断中的认识能力及其活动，并在例子中来分析交互的主观合目的性，关于这种合目的性，我们上面已经指出过，它在一个被给予的表象中的形式就是这表象的对象的美。因此，鉴赏批判本身就一个客体借以被给予我们的表象而言只是主观的，也就是说，它是把知性和想象力在被给予的表象中彼此之间的交互关系（与先行的感觉或者概念无关），因而把它们的一致或者不一致置于规则之下，并就其条件而言对它们加以规定的一门艺术或者科学。如果它只是在例子上来指出这一点，它就是**艺术**；如果它把这样一种评判的可能性从作为一般认识能力的这种能力的本性中推导出来，它就是**科学**。惟有后者，作为先验的批判，才是我们在这里到处要做的。它应当把鉴赏的主观原则作为判断力的一个先天原则来加以阐明并为之辩护。批判作为艺术，仅仅力图把鉴赏据以现实地进行的那些生理学的（在这里就是心理学的），因而是经验性的规则运用于鉴赏对象的评判，并对美的艺术的产品进行批判；就像**前一种**批判所批判的是评判这些产品的能力本身一样。

第 35 节　鉴赏原则是一般判断力的主观原则

鉴赏判断与逻辑判断的区别在于：后者把一个表象归摄在关于客体的概念之下，前者则根本不把它归摄在一个概念之下，因为若不然，就会能够通过证明来强迫作出必然的普遍赞同了。但尽管如此，前者在这一点上却是与后者类似的，即它
〔287〕预先规定了一种普遍性和必然性，但却不是按照关于客体的概念，因而是一种纯然主观的普遍性和必然性。由于一个判断中的诸概念构成了该判断的内容（属于对客体的知识的东西），而鉴赏判断却不是能够通过概念来规定的，所以，它只是建立在一个判断的一般主观形式条件之上的。一切判断的主观条件

就是判断能力本身，或者就是判断力。就一个对象借以被给予的一个表象而言来运用这种判断力，要求两种表象能力的协调一致：亦即想象力（为了直观及其杂多的复合）和知性（为了这种复合的统一性之表象的概念）。由于判断在这里不以任何关于客体的概念为基础，所以它只能在于把想象力本身（在一个对象借以被给予的表象那里）归摄到知性一般地从直观达到概念的条件之下。也就是说，由于想象力的自由正是在于它无须概念而图型化这一点上，所以鉴赏判断就必须建立在想象力以其**自由**而知性以其**合法则性**相互激活的一种纯然感觉之上，因而建立在一种情感之上，这情感让对象按照表象（一个对象通过它而被给予）在对认识能力就其自由游戏而言的促进上的合目的性来评判；而鉴赏作为主观的判断力，就包含着一种归摄原则，但不是把直观归摄在**概念**之下，而是把直观或者展示的**能力**（亦即想象力）归摄在概念的**能力**（亦即知性）之下，只要前者**在它的自由中**与后者**在它的合法则性**中协调一致。

现在，为了通过鉴赏判断的一个演绎来找出这种合法根据，惟有这一类判断的形式特性，从而就对这些判断仅仅考察其逻辑形式而言，才能用做我们的指导线索。

第36节　鉴赏判断的演绎的课题

可以与对一个对象的知觉直接结合成为一个知识判断的，是关于一个一般客体的概念，关于这客体，那个知觉包含着种种经验性的谓词，而由此就产生出一个经验判断。现在，为了把这个经验判断思考为对一个客体的规定，它是以关于直观的 〔288〕
杂多之综合统一性的一些先天概念为基础的；而这些概念（范畴）则要求一个演绎，这个演绎也已经在《纯粹理性批判》中给出，通过它也就能够完成对这个课题的解决：先天综合的知识判断是如何可能的？因此，这个课题涉及纯粹知性及其理论判断的先天原则。

但是，与一个知觉直接结合的也有一种愉快（或者不快）的情感，和一种伴随着客体的表象并代替谓词为这表象服务的愉悦，而这样就产生出一种不是知识判断的审美判断。一个这样的判断，如果它不是纯然的感觉判断，而是一个形式的反思判断，它要求这种愉悦对每个人来说都是必然的，那么，它就必须以某种作为先天原则的东西为基础，哪怕这原则也许是一个纯然主观的原则（如果对这样一类判断来说一个客观原则本来就不可能的话），但即便是作为这样一种原则也需要一个演绎，以便了解一个审美判断如何能够对必然性提出要求。于是，在这上面就建立起我们现在所探讨的课题：鉴赏判断是如何可能的。因此，这个课题涉及纯粹判断力在审美判断中的先天原则，亦即在这样一些判断中的先天原则，在其中判断力不能（像在理论判断中那样）仅仅被归摄到客观的知性概念之下，并服从一条法则，而是它在其中自己主观上既是对象又是法则。

这个课题也可以这样来表现：一种判断，仅仅从**自己**对一个对象的愉快情感出发，不依赖于这个对象的概念，而先天地，亦即无须等待外来的赞同，就把这种愉快评判为在**每个别的主体中**都附着在同一个客体的表象上的，这种判断是如何可能的？

鉴赏判断是综合的，这一点很容易看出来，因为它们超出了客体的概念，甚至超出了其直观，并把某种根本连知识都不是的东西，亦即把愉快（或者不快）的情感作为谓词附加给那个直观。但是，尽管谓词（即与表象相结合的**自己的**愉快这一谓词）是经验性的，鉴赏判断就其要求**每个人**都赞同而言却仍

〔289〕 然是先天判断，或者想要被视为先天判断，这一点，同样已经

包含在它们的要求的这些表述之中了；这样，判断力批判的这个课题就是属于先验哲学的这个普遍问题之下的：先天综合判断是如何可能的？

第37节　真正说来在一个鉴赏判断中关于一个对象先天地断言的是什么？

关于一个对象的表象直接与一种愉快相结合，这只能内在地被知觉到，而如果人们只想指出这一点，这就会给出一个纯然经验性的判断。因为我不能先天地把一种确定的情感（愉快或者不快）与任何一个表象相结合，除非那里有一个规定意志的先天原则在理性中作为基础；这时愉快（在道德情感中）就是这个先天原则的后果，但正是由于这一点，它根本不能与鉴赏中的愉快相比较，因为它要求关于一个法则的确定概念；与此相反，鉴赏中的愉快应当是先于一切概念直接与纯然的评判结合在一起的。因此，一切鉴赏判断也都是单称判断，因为它们把自己的愉悦谓词不是与一个概念，而是与一个被给予的个别的经验性表象相结合。

因此，不是愉快，而是被知觉到与心灵中对一个对象的纯然评判相结合的**这种愉快的普遍有效性**，在一个鉴赏判断中被先天地表现为对判断力、对每个人都有效的普遍规则。我用愉快去知觉和评判一个对象，这是一个经验性的判断。但是，我认为它是美的，也就是说我可以要求那种愉悦对每个人来说都是必然的，这却是一个先天判断。

第38节　鉴赏判断的演绎

如果承认在一个纯粹的鉴赏判断中对于对象的愉悦是与对

其形式的纯然评判结合在一起的，那么，这种愉悦无非就是这
〔290〕形式对于判断力的主观合目的性，我们感觉到这个合目的性是与心灵中对象的表象结合在一起的。既然判断力就评判的形式规则而言，撇开一切质料（无论是感官感觉还是概念），只能是针对一般判断力（它既不被限制在特殊的感官方式上，也不被限制在一个特殊的知性概念上）的应用的主观条件的；因而是针对我们在所有人身上都（作为一般的可能知识所要求的）可以预设的主观的东西的；所以，一个表象与判断力的这些条件的一致就必须能够被先天地假定为对每个人都有效的。也就是说，在对一个一般感性对象的评判中愉快或者表象对诸认识能力的关系的主观合目的性，将是能够有理由向每个人都要求的。①

附释

这个演绎之所以如此容易，乃是因为它并不需要为一个概念的任何客观实在性作辩护；因为美不是关于客体的概念，而且鉴赏判断不是知识判断。它所断言的只是：我们有理由在每个人那里普遍地预设我们在自己心中发现的判断力的同一些主观条件；只是我们还要把被给予的客体正确地归摄到这些条件

① 为了有理由对审美判断力的一个仅仅基于主观根据的判断提出普遍赞同的要求，只须承认以下几点就够了：1. 在所有人那里，这种能力的主观条件，就其中所使用的诸认识能力与一般知识的关系而言，都是一样的；这必定是真实的，因为若不然，人们就不能传达自己的表象乃至于知识了。2. 这个判断仅仅考虑了这种关系（因而仅仅考虑了判断力的**形式条件**），并且是纯粹的，亦即既不掺有关于客体的概念也不掺有感觉来作为规定根据。即便就后者来说有所差错，这也仅仅涉及把一个法则给予我们的权限错误地运用于一个特殊的事例，由此并不一般地取消这种权限。

之下罢了。虽然现在后面这一点有一些不可避免的，并不附着在逻辑判断力上面的困难（因为人们在逻辑的判断力中是归摄到概念之下，而在审美判断力中则是归摄到在客体被表现出来 〔291〕
的形式上想象力和知性相互之间彼此相称的一种只是可感觉到的关系之下，在这里，归摄可能很容易骗人）；但由此却丝毫无损于判断力指望普遍赞同这种要求的合法性，这个要求所导致的只是对出自主观根据而对每个人都有效的这个原则的正确性作出判断。因为谈到因归摄到那个原则之下的正确性而来的困难和怀疑，这种归摄并不使对一个一般审美判断的这种有效性的要求之合法性，因而并不使这个原则本身变得可疑，就像逻辑的判断力（虽然不是如此经常和容易地）错误地归摄到自己的原则之下同样也不会使其本身是客观的原则变得可疑一样。但是，如果问题是：先天地把自然假定为鉴赏对象的一个总和，这是如何可能的？那么，这个课题就与目的论有关了，因为为我们的判断力建立合目的的形式，这必须被视为自然的一个本质上与自然的概念相联系的目的。但是，这种假定的正确性还是很可疑的，然而，自然美的现实性对于经验来说却是明摆着的。

第39节　一种感觉的可传达性

如果感觉被当做知觉的实在东西与知识联系起来，那它就叫做感官感觉；而且它的质的独特之处就可以被表现为普遍地以同样的方式可传达的，如果人们假定每个人都有与我们的感官一样的感官的话；但是，这一点却绝对不能预设于一个感官感觉。这样，对于一个缺少嗅觉感官的人来说，这一类感觉就不能传达给他；而且即便他不缺少这种感官，人们也毕竟不能肯定，它对于一朵花是否恰好具有我们对它具有的同样感觉。

但是，我们必须设想人们在同一个感官对象的感觉方面就**适意**或者**不适意**而言还有更多的区别；绝对不能要求对同一些对象〔292〕的愉快被每个人所承认。由于具有这样一种性质的愉快是通过感官进入心灵的，因而我们此时是被动的，所以，人们可以把它称为**享受**的愉快。

与此相反，由于一个行动的道德性状而对它的愉悦，就不是享受的愉快，而是对能动性及其与自己的使命的理念相符合的愉快。这种情感叫做道德的情感，但它要求有概念，并且所展示的不是自由的合目的性，而是有法则的合目的性，因而也是只能凭借理性来普遍传达的，而且如果这愉快应当在每个人那里都是同样性质的话，它就只能通过十分确定的实践理性概念来普遍传达。

对自然的崇高者的愉快，作为玄想静观的愉快，虽然也对普遍的同情提出要求，但却毕竟已经以一种别的情感，亦即自己的超感性使命的情感为前提条件，这种情感无论多么模糊，都有一种道德的基础。但别的人也将考虑到这些，并在对自然的粗犷的观赏中找到一种愉悦（这种愉悦确实不能归于自然的景象，这种景象毋宁说是可怖的），这一点我却绝对没有理由来预设。尽管如此，我毕竟能够在考虑到应当在每个适当的机会都顾及那种道德禀赋时，也向每个人要求那种愉悦，但只是借助于道德法则，而后者在自己那方面又是建立在理性概念之上的。

与此相反，对美者的愉快却既不是享受的愉快，也不是一种有法则的活动的愉快，也不是按照理念的玄想静观的愉快，而是纯然反思的愉快。不以某种目的或者原理为准绳，这种愉快伴随着对一个对象的平常的把握，这种把握是通过作为直观能力的想象力、与作为概念能力的知性相关、凭借判断力的一种即便为了最平常的经验也必须实施的程序而获得的；只不过判断力不得不这样做，在这里为的是知觉到一个经验性的客观概念，而在那里（在审美评判中）则为的是知觉到表象对于两种认识能力在其自由中的和谐的（主观合目的的）活动的适合性，也就是说，为了用愉快去感觉那种表象状态。这种愉快必须在每个人那里都必然地建立在同样的条件之上，因为这些条件是一般知识的可能性的主观条件，而鉴赏所需要的两种认识能力的比例，也是人们在每个人那里都可以预设的那种平常的和健康的知性所需要的。正因为如此，就连以鉴赏作判断的人（只要他在这种意识中没有出错，不把质料当做形式、把魅力当做美），也可以把主观的合目的性，亦即他对客体的愉悦要求于任何他人，假定他的情感是可以普遍传达的，而且无须借助概念。〔293〕

第40节 作为一种 sensus communis［共感］的鉴赏

当可以察觉的不是判断力的反思，而毋宁说只是它的结果时，人们往往给判断力冠以一种感觉之名，并谈到一种真理感，谈到对于正派、正义等等的一种感觉；尽管人们知道，至少按理应当知道，这并不是这些概念可以在其中占有一席之地的感觉，更不是说这种感觉会有丝毫的能力去要求有普遍的规则，而是说，如果我们不能超越这些感觉而把自己提升到更高的认识能力的话，我们关于真理、合适、美和正义是永远不会想到这种方式的表象的。**平常的人类知性**，人们把它当做仅仅是健康的（尚未得到培养的）知性而视为极微不足道的东西，是人们只要一个人要求被称为人就总是能从他那里期待的，因而也就有了侮辱性的名声，这种知性可以被冠以共感（sensus communis）之名；确切地说是这样，人们把**平常的**这个词（不仅仅在我们的语言中，它在这个词中确实包含着一种语义双关，而且在许多别的语言中也是这样）正好理解为到处都遇到的庸常的东西，拥有这种东西绝对不是什么功绩或者优点。

但是，人们必须把 sensus communis［共感］理解为一种**共同的**感觉的理念，也就是说，一种评判能力的理念，这种评判能力在自己的反思中（先天地）考虑到任何他人在思想中的表象方式，以便使自己的判断**仿佛**是依凭全部人类理性，并由此避开那会从主观的私人条件出发对判断产生不利影响的幻
〔294〕觉，这些私人条件很容易会被视为客观的。做到这一点所凭借的是，人们使自己的判断依凭别人那些不是现实的，而毋宁说是仅仅可能的判断，并通过人们只是撇开以偶然的方式与我们自己的评判相联系的那些局限，而置身于每个他人的地位；而这又是由此造成的，即人们把在表象状态中是质料，亦即是感觉的东西尽可能地除去，并仅仅注意自己的表象或者自己的表象状态的形式的特性。为了把反思加到我们称为**平常**感觉的这种能力上，对反思的这样一种处理也许显得太做作了；不过，它也只是在我们以抽象的公式表述它的时候才看起来如此；就自身而言，当人们寻找一个应当用做普遍规则的判断时，就再也没有什么比撇开魅力和感动更自然的了。

平常的人类知性的以下准则虽然不属于这里作为鉴赏判断的部分，但却毕竟能够用做其原理的阐明。它们是如下准则：1. 自己思维；2. 站在别人的地位上思维；3. 任何时候都与自己一致地思维。第一个准则是**无成见的**思维方式的准则，第二个准则是**开阔的**思维方式的准则，第三个准则是**一以贯之的**思维方式的准则。第一个准则是一种永不**被动的**理性的准则。对被动的理性，因而对理性的他律的癖好就叫做**成见**；而一切成见中最大的成见就是，把自然想象成不服从知性通过自己的根本法则奠定为它的基础的那些规则：这就是**迷信**。从迷信中

解放出来就叫做**启蒙**[①]；因为虽然这个称谓应当归于从一般成见中解放出来，但迷信却是首先（in sensu eminenti［在突出的意义上］）值得被称为一种成见的，因为迷信置身于其中，甚至将之作为一种责任来要求的那种盲目性，首先使靠别人来引导的那种需要，因而使一种被动理性的状态清晰可辨。至于思维方式的第二个准则，我们通常都习惯于把其才能不堪大用（尤其是重用）的人称为有局限的（**狭隘的，开阔**的对立面）。然而在这里，我们说的不是认识的能力，而是合目的地运用认识能力的思维方式：这种**思维方式**，无论人的自然天赋所达到的范围和程度多么小，仍表明一个人具有**开阔的思维方式**，如果他把如此之多的别人都如同被封闭在其中的主观的私人判断条件置之度外，并从一个**普遍的立场**（他惟有通过置身于别人的立场才能规定这个立场）出发对他自己的判断加以反思的话。第三个准则，亦即**一以贯之的**思维方式的准则，是最难达到的，也惟有通过结合前两个准则并经常遵循它们以至熟练之后才能达到。人们可以说：这些准则中第一个是知性的准则，第二个是判断力的准则，第三个是理性的准则。〔295〕

我再重新捡起由于这一插曲而偏离了的话题说：与健康知性相比，鉴赏有更多的理由可以被称为 sensus communis［共

① 人们马上就看出，启蒙虽然在论题上很容易，但在假说上却是一件必须艰难而缓慢地进行的事业；因为以自己的理性不是被动地，而是任何时候都自己为自己立法，这对于只想适合于自己的根本目的而不要求知道超出自己知性的东西的人来说，虽然是某种十分容易的事情；但既然追求后者的努力几乎是不可防止的，而且这在其他那些以诸多信心许诺能够满足这种求知欲的人那里是永远也不缺少的；所以，要在思维方式中（尤其是在公共的思维方式中）保持或者确立这种纯然否定的东西（它构成真正的启蒙），必定是很困难的。

感]；而且审美判断力比理智判断力更能够领有一种共同感觉这个名称①，如果人们真的要使用感觉这个词来表示纯然的反思对心灵的一种作用的话；因为在这里，人们把感觉理解为愉快的情感。人们甚至可以用对使我们在一个被给予的表象上的情感无须借助概念就**能普遍传达**的那种东西的评判能力来定义鉴赏。

人们相互传达自己的思想的技巧，也要求想象力和知性的一种关系，以便把直观加给概念，再把概念加给直观，它们会聚在一种知识中；但在这种情况下，这两种心灵力量的协调一
〔296〕致就**有法则地**处在确定的概念的强制之下。惟有当想象力在其自由中唤醒知性，而且知性无须概念就把想象力置于一种合规则的游戏之中的时候，表象才不是作为思想，而是作为心灵的一种合目的的状态的内在情感而普遍地传达。

因此，鉴赏就是先天地评判与被给予的表象（无须借助一个概念）结合在一起的那些情感的可传达性的能力。

如果人们可以假定，仅仅其情感的普遍可传达性就自身而言就已经带有对我们来说的一种兴趣（但人们没有理由从一种纯然反思性的判断力的性状中推论出这种兴趣），那么，人们就会能够明白，情感在鉴赏判断中何以仿佛是作为义务而要求于每个人。

第 41 节　对美者的经验性的兴趣

宣布某种东西是美的所借助的鉴赏判断，必须不以任何兴趣为**规定根据**，这一点上面已作过充分的阐明。但由此却得不

① 人们可以用 sensus communis aestheticus［审美的共感］来表示鉴赏，用 sensus communis logicus［逻辑的共感］来表示平常的人类知性。

出，在这判断被作为纯粹的审美判断而给出之后，不能有任何兴趣与它相结合。不过，这种结合永远只能是间接的，也就是说，鉴赏必须首先与某种别的东西相结合被表现出来，以便能够还把对一个对象（当一切兴趣都在它身上时）的**实存的愉快**联结在关于它的纯然反思的愉悦之上。因为在（关于一般事物的）知识判断中所说的话，即 a posse ad esse non valet consequentia [从能够到存在的结论无效]，这里在审美判断中也适用。这种别的东西可以是某种经验性的东西，亦即人的本性所固有的偏好；或者是某种理智的东西，作为意志能够先天地由理性来规定的属性；这二者都能够包含对一个客体的存在的愉悦，这样就能够给对于无须考虑任何兴趣独自就已经让人喜欢的那种东西的一种兴趣提供根据了。

美者惟有在**社会**中才经验性地产生兴趣；而如果人们承认社会的冲动对人来说是自然的，因而对此的适应性和癖好，亦即**社交性**，对于作为注定有社会的造物的人的需要来说，是属于**人道**的属性，那么，就不可能不也把鉴赏视为对人们甚至能够借以把自己的**情感**向每个他人传达的那种东西的评判能力，因而视为每个人的自然偏好所要求的那种东西的促进手段。〔297〕

一个孤零零地在一个荒岛上的人，独自一人既不会装饰他的茅屋，也不会装饰他自己，或者搜寻花卉，更不会种植它们，以便用来装点自己；相反，惟有在社会中他才想起自己不仅是个人，而且还按照自己的方式是一个文雅的人（文明化的开端），因为人们把这样一个人评判为一个文雅的人，他愿意并且善于把自己的愉快传达给别的人，而且如果他不能与别人共同感受对一个客体的愉悦的话，这个客体就不会使他满意。每一个人也都期待和要求每个人都考虑到普遍的传达，仿佛是出自一个由人性本身强制接受的源始契约；而这样，当然在开始时只是魅力，例如用来文身的颜料（加勒比人的胭脂树红和易洛魁人的朱砂），或者花卉、贝壳、颜色美丽的鸟羽，但随着时间的进展还有根本不带有任何快乐亦即享受的愉悦的一些美的形式（如在小船、衣服等等上面），在社会中是重要的，并且与重大的兴趣相结合；直到最后，达到巅峰的文明化从中几乎造就出文雅化了的偏好的主要作品，而各种感觉惟有就它们能够被普遍传达而言才被视为有价值的；于是，在这里尽管每个人对这样一个对象具有的愉快只是微不足道的、自身没有显著的兴趣的，但关于它的普遍可传达性的理念却几乎是无限地增大着它的价值。

但是，这种间接地通过对社会的偏好而附着在美者上面的、因而是经验性的兴趣，对于我们来说在这里并不具有我们只是在可能哪怕只是间接地与先天鉴赏判断相关的东西上能够看到的那种重要性。因为即便以后面这种形式应当表现出一种与此相结合的兴趣，鉴赏也会揭示出我们的评判能力从感官享受向道德情感的一种过渡；而且不仅是人们由此会被更好地引
〔298〕导到合目的地利用鉴赏，就连一切立法所必须依赖的种种人类先天能力之链条的一个中间环节也会作为这样一个环节得到展示。关于对鉴赏对象以及对鉴赏本身的经验性兴趣，人们同样能够说，由于鉴赏沉溺于偏好，哪怕这偏好还是如此文雅化了的，这种兴趣也毕竟乐意与一切在社会中达到其最大多样性和最高等级的偏好和热情融合起来，而对美者的兴趣，当它建立在这上面的时候，就有可能充当从适意者到善者的一种哪怕是很模棱两可的过渡。但是，这种过渡是否绝不能够由就其纯粹性来看的鉴赏所促进，对此我们有理由来加以研究。

第42节　对美者的理智的兴趣

情愿让人们由内在的自然禀赋所推动而从事的一切人类活

动都指向人类的最终目的，亦即道德上的善的人，把在一般的美者上面拥有一种兴趣视为一种善的道德品质的标志，这种情况之发生，乃是在于善良的意图。但是，他们不无理由地受到了另一些人的反驳，这些人依据的是经验，即鉴赏的行家们不仅往往，而且甚至是习惯性地表现出爱慕虚荣、自以为是和败坏道德的热情，也许比其他人更不可能要求具有忠实于道德原理的优点；看起来，对于美者的情感（如它实际上所是的那样）与道德情感有类上的区别，而且人们能够与之结合的那种兴趣，也很难与道德的兴趣相协调，更绝对不能通过内在的亲和性相协调。

我现在虽然乐意承认，对**艺术的美者**（我把人为地将自然美运用于装饰，因而运用于虚荣也归为此列）的兴趣根本不能充当一种忠实于道德上的善，或者哪怕倾向于此的思维方式的证明。但与此相反我却断言，对**自然**的美拥有一种**直接的兴趣**（不仅仅为了评判它而有鉴赏），这在任何时候都是一个善的灵魂的特征；而如果这种兴趣是习惯性的，则它至少在乐意与**对** 〔299〕
自然的观赏相结合时，表明了一种有利于道德情感的心灵情调。但是，人们必须提醒自己，我在这里真正说来指的是自然的美的**形式**，与此相反，**魅力**虽然通常如此丰富地与这些形式结合着，我也还是把它放在一边，因为对它的兴趣虽然也是直接的，但却毕竟是经验性的。

一个人孤独地（而且没有想把自己的觉察传达给别人的意图）观赏着一朵野花、一只鸟、一只昆虫等美的形体，以便惊赞它、喜爱它，不愿意在自然中根本看不到它，哪怕这样做会对他造成一些伤害，更不用说从中看出对他有什么好处了，这个人就对自然的美拥有一种直接的，虽然是理智的兴趣。也就是说，他不仅在形式上喜欢自然的产品，而且也喜欢这产品的存在，而没有一种感性魅力参与其中，或者说他也没有把某种目的与之结合。

但是，这里值得注意的是，如果人们暗中欺骗这位美的东西的爱好者，把人造的花（人们能够把它们做得与自然的花一模一样）插进地里，或者把人工雕刻的鸟放在树枝上，而他后来揭穿了这一骗局，那么，他原先对之怀有的直接兴趣就马上消失了，但他也许会发现一种别的兴趣取而代之，亦即用这些东西为别人的眼睛装饰自己的房间的虚荣的兴趣。自然所产生的是前一种美，这个思想必须伴随着直观和反思；惟有在这一点上，才建立起人们对此所怀有的直接的兴趣。否则的话，所剩下的就要么是一个没有任何兴趣的纯然鉴赏判断，要么只是一个与一种间接的，亦即与社会相关的兴趣相结合的鉴赏判断：后者对道德上善的思想方式不提供任何可靠的指示。

自然美对艺术美的这种优势，即前者虽然在形式上甚至会被后者胜过，却独自就唤起一种直接的兴趣，是与一切培养过自己的道德情感的人那净化了的和彻底的思维方式协调一致的。如果一个人有足够的鉴赏以极大的正确性和雅致来对美的
〔300〕艺术的产品作出判断，情愿离开在其中能够遇到那些维持着虚荣，而且也许维持着社交乐趣的美的房间，转向自然的美者，以便在这里仿佛是在一个他自己永远也不能完全阐明的思路上感到自己精神上的狂喜，那么，我们将以高度的尊重来看待他的这种选择本身，并在他身上预设一个美的灵魂，这种灵魂是任何艺术行家和爱好者都不能因为他对自己的对象所怀有的兴趣就有资格要求的。——现在，对纯然鉴赏的判断中相互几乎难以否认优势的两种客体的如此不同的估量，其区别是什么呢？

我们拥有一种纯然审美的判断力的能力，即无须概念而对形式作出判断，并在对形式的纯然评判中找到一种愉悦，我们

同时使这种愉悦成为每个人的规则，却又不使这种判断建立在一种兴趣之上，也不产生这样一种兴趣。——另一方面，我们也拥有一种理智的判断力的能力，即为实践准则的纯然形式（如果它们自行获得普遍立法的资格的话）规定一种先天的愉悦，我们使这种愉悦成为每个人的法则，却又不使我们的判断建立在某种兴趣之上，**但毕竟产生这样一种兴趣**。前一种判断中的愉快或者不快叫做鉴赏的愉快或者不快，后一种则叫做道德情感的愉快或者不快。

但是，既然这也引起了理性的兴趣，即理念（理性在道德情感中对它们造就出一种直接的兴趣）也具有客观实在性，也就是说，自然至少会显示某种痕迹或者提供某种暗示，表明它在自身中包含有某种根据，来假定它的产品与我们不依赖于任何兴趣的愉悦（我们先天地认识这种愉悦对每个人都是法则，却不能把这建立在证明之上）有一种合法则的协调一致，所以，理性必然会对自然与这样一种协调一致类似的协调一致的任何表现都怀有兴趣；所以，心灵如果不是发现自己在此感兴趣，就不可能对**自然**的美进行沉思。但是，这种兴趣在亲缘关系上是道德的；而且对自然的美者有这种兴趣的人，只是就他事先已经很好地建立了对道德上的善者的兴趣而言，才对自然的美者有兴趣。因此，谁对自然的美 〔301〕
直接感兴趣，在他那里，人们就有理由至少猜测有一种对善的道德意向的禀赋。

人们会说：根据与道德情感的亲缘关系对审美判断的这种解释，看起来太学究气了，以致不能把它视为对自然借以在其美的形式中形象地对我们言说的那些密码的真正破译。但是首先，对自然的美者的这种直接的兴趣实际上并不常见，而只是为要么其思维方式已经被教养成为善，要么为对这种教养特别易于接受的人们所特有；其次，在纯粹的鉴赏判断和道德判断之间有一种类似性，前者不依赖于某种兴趣而使人感到愉悦，同时先天地把这种愉悦表现为适合于一般人性的，后者从概念出发做着同样的事情，这种类似性甚至无须清晰的、玄妙的和有意的沉思，就把人引向对前一种判断的对象与对后一种判断的对象同等程度的直接兴趣：只不过前者是一种自由的兴趣，或者是一种基于客观法则的兴趣罢了。应归于此列的还有对自然的惊赞，自然在其美的产品上不是仅仅通过偶然，而是仿佛有意地按照合法则的安排表现为艺术，表现为无目的的合目的性；这种目的既然我们在外面任何地方都找不到，我们自然而然地在我们自己里面寻找，确切地说在构成我们的存在的最终目的中，亦即在道德使命中寻找（但是，关于对这样一种合目的性的可能性之根据的追问，要到目的论中才将谈到）。

在纯粹鉴赏判断中对美的艺术的愉悦并不像对美的自然的愉悦那样与一种直接的兴趣结合在一起，这一点也很容易解释。因为美的艺术要么是对美的自然的这样一种模仿，它一直达到骗人的程度，而在这种情况下，它就作为（被认为是）自然美而起作用；要么它是一种有意地明显指向我们的愉悦的艺术，而在这种情况下，对这个产品的愉悦虽然会直接地通过鉴赏而发生，但所唤起的却无非是对作为基础的原因的间接兴趣，亦即对一种艺术的间接兴趣，这种艺术只能通过它的目的，而永远不能就自身而言引起兴趣。人们也许将说，当一个
〔302〕自然客体通过自己的美仅仅就它被附加上一个道德理念而言才引起兴趣时，就是这种情况；但是，直接产生兴趣的不是这个客体，而是这种美自己的性状，即它使自己有资格得到这样一种附加。

美的自然中的种种魅力如此经常地被发现仿佛与美的形式融合在一起，它们要么属于光的变相（在着色时），要么属于

声音的变相（在发声时）。因为惟有这些感觉，才不仅允许感官情感，而且也允许对感觉的这些变相的形式所进行的反思，于是就仿佛是在自身中包含着自然带给我们的，而且似乎是具有一种更高意义的语言。这样，百合花的白颜色似乎使心灵与纯洁的理念相称，而从红色到紫色这七种颜色则依序使心灵分别与如下理念相称：1. 崇高；2. 勇敢；3. 坦诚；4. 友爱；5. 谦逊；6. 坚毅；7. 温柔。鸟的歌唱宣告着欢乐和对自己的实存的满意。至少我们是这样解释自然的，不论它的意图是不是这样。但是，我们在这里对美所怀有的这种兴趣，绝对需要它是自然的美；一旦人们发觉受骗，而且它只不过是艺术罢了，这种兴趣就完全消失了，甚至，就连鉴赏在这种情况下也不再能在这上面发现美的东西或者某种吸引视觉的东西了。有什么比在宁静夏夜柔和的月光下寂静的灌木丛中夜莺那迷人美妙的鸣啭得到诗人们更高的颂扬呢？然而，人们有这样的事例，即在没有发现有这样的歌唱家的地方，某一位诙谐的店主为了让投宿到他这里来享受乡下新鲜空气的客人们得到最大的满足，而以这样的方式欺骗他们，他把一个恶作剧的男孩藏在灌木丛中，这男孩懂得（用嘴里的芦苇或者哨管）完全类似自然地模仿这种鸣啭。但是，一旦人们觉察到这是一个骗局，就没有人再继续忍受去倾听这先前被认为如此诱人的歌声了；其他任何鸣禽的情况也是这样。这必须是自然，或者被我们认为是自然，以便我们能够对美者本身怀有一种直接的**兴趣**；更有甚者，如果我们甚至指望别人也应当在这上面怀有一种直接的兴趣的话；实际上，当我们把那些对美的自然没有任何**情感** 〔303〕（因为我们就是这样称谓对观赏美的自然的一种兴趣的感受性的），并且在餐饮之际执著于纯然感官感觉的享受的人的思想方式视为粗俗的和卑下的时，所发生的就是这种事。

第 43 节　一般的艺术

一、**艺术**与自然不同，就像作（facere）与一般行动或者活动（agere）不同，以及前者的产品或者后果作为**作品**（opus）与后者作为效果（effectus）不同一样。

人们沿着法律途径应当只把通过自由而生产，亦即通过以理性为其行动之基础的任性而生产称为艺术。因为尽管人们喜欢把蜜蜂的产品（合规则地建造的蜂巢）称为一个艺术作品，但这样称谓毕竟只是由于与艺术作品的类比；也就是说，一旦想一想蜜蜂并不是把自己的工作建立在自己的任何理性思考之上，人们马上就说，这是它们的本性（本能）的一个产品，而它作为艺术则只应归于艺术的创造者。

如果在搜索一块沼泽地时，像有时发生的那样，发现一段砍削过的木头，那么，人们就不说这是一个自然产品，而说它是一个艺术产品；产生这产品的原因设想过一个目的，这产品的形式应归功于这个目的。通常人们也在一切如此性状的东西上看到一种艺术，即这东西在原因中的表象必定先行于它的现实（如同哪怕在蜜蜂那里），而这表象的结果却可以并不正好是**所想到的**；但是，如果人们把某种东西绝对地称为一个艺术品，以便把它与一个自然结果区别开来，那么，人们就总是把它理解为一个人的作品。

二、**艺术**作为人的技巧也被与**科学**区别开来（**能够**被与**知道**区别开来），作为实践的能力被与理论的能力区别开来，作为技术被与理论区别开来（就像测量术被与几何学区别开来一样）。而且在这里，就连人们一旦**知道**应当做什么，因而只要充分了解所欲求的结果就**能够**做到的事情，也不被称为艺术。惟有人们即使最完备地了解也并不因此就马上拥有
〔304〕

去做的技巧的事情，才就此而言属于艺术。**坎培尔**很精确地描述出最好的鞋必须是什么性状，但他肯定不能做出任何鞋来。①

三、**艺术**甚至也被与**手艺**区别开来；前者叫做**自由的**艺术，后者也可以叫做**雇佣的艺术**。人们这样看待前者，就好像它只是作为游戏，亦即作为独自就使人适意的活动而能够合目的地得出结果（成功）似的；而后者却是这样，它能够作为工作，亦即作为独自不使人适意而只是通过其效果（如佣金）而吸引人的活动，因而强制性地加之于人。在行会的等级表上，钟表匠应当被视为艺术家，而铁匠则与此相反，应当被视为手艺人，这是需要一个与我们在这里所持的观点不同的评判观点的；亦即必须为这些行当的这一种或者那一种提供根据的那些才能的比例。就连在所谓的七种自由的艺术中，是否也可以举出一些应当归给科学，另一些可以与手艺相比，我在这里不想谈论。但是，在一切自由的艺术中，也都仍然要求有某种强制性的东西，或者像人们称谓的那样，要求一种**机械作用**，没有这种机械作用，在艺术中必须是自由的并且惟一给予作品以生命的那个**精神**就会根本不具形体并且完全蒸发；不提醒这一点是不可取的（例如在诗艺中语言的正确和丰富，此外还有韵律和节律），因为好些新派教育家相信，如果他们除掉艺术的一切强制，并使艺术从工作转化为纯然的游戏，就会最好地促进一种自由的艺术。

① 在我们这一带，平常的人，如果有人向他提出像哥伦布与他的蛋这样一种课题，就说：**这不是什么艺术，这只是一种科学**。也就是说，如果人们知道，那么人们就**能够**做到；对于变戏法人的一切所谓的艺术，人们说的同样是这些话。与此相反，人们绝不会拒绝把走绳演员的艺术称为艺术。

第 44 节　美的艺术

既没有美者的科学而只有美者的批判，也没有美的科学而只有美的艺术。因为谈到美者的科学，那在它里面就会应当科
〔305〕学地、也就是通过证明根据来澄清，某种东西是否必须被视为美的；因此，关于美的判断如果是属于科学的，它就不会是鉴赏判断。至于后者，一门科学本身应当是美的，它就是荒唐的东西。因为如果人们在作为科学的它里面问询根据和证明的话，就会被人用一些漂亮的格言（警句）来打发。——那诱发出**美的科学**这种常见表述的东西，毫无疑问不是别的，就是人们完全正确地发现，对于处在其全部完美性之中的美的艺术来说，要求有许多科学，例如古代语言的知识，对那些被视为经典作家的作者们的博闻强记，历史，对古代的知识等等，因此，这些历史性的科学由于它们为美的艺术构成了必要的准备和基础，部分地也由于在它们中间甚至包括对美的艺术的产品的知识（雄辩和诗艺），就通过用词的混淆而本身被称为美的科学了。

如果艺术与对于一个可能对象的**知识**相适合，纯然是为了现实地制作出这对象而作出为此所需要的行动，那么，它就是**机械的**艺术；但如果它以愉快的情感为直接的意图，那它就叫做**审美的**艺术。审美的艺术要么是**适意的**艺术，要么是**美的**艺术。如果艺术的目的是使愉快来伴随作为纯然**感觉**的表象，它就是前者，如果艺术的目的是使愉快来伴随作为**认识方式**的表象，它就是后者。

适意的艺术是纯然以享受为目的的艺术；所有这类艺术都是魅力，它们能够使一次宴会的社交妙趣横生：有趣的叙事把社交置于坦诚生动的交谈中，用戏谑和笑声使之具有某种欢乐

的气氛，在这里，如人们所说，可能叽里呱啦地说一些废话，而且没有人愿意对他所说的话负责，因为这只是着眼于眼下的消遣，不是着眼于以后沉思和议论的长久材料。（属于此列的还有为了享受而如何配备餐桌，或者甚至在大吃大喝时的宴会音乐：这是一种奇怪的东西，它只是作为一种适意的响声应当维持心灵的快乐情调，而且即便没有人把丝毫的注意力用于这音乐的乐曲，它也有利于邻座相互之间自由的交谈。）此外，〔306〕属于此列的还有所有那些并不带有别的兴趣，而只是使时间不知不觉地过去的游戏。

与此相反，美的艺术是这样一种表象方式，它独自就是合目的的，而且尽管没有目的，却仍然促进为了社交传达而对心灵能力的培养。

一种愉快的普遍可传达性就其概念而言就已经带有这一点，即这种愉快不是出自纯然感觉的享受的愉快，而必须是反思的愉快；这样，审美的艺术作为美的艺术，就是这样一种以反思性的判断力，而不是以感官感觉为准绳的艺术。

第45节 美的艺术是一种就其同时显得是自然而言的艺术

在美的艺术的一个产品上，人们必须意识到，它是艺术而不是自然；但是，它的形式中的合目的性毕竟必须显得如此摆脱了任性规则的一切强制，就好像它纯然是自然的一个产品似的。在我们诸般认识能力的毕竟同时又必须是合目的的游戏中的这种自由情感之上，建立起惟一可以普遍传达却并不建立在概念之上的那种愉快。自然是美的，如果它同时看起来是艺术；而艺术只有当我们意识到它是艺术而在我们看来它毕竟又是自然的时候才被称为美的。

因为无论是谈到自然美还是谈到艺术美，我们都可以一般地说：**美的就是那在纯然评判中**（而不是在感官感觉中，也不是通过一个概念）**让人喜欢的东西**。现在，艺术在任何时候都有一个要产生出某种东西来的确定意图。但是，如果这种东西纯然是应当伴有愉快的感觉（某种纯然主观的东西），那么，这个产品在评判中就会只是借助于感官感觉而让人喜欢的了。如果这意图是针对产生一个确定的客体的，那么，当这意图通过艺术而达到时，客体就会只是通过概念而让人喜欢的。但在这两种场合，艺术都会不是**在纯然的评判中**，亦即不是作为美的艺术，而是作为机械的艺术让人喜欢的。

因此，美的艺术的产品中的合目的性虽然是有意的，但却
〔307〕毕竟不显得是有意的；也就是说，美的艺术必须**被视为**自然，虽然人们意识到它是艺术。但一个艺术产品显得是自然却是由于，虽然惟有按照规则这个产品才能够成为它应当是的东西，而在与规则的一致中看得出所有的**一丝不苟**；但却没有**刻板**，没有显露出学院派的形式，也就是说，没有表现出这规则悬浮在艺术家眼前并给他的心灵力量加上桎梏的痕迹。

第46节　美的艺术是天才的艺术

天才就是给艺术提供规则的才能（自然禀赋）。既然这种才能作为艺术家天生的创造性能力本身属于自然，所以人们也可以这样来表述：**天才**就是天生的心灵禀赋（ingenium），**通过它**自然给艺术提供规则。

不论这个定义是怎样一种情况，也不论它只是武断的，还是与人们通常和**天才**这个词相结合的那个概念相适合的（这一点应当到下一节中来讨论），人们毕竟已经能够预先证明，按照这里所假定的词义，美的艺术必然地必须被视为**天才**的

艺术。

因为每一种艺术都以一些规则为前提条件，一个产品如果应当叫做艺术的，要通过这些规则的奠立才被表现为可能的。但是，美的艺术的概念不允许关于其产品的美的判断从某个以一个**概念**为规定根据，因而以关于这产品如何可能的概念为基础的规则中推导出来。因此，美的艺术不能为自己想出它应当据以完成自己的产品的规则。既然没有先行的规则一个产品就绝不能叫做艺术，所以，自然就必须在主体中（并通过主体各种能力的相称）给艺术提供规则，也就是说，美的艺术惟有作为天才的产品才是可能的。

人们由此就看出：1. 天才是一种产生出不能为之提供任何确定规则的东西的**才能**，而不是对于按照某种规则可以学习的东西的技巧禀赋；所以，**原创性**就必须它的第一属性。〔308〕2. 既然也可能存在原创的胡闹，所以天才的产品必须同时是典范，亦即是**示范性的**；因此，它们本身不是通过模仿产生的，但却必须对别人来说用于模仿，亦即用做评判的准绳或者规则。3. 它是如何完成自己的产品的，它自己也不能描述或者科学地指明，相反，它是作为**自然**来提供规则的；因此，一个产品的创作者把这产品归功于他的天才，他自己并不知道这方面的理念是如何在他心中出现的，就连随心所欲地或者按照计划地想出这些理念并在使别人能够产生出同样的产品的这样一些规范中把这些理念传达给别人，这也不是他所能控制的（因此，天才这个词也很可能是派生自 genius［守护神］，即特有的、对于一个人来说与生俱来的保护和引导的精神，那些原创的理念就源自它的灵感）。4. 自然通过天才不是为科学，而是为艺术颁布规则，而且就连这也只是就艺术应当是美的艺术而言的。

第 47 节　对上述关于天才的说明的阐释和证实

在这一点上每个人都是一致的，即天才是与**模仿的精神**完全对立的。既然学习无非就是模仿，所以，机敏好学（接受力）作为机敏好学，这种最大的能力就毕竟不能被视为天才。但是，即便人们自己思想或者创作，而且不仅是把握别人想过的东西，甚至还对于艺术和科学有所发明，这毕竟也还不是真正的根据，以便把这样一个（常常是伟大的）**头脑**（与那种由于从来不能超出纯然的学习和模仿而叫做**蠢才**的头脑相对立）称为一个**天才**，因为恰好这一点也是**能够**学来的，因而是处在按照规则进行研究和沉思的自然道路之上的，并且与通过勤奋凭借模仿就能够获得的东西没有类的区别。所以，人们完全能够学会**牛顿**在其《自然哲学原理》这部不朽的著作中所讲述的一切，哪怕发明出这类东西需要一个伟大的头脑；但是，人们却不能学会富有灵气地作诗，哪怕诗艺的一切规范是如此详
〔309〕细，它的典范是如此优秀。原因在于，牛顿可以把它从几何学的最初要素直到他的伟大而深刻的发明所应当采取的一切步骤，都不仅仅向他自己，而且向每个他人完全直观地并为了追随而确定地示范出来；但却没有一个**荷马**或者**维兰德**能够指出，其头脑中那些富有幻想而又毕竟同时思想丰富的理念是如何产生出来并会聚到一起的，这是因为他自己也不知道这一点，因而也不能把它教给任何他人。因此在科学中，最伟大的发明者与最辛劳的模仿者和学徒都只有程度上的区别，与此相反，他与自然使其有美的艺术天赋的人却有类的区别。不过，在这里并没有与在其美的艺术才能方面的自然宠儿相比来贬低人类要如此之多地感恩的那些伟大人物。他们与那些配得上号称天才这一荣誉的人相比一个重大的优点恰恰在于，他们的才

能适合于知识和依赖于知识的一切利益不断进步的更大的完善性，同样适合于在同样这些知识中教导别人；而对于后者来说，艺术在某个地方就停滞不前了，因为对艺术设立了一个界限，它不能够再超出这个界限，这个界限也许很久以来就已经被达到并且不能再被扩展；此外，这样一种技巧也不能被传达，而是要由自然之手直接授予每个人，因而也与它一起死去，直到自然有朝一日再次同样赋予另一个人，这个人所需要的只是一个榜样，以便让他在自己身上意识到的才能以类似的方式起作用。

既然自然禀赋必须给艺术（作为美的艺术）提供规则，那么，这些规则究竟是什么性质的呢？它不能以任何公式撰写出来充当规范；因为若不然，关于美者的判断就是可以按照概念来规定的了；相反，这规则必须从事实中，亦即从产品中抽出，在这产品上，别人可以检验他们自己的才能，不是为了让它充当**仿造**的典范，而是为了让它充当**模仿**的典范。至于这一点是如何可能的，却很难解释。艺术家的理念激起他的学徒的类似的理念，如果自然给这个学徒配备上心灵力量的一种类似比例的话。因此，美的艺术的典范是惟一把这艺术带给后来者的引导手段，这种事是不能通过纯然的描述来发生的（尤其是 〔310〕
在言语艺术的学科中）；甚至在言语艺术中，也只有在古代的已死的、现在只是作为学术的言说艺术而保留下来的语言中的言说艺术才成为经典的。

尽管机械的艺术和美的艺术，前者纯然作为勤奋的和学习的艺术，后者作为天才的艺术，相互之间颇有区别，但却毕竟没有任何美的艺术，其中不是有某种能够按照规则来领会和遵从的机械性东西，因而有某种**符合学院规则的东西**来构成艺术的本质条件的。因为在这里必须把某种东西设想为目的，若不然，人们就根本不能把自己的产品归于任何艺术；它就会只是偶然的产品。但为了把一个目的确立在作品中，就要求有一定的规则，人们不可以使自己摆脱这些规则。既然才能的原创性构成天才品质的一个（但不是惟一的）本质性成分，所以一些肤浅的头脑就相信，除了他们从一切规则的学院派强制解脱出来，他们就不能更好地表明他们自己就是朝气蓬勃的天才，而且他们相信，他们骑在一匹暴躁的马上比骑在一匹经过训练的马上要更加威风。天才只能为美的艺术的产品提供丰富的**素材**；对这素材的加工和**形式**则要求一种通过训练而形成的才能，以便对那材料作一种在判断力面前经得起考验的应用。但是，如果某人甚至在谨慎的理性研究的事情上也像一个天才那样说话和作决定，这就尤其可笑了；人们真的不知道，是更应当嘲笑那个骗子，他在自己周围散播如此之多的迷雾，使得人们不能够清晰地评判任何东西，但却更能够去想象；还是更应当嘲笑公众，他们真诚地自以为自己之所以没有能力清晰地认识和领会这种洞识的绝技，乃是因为新的真理是整块地抛给他们的，相比之下（经过精确的解释和对原理的符合学院规则的检验）的细节在他们看来只是粗制滥造的作品。

〔311〕

第48节　天才与鉴赏的关系

为了把美的对象评判为美的对象，要求有**鉴赏**，但为了美的艺术本身，亦即为了产生这样一些对象，则要求有**天才**。

如果人们把天才视为美的艺术的才能（它带着这个词的特有含义），并想在这种意图中把它分解成为必须汇聚起来构成这样一种才能的诸般能力，那么，就有必要事先精确地规定自然美和艺术美的区别，对前者的评判只要求有鉴赏，后者的可能性（这是在评判这类对象时也必须考虑到的）则要求有天才。

一个自然美是一个**美的事物**，艺术美则是对一个事物的一个美的表象。

为了把一个自然美评判为这样一个自然美，我并不需要事先对这对象应当是一个什么样的事物有一个概念；也就是说，我没有必要了解质料的合目的性（目的），相反，不了解目的单是形式在评判中就独自让人喜欢了。但是，如果这对象是作为一个艺术产品被给予的，并且作为这样一个产品应当被解释为美的，那么，由于艺术总是以原因（及其因果性）中的一个目的为前提条件，所以首先必须奠立一个关于事物应当是什么的概念为基础；而既然一个事物中杂多与该事物作为目的的内在规定的协调一致就是该事物的完善性，所以在对艺术美的评判中也必须同时把事物的完善性考虑在内，而在对自然美的评判（把它评判为这样一个自然美）中则根本不问这种完善性。——虽然在评判中，尤其是在对有生命的自然对象例如这个人或者一匹马的评判中，通常也一起考虑到了客观的合目的性；但这样一来，就连这判断也不再是纯粹审美的判断，而是纯然的鉴赏判断了。自然不再是如其显得是艺术那样被评判，而是就它现实地**是**艺术（尽管是超人的艺术）而言被评判；而目的论的判断就对审美判断来说充当了它不得不考虑的基础和条件。在这样一种场合，即使例如有人说，这是一个美女，实 〔312〕
际上人们所想的却无非是：自然在她的形象中美丽地表现出女性身体结构的那些目的；因为人们还必须越过纯然的形式而眺望一个概念，以便以这样的方式通过一个逻辑上有条件的审美判断来设想对象。

美的艺术在这一点上正表现出它的优点，即它美丽地描述的事物在自然中却会是丑陋的或者讨厌的。复仇女神、疾病、战争的破坏等诸如此类的东西，作为祸害都能够被描述得很美，甚至被表现在油画中；惟有一种丑不能按照自然来表现，而不摧毁一切审美愉悦，从而摧毁一切艺术美：这就是唤起**恶**

心的那种丑。这是因为，由于在这种特殊的、全然建立在想象之上的感觉中，对象仿佛被表现为好像在强迫人去享受它，而我们却又在用强制力努力拒斥它；所以，这对象的艺术表象与这对象本身的自然在我们的感觉中就不再有区别，而那个表象在这种情况下就不可能被视为美的。雕刻艺术也由于在其作品上艺术与自然几乎被混同，所以就从自己的塑形中排除了丑的对象的直接表象，为此就允许通过一种看起来令人喜欢的隐喻或者标志、因而只是间接地借助于理性的诠释、而不是为了纯然的审美判断力来表现死亡（以一个美的守护神）、战争的勇气（在玛尔斯身上）。

关于一个对象的美的表象就说这么多，它真正说来只是一个概念借以得到普遍传达的那种展示的形式。——但是，赋予美的艺术的产品以这种形式，所要求的仅仅是鉴赏，艺术家在通过艺术或者自然的诸多例子对这鉴赏加以练习和校正之后，就使自己的作品依凭这鉴赏，并在经过许多满足这鉴赏的往往是辛苦的尝试之后，才发现那使它满足的形式；因此，这形式并不仿佛是灵感或者心灵能力的一种自由振奋的事情，而是一种缓慢的，甚至折磨人的推敲的事情，为的是让形式适合思
〔313〕想，却又不损害这些能力的游戏中的自由。

但鉴赏只是一种评判的能力，而不是一种生产的能力；与它相符合的东西，并不因此就是美的艺术的一个作品，它可能是一个按照确定的规则属于有用的和机械的艺术，或者干脆属于科学的产品，这些规则是能够学习来并且必须被严格遵守的。但是，我们赋予该产品的那种让人喜欢的形式却只是传达的载体和一种仿佛是陈述的风格，在这方面人们还在某种程度上保持着自由，尽管除此之外毕竟被束缚在确定的目的上。于是人们就要求，餐具，或者一篇道德论文，甚至一次布道，就自身而言都必须具有美的艺术的这种形式，却又不显得是**矫揉**

造作的；但人们并不因此就把它们称为美的艺术的作品。被归为后者的是一首诗、一首乐曲、一条画廊等诸如此类的东西；而在这里，人们可能常常在一个应当是美的艺术的作品上发觉没有鉴赏的天才，在另一个作品上发觉没有天才的鉴赏。

第49节 构成天才的各种心灵能力

关于某些人们期待它们至少部分地应当表现为美的艺术的产品，人们说：它们没有**精神**；尽管人们在它们身上就鉴赏而言并没有发现任何可指责的东西。一首诗可能是相当可爱的和漂亮的，但它没有精神；一部历史是精确的和有条理的，但没有精神；一篇祝词是缜密的同时也是精巧的，但没有精神；一些交谈不无风趣，但毕竟没有精神；甚至关于一个少女人们也说：她是俊俏的、口齿伶俐的和乖巧的，但没有精神。人们在这里所理解的精神，究竟是什么呢？

审美意义上的**精神**就叫做心灵中活跃的原则。但是，这个原则借以使灵魂活跃起来的东西，即它为此所用的材料，就是把心灵的各种力量合目的地置于振奋之中，亦即置于这样一种自行维持，甚至为此而加强这些力量的游戏之中。

于是我主张，这个原则不是别的，就是展示**审美理念**的能力；但是，我把审美理念理解为想象力的这样一种表象，它诱 〔314〕
发诸多的思考，却毕竟没有任何一个确定的思想，亦即**概念**能够与它相适合，因而没有任何语言能够完全达到它并使它可以理解。——人们很容易看出，它是一个**理性理念**的对应者（对称者），后者反过来是一个不能有任何**直观**（想象力的表象）与它相适合的概念。

也就是说，想象力（作为生产性的认识能力）就用现实的自然提供给它的材料仿佛是创造出另一个自然而言是很强大的。当我们觉得经验太平常的时候，我们就拿自然消遣；我们也可以改造自然，虽然还总是按照类比的法则，但毕竟也按照在理性中地位更高一些的原则（这些原则对我们来说，与知性据以把握经验性的自然的那些原则一样，也是自然的）；此时我们就感到我们对于联想律的自由（联想律是与那种能力的经验性应用相联系的），虽然按照联想律，材料是从自然给我们借来的，但这材料却能被我们加工成某种完全不同的东西，亦即加工成超越自然的东西。

人们可以把想象力的这类表象称为**理念**，这一方面是因为它们至少追求某种超出经验界限之外存在的东西并这样来试图接近于对理性概念（理智理念）的一种展示，这就赋予了它们一种客观实在性的外表；另一方面，确切地说主要是因为没有任何概念能够完全与作为内部直观的它们完全相适合。诗人敢于把不可见的存在者的理性理念，诸如至福者之国、地狱之国、永恒、创世等诸如此类的东西感性化；或者也把虽然在经验中找得到例子的东西，诸如死亡、忌妒和一切恶习，同样还有爱、荣誉等诸如此类的东西，超出经验的限制之外，借助于在达到一个最大值方面竭力仿效理性的前奏的一种想象力，在一种完备性中使之成为感性的；而这真正说来就是审美理念的能力能够以其全部规模在其中表现自己的那种诗艺。但这种能力独自来看，真正说来只是一种才能（想象力的才能）。

现在，如果给一个概念配上想象力的一个表象，这个表象〔315〕是展示这个概念所需要的，但独自说来却诱发起如此之多、永远也不能总括在一个确定的概念之中的思考，因而甚至以不受限制的方式在审美上扩展了该概念；那么，想象力在这里就是创造性的，并且使理智理念的能力活动起来，也就是说，在诱发一个表象方面时思考比在其中能够把握和说明的更多的东西（虽然这属于对象的概念）。

有一些形式，它们并不构成一个被给予的概念的展示，而是仅仅作为想象力的附带表象而表述与此相联结的后果和这个概念与另一些表象的亲缘关系，人们把这些形式称为一个其概念作为理性理念不可能被适当地展示的对象的**标志**（审美标志）。所以，朱庇特的鹰及其爪中的闪电就是这位强大的天帝的一个标志，而孔雀则是仪态万方的天后的一个标志。它们并不像**逻辑标志**那样，表现处在我们关于创造之崇高和壮丽的概念之中的东西，而是表现某种别的东西，这东西给想象力提供诱因，去把自己扩展到有亲缘关系的表象的一个集合之外，这些表象让人思考比人们在一个通过语词来规定的概念中所能够表述的更多的东西；并且给出一个**审美理念**，这个理念取代逻辑的展示而服务于那个理性理念，但真正说来是为了使心灵活跃起来，因为它给心灵展现出有亲缘关系的表象的一个望不到边的疆域的远景。但是，美的艺术并不仅仅在绘画或者雕刻艺术中这样做（在这里，习惯使用标志这个名称）；而是诗艺和演讲术也都仅仅从对象的审美标志中获取那使自己的作品活跃起来的精神，这些审美标志支持逻辑标志，并给予想象力一种振奋，使它在此时虽然以未展开的方式，却思考比在一个概念中，因而在一个确定的语言表述中所能够总括的更多的东西。——为了简短起见，我不得不局限于仅举少数几个例子。

伟大的国王在他的一首诗中这样说道："让我们毫无怨言地从生命中退出，不为某种东西感到遗憾，因为我们以累累善举把世界留在身后。太阳在完成了一天的行程之后，还把一片和煦的光辉撒在天际；而它传送到空中的最后的光线，就是它为世界的福祉吐出的最后一息。"这时他在自己生命的终点还 〔316〕
在用一个标志来使他关于世界公民意向的理性理念活跃起来，这个标志是想象力（通过一个晴朗的傍晚在我们心灵中唤起的对已度过的美丽夏日的所有适意的回忆）附加给那个表象的，而这就使得一批自身找不到表述的感觉和附带表象有了生气。另一方面，甚至一个理智概念也能够反过来用做一个感官表象的标志，并这样来通过超感性的东西的理念使得这个感官表象活跃起来；但是，这只是因为那主观上附着在超感性东西的意识上的审美东西被应用于此。例如，某位诗人在描写一个美丽的早晨时说道："太阳喷薄而出，如同安谧从德性涌现。"德性的意识，即便人们只是在思想上置身于一个有德之人的地位，也在心灵中散布一批崇高的和使人安谧的情感，以及一个欢快的未来的无边远景，它们是任何与一个确定的概念相适合的表述都没有完全达到的。①

一言以蔽之，审美理念是想象力的一个加在被给予的概念上的表象，这表象在想象力的自由应用中与各个分表象的这样一种多样性结合在一起，以至于为它找不到任何表示一个确定的概念的表述，因此，它使人对一个概念联想到许多不可言说的东西，对这些东西的情感使认识能力活跃起来，并把精神结合在作为纯然字母的语言上。

因此，那些（在某种关系中）结合起来构成**天才**的心灵力量，就是想象力和知性。只不过，既然在为知识而运用想象力时，想象力被置于知性的强制和与知性的概念相适合的限制之
〔317〕下；但在审美的意图中想象力却是自由的，以便还超越与概念的那种一致，却自然而然地为知性提供丰富多彩的、未加阐明

① 也许，从来没有比在**伊希斯**（**自然**之母）神殿上方的那条题词说出过更崇高的东西，或者更崇高地表述过一个思想了："我是一切现有的、曾有的和将有的，我的面纱没有任何有死者曾揭开过"。**谢格奈**在通过一个置于他的《论自然》之前的一个扉页小花饰利用了这个理念，以便使他准备领进这个神殿的学生事先就充满应当使心灵与肃穆的凝神专注相称的神圣敬畏。

的、知性在其概念中未曾顾及的材料，但知性并不是客观地为知识，而是主观地为使认识能力活跃起来，所以毕竟也是间接地为知识而运用这材料；那么，天才真正说来就在于没有任何科学能够教会也没有任何勤奋能够学会的那种幸运的关系，即为一个被给予的概念找到各种理念，另一方面又对这些理念作出**表述**，通过这表述那由此引起的主观的心灵情调就能够作为一个概念的伴随物而传达给别人。这后一种才能真正说来就是人们称为精神的那种才能；因为把心灵状态中无法称谓的东西在某个表象那里表述出来并使之可以普遍传达，不论这表述是在语言中、在绘画中还是在雕塑中，这都要求有一种把握想象力的转瞬即逝的游戏并将之结合进一个无须规则的强制就能够被传达的概念（这概念正因为如此而是原创的，同时又展现出一条不能从任何先行的原则或者例子推论出来的规则）之中的能力。

※　　※　　※

如果我们根据这些分析回顾一下上面对人们称为**天才**的东西所给出的解释，那么，我们就发现：**第一**，它是一种艺术才能，而不是科学才能，在科学中必须有清晰了解的规则先行，并规定科学中的程序；**第二**，它作为艺术才能，是以关于产品的一个作为目的的确定概念，因而是以知性为前提条件的，但也是为了展示这个概念而以关于材料亦即直观的一个（尽管不确定的）表象，因而以想象力与知性的一种关系为前提条件的；**第三**，它与其说是在实行预先设定的目的时在一个确定的**概念**的**展示**中，倒不如说是在为了那个意图而包含着丰富材料的**审美理念**的陈述或者表述中表现出来的，因而使想象力在其摆脱规则的一切引导的自由中表现为对于展示被给予的概念来说合目的的；最后**第四**，想象力与知性的有法则性的自由一致 〔318〕
中的自然而然的、非有意的主观合目的性以这两种能力的这样一种比例和相称为前提条件，这种比例和相称不是遵循规则就能导致的，不论是科学的规则还是机械模仿的规则，而只能是主体的本性产生的。

按照这些前提条件，天才就是：一个主体在其认识能力的**自由**应用中的自然禀赋之典范的原创性。以这样的方式，一个天才的产品（按照其中应归于天才，而不应归于可能的学习或者训练的东西来看）就不是一个模仿的榜样（因为那样的话，它上面是天才并构成作品的精神的东西就会丧失），而是对另一个天才来说的追随的榜样，这另一个天才由此而被唤起对他自己的原创性的情感，即他在艺术中如此实施了摆脱规则强制的自由，以至于这种艺术由此本身获得了一个新的规则，那才能通过这个新的规则表现为典范的。但是，由于天才是自然的宠儿，这类东西人们只能视为罕见的现象，所以，他的榜样就为别的优秀头脑产生了一种训练，亦即一种按照规则的方法上的传授，只要人们能够从那些精神产品及其独特性中得出这些规则；而对这些优秀头脑来说，美的艺术就是自然通过一个天才为之提供规则的模仿。

但是，如果学生**仿造**一切，直到作为畸形物、天才只是由于不削弱理念就不能消除之才予以容忍的那种东西，那么，这种模仿就成了**因袭**。这种勇气惟有在一个天才那里才是可嘉的事情；而表述中的某种**大胆**和一般而言对通常的规则的一些偏离，对于他来说是很适宜的，但却绝不是值得模仿的，而是就自身而言总还是一个人们必须力求消除的错误，但天才对这种错误来说仿佛有特权，因为他的精神振奋的那种不可模仿的东西会由于怯懦的谨慎而受到损害。**风格化**是另一种因袭，亦即仅仅对一般**特性**（原创性）的因袭，为的是尽可能远离模仿者，却毕竟不具有同时成为**典范**的才能。——虽然一般来说，组织自己的演示思想有两种方式（modus），其中的一种叫做**风格**（modus aestheticus［审美的方式］），另一种叫做**方法**

(modus logicus［逻辑的方式］)，它们相互之间的区别在于：前者除了展示中的统一性的**情感**之外，没有任何别的准绳，而 〔319〕
后者在这里却遵循着确定的**原则**；因此，惟有前者才被视为美的艺术。不过，一个艺术产品惟有当它里面的理念的演示**着眼于**特异性，而不是被弄得与理念相适合的时候，才叫做**风格化了的**。炫耀卖弄的东西（矫揉造作的东西）、装模作样的东西和装腔作势的东西，仅仅是为了与平常的东西区别开来（但没有精神），就类似于这样一种人的举止，关于这种人，人们说，他自说自话，或者他一举一动，就好像在舞台上似的，为的是引人注目，这在任何时候都暴露出是一个半吊子。

第 50 节　在美的艺术的产品中鉴赏与天才的结合

如果问题在于，在美的艺术的事情上什么更重要，是在它们上面显示天才，还是显示鉴赏，那么，这就等于是问，在这里是想象更重要还是判断力更重要。既然一种艺术就前者而言宁可说配被称为一种**富有灵气**的艺术，惟有就后者而言才配被称为一种**美的**艺术，所以后者至少作为绕不开的条件（conditio sine qua non［必不可少的条件］），就是人们在把艺术评判为美的艺术时必须注意的最重要的东西。为了美起见，并不那么必然地需要在理念上丰富且原创，但却很需要那种想象力在其自由中与知性的合法则性的相适合。因为前者的一切丰富性在其无法则的自由中所产生的无非是胡闹；与此相反，判断力则是使它们适应于知性的那种能力。

鉴赏与判断力一样，一般而言是天才的纪律（或者管束），它狠狠地剪短天才的翅膀，使天才受到教养或者磨砺；但同时它也给予天才一种引导，即它应当扩展到什么上面和扩展到多远，以便保持是合目的的；而由于它把清晰和秩序带进丰富的思想中，它就使得理念成为站得住脚的，能够获得持久的而且同时也普遍的赞同、别人的追随和一种始终进步的培养。因此，如果在一个产品上这两种属性的冲突中应当牺牲某种东西
〔320〕的话，那么，就不得不宁可让这事发生在天才方面；而如果判断力在美的艺术的事情上从自己的原则出发发表意见，那就宁可允许损害想象力的自由和丰富，也不允许损害知性。

因此，美的艺术就需要**想象力**、**知性**、**精神**和**鉴赏**。①

第 51 节　美的艺术的划分

人们可以一般地把美（不论是自然美还是艺术美）称为审美理念的**表述**：只是在美的艺术中，这个理念必须通过关于客体的一个概念来诱发，但在美的自然中，为了唤起和传达那个客体被视为其**表述**的理念，仅仅对一个被给予的直观的反思就够了，无须关于应当是对象的东西的概念。

因此，如果我们要划分美的艺术，那么，我们为此所能够至少尝试着去选择的更为方便的原则，莫过于艺术与人们言说时为了尽可能完善地相互传达，亦即不仅在其概念上而且也在其感觉上相互传达而使用的那种表述方式的类比。②——这种表述就在于**语词**、**表情**和**格调**（发音、姿态和转调）。惟有这

① 前三种能力通过第四种能力才获得它们的**结合**。**休谟**在其历史著作中使英国人理解了，虽然他们在自己的作品中就前三种属性**分别**来看并不有所逊色于世界上的任何民族，但他们在把前三种属性结合起来的那种属性上，却毕竟不得不落后于他们的邻居法国人。

② 读者不要把对美的艺术的一种可能划分的这种设想评判为预期的理论。它只是人们还能够并且应当着手从事的诸多尝试中的一个罢了。

三种表述方式的结合构成了言说者的完备的传达。因为思想、直观和感觉由此同时并且联合起来被传递给别人。

因此，只有三种美的艺术：**言语的**艺术、**造型的**艺术和**感觉**（作为外表感官印象）**游戏**的艺术。人们也可以按照二分法建立这种划分，使得美的艺术被划分为思想之表述的艺术或者直观之表述的艺术，而后者又可以仅仅按照其形式或者其质料（感觉）来划分。不过，这样一来它们就会太抽象，看起来不那么适合通常的概念。 〔321〕

一、**言语的**艺术是**演讲术**和**诗艺**。**演讲术**是把知性的事务作为想象力的一种自由游戏来推进的艺术；**诗艺**则是把想象力的一种自由游戏作为知性的事务来实施的艺术。

因此，**演讲者**宣告一种事务，并这样来实施它，就好像它纯然是为了娱乐听众而借助于理念的一种**游戏**似的。**诗人**则仅仅宣告一种借助于理念的一种使人娱乐的**游戏**，但它却对于知性来说得出如此之多的结果，就好像他本来就只是有意推进这事务似的。感性和知性虽然相互不可或缺，但毕竟没有强制和彼此的损害就不能联合起来，这两种认识能力的结合与和谐必须显得是非有意的，并且是自行相互适应的；若不然，它就不是**美的**艺术了。因此，一切做作的东西和刻板的东西在这里都必须避免；因为美的艺术必须在双重意义上是自由的艺术：一方面，它并非作为雇工而是一种工作，这样的工作的大小是可以按照一个确定的尺度来评判、来强制或者付酬的；另一方面，心灵虽然有事可忙，但此时毕竟并不眺望一个别的目的而（不计报酬地）被满足和唤醒。

因此，演讲者虽然给予的是某种他并未许诺的东西，亦即想象力的一种使人娱乐的游戏；但是，他也断绝了某种他所许诺的东西和本是他所宣告的事务的东西，亦即合目的地使用知性。与此相反，诗人许诺得少，而且仅仅宣告了借助于理念的游戏，但却完成了某种配得上是一件事务的东西，亦即在游戏中给知性提供营养，通过想象力赋予知性概念以生命；因此在根本上，前者所做少于其所许诺，后者所做多于其所许诺。

二、**造型**艺术或者理念在**感官直观**中的表述（不是通过纯

〔322〕然想象力的那些由语词激发起来的表象的表述）的艺术，要么是**感官真实**的艺术，要么是**感官幻相**的艺术。前者叫做**塑形艺术**，后者叫做**绘画**。二者都使空间中的形象成为理念的表述：前者使形象对两种感官成为可知的，亦即视觉和触觉（尽管对后者来说意图并不在于美），后者使形象只对于视觉成为可知的。审美理念（原本、原型）对二者来说在想象力中都是基础，但构成理念的表述的那个形象（副本、摹本）则要么是在其立体的广延中（如同对象本身实存那样）被给予，要么是按照这形象在眼中呈现的方式（按照它在一个平面中的显示）被给予；或者，即便就前者而言，也要么是与一个现实目的的关系，要么只是这目的的外表被当做反思的条件。

塑形艺术，作为第一种美的造型艺术，属于它的有**雕塑艺术**和**建筑艺术**。**前者**是立体地如同事物**在自然中可能实存**那样展示事物的概念的艺术（但作为美的艺术考虑到审美的合目的性）；**后者**则是展示**惟有通过艺术**才有可能的事物的概念的艺术，这些事物的形式不是以自然，而是以一个任意的目的为规定根据，但为此意图，这种展示毕竟也同时在审美上是合目的的。在后一种艺术这里，主要的事情是人为的对象的某种**应用**，它作为条件，审美理念被限制在它上面。在前一种艺术那里，主要的意图只是审美理念的**表述**。这样，人、神、动物的立像等诸如此类的东西是前一种的；但为了公共聚会而建的神殿或者豪华建筑，或者还有为了缅怀荣光而建的住宅、牌坊、立柱、衣冠冢等诸如此类的东西则属于建筑艺术。甚至所有的家具（木匠的作品以及诸如此类的有用之物）也可以归入此列，因为

一个产品对某种应用的适合性构成一个**建筑作品**的本质性的东西；与此相反，一个纯然的**塑像作品**是仅仅为了观赏而创作的，它应当独自就让人喜欢，作为有形体的展示是对自然的纯然模仿，但毕竟考虑到了审美理念；于是，在这里**感官的真实**不可以走得如此之远，以至于它不再显得是艺术和任意的作品了。

绘画艺术，作为第二种造型艺术，人为地与理念相结合来展示**感官幻相**，我要把它划分为对**自然**的美的**描绘**的艺术和对 〔323〕
自然**产品**的美的**组合**的艺术。前者会是**真正的绘画**，后者则会是**园林艺术**。因为前者给出的仅仅是立体的广延的幻相；后者虽然按照真实给出了立体广延，但它却只是利用和应用于别的目的，而不仅仅为了观赏它们的形式时想象的游戏这种幻相。① 后者无非是用自然借以把地面呈现给直观的同一种多样性（草地、花卉、灌木丛和树木，甚至流水、山丘和山谷）来装饰地面，只不过是以另一种方式并与某些理念相适合来组合而已。但是，对立体事物的这种美的组合也像绘画那样只是为了眼睛而给出的；触觉的感官对于这样一种形式不能获得任何直观的表象。我还会把用裱糊纸、顶饰和一切只用于**外观**的美的室内

① 园林艺术尽管立体地展示自己的形式，却可以被视为绘画艺术的一种，这看起来令人奇怪；但是，既然它实际上是从自然取来自己的各种形式（树木、灌木丛、草地和花卉都来自森林和田野，至少最初是这样），而且就也不以关于对象及其目的的概念（例如像建筑艺术那样），而是仅仅以观赏中想象力的自由活动为其组合的条件而言，绝不像塑形艺术那样是艺术；所以，它与不具有任何确定主题（把空气、原野和水通过光和影而令人愉悦地组合起来）的纯然审美的绘画在这方面是一致的。——总之，读者只会把这评判为一种把各门艺术结合在一个原则之下的尝试，这原则在这里应当是审美理念（按照一种语言的类比）的表述的原则，而不会把它视为各门艺术被认为已裁定的推导。

家具来装饰房间归为广义的绘画；同样还有按照鉴赏来穿着（各种环、扣等等）的艺术。因为一个种有各种各样花卉的花圃、一个配有各种各样饰物（甚至把女士的首饰也包括在内）的房间，在一个盛大的节日构成了一种画面，它像真正说来的画面（绝不是意在**教人**历史或者自然知识）一样仅仅是为了观看而存在的，以便使想象力在借助于理念的游戏中感到娱乐，并且没有确定的目的而使判断力活动起来。在所有这种装饰方
〔324〕面的制品尽可以在机械性上非常不同，并且要求完全不同的艺术家；但对于在这种艺术中什么是美的，鉴赏判断却是以同样的方式就此而言被规定的，亦即对于这些形式来说，只是（不考虑一个目的）按照它们对眼睛呈现的那样单个地或者在其组合中根据它们对想象力造成的效果来评判它们。——但是，造型艺术如何能够（按照类比）被归为一种语言中的神情之列，却是由此得到辩护的，即艺术家的精神通过这些形象对他想过什么以及如何想给出了一个立体的表述，并使得事情本身仿佛是绘声绘色地说话：这是我们的幻想力的一种常见的游戏，它给无生命的事物按照其形式配上了一种从它们里面说话的精神。

三、**感觉的美的游戏**的艺术（这些感觉由外部产生，而这种游戏仍然必须是可以普遍传达的）所能够涉及的，无非是这感觉所属的感官不同程度的情调（紧张）的比例，亦即这感官的格调；在该词的这种宽泛的意义上，它被划分为听觉和视觉这两种感觉的艺术游戏，因而分为**音乐**和**色彩艺术**。——值得注意的是：这两种感官除了为凭借其概念从外部对象获得印象而需要的那么多的对印象的感受性之外，还能够具有一种与此相结合的特殊感觉，关于这种感觉人们不能很好地断定，它是以感官还是以反思为基础的；以及这种感受性毕竟有时可能缺乏，尽管感官在其他方面，就它应用于客体的知识而言，根本没有缺陷，而也许是十分出色的。这就意味着：人们不能确定

无疑地说：一个颜色或者一个音调（声响）仅仅是适意的感觉，还是就自身而言已经是诸感觉的一种美的游戏，并且作为这样一种游戏带有在审美评判中对形式的愉悦。如果人们想到光的振动速度，或者在第二种方式中想到空气的振动速度，似乎是远远超出了我们直接在知觉中评判通过这速度来划分时间的那个比例的一切能力，那么，人们就应当相信，惟有这些颤动对我们身体的弹性部分的**作用**才被感觉到，而通过它们**对时间的划分**却未曾被发觉并纳入评判，因而与颜色和音调相结合的只〔325〕是适意，而不是它们的组合的美。但与此相反，**首先**，如果人们想到关于音乐中这些振荡的比例及其评判所能够说出的数学成分，并顺理成章地按照与这种评判的类比来评判色彩的对比；**其次**，如果人们咨询虽然只有罕见实例的那些人，他们拥有世界上最好的视觉却不能分辨颜色，拥有最灵敏的听觉却不能分辨音调，同样，对于能够做到这一点的那些人来说，咨询在色阶或者音阶上以不同的紧张度对一种变化了的质（不只是对感觉的程度）的知觉，此外这些色阶或者音阶的数目对于**可把握的**区别来说是确定的；那么，人们就会发现自己不得不把二者的感觉不视为纯然的感官印象，而是视为在多种感觉的游戏中对形式的一种评判的结果。但是，在对音乐的根据作评判时一种意见或者另一种意见所给出的区别，只会把定义改变为：人们要么像我们所做的那样把音乐解释成为各种感觉（通过听觉）的**美的**游戏，要么解释成为**适意的**感觉的游戏。惟有按照第一种解释方式，音乐才会完全被表现为**美的**艺术，而按照第二种解释方式，它就会（至少部分地）被表现为**适意的**艺术。

第 52 节 在同一个产品中各种美的艺术的结合

演讲术可以与对其主体以及对象的绘画性展示结合在一出

戏剧中，诗可以与音乐结合在**歌咏**中，而歌咏又同时能够与绘画性的（戏剧性的）展示结合在一场**歌剧**中，音乐中诸感觉的游戏可以与诸形象的游戏结合在**舞蹈**中，如此等等。甚至对崇高者的展示，就它属于美的艺术而言，也可以在一出**押韵的悲剧**、一首**教诲诗**、一曲**圣乐**中与美相结合；而在这些结合中，美的艺术就更加人为化了，但是否也（由于如此多样的不同种类的愉悦相互交织而）更加美了，在这些场合的一些场合里是
〔326〕可以怀疑的。但毕竟在所有美的艺术中，本质性的东西都在于对于观赏和评判来说合目的的那种形式，在这里愉快同时就是教养，并使精神与理念相称，因而使精神能感受更多这样的愉快和娱乐；而不在于感觉的质料（魅力或者感动），在这里着眼的仅仅是享受，这种享受在理念里不留下任何东西，使得精神迟钝，使得对象逐渐变得令人生厌，并使得心灵由于意识到自己在理性的判断中违背目的的情调而对自己不满意和情绪化。

如果美的艺术不是被或近或远地与道德理念结合起来，惟有道德理念才带有一种独立的愉悦，那么，后一种情况就是这些美的艺术的最终命运了。在这种情况下，它们就只是用做消遣，而人们越是利用这种消遣，以便通过越来越使自己无用和对自己不满而驱赶心灵对自己的不满，就越是需要这种消遣。一般来说，自然的各种美是最有利于前一种意图的，如果人们早就习惯于观赏它们、评判它们和惊赞它们的话。

第53节　各种美的艺术相互之间审美价值的比较

在所有的审美艺术中，**诗艺**（它的起源几乎完全归功于天才，并且最少要由规范或者由榜样来引导）坚守着至上的地位。它扩展着心灵，因为它把想象力置于自由之中，并在一个被给予的概念的限制之内，在无限多样性的可能与此协调一致

的那些形式中间，呈现出一个把这概念的展示与一种没有任何语言表述与之完全符合的思想丰富性联结起来的形式，因而在审美上把自己提升到理念。它使心灵坚强有力，因为它使心灵感到自己自由的、能动的和不依赖于自然规定的能力，即把自然按照外观作为显象来观察和评判的能力，这些外观并不是自然不论是为感官还是为知性自行在经验中呈现出来的，因而也就是把自然用于超感性的东西，仿佛是用做超感性的东西的图型的能力。诗艺用它任意造就的幻相做游戏，但并不以此骗 〔327〕
人；因为它把自己的活动本身就解释为纯然的游戏，这游戏尽管如此还可以被知性运用，合目的地运用到它的事务上。——演讲术，就它被理解为游说的艺术，亦即通过美的幻相来骗人的艺术（作为 ars oratoria [能言善辩的艺术]），而不仅仅是善于辞令（口才和风格）而言，是一种辩证法，这种辩证法从诗艺所借取的，只是在人们作评判之前就为演讲者自己的好处而赢得人心并剥夺其自由所必需的东西；因而既不能被推荐给法庭也不能被推荐给布道坛。因为如果所涉及的是公民法律，是各个个人的法权，或者是耐心地教诲和规定心灵去正确地认识和认真地遵循自己的义务，那么，对于一种如此重要的事务来说，哪怕只是让人看出机智和想象力的放肆的一点痕迹，就是有失身份的，更不用说让人看出游说和为某人捞取好处的艺术的痕迹了。因为即使演讲术有时也能被运用于就自身而言合法的和值得称赞的意图，但它毕竟是应予指斥的，因为以这种方式，准则和意向都在主观上受到败坏，尽管行为在客观上是合法的，因为做本身正当之事，这是不够的，而是还要仅仅出自它是正当之事的理由来做它。甚至仅仅这几种人类事务的清晰概念，与在榜样中的生动展示相结合，并且不违背语言流畅和对理性理念表述得体的规则（这些合起来就是善于辞令），就自身而言就已经对人的心灵具有充分的影响，没有必要在这里再加进游说的手法；这些手法由于同样也可以用于美化或者掩盖恶习和错误，是不能完全根除对其瞒天过海的暗中怀疑的。在诗艺中，一切都是诚实地和正直地进行的。它表示，只是想推进那借助于想象力而使人娱乐的游戏，确切地说是在形式上与知性法则相一致的游戏；而且不要求用感性的展示来蒙骗和纠缠知性。①

〔328〕 如果**所涉及的是魅力和心灵的激动**，那么，我会把这样一

① 我不得不承认，一首美的诗总是使我产生一种纯粹的快乐，而读一位罗马公民演说家或者现在的议会演说家或者布道演说家的最好的演说则任何时候都混有对一种阴险的艺术的反感这种不适意的情感，这种艺术懂得把人们当做机器，推动人们在重要的事情上作出在平静思考时必定在他们那里失去任何重要性的判断。口才和善于辞令（合起来就是修辞学）属于美的艺术；但演说家的艺术（ars oratoria）作为利用人们的弱点来达到自己的目的的艺术（哪怕这些意图被认为或者甚至现实地如它们愿望的那样好），却是根本不值得**敬重**的。何况无论是在雅典还是在罗马，它都是在国家急速衰败、真正的爱国主义思维方式已经熄灭的时候才上升到最高阶段的。由于对事情有清晰的洞识而按照其丰富性和纯粹性掌握了语言，并由于一种能产的、对于展示自己的理念来说精明强干的想象力而鲜活地在心灵中分享真正的善的人，就是 vir bonus decendi peritus［有演说经验的好人］*，即无须艺术，但却坚强有力的演说家，就像**西塞罗**想有的那种力量，但他自己却并没有保持总是忠于这一理想那样。

* 这句格言并非出自西塞罗，而是出自加图；参见《加图残篇》，H. 约尔丹编，80 页，莱比锡，1860；参见昆体良：《雄辩术原理》，第 7 卷，第 1 章，1：Sit ergo nobis orator，quem constituimus，is，qui a M. Catone finitur，vir bonus dicendi peritus［因此，对于我们来说，我们所推举的演说家就是 M. 加图规定的，即有演说经验的好人］。徐恩多夫证之。——科学院版编者注

种艺术置于诗艺之后，这种艺术在言语艺术中最接近诗艺，也可以很自然地与诗艺结合起来，这就是**音调艺术**。因为尽管它不用概念而全然通过感觉来说话，因而不像诗那样为思考留下了某种东西，但它毕竟更多样化地，而且尽管只是转瞬即逝但却更内在地激动着心灵；但它确实更多的是享受而不是教养（由此附带激起的思想游戏只不过是一种仿佛机械性的联想的作用）；由理性来评判，比美的艺术中任何别的艺术都更少具有价值。因此，它像任何享受一样要求经常的变换，忍受不了多次的重复而不产生厌烦。它那可以如此普遍地传达的魅力看起来乃是基于：语言的每一个表述在联系中都有一个与该表述的意义相适合的音调；这个音调或多或少地表示着说话人的一种激情，并且也在对面倾听者那里产生这种激情，这激情在倾听者那里反过来也激起在语言中以这样的音调所表述的那个理念；而且就像转调仿佛是一种普遍的、对每个人来说都可以理解的感觉语言一样，音调艺术独自以其全部强调，亦即作为激情的语言实施着这种转调，就这样按照联想律普遍地传达着与此自然相结合的审美理念；但是，由于那些审美理念不是概念 〔329〕
和确定的思想，这些感觉的复合形式（和声与旋律）就只是代替一种语言的形式，而用于凭借这些感觉的一种有比例的相称（这种相称由于在音调这里就这些音调同时地或者也前后相继地彼此结合起来而言，乃是基于在同一时间里空气振动的数目的比例关系的，所以能够在数学上被置于某些规则之下），来按照构成乐曲中主导激情的某个主题，而表述一种不可名状的思想丰富性之关联整体的审美理念。这种数学的形式虽然不是通过确定的概念表现的，但惟有在这种形式上，才依附着把关于这样一批相互伴随或者前后相继的感觉的纯然反思与感觉的这种游戏联结起来作为其美的对每个人都有效的条件的那种愉悦；而且惟有这种形式，才是鉴赏据以自认为有权预先说出每个人的判断的东西。

但是，对于音乐所产生的魅力和心灵激动，数学肯定没有丝毫的参与；相反，它只是各种印象在其结合以及交替中的那种比例的绕不开的条件（conditio sine qua non［必不可少的条件］），通过这种比例，才有可能把这些印象总括起来，并阻止它们，使它们不是相互破坏，而是通过与之相谐和的激情协调成为心灵的一种连续的激动和振奋，从而成为一种惬意的自我享受。

与此相反，如果人们按照各种美的艺术给心灵造成的教养来评估它们的价值，并以为了认识而必须在判断力中会聚起来的那些认识能力的扩展为尺度，那么，音乐在各种美的艺术中间地位最低（就像它在同时按照其适意来评估的艺术中也许地位最高一样），因为它仅仅以感觉来做游戏。因此，造型艺术在这方面就远远走在音乐前面；因为当它们把想象力置于一种自由的，毕竟同时与知性相适合的游戏之中时，它们就同时推动着一件事务，因为它们完成了一个产品，这产品把知性概念用做一个耐久的、独自就受欢迎的工具，去促进这些概念与感性的结合，这样就仿佛是促进了高级认识能力的文雅。这两类
〔330〕艺术选取的是完全不同的道路：前一类是从感觉到不确定的理念；而后一类则是从确定的理念到感觉。后一类具有**常驻**的印象，前一类则只具有**短暂的**印象。想象力能够唤回后一类，并以此作适意的娱乐；前一类则要么完全消失，要么当它们不由自主地被想象力重复的时候，对于我们与其说是适意的，倒不如说是累赘的。此外，与音乐相联系的，是某种文雅的欠缺，即音乐尤其是按照其乐器的性状把自己的影响扩展到人们所要求的影响之外（即影响到邻居），这样就仿佛是强迫人，因而损害音乐聚会之外的其他人的自由；这不是那些对眼睛说话的艺术所做的事，因为如果人们不想接受它的印象的话，只要把

自己的眼睛转开就可以了。这种情况几乎就像用一种扩散得很远的香味来使自己陶醉一样。一个人从口袋里掏出他的洒满香水的手绢，违背自己周围和旁边所有人的意志款待他们，迫使他们如果想呼吸就同时享受这香味；因此这种事也已经不时兴了。①——在造型艺术中，我会给予绘画以优先地位：这部分是因为它作为描绘艺术是其余一切造型艺术的基础；部分是因为它能够比其余造型艺术所允许的更远地深入到理念的领域，也与这些理念相符合而更多地扩展直观的疆域。

第 54 节　附释

在**仅仅于评判中让人喜欢**的东西和**使人快乐**的（于感觉中让人喜欢的）东西之间，如同我们经常指出的那样，有一个本质性的区别。后者是某种人们不能像对前者那样要求于每个人的东西。快乐（它的原因尽可以也在理念中）看起来任何时候都在于一种促进人的全部生活，因而也促进肉体的舒适亦即健 〔331〕
康的情感；以至于把一切快乐在根本上都冒充为肉体感觉的**伊壁鸠鲁**，在这方面也许会是不无道理的，而且当他把理智的，甚至实践的愉悦都归入快乐之列的时候，他只不过是自己误解了自己罢了。如果人们注意到后一种区别，那么，人们就能够解释，何以一种快乐甚至能够使感觉到它的人反感（如一个贫穷但却思想正派的人对他那爱他但却吝啬的父亲的遗产所感到的高兴），或者何以一种深深的痛苦却能够让承受它的人喜欢

① 那些建议在家里作祈祷时也唱圣歌的人，并没有考虑，他们通过这样一种**喧闹的**（正因为此通常是假虔诚的）祈祷而给公众加上了一种巨大的负担，因为他们强迫邻居们要么一起来唱，要么放下他们的思维工作。

（一个寡妇对她功勋卓著的丈夫的死感到的悲伤），或者何以一种快乐此外还能够让人喜欢（如对我们所推进的科学的快乐），或者一种痛苦（例如仇恨、忌妒和报复心）还能够使我们对它反感。愉悦或者反感在这里都基于理性，与**赞同**或者**不赞同**是一回事；但快乐和痛苦则可能仅仅基于情感或者对一种（无论出自什么根据的）可能的**舒适**或者**不舒适**的展望。

感觉（它们不以任何意图为根据）的一切交替着的自由游戏都使人快乐，因为这游戏促进着对健康的情感；无论我们在理性评判时对它的对象，甚至对这种快乐是否有一种愉悦，而且这种快乐能够一直上升到激情，尽管我们对这个对象本身并没有什么兴趣，至少没有这样一种与激情的程度成比例的兴趣。我们可以把它们划分为**博彩的游戏**、**音调的游戏**和**思想的游戏**。**第一种**游戏要求有一种**兴趣**，无论它是虚荣的兴趣还是自私的兴趣，但它远不如对我们如何力图获得它的方式所感到的兴趣那么大；**第二种**游戏仅仅要求感觉的交替，这些感觉中的每一种都与激情有自己的关系，但与激情的程度无关，都使审美的理念活跃起来；**第三种**游戏仅仅产生自判断力中诸表象的交替，由此虽然没有产生任何带有某种兴趣的思想，但毕竟振奋了心灵。

游戏必须如何使人快乐，而人们却不必把有兴趣的意图在这时当做基础，这是我们的所有社交晚会都表明了的；因为没有游戏，几乎所有的社交晚会都不可能使人娱乐。但是，希
〔332〕望、畏惧、高兴、愤怒、嘲弄这些激情，在这里通过它们每一刻都交换自己的角色而做游戏，而且是如此生动，以至于由此作为一种内在的运动，体内的整个生命活动都看起来得到了促进，就像心灵由此产生的一种生气勃勃所表明的那样，尽管既没有获得什么也没有学到什么。但是，既然博彩游戏并不是什么美的游戏，我们在这里要把它放到一边。与此相反，音乐和

笑料却是两种带有审美理念，或者也带有知性表象的游戏，通过它们最终没有思考任何东西，它们只是能够通过自己的交替使人快乐，但仍然是生动的快乐；由此它们就使人相当清晰地认识到，二者中的振奋都只是肉体的，虽然它们都是由心灵的理念激起的，而且对健康的情感通过内脏的一种与那个游戏相对应的运动，就构成了一个热情洋溢的晚会那被称赞为如此高尚风雅的全部快乐。不是对各种音调或者机智念头中的和谐的评判，这和谐连同它的美只不过被用做必要的载体罢了，而是肉体中得到促进的生命活动，即推动着内脏和横膈膜的激情，一言以蔽之对健康的情感（它没有这样的机缘通常是感不到的），构成了人们在也能够通过灵魂掌握肉体以及把灵魂用做肉体的医生这一点上感到的那种快乐。

在音乐中，这种游戏从肉体感觉进展到审美理念（激情的客体的理念），然后又从这些理念返回，但却是以联合起来的力量返回到肉体。在玩笑（它正如音乐一样，与其说应被归为美的艺术，倒不如说应被归为适意的艺术）中，游戏从思想开始，这些思想就它们要感性地表述自己而言，也全都使肉体活动起来；而且由于知性在这种展示中没有发现所期待的东西而突然松弛下来，于是人们就在体内通过各种器官的振奋感觉到这种松弛的作用，这种作用促进着这些器官的平衡的恢复，并对健康有一种良好的影响。

在一切应当激起一场热烈的哄堂大笑的东西里面，都必须有某种荒谬的东西（因此知性就自身而言在它那里不可能感到愉悦）。**笑是由一种紧张的期待突然转变成虚无而来的激情**。正是这种肯定不会使知性感到高兴的转变，毕竟间接地使人在一瞬间高兴非常。因此，其原因必定在于表象对肉体的影响以 〔333〕
及肉体对心灵的交互影响；确切地说并非就表象客观地就是快乐的对象而言（因为一个受骗的期待怎么可能使人快乐呢?），

而只是由于这种转变作为纯然的表象游戏而在肉体中产生了各种生命力的一种平衡。

当某人讲述：一个印第安人在苏拉特的一个英国人的筵席上看到打开一瓶英国淡色啤酒，这啤酒全都变成泡沫冒了出来，他用连声呼叫来表示他的巨大惊异，而当英国人问："这里到底有什么可以如此惊异的?"他回答说："我奇怪的也不是它冒出来，而是你们怎么把它塞进去的。"这时我们就会发笑，而且它使我们感到衷心的愉快：不是因为我们发现例如自己比这个无知的人更聪明，或者通常是对知性在这里让我们注意到的某种令人愉悦的东西感到愉快；而是我们的期待曾经是紧张的，而突然消失为虚无。或者当一个富有的亲戚的继承人想给这亲戚举办一个相当隆重的葬礼，却抱怨自己在这件事上相当不成功，因为（他说），"我给送葬人员的钱越多，让他们看起来悲伤些，他们就看起来越快活"，这时我们就大笑，而理由就在于一种期待突然转变成虚无。人们必须注意的是：这种期待必须不是转变成一个预期对象的积极对立面——因为这总是某种东西并常常会使人悲伤——，而是必须转变成虚无。因为如果某人讲一个故事而激起了我们很大的期待，而我们在结尾马上看出了这个故事的不真实，这就使我们感到反感；例如，关于那些据说由于巨大的忧伤而一夜之间白了头发的人的故事。与此相反，如果有另一个促狭鬼为了回敬这样一类讲述而加油添醋地讲述一位商人的忧伤，说他带着自己的全部财货从印度返回欧洲，在一场大风暴中不得不把它们全都抛到海里，并且忧伤到如此程度，以至于为此在这天夜里他的**假发**都变白了，我们就会发笑，而这就使我们快乐，因为我们把自己在捕捉一个本来对我们无所谓的对象上的失误，或者毋宁说把我们所追逐的理念像一只球那样，在我们只是以为抓住并把牢了它
〔334〕的时候还打来打去了一阵子。在这里，不是打发掉了一个骗子

或者傻瓜而唤起了快乐：因为后面这个一本正经讲出的故事单是自身就已经让一个聚会笑声朗朗了；而前者通常会就连去注意也是不值得的。

值得注意的是：在所有这样一些场合，笑话总是必须包含有某种能够蒙人一时的东西；因此，当幻相消失为虚无的时候，心灵就又回顾，以便把这幻相再次品味一番，这样，心灵就由于快速接踵而至的紧张和松弛而跳来跳去，动荡不安：这种动荡由于是仿佛绷紧了弦的东西突然（不是通过一种逐渐的放松）弹跳出来，必定造成心灵的激动以及与之和谐的内部身体运动，后者不由自主地持续下去，并产生疲倦，但同时也产生快感（一种导致健康的运动的结果）。

因为如果承认，与我们的所有思想和谐地结合在一起的，同时有肉体器官中的某种运动，那么，人们就相当可以理解，何以那样把心灵时而置于这一立场、时而置于另一立场以观察其对象，会有我们内脏的弹性部分的一种传达到横膈膜的交替紧张和放松与之相对应了（就像怕痒的人感到的那类紧张和放松）；这时，肺部以快速前后相继的间歇把空气喷发出去，这样就造成一种有益于健康的运动，惟有这种运动，而不是在心灵中发生的事情，才是对一个根本上什么也不表现的思想感到快乐的真正原因。——伏尔泰说过，上天为了平衡生活的许多艰辛给了我们两样东西：**希望**和**睡眠**。他倒是还可以把**笑**计算在内；只要在有理性者那里激起笑的手段如此容易手到擒来，而机智或者为此所需要的心血来潮的原创性亦不罕见，就像那进行虚构的才能屡见不鲜一样：**伤神地**虚构如神秘的冥想家，**伤身地**虚构如天才，或者**伤心地**虚构如善感的小说家（也有这类的道德家）。

因此我觉得，人们大可以承认伊壁鸠鲁的说法：一切快乐，即便是由那些唤起审美理念的概念所引起的，也都是**动物** 〔335〕

性的，亦即肉体的感觉；由此丝毫也不损害对道德理念的敬重这种**精神性的**情感，这种情感不是什么快乐，而是把我们提升到对快乐的需要之上的（对我们里面的人性的）一种自我尊重，它甚至连对**鉴赏**这种稍逊高贵的情感也丝毫不损害。

某种由二者复合而成的东西存在于**天真**之中，天真就是对人性来说原初自然的正直对已成为另一本性的伪装术的逃避。人们嘲笑尚不懂得伪装自己的那种纯朴；但毕竟也为在这里一笔勾销那种伪装术的本性纯朴感到高兴。人们期待着那矫揉造作的、小心翼翼地着眼于幻相的态度的日常习俗；而看吧！未被败坏的无辜的本性根本是人们不期而遇的，是那让看到它的人也不曾想显露出来的。美的但却虚假的幻相，通常在我们的判断中很是重要，在这里却突然转化为虚无，仿佛我们心中的那个促狭鬼突然被暴露出来，这就先后产生出心灵朝两个相反方向上的运动，这运动同时有益于健康地使身体抖动。但是，比一切接受下来的习俗都无限好的东西，即思维方式的纯正性（至少是这种思维方式的禀赋），毕竟在人类本性中还没有完全泯灭，这就在判断力的这种游戏中掺进了严肃和尊重。但由于这只是一个短时间内凸显出来的显象，而伪装术的面罩马上就又拉上了，所以在这里面同时就混有一种遗憾，这种遗憾是对温柔的一种触动，它作为游戏可以很好地与这样一种善意的笑结合在一起，而且实际上通常也是与它相结合的，同时也经常给为此提供笑料的人因为自己还没有按照人们的方式变得乖巧而感到的尴尬提供补偿。——因此，一种**天真**的艺术是一种自相矛盾；然而，在一个虚构的人格中表现天真，却是完全可能的，是美的艺术，尽管也是罕有的艺术。切不可把天真与坦诚的纯朴混淆起来，后者之所以不伪装本性，只是因为它不善于本是交往艺术的东西。

至于让人高兴的、与出自笑的快乐有近亲关系并属于精神的原创性的，但恰好并不属于美的艺术的才能的东西，还可以算上**心血来潮的**风格。因为**心血来潮**在褒义上意味着能够把自己任意地置入某种心灵态位的才能，在这种态位中对一切事物的评判都与平常不同（甚至相反），但毕竟是按照在这样一种心灵情调中的某些理性原则来评判的。不由自主地服从这样一些变化的人，就是**情绪化的**。但能够任意地和合目的地（为了借助一种使人发笑的对比来作一种生动的展示）运用这种变化的人，他和他的表演就叫做**心血来潮的**。然而，这种风格更多地属于适意的艺术，而不是美的艺术，因为后者的对象总是必须就自身而言表现出几分尊严，因而就像鉴赏在评判中所要求的那样在展示中表现出某种严肃。 〔336〕

〔337〕

第二卷
审美判断力的辩证论

第 55 节

一种判断力要是辩证的，就必须首先是推想的；也就是说，它的判断必须提出普遍性的要求，确切地说是提出先天普遍性的要求①；因为辩证论就在于这样一些判断的相互对立。所以，（关于适意者和不适意者的）审美的感官判断的不一致性并不是辩证的。就连鉴赏判断的冲突，就其每一个都是基于其自己的鉴赏而言，也不构成鉴赏的辩证论；因为没有人想到使自己的判断成为普遍的规则。因此，关于一种辩证法就没有留下任何能够关涉鉴赏的概念，除了鉴赏的批判（不是鉴赏本身）就其诸原则而言的一种辩证论的概念之外；因为在这里，关于一般鉴赏判断的可能性的根据，自然而然地和不可避免地出现了一些相互抵触的概念。因此，鉴赏的先验批判就此而言将只包含一个可以使用审美判断力的辩证论之名称的部分，如果出现了这种能力的诸原则的一种二论背反，它使这种能力的合法则性，因而也使它的内在可能性变得可疑的话。

① 每一个判断，如果他宣称自己是普遍的，都可以叫做一个推想的判断（iudicium ratiocinans［进行推论的判断］）；因为就此而言，它可以用做一个理性推理中的大前提。与此相反，一个理性判断（iudicium ratiocinatum［推论出来的判断］）则只能被称为这样一个判断，它被设想为一个理性推理的结论，因而是先天地建立起来的。

第56节　鉴赏的二论背反的表现 〔338〕

鉴赏的第一句套话就包含在每个没有鉴赏的人都想用以抵挡指责的这个命题中：**每一个人都有他自己的鉴赏**。这就等于是说：这个判断的规定根据是纯然主观的（快乐或者痛苦）；而这判断没有权利要求别人的必然赞同。

鉴赏的第二句套话，是甚至那些承认鉴赏判断有权宣布对每个人都有效的人也运用的，这就是：**关于鉴赏不能争辩**。这就等于是说：一个鉴赏判断的规定根据虽然也可以是客观的，但它不能被置于确定的概念上；因此，关于这个判断本身不能通过证明**裁定**任何东西，尽管对此很可以并且有理由作出**争执**。因为**争执**和**争辩**虽然在力图通过诸判断的相互对抗产生出它们的一致这一点上是相同的，但它们的差别在于，后者希望按照作为证明根据的确定概念来造成这种情况，因而把**客观的概念**假定为这个判断的根据。但在这一点被视为不可行的地方，这种争辩也同样被视为不可行的。

人们很容易看出，在这两句套话之间还缺少一个命题，这个命题虽然并未以谚语的方式流传，但却包含在每个人的意识中，这就是：**关于鉴赏可以争执**（虽然不能争辩）。但是，这个命题包含着最上面那个命题的反面。因为在应当允许争执的地方，就必然有希望相互之间达成一致；因而人们就必须能够指望判断的那些不仅仅具有私人的有效性的根据，因而这些根据就不仅仅是主观的；然而，这仍然与“每**一个人都有他自己的鉴赏**”那个原理是截然相反的。

因此，就鉴赏的原则而言，表现出如下的二论背反：

一、**正论**。鉴赏判断不是建立在概念之上的；因为若不然，对此就可以争辩（通过证明来裁定）了。

〔339〕二、**反论**。鉴赏判断是建立在概念之上的；因为若不然，尽管这种判断有差异，对此也根本不可以争执（要求别人必然赞同这个判断）。

第 57 节　鉴赏的二论背反的解决

要消除配给每个鉴赏判断的那些原则（它们无非是上面在分析论中所介绍的两个鉴赏判断特性）的冲突，这是不可能的，除非人们指出：人们使客体在这类判断中与之相关的概念，在审美判断的两个准则中并不是在同样的意义上采用的；这种双重的意义或者评判观点对于我们的先验判断力来说是必要的；但在一方与另一方的混淆中的这种幻相，作为自然的幻觉，也是不可避免的。

鉴赏判断必须与某个概念相关；因为若不然，它就绝不能要求对每个人的必然有效性。但是，它恰恰不能从一个概念得到证明，却是因为一个概念可能要么是可规定的，要么也就自身而言是未被规定的同时又是不可规定的。前一种性质的是知性概念，它是可以通过能够与之相对应的感性直观的谓词来规定的；但第二种性质的是关于超感性东西的先验理性概念，超感性东西是所有那些直观的基础，所以这概念不再能在理论上予以规定。

现在，鉴赏判断针对的是感官对象，但不是为了为知性而规定这些对象的一个**概念**；因为这不是什么知识判断。所以，它作为与愉快的情感相关的单个直观表象，只是一个私人判断，就此而言，它在有效性上会被仅仅限制在作判断的个人身上：对象**对我来说**是一个愉悦的对象，对别人来说可能就是另一种情况；——每一个人都有他自己的鉴赏。

尽管如此，在鉴赏判断中却无疑包含着客体（同时也有主体）表象的一种扩展了的关系，我们在此之上建立起一种扩张，即把这类判断扩张为对每个人都必然的，因此这扩张就必须必然地以某个概念为基础；但必须是一个根本不**能**通过直观来规定的概念，通过它也不**能**认识任何东西，因而也不**能**为鉴赏判断**作出任何证明**。但是，一个这样的概念只是关于超感性东西的纯粹理性概念，超感性东西是作为感官客体，因而作为显象的对象（而且还有作判断的主体）的基础。因为假如人们不作这样一种考虑，那么，鉴赏判断对普遍有效性的要求就会无可挽救；假如它建立于其上的概念是一个例如关于完善性的哪怕纯然模糊的知性概念，人们能够相应地把对美者的感性直观加给它，那么，至少就自身而言就会有可能把鉴赏判断建立在证明上，而这是与正论相矛盾的。〔340〕

但现在，一切矛盾都将被消除，如果我说：鉴赏判断建立在一个概念（关于自然对于判断力的主观合目的性的一般根据的概念）之上，但从这个概念不能就客体而言认识和证明任何东西，因为它就自身而言是不可规定的和不适用于知识的；但是，鉴赏判断却正是通过这个概念毕竟同时获得了对每个人的有效性（尽管在每个人那里作为单称的、直接伴随着直观的判断），因为这判断的规定根据也许就在关于那可以被视为人性的超感性基底的东西的概念之中。

对一个二论背反的解决就取决于这种可能性，即两个在幻相上相互冲突的命题实际上并不相互矛盾，而是能够相互并存，尽管对它们的概念之可能性的解释超出了我们的认识能力。至于这种幻相也是自然的和对于人的理性来说不可避免的，此外为什么会有这种幻相，以及即使它在这种虚假矛盾解决了之后不再骗人但仍然存在，也可以由此得到解释。

也就是说，我们在两个相互冲突的判断中在同一个意义上采用了一个判断的普遍有效性必须建立于其上的那个概念，但却关于它说出了两个相互对立的谓词。因此在正论中本来应当说的是：鉴赏判断不是建立在**确定的**概念之上的；但在反论中本来应当说的是：鉴赏判断毕竟是建立在一个虽然**不确定的**概
〔341〕念（亦即关于显象的超感性基底的概念）之上的；而这样一来，在它们之间就会没有任何冲突。

除了消除鉴赏的要求和反要求中的这种冲突之外，我们不可能提供更多的东西。给出鉴赏的一个客观的确定原则，据此就能够引导、检验和证明鉴赏判断，这是绝对不可能的；因为这样一来，它就不是什么鉴赏判断了。主观的原则，亦即我们心中的超感性东西的不确定的理念，只能被指出是解开这个甚至在来源上也对我们隐藏着的能力之谜的惟一钥匙，但不能通过任何东西作进一步的解释。

这里提出并得到调停的二论背反，是以鉴赏的正确概念，亦即以一个纯然反思性的审美判断力的概念为基础的；而在这里，两个在幻相上相互冲突的原理就相互一致了，因为**二者都能够是真的**，而这也就够了。与此相反，如果被假定为鉴赏的规定根据的（由于鉴赏判断以之为根据的表象的个别性），像一些人所做的那样是适意，或者像另一些人（由于鉴赏的普遍有效性）想做的那样是完善性的原则，并据此建立起鉴赏的定义，那么，由此就产生出一种二论背反，它是绝对不能这样来调停的，即人们指出，**两个**相互对立的（但不只是相互矛盾的）**命题都是假的**，这就表明，每一个命题建立于其上的那个概念本身就是自相矛盾的。因此人们看到，审美判断力的二论背反的消除采取了与批判在解决纯粹理论理性的二论背反时所遵循的进程相类似的一个进程；同样，在这里以及在实践理性批判中，二论背反都违人意志地强迫人超出感性的东西，在超感性的东西中去寻找我们一切先天能力的结合点，因为没有留下别的出路让理性与它自身一致了。

附释一

既然我们在先验哲学中如此经常地发现把理念与知性概念区分开来的理由，那么，引入与它们的区别相适合的艺术表述，是会有益处的。我相信，如果我提出几个这种表述的建议，人们将不会有任何反对意见。——最一般意义上的理念就是按照某个（主观的或者客观的）原则与一个对象相关的表象，不过是就这个表象永远不能成为该对象的知识而言的。理念要么按照诸认识能力（想象力和知性）相互之间协调一致的纯然主观的原则与一个直观相关，在这种情况下就叫做**审美的**理念；要么按照一个客观的原则与一个概念相关，但却永远不能充当对象的一种知识，这就叫做理性理念；在这种场合，概念就是一个**超验的**概念，它与知性概念有别，知性概念在任何时候都能够被配上一个适当地相应的直观，因而叫做**内在的**。 〔342〕

一个**审美的理念**不能成为任何知识，因为它是一个永远不能适当地为之找到一个概念的（想象力的）**直观**。一个**理性理念**永远不能成为知识，因为它包含着一个永远不能适合地为之提供一个直观的（关于超感性的东西的）概念。

现在我相信，人们可以把审美理念称为想象力的一个**不能阐明的**表象，而把理性理念称为理性的一个**不能演证的**概念。对于二者都预设：它们绝不是毫无根据地，而是（按照上面对一个一般理念所作的解释）与它们所属的认识能力的某些原则相符合（前者与主观的原则相符合，后者与客观的原则相符合）而产生出来的。

知性概念作为这样的概念必须在任何时候都是可以演证的（如果把演证像在解剖学中那样仅仅理解为**展示**的话）；也就是说，与这些概念相对应的对象必须任何时候都能够在直观（纯直观或者经验性直观）中被给予出来；因为惟有这样，它们才能够成为知识。**大小**的概念能够在先天的空间直观中，例如在一条直线等中被给予出来；**原因**的概念能够在物体的不可入性、物体的碰撞等上面被给予出来。因此，二者都能够借过一个经验性直观来证实，也就是说，这方面的思想能够借一个实例来指出（演证、指明）；而这一点必须是能够做到的，否则
〔343〕的话，人们就不能肯定这思想是否空洞，亦即是否没有任何客体。

人们在逻辑学中使用可演证的东西和不可演证的东西这些表述，通常只是就**命题**而言的：这时前者通过仅仅间接的命题这一称谓，后者通过**直接肯定的**命题这一称谓就可以得到更好的表示；因为纯粹哲学也具有这两类命题，如果把它们理解为能够证明的真命题和不能证明的真命题的话。然而，纯粹哲学作为哲学虽然能够从先天根据出发得到证明，但却不能得到演证；如果人们不想完全脱离词义的话，按照词义，演证（ostendere，exhibere［出示、摆出来］）就等于是（无论是在证明中还是仅仅在定义中）把它的概念同时在直观中展示出来，这种直观如果[①]是先天直观，就叫做该概念的构建，但它如果也是经验性的，就仍然是客体的出示，通过这出示来保证该概念的客观实在性。于是，关于一个解剖学家人们说道：当他通过解剖人的眼睛这个器官来使他之前已经用推理的方式讲述过的概念直观化时，他就演证了人的眼睛。

据此，关于一切显象的超感性基底的一般理性概念，或者还有关于与道德法则相关必须被奠定为我们任性的基础的那种东西的理性概念，亦即关于我们的先验自由的理性概念，在种类上就已经是一个不可演证的概念和理性理念了，但德性是在

①“这种展示，如果直观”会更好。因为如果直观是先天的就叫做作图的东西，恰恰是在直观中展示。——科学院版编者注

程度上如此；因为前者就自身而言根本不能被给予任何按照质来说在经验中相对应的东西，而在后者中，那种因果性的任何经验产品都达不到理性理念颁布为规则的那个程度。

就像在一个理性理念上，**想象力**连同其直观达不到被给予的概念一样，在一个审美理念这里，**知性**通过其概念也永远达不到想象力与一个被给予的表象结合起来的整个内在直观。既然用概念来表示想象力的一个表象，就等于**阐明**这表象，所以，审美理念就可以被称为想象力（在其自由游戏中）的一个**不可阐明的**表象。关于这类理念，我在后面还有机会作一些详细的说明；现在我只是说：这两种理念，无论是理性理念还是 〔344〕
审美理念，都必须有其原则；确切地说二者都必须在理性中有其原则，前者是在理性应用的客观原则中，后者则是在理性应用的主观原则中。

据此，人们也可以通过**审美理念**的能力来解释**天才**：由此同时也就指明了在天才的作品中为什么是自然（主体的自然），而不是艺术的深思熟虑的目的（产生美者的目的）在提供规则的理由。因为既然美者必须不是按照概念来评判，而是按照想象力对于与一般概念能力的协调一致的那种合目的的相称来评判的，所以，对于美的艺术中应当提出必须让每个人都喜欢这一合法要求的那种审美的，但却无条件的合目的性来说，能够用做主观的准绳的，就不是规则和规范，而只是纯然是主体中的自然，但却不能在规则或者概念之下来领会的那种东西，也就是说，是主体的一切能力的（没有任何知性概念能够达到的）那个超感性基底，因而是与之相关使我们的一切认识能力协调一致的那种东西，是由理知的东西给予我们的本性的那个最终目的。于是，也只有这一点是可能的，即对于人们不能为之颁布任何客观原则的那种美的艺术来说，有一个主观的，但却普遍有效的先天原则作为基础。

附释二

在这里，自行呈现出如下重要的说明：也就是说，纯粹理性有**三种二论背反**，但它们都在这一点上是一致的，即它们都迫使纯粹理性脱离把感官的对象视为物自身这个通常很自然的预设，而宁可让它们仅仅被视为显象，并给它们配上一个理知的基底（某种超感性的东西，关于它的概念只能是理念，且不容许有真正的知识）。没有这样一种二论背反，理性就永远不会能够下定决心接受这样一个如此大大限制它的思辨疆域的原则，并作出牺牲，使如此多的通常十分闪闪发光的希望不得不完全消失；因为即便是现在，当为了补偿这一损失，一种在实践方面更
〔345〕加伟大的应用向理性敞开的时候，理性看起来也并不能毫无痛苦地与那些希望分手并摆脱旧的羁绊。

有三种二论背反，其根据在于有三种认识能力：知性、判断力和理性，它们每一种（作为高级认识能力）都必须有自己的先天原则；因为理性只要对这些原则本身及其应用作出判断，在所有这些原则方面，它就为被给予的有条件者孜孜不倦地要求有无条件者，但后者是永远也不能找到的，如果人们把感性的东西视为属于物自身的，而不是宁可把它作为显象，给它配上某种超感性的东西（我们之外的自然和我们里面的自然的理知的基底）作为事物自身的话。这样一来，这里就有：1. **对于认识能力来说**，理性在知性一直上升到无条件者的理论应用方面的二论背反；2. **对于愉快和不快的情感来说**，理性在判断力的审美应用方面的二论背反；3. **对于欲求能力来说**，在就自身而言自己立法的理性的实践应用方面的二论背反；只要所有这些能力都必须能够有自己的高级的先天原则，并且按照理性的一个不可回避的要求而根据这些原则**也无条件地**作判断并规定自己的客体。

就那些高级认识能力的两种二论背反，即理论应用的二论

背反和实践应用的二论背反而言，我们在别的地方已经指出，如果这类判断不回溯作为显象被给予的客体的超感性基底的话，这些二论背反就是**不可避免的**，与此相反如果这样做了，它们也就是**可以解决的**。现在，就按照理性的要求在判断力的应用中的二论背反及其这里给出的解决而言，没有任何别的逃避它的办法，除非是**要么**否认审美判断力以某种先天原则为基础，以至于对普遍赞同的必然性的一切要求都是没有根据的、空洞的妄念，而一个鉴赏判断之所以应被视为正确的，只是因为**恰好**有许多人在这方面一致，而且就连这一点真正说来也不是因为人们在这种一致背后**猜测**到一个先天原则，而是（像在味觉鉴赏中那样）因为各主体偶然地具有同样的机体组织；**要么**人们就必须承认，鉴赏判断真正说来是对在一个事物及其中 〔346〕 的杂多与一个目的的关系上揭示出来的完善性所作出的一个隐蔽的理性判断，因而只是由于与我们的这种反思相联系的含混性才被称为审美的，尽管它在根本上是目的论的；在这一场合，人们就宣称用先验理念来解决二论背反是不必要的和没有价值的，这样就能够把感官的客体不是仅仅作为显象；而是也作为物自身与那些鉴赏法则结合起来。但是，无论是这一遁词还是另一种遁词都怎样不起作用，这一点在对鉴赏判断的阐明中已在多处地方指出。

但是，如果人们对我们的演绎至少承认这么多，即它是沿着正确的道路作出的，虽然还不是在一切部分都作得足够清晰，那么，就表明有三种理念：**第一**是一般的超感性东西的理念，它除了自然的基底之外没有进一步的规定；**第二**是作为自然对我们认识能力的主观合目的性之原则的这同一个超感性东西的理念；**第三**是作为自由的目的的原则和自由与道德中的目的协调一致的原则的这同一个超感性东西的理念。

第 58 节　自然以及艺术的合目的性的理念论，作为审美判断力的惟一原则

人们最初要么可能把鉴赏的原则设定在这一点上，即鉴赏在任何时候都按照经验性的规定根据，因而按照那些只是后天地通过感官被给予的规定根据来作判断，要么可能承认，鉴赏是从一个先天根据出发作判断的。前者会是鉴赏批判的**经验论**，后者则是其**理性论**。按照前者，我们的愉悦的客体与**适意者**不会有区别；按照后者，如果这判断基于确定的概念，就与**善者**不会有区别；而这样，一切**美**都会被从世界上清除出去，只会取而代之有一个特别的名称，也许为前述两种愉悦的某种
〔347〕混合保留下来。然而我们已经指出过，这愉悦也先天地有根据，因而这些根据能够与理性论的原则共存，尽管它们并不能在**确定的概念**中被领会。

与此相反，鉴赏原则的理性论要么是合目的性的**实在论**的理性论，要么是其**理念论**的理性论。因为现在独自来看，一个鉴赏判断不是什么知识判断，美也不是客体的什么性状，所以，鉴赏原则的理性论就永远不能设定在这一点上，即这种判断中的合目的性被设想成客观的，也就是说，判断在理论上，因而也在逻辑上（哪怕只是在一种含混的评判中）针对客体的完善性，相反，判断只是**在审美上**，在主体中针对其表象在想象力中与判断力的那些本质性原则的一致。所以，甚至按照理性论的原则，鉴赏判断及其实在论和理念论的区别也只能被设定在这一点上，即那种主观的合目的性要么在第一种场合被认为是作为自然（或者艺术）的现实的（有意的）**目的**而与我们的判断力协调一致，要么在第二种场合被认为就自然及其按照特殊法则所产生的那些形式而言，仅仅是与判断力的需求的一种无

目的地自行凸显出来的、偶然凸显出来的合目的的协调一致。

对于自然的审美合目的性的实在论，也就是人们要假定美者的产生在其产生原因中有它的一个理念，亦即一个有利于我们的想象力的**目的**被奠定为基础，有机自然王国中的种种美的形态是很为它讲话的。花卉、花朵，甚至整个植物的形象，一切物种的动物形态那种对它们自己的应用没有必要，但对我们的鉴赏来说仿佛是挑选出来的秀丽；尤其是颜色的那种让我们的眼睛如此愉悦的、富有魅力的多样性和组合（在锦雉身上，在贝类动物、昆虫，直到最普通的花卉身上），这些颜色由于它们仅仅涉及表面，而且即便在这表面上也根本不涉及这些造物的形体，而形体毕竟还是可能为造物的内在目的所要求的，所以，它们似乎完全是以外在的观赏为目的的；这些都给假定自然为了我们的审美判断力而有现实目的的解释方式提供了重 〔348〕
要的砝码。

与此相反，不仅理性通过"任何地方都要尽一切可能防止不必要地增加原则"这个准则来对抗这种假定；而且，自然在它的各种自由形态中也到处显示出如此之多的机械倾向，要产生一些看起来是为我们的判断力的审美应用而造就的形式，却不提供丝毫根据让人去猜测为此还需要比它的机械作用、比单纯自然更多的东西，来让这些形式即使没有任何作为它们基础的理念也能够对我们的评判来说是合目的的。但是，我把自然的一种**自由形态**理解为**这样的**形态，通过它，从**静止的液体**中，由于它的一部分（有时仅仅是热物质的一部分）的挥发或者分离，剩余的东西就在固化时呈现出一种确定的性状或者组织（形态或者结构），它们按照物质的种类差异而各不相同，但在同一种物质中却是完全相同的。但这样做的前提条件是，人们在任何时候都把一种真正的液体理解为什么，亦即物质在它里面完全溶解，也就是说，不能被视为只是一些固体的和纯然悬浮在里面的部分的混合。

在这种情况下，这种形态就是通过**结晶**，亦即通过一种突然的固化形成的，不是通过一种从液体到固态的逐渐过渡，而是仿佛通过一种飞跃，这种过渡也被称为**晶化**。这种形态的最平常的例子就是正在结冰的水，在水里面首先产生笔直的冰针，它们成 60 度角拼接起来，此时别的冰针同样附着在它们的每一个点上，直到一切都成了冰，以至于在这段时间里这些冰针之间的水不是逐渐地黏稠，而是像它在温度更高得多的时候会是的那样完全是液体的，但却完全具有冰的冷度。在固化的瞬间突然逸出的分离物质，就是可观数量的热材料，由于它是仅仅为液态所需要的，它的离开就使现在这冰丝毫也不比留下此前不久在它里面液体的水更冷。

许多盐类，以及具有一种结晶形体的矿石，都同样是从一种谁知道通过什么样的介质而溶解在水中的地质成分产生的。
〔349〕同样，许多矿物，如正六面体的方铅矿、红金矿等诸如此类的东西，其晶簇状的形态根据一切猜测也是在水中并通过各部分的结晶而形成的，通过它们由于某种原因而被迫脱离这种载体并相互结合成为一定的外部性状。

但是，一切仅仅由于热而是液态并由于冷而形成固态的物质，也在内部断面上显示出一定的结构，并让人由此判断，如果不是由于它们自己的重量或者与空气的接触而受阻的话，它们也会在外表具有自己种类特有的形状的；人们在一些熔化后外表凝固了，但里面还是液态的金属上，通过抽出里面还是液态的部分，让里面存留的其余部分现在平静地结晶，就可以观察到这类情况。那些矿物结晶体中有许多，例如晶石簇、玻璃头、霰石，往往显出极美的形态，就像艺术永远只能想象出它们那样；而安提巴洛斯岛洞穴中的灵光只不过是透过石膏岩层渗出的水的作品罢了。

液态的东西无论如何看，一般来说都比固态的东西更古老，无论是植物，还是动物的肉体，都是从液态的营养物质中形成的，只要这些物质平静地获得形式；当然，它们在这种营养物质中最初是按照某种源始的指向目的的素质（这种素质就像将在第二部分指出的那样，必须不是在审美上，而是在目的论上按照实在论的原则来评判），但附带地却也许还是按照物质的亲缘关系的普遍法则而结晶并自由地形成的。就像在本是不同的气体成分的一种混合的大气层中，被分解开来的水性液体在它们由于热的离去而从大气层中离析出来时就产生出雪的形体，它们根据当时空气混合的不同而具有往往看起来非常艺术的和极美的形状一样，无须从评判有机化的目的论原则获取某种东西，就完全可以设想：在涉及花卉、鸟羽、贝壳无论是就其形状还是就其颜色而言的美时，这种美就可以被归于自然及其能力，即它也能够在自己的自由中，无须指向这种美的特别目的，按照化学法则通过有机化所需要的物质的沉积来在审 〔350〕
美上合目的地形成。

但是，那直截了当地把自然的美者中合目的性的**理念性**原则证明为我们在审美判断本身中任何时候都当做基础的，而且不允许我们把自然对我们表象能力的某种目的的任何实在论用做解释根据的东西，就是：我们在评判一般的美时是在我们自己里面寻找美的先天准绳，而且审美判断力就判断某种东西是否美而言是自己立法的，这种情况在接受自然合目的性的实在论时就不可能发生，因为我们在这时就会必须向自然学习我们应当认为什么是美的，而鉴赏判断就会服从经验性的原则了。而在这样一种评判中，关键并不在于自然是什么，或者还有什么对我们来说是目的，而是在于我们如何接受它。假如自然是为了我们的愉悦而形成了自己的形式，那么，这就永远会是自然的一种客观的合目的性，而不是主观的合目的性，后者乃是基于想象力在其自由中的游戏，在这种游戏中所有的是我们用以接受自然的那种好意，而不是自然向我们表示的好意。自然对于我们来说包含着机会，使我们在评判它的某些产品时知觉到我们诸心灵力量的关系中有内在的合目的性，确切地说作为这样一种合目的性，它应当从一个超感性的根据出发被宣布为必然的和普遍有效的，自然的这一特性不可能是自然目的，或者毋宁说被我们评判为这样一个目的，因为若不然，由此而被规定的判断就会是他律，而不是像一个鉴赏判断应有的那样是自由的并且以自律为根据。

在美的艺术中，可以更清晰地认识到合目的性的理念论原则。因为这里不能由于感觉而接受合目的性的一种审美的实在论（那样一来它就会不是美的艺术，而是适意的艺术）：这一点是它与美的自然共有的。然而，由审美理念而来的愉悦不必（作为机械性蓄意的艺术）依赖于达到确定的目的，因而甚至在这原则的理性论中，作为基础的也是目的的观念性，而不是其实在性：这一点，也由此而清晰可见，即美的艺术本身必须
〔351〕不被视为知性和科学的产品，而是天才的产品，因而是通过与具有确定目的的理性理念本质不同的**审美**理念获得其规则的。

正如作为显象的感官对象的**理念性**是解释它们的形式能够被先天地规定的惟一方式一样，在对自然的美者和艺术的美者的评判中，合目的性的**理念论**也是前提条件，惟有在这个前提条件下，批判才能解释一个先天地要求对每个人都有效（但并不把这种在客体上表现出来的合目的性建立在概念之上）的鉴赏判断的可能性。

第 59 节　美作为道德的象征

要阐明我们的概念的实在性，永远需要直观。如果这是经

验性的概念，那么，这些直观就叫做**实例**。如果是那些纯粹知性概念，那么，这些直观就被称为**图型**。如果人们甚至要求，理性概念亦即理念的客观实在性也得到阐明，确切地说是为了对理念的理论知识，那么，人们就是在欲求某种不可能的东西，因为绝对不可能给出任何直观与这些理念相适合。

一切**生动描绘**（展示，subjectio sub adspectum［摆在眼前］）作为感性化都是双重的：要么是**图型的**，此时知性所领会的一个概念被给予了相应的先天直观；要么是**象征的**，此时惟有理性才能思维而没有任何感性直观能与之适合的一个概念被配上这样一种直观，借助于它，判断力的处理方式仅仅类似于它在图型化时所观察到的东西，亦即仅仅按照这种处理方式的规则而不是按照直观本身，从而仅仅按照反思的形式而不是按照内容与这种东西一致。

如果人们把**“象征的”**这个词与**直觉的**表象方式对立起来，那么，这就是对这个词的一种虽然被近代逻辑学家们接受了，但却是意义颠倒了的、不正确的应用。因为象征的表象方式只不过是直觉的表象方式的一种罢了。也就是说，后者（直觉的表象方式）可以被划分为**图型的**表象方式和**象征的**表象方式。二者都是生动描绘，亦即展示（exhibitiones）：不是纯然 〔352〕
的**表征**，亦即通过伴随的感性符号来标示概念，这些符号根本不包含任何属于客体的直观的东西，而是仅仅按照想象力的联想律，因而在主观的意图中用做再生成的手段；这类东西要么是语词，要么是可见的（代数的，甚至是表情的）符号，作为概念的纯然**表述**。①

① 认识的直觉的东西必然与推理的东西（而不是与象征的东西）相对立。前者要么通过**演证**而是**图型的**；要么作为按照一种纯然**类比**的表象而是**象征的**。

因此，人们配给先天概念的一切直观，都要么是**图型**，要么是**象征**，其中前者包含对概念的直接展示，后者包含对概念的间接展示。前者做这件事是以演证的方式，后者则是凭借某种类比（人们也把经验性直观用于类比），在这种类比中判断力完成了双重的任务，首先是把概念运用于感性直观的对象，其次是把纯然对那种直观的反思的规则运用于一个完全不同的对象，前一个对象只是这后一个对象的象征。于是，一个君主制国家如果是按照内部的民族法律来统治的，就被通过一个赋有灵魂的身体来表现，如果是由一个个别的绝对意志来统治的，就被通过一个纯然的机械（例如一个手推磨）来表现，但在这两个场合都只是**被象征地**表现。因为在一个专制国家和一个手推磨之间，虽然没有任何类似性，但在对二者及其因果性进行反思的规则之间却有类似性。这一任务至今还很少被人辨析，尽管它是值得更深入地研究的；然而，这里还不是逗留于此的地方。我们的语言充满了这类按照一种类比进行的间接展示，由此表述所包含的就不是概念的真正图型，而仅仅是反思的一个象征。这样，**根据**（支撑、基础）、**依赖**（由上面把持住）、从中**流出**（而不是跟随）、**实体**（如**洛克**所表述：偶性的承载者）这些语词以及无数其他语词，都不是图型的，而是象征的生动描绘，而且不是凭借一个直接的直观，而是仅仅按照
〔353〕与这直观的类比，亦即按照对一个直观对象的反思向一个完全不同的概念的转换而对概念所作的表述，这个完全不同的概念也许永远不可能有一个直观直接相对应。如果人们已经可以把一种纯然的表象方式称为知识的话（如果这表象方式并不是对于对象就它自身是什么作出理论规定的原则，而是对于这对象的理念对我们以及对这理念的合目的应用来说应当成为什么作出实践规定的原则，那么，这样称谓就是完全允许的），那么，我们关于上帝的一切知识就都只是象征的；而谁把这知识连同

知性、意志等这些惟有在尘世存在者身上才表明其客观实在性的属性当做图型的，就将陷入神人同形同性论，就像如果他除去直觉的东西就将陷入理神论一样，这样一来就在任何地方，哪怕是在实践的意图上也认识不到任何东西。

现在我说：美者是道德上的善者的象征；而且也惟有在这方面（在一种对每个人都很自然而且每个人都作为义务而要求于别人的关系中），美者才让人喜欢而提出每个他人都赞同的要求，此时心灵同时意识到自己的某种高贵化和对一种通过感官印象的愉快的纯然感受性的超升。这就是前一节①指出过的鉴赏所眺望的**理知的东西**，因为甚至我们的高级认识能力就是为此而协调一致的，而没有这种东西，在这些能力的本性之间与鉴赏所提出的要求相比所产生的就会全然是矛盾了。在这种能力中，判断力并不认为自己像通常在经验性的评判中那样服从经验法则的一种他律：判断力就一种如此纯粹的愉悦的对象而言自己给自己立法，正如理性就欲求能力而言所做的那样；而且它认为自己既由于主体中的这种内在的可能性，又由于一个与此协调一致的自然的外在可能性，而与主体本身中和主体之外的某种既不是自然，也不是自由，但却和自由的根据亦即超感性东西联结在一起的东西相关，在这超感性东西中理论能力与实践能力以共同的和不为人知的方式结合成统一体。我们要列举这一类比的几个方面，同时也不应忽视它们的差异。

1. 美者**直接地**让人喜欢（但只是在反思性的直观中，而

① 这个自我引用在第58节中（350页）只可能与“它应当从一个超感性的根据出发被宣布为必然的和普遍有效的”这个从句相关。更有可能的是，康德在这个地方所想到的是他在第57节关于人性的超感性基底是解谜的惟一钥匙所阐释（参见340～341页），并在附释一中更详细地阐述的东西。据此，更准确的是：上上节。——科学院版编者注

〔354〕不是像道德那样在概念中)。2. 它**无须任何兴趣**而让人喜欢(道德上的善者即使必然与某种兴趣相结合，但却不是与这样一种先行于有关愉悦的判断的兴趣，而是与通过这判断才引起的兴趣相结合)。3. 想象力(因而我们的能力的感性)的**自由**在对美者的评判中被表现为与知性的合法则性相一致(在道德判断中意志的自由被设想为意志按照普遍的理性法则与自己本身的协调一致)。4. 对美者的评判的主观原则被表现为**普遍的**，亦即对每个人都有效的，但却不是可以通过任何普遍的概念来认识的(道德性的客观原则也被解释为普遍的，亦即对一切主体，同时也对同一个主体的一切行动都是普遍的，但却是可以通过一个普遍的概念来认识的)。因此，道德判断不仅能够有确定的建构性原则，而且**惟有**通过把准则建立在这些原则及其普遍性之上才是可能的。

对这种类比的考虑即便对平常的知性来说也是常见的；我们经常用一些看起来以一种道德评判为基础的名称来称谓自然或者艺术的美的对象。我们把建筑或者树木称做雄伟的和壮丽的，或者把原野称做欢笑的和快乐的；甚至颜色也被称做贞洁的、谦虚的、温柔的，因为它们所激起的那些感觉包含着某种与一种由道德判断造成的心灵状态的意识相类似的东西。鉴赏仿佛使从感官魅力到习惯性的道德兴趣的过渡无须一个过于猛烈的飞跃就有可能，因为它把想象力即便在其自由中也表现为可以为了知性而被合目的地规定的，甚至在感官对象上也教人无须感官魅力而找到一种自由的愉悦。

第60节　附录：鉴赏的方法论

把一种批判先行于科学而划分为要素论和方法论，这不可〔355〕以运用于鉴赏的批判，因为没有也不可能有美者的科学，而且鉴赏的判断是不能通过原则来规定的。就每一种艺术中关涉其客体之展示中的**真实性**的科学成分而言，这种东西虽然是美的艺术的绕不开的条件（conditio sine qua non［必不可少的条件］），但却不是美的艺术本身。因此，对于美的艺术来说，只有**风格**（modus）而没有**教学方式**（methodus）。大师必须示范学生应当做什么和应当怎么做；他最终把自己的做法置于其下的那些普遍规则，与其说能够用来把这种做法的主要因素颁布给学生，倒不如说是有机会就把这些因素置入记忆。但在这里仍然必须考虑某种理想，它是艺术必须牢记的，即使它在实施中永远不能完全达到它。惟有通过唤起学生的想象力去适合一个被给予的概念，通过觉察到由于理念是审美的、是概念本身达不到的，因而表述对于理念来说是不充分的，而且通过尖锐的批判，才能够防止摆在他面前的那些榜样马上被他视为原本和不屈从任何更高的规范和自己的评判的模仿典范，就这样使天才，但与天才一起还使想象力本身在其合法则性之中的自由窒息，而没有这种自由，任何美的艺术都是不可能的，甚至就连自己的一种正确的、评判美的艺术的鉴赏也是不可能的。

一切美的艺术的预科，就其着眼于美的艺术的最高程度的完善性而言，看起来都不在于规范，而是在于通过人们称为humaniora［人文学科］的预备知识来培养心灵力量，这也许是因为**人道**一方面意味着普遍的**同情感**，另一方面意味着能够最真挚地和普遍地**传达**自己的能力；这些属性结合在一起就构成与人性相适合的社交性，通过它，人性就与动物性的局限区别开来。无论是这个时代还是各个民族，在它们里面，一个民族由以构成一个持久的共同体的那种**对有法则的**社交的热烈冲动，在与环绕着将自由（因而也将平等）与一种强制（更多的是出自义务的敬重和服从，而不是畏惧）结合起来这一艰巨任务的那些巨大困难进行搏斗；这样一个时代和这样一个民族，

〔356〕首先就必须发明出将最有教养的部分的理念与较粗野的部分相互传达的艺术，发明出前者的扩展和文雅化与后者的自然纯朴和原创性的协调一致，并以这种方式发明出较高的教养和知足的天性之间的那种媒介，这种媒介即使对于作为普遍的人类感觉的鉴赏来说，也构成了正确的、不能根据任何普遍的规则来陈述的尺度。

一个后来的时代很难使那些典范成为多余的，因为它将越来越不接近自然，并且最终如果不具有自然的持久榜样，就几乎不可能做到为自己形成这样一个概念，即成功地把最高教养的有法则强制与感到这种教养的固有价值的自由本性之力量和正确性结合在这同一个民族中。

但是，既然鉴赏在根本上是道德理念的感性化（凭借对二者的反思的某种类比）的评判能力，也从它里面，从必须建立在它上面的对出自道德理念的情感（它就叫做道德情感）的更大的感受性中，引出了鉴赏宣布为对一般人性，不仅对每一种私人情感有效的那种愉快，所以很明显，对于建立鉴赏来说的真正预科就是发展道德理念和培养道德情感；因为只有当感性与道德情感达到一致时，纯正的鉴赏才能获得一种确定的、不变的形式。

第二部分
目的论判断力的批判

〔359〕

第 61 节　自然的客观的合目的性

按照先验的原则，人们有充分的根据来假定，自然在其特殊法则中，就对于人类判断力来说的可把握性和把特殊经验联结在经验的一个体系之中的可能性而言，有一种主观的合目的性；在这种情况下，这里在自然的诸多产品中也就可以期待这样一些产品是可能的，这些产品好像真正说来就是为我们的判断力摆出来的，包含着这样一些与判断力相适合的特殊形式，这些形式通过其多样性仿佛是有利于加强和维持各种心灵力量（这些力量在运用这种能力时处在游戏中），因而人们把它们冠以**美的**形式之名。

但是，说自然事物相互充当达到目的的手段，而且它们的可能性本身惟有通过这种方式的因果性才能充分理解，对此，我们在作为感官对象之总和的自然的普遍理念中，根本没有任何根据。因为在上述场合里，事物的表象由于是我们心中的某种东西，就完全也可以被先天地设想为与我们认识能力的内在合目的的相称是适合适宜的；但是，那些既不是我们的，也不能归之于自然（我们并不把自然假定为理智的存在者）的目的，如何毕竟可以或者应当构成一种特殊类型的因果性，至少是构成自然的一种完全独特的合法则性，这却是根本不能用一些根据来先天地推测的。不过更有甚者，即便经验也不能向我们证明这些目的的现实性；这就必定有一种玄想走在前面，它
〔360〕只是把目的概念置入事物的本性，但却不是从客体及其经验知识获取这概念，因而更多的是用它来按照与我们心中表象之联结的一种主观根据的类比而使得自然可以理解，却不是从客观根据出发来认识自然。

此外，作为自然事物的可能性之原则的客观合目的性，离

与自然的概念有**必然的**联系如此之远，以至于客观合目的性毋宁说恰恰是人们主要为了由此证明它（自然）和它的形式的偶然性而援引的东西。因为例如，如果人们援引一只鸟的身体结构、它的骨头中的空腔、它的双翼对于运动的姿态和它的尾巴对于定向的姿态，如此等等，那么人们就说：这一切按照自然中的纯然 nexus effectivus [效果的联系]，而不还求助于一种特殊类型的因果性，亦即目的的因果性（nexus finalis [目的的联系]），就会是在最高程度上偶然的；也就是说，自然作为纯然的机械作用来看，能够以上千种别的方式来形成自己，无须恰恰就遇上按照这样一个原则的统一体，因此，人们惟有在自然的概念之外，而不是在自然的概念之中，才可以希望遇到这方面起码的先天根据。

尽管如此，目的论的评判还是至少或然地有理由被用于自然研究的；但只是为了按照与根据目的的因果性的**类比**而把它置于观察和研究的原则之下，而不是自以为能够据此**解释**它。因此，这种评判属于反思性的判断力，而不属于规定性的判断力。关于自然按照目的的结合和形式的概念，在按照自然的纯然机械作用的因果性法则不够用的地方，毕竟至少是**多了一条原则**来把自然的显象置于规则之下。因为我们引证一个目的论的根据，是在这样的地方，即我们把就一个客体而言的因果性赋予关于客体的概念，就好像这种根据存在于自然里面（不是存在于我们心中）似的，或者毋宁说，我们是按照这样一种因果性（这类因果性是我们在自己心中发现的）的类比来想象对象的可能性的，因而是把自然设想成由于自己的能力而**有技术的**；与此相反，如果我们不把这样一种作用方式赋予自然，那么，自然的因果性就必定被表现为盲目的机械作用。反之，假如我们给自然配上**有意**起作用的原因，因而给这种目的论奠定为基础的就不仅是一个**范导性的**原则，这原则纯然是为了**评判** 〔361〕

显象的，自然按照其特殊的法则可以被设想为是服从这些显象的，而且由此还有一个从自然的原因推导出它的产品来的**建构性的**原则；那么，一个自然目的的概念就会不再隶属反思性的判断力，而是隶属规定性的判断力；但这样一来，事实上它就根本不是属于判断力所特有的（就像美的概念作为形式的主观合目的性那样），而是作为理性概念在自然科学中引入了一种新的因果性，但这种因果性却只是我们从我们自己那里借来并赋予别的存在者的，尽管如此却不想假定这些存在者与我们具有同样性质。

第一卷 〔362〕

目的论判断力的分析论

第62节 与质料的合目的性有别的纯然形式的客观合目的性

一切按照一个原则画出的几何图形，本身都显示出一种多样化的、经常被人惊赞的客观合目的性，亦即对于按照一个原则来解决许多问题，并且也许还以非常不同的方式来解决这些问题中的每一个的那种适用性。在这里，合目的性显然是客观的和理智的，而不纯然是主观的和审美的。因为它表述了图形对于产生许多引为目的的形状的适合性，并且被理性所认识。不过，这种合目的性毕竟并不使关于对象本身的概念成为可能，也就是说，这概念并不只是考虑到这种应用而被视为可能的。

在一个像圆这样简单的图形中，包含着解决一大批问题的根据，这些问题中的每一个自身都会要求有各种各样的准备，而这种准备作为这个图形的无限多的突出属性之一就仿佛是自行产生的。例如，如果所说的是用已知的底边和与它相对的角做一个三角形，那么，这个题目就是不确定的，也就是说，它可以用无限多样的方式来解答。然而，圆却把它们全都包括在内，作为一切符合这一条件的三角形的几何轨迹。或者，两条线应当如此相交，使得一个线段的两个部分产生的矩形与另一个线段的两个部分产生的矩形相等，那么，这个题目的解答看

〔363〕起来就具有许多困难。但是，一切在圆内部相交并受到该圆的圆周限制的线段，都是自行按照这个比例划分的。其他曲线又提供出其他合目的的解答，这些解答在约定这些曲线的作图的那个规则中是根本没有想到的。一切圆锥曲线单独来说和在相互的比较中，在解决一大批可能问题的原则上都是富有成果的，不论规定这些曲线的概念的那种解释是多么简单。——看到古代几何学家探究这一类线段的这些属性的那种热情，是一种真正的快乐，他们没有让自己被狭隘的头脑的问题，即这种知识究竟有什么用，给搞糊涂；例如对抛物线的知识，他们并不了解地球上的重力法则，这法则本来会为他们提供出这知识在有重量的物体（这些物体在其运动中的重力方向可以被视为平行的）的抛掷路线上的运用；或者对椭圆的知识，他们并未预见到即便在天体上也能够发现一种重力，而且不了解重力在与吸引点距离不同时的法则，这法则使得这些天体描画出这种自由运动的路线。在他们自己都没有意识到他们在其中在为后代工作时，他们却对事物的本质中的一种合目的性而心旷神怡，这种合目的性毕竟是他们完全先天地在其必然性中展示的。柏拉图本人就是这门科学的大师，他曾因事物的这样一种我们可以撇开一切经验来揭示的源始性状，因心灵能够从存在者的超感性原则中来汲取这些存在者的和谐的能力（属于此列的还有数目的那些让心灵在音乐中以之游戏的属性）而欢欣鼓舞，这使他超越经验概念提升到理念，而这些理念在他看来只能通过与一切存在者的起源的一种理智的共联性来解释。毫不奇怪，他曾把不懂几何学的人赶出他的学园，因为他想把阿那克萨哥拉从经验对象及其目的联结中推论出来的东西从纯粹的、内在地寓于人类精神的直观中推导出来。因为合目的的东西，以及具有仿佛是有意为我们的应用而如此设立，但尽管如此却仍显得应当原初地归于事物的本质而不考虑我们的应用这

样的性状的东西，在其必然性中恰恰就有对自然的巨大惊赞的根据，这根据与其说是在我们之外，倒不如说是在我们自己的理性之中；在这方面完全可以原谅的是，这种惊赞由于误解会逐渐地一直上升到狂热。 〔364〕

但是，这种理智的合目的性虽然是客观的（不像审美的合目的性那样是主观的），却仍然完全可以按照其可能性被理解为纯然形式的（不是实在的）合目的性，亦即理解为合目的性，却毕竟不需要把一个目的奠定为它的基础，因而不需要目的论，但这种理解只是大体上的。圆形是一个由知性按照一个原则所规定的直观，我任意假定并作为概念奠定为基础的这个原则的统一性，在其运用于同样只是作为表象，确切地说先天地在我心中发现的一种直观形式（空间）之上时，就使得许多从那个概念的作图中产生出来的、在各种各样的可能意图中都合目的的规则可以理解了，无须还可以给这个合目的性配上一个目的或者某个别的根据。这里的情况不同于我在我之外的**事物**的包括在某些界限之内的一个总和中，例如在一个花园中，发现树木、花坛、小径等的秩序和合规则性时那样，这种秩序和合目的性我并不能够希望从我按照一条随意的规则而对一个空间的界限划定推论出来；因为这是实存的事物，它们为了能够被认识就必须被经验性地给予出来，而不只是我心中的一个按照一条先天原则被规定的表象。因此，后一种（经验性的）合目的性作为**实在的**，依赖于一个目的的概念。

但是，就连对一种虽然是在事物（就它们的概念能够被作图而言）的本质中被知觉到的合目的性的惊赞，其根据也是可以很好地、确切地说合法地看出的。多样化的规则的统一性（出自一个原则）激起这种惊赞，这些规则全都是综合的，而且不是从一个客体的**概念**，例如圆的概念得出的，而是需要该客体在直观中被给予。但是，这种统一性由此也获得一种外表，就好像它经验性地具有规则的一个与我们的表象能力不同的外部根据似的，因而就好像客体与知性对规则固有的需求的协调一致就自身而言是偶然的，因而只是通过一个明确针对这
〔365〕种一致的目的才是可能的似的。现在，虽然正是这种和谐，由于它尽管有所有这些合目的性，却仍不是经验性地，而是先天地被认识的，它就应当自行把我们带到这一点上，即客体惟有通过空间的规定（凭借想象力与一个概念相符合）才是可能的，这空间不是我们之外的事物的性状，而只是我们心中的一种表象方式，因而我是把**合目的性带入我与一个概念相适合**而画出的图形中，亦即带入我自己关于从外面被给予我的不论就自身而言是什么的东西的表象方式中，而不是从这东西中经验性地就这个合目的性得到了教诲，因而为了那个合目的性，我不需要客体上在我之外的任何目的。但是，由于这种思考已经要求理性的一种批判应用，因而不可能马上就一起包含在按照对象的属性对它所作的评判中，所以这种评判直接给予我的，无非是诸异质规则（甚至按照它们就自身而言所具有的不同质的东西）在一个原则中的结合，这个原则并不为此要求一个先天地处在我的概念之外以及一般而言处在我的表象之外的特殊根据，但仍然被我先天地认做真实的。现在，**惊异**是心灵对一个表象和通过它而被给予的规则与已经在心灵中作为基础的那些原则的不一致性的一种抵触，因而这种抵触产生了一种怀疑，即人们是否看得正确或者判断得正确；但是，**惊赞**却是即使这种怀疑消失了也还总是出现的惊异。所以，后者是事物（显象）的本质中那种被观察到的合目的性的一种完全自然的作用，这种作用就此而言也无可指责，因为感性直观的那个（叫做空间的）形式与概念能力（知性）的一致不仅由于它恰好是这种一致而不是别的一致，而对我们来说是不可解释的，

而且除此之外对心灵来说还是扩展性的，仿佛还预见到超出那些感性表象的某种东西，在其中虽然我们不知道，但却可能遇到那种一致的最终根据。尽管在仅仅涉及我们表象的形式的先天合目的性的时候，我们没有必要去认识这种根据；但是，哪怕只是由于必须去眺望，对于迫使我们这样做的那个对象来说，就同时产生出惊赞。

人们习惯于把几何形状以及数目的上述属性，由于从其作图的简单性出发并没有预期的它们对各种各样的知识应用的那种先天合目的性，而称为**美**；例如人们谈到圆的这种或者那种美的属性，它会以这种或者那种方式被揭示出来。然而，这不是我们借以认为它合目的的那种审美评判；不是在我们认识能力的自由游戏中使某种纯然**主观的**合目的性清晰可见的那种无须概念的评判；而是一种按照概念的理智评判，它使人清晰地认识到一种客观的合目的性，亦即对各种各样的（无限多样化的）目的的适应性。与其说把它称为数学图形的一种美，倒不如说必须把它称为一种**相对的完善性**。一种**理智的美**这个称谓一般而言也不能有理由被允许，因为若不然，美这个词就必定会丧失一切确定的含义，或者理智的愉悦就必定会丧失对感性的愉悦的一切优越性。人们倒不如说可以把这样一些属性的**演证**称为美的，因为通过这种演证，作为概念能力的知性和作为先天地展示这些概念的能力的想象力感到自己被加强了（这一点连同理性带来的精确性，合在一起就被称做演证的优美）；因为在这里，这种愉悦的根据虽然在概念中，但至少它是主观的，而完善性所带来的却是一种客观的愉悦。 〔366〕

第63节　自然与内在的合目的性有别的相对合目的性

经验只是在必须对原因与结果的一种关系作出评判的时

候[①]才把我们的判断力引导到一种客观的和质料的合目的性的
〔367〕概念，亦即引导到一个自然目的的概念，而我们也只是由于我们把结果的理念作为给其原因奠定基础的、使其原因的因果性成为可能的条件而配给其原因的因果性，才认为自己有能力看出原因与结果的关系是有法则的。但是，这一点可能以两种方式发生：要么我们把结果直接视为艺术产品，要么只是视为别的可能的自然存在者之艺术的材料，因而要么视为目的，要么视为其他原因的合目的的应用的手段。后一种合目的性叫做有用性（对人而言），或者也叫做有益性（对任何别的造物而言），是纯然相对的，而前一种合目的性则是自然存在者的一种内在的合目的性。

例如，河流携带着各种各样有利于植物生长的土壤，它们把这土壤有时沉积在陆地中部，经常也沉积在其入海口。涨潮在一些海岸边带着这泥沙漫过陆地，或者把它们沉积在陆地的岸边；而尤其是当人们对此施以援手，以免退潮又将它们带走时，肥沃的土地就增加了，在此前鱼类和贝壳类动物曾栖身的地方，植物界就赢得了地盘。陆地以这种方式的扩展大多数是自然本身完成的，而且还在进行，虽然很缓慢。——现在问题是：这是否由于它包含着对人们的一种有用性，就应当被评判为自然的一个目的；因为对植物界的这种有用性，由于与此相反海洋造物被夺走的与陆地所增加的好处同样多，人们就不能予以考虑。

或者，要举一个某些自然事物作为手段对其他造物（如果

① 由于在纯粹数学中并不谈及事物的实存，而是仅仅谈及其可能性，亦即一种与其概念相对应的直观的可能性，因而根本不谈及原因和结果，所以，所有在那里被察觉的合目的性都必须仅仅被视为形式的，而永远不能被视为自然目的。

人们把它们预设为目的）的有益性的例子，那么，没有任何土地比沙土更有利于云杉的生长了。于是，古代的海洋在从陆地退走之前，在我们北方各地留下了如此之多的沙土带，以至于在这种对于一切种植来说通常如此贫瘠的土地上，却能够冒出辽阔的云杉林，由于不理智地砍光了它们，我们经常责怪自己的祖先；而这时人们就可以问：这种远古的泥沙沉积是否曾有一个为了在这上面可能有云杉林的自然目的呢？这一点是清楚的：如果人们把云杉林假定为自然目的，那么，人们就必须也承认那泥沙是目的，但只是相对的目的，为此古代的海滩及其退走又是手段；因为在一种目的联结的相互隶属的各环节的系列中，每一个中间环节都必须被视为目的（尽管恰恰不是终极 〔368〕
目的），为此它的最近的原因就是手段。同样，一旦世界上要有牛、羊、马等，地上就必须长出草来，但如果骆驼要繁衍起来，沙漠上就必须长出耐盐碱植物，或者，如果应当有狼、老虎和狮子的话，也必须能找到大批上述动物和其他食草动物。因此，建立在有益性之上的客观合目的性不是事物自身的一种客观合目的性，就好像泥沙单独作为从其原因亦即海洋而来的结果，不给海洋加上一个目的，不把结果亦即泥沙视为艺术作品，就不能被理解似的。这种合目的性只是一种相对的、对它被赋予的那个事物本身来说只是偶然的合目的性；而且在上述例子中间，虽然草类独自就可以被评判为自然的有机产品，因而被评判为富有艺术的，但在与以之为生的动物的关系中，它们毕竟只是被视为原材料。

但此外，当人通过自己的因果性的自由而发现自然事物有益于自己那些经常是愚蠢的意图（五彩缤纷的鸟羽有益于他的衣服的装饰，有颜色的土或者植物汁液有益于化妆），有时也是出自理性的意图发现马有益于乘骑，发现牛，甚至在梅诺卡发现驴和猪有益于耕地时，人们在这里就连（在这种应用上的）一种相对的自然目的也不能假定了。因为他的理性懂得给予事物以一种与他的任意念头的协调一致，为此他本人却根本不是由自然注定的。只要人们假定人应当在大地上生活，那么，他们作为动物，甚至作为有理性的动物（不论是在怎样低的程度上）无之便不能生存的那些手段，至少就是必不可少的；但这样一来，为了这一点而不可缺少的那些自然事物，就会也必须被视为自然目的了。

人们由此很容易看出，外在的合目的性（一个事物对其他事物的有益性）惟有在该事物或近或远地对之有益的那个事物的实存独自就是自然目的的条件下，才能被视为一个外在的自然目的。但是，既然那一点从来也不是能够通过纯然的自然考察来澄清的，〔369〕所以得出：相对的合目的性尽管以假说的方式对自然目的给出指示，却仍然不给人以权利作出任何绝对的目的论判断。

雪在严寒地区保护种子不被冻坏；它还（通过雪橇）便利人们的交往；拉普兰人在那里发现了促进这种交往的动物（驯鹿），它们靠自己必须用蹄子从雪底下刨出来的一种干枯的苔藓就找到足够的食物，却仍然轻易地让人驯服，自愿被夺去它们本来在其中能够很好地保存自己的自由。对于同一个寒带的其他民族来说，海洋含有丰富的动物资源，这些动物除了它们所提供的食物和衣服，以及海上漂来仿佛是供他们建构房屋的木料之外，还为他们提供了烧热他们的小屋的燃料。在这里，于是就有如此之多的自然关系在一个目的上的一种值得惊赞的汇聚；而这个目的就是格陵兰人、拉普兰人、萨莫耶德人、雅库特人等。但人们看不出来，一般而言人类为什么必须生活在那里。因此，如果说**之所以**空气中的水蒸气以雪的形式降落下来，海洋有洋流把在温暖地区长成的木料冲到这里，而且这里有大型的富含油脂的海洋动物，乃是因为提供这一切自然产品的那个原因以对某些可怜的造物有好处这个理念为根据，这就会是一个很鲁莽的和很任意的判断。因为即使所有这些自然有用性不存在，我们也丝毫不会觉得失去了自然原因对这种性状的充分性；毋宁说，哪怕只是要求有这样一种资质并强求自然有这样一个目的（因为本来就只是人类相互之间极度的不相容才可能使他们一直溃散到如此贫瘠的地区），都会使我们自己觉得是狂妄的和欠考虑的。

第 64 节　作为自然目的的事物的特有性质

为了看出一个事物惟有作为目的才是可能的，也就是说，它的起源的因果性不是在自然的机械作用中，而是必须到一个由概念来规定其起作用的能力的原因中去寻找，就要求该事物 〔370〕的形式不是按照纯然的自然法则而可能的，也就是说，不是按照仅仅由我们通过知性在应用于感官对象上时能够认识的那些法则而可能的；相反，甚至这形式根据其原因和结果的经验性知识，也是以理性的概念为前提条件的。由于理性哪怕只是要看出与一个自然产品的产生相联结的条件，也必须在该产品的每一个形式上认识其必然性，但却仍然不能在那个被给予的形式上假定这种必然性，所以事物的形式不顾一切经验性的自然法则而与理性相关的这种**偶然性**，本身就是如此假定自然产品的因果性的一个根据，就好像这因果性正因为如此而惟有通过理性才是可能的似的；但是，这种因果性在这种情况下就是按照目的来行动的能力（一个意志）；而被表现为惟有从这种能力出发才有可能的客体，就会惟有作为目的才被表现为可能的。

如果某人在一个在他看来无人居住的地方发觉在沙滩上画有一个几何图形，也许是一个规则的六角形，那么，他的反思在对该图形形成一个概念时，就会借助于理性尽管模糊却意识到这六角形的产生原则的统一性，并且就这样按照理性而不会把沙滩、邻近的海、风，或者还有他所认识的动物的足迹，或者任何别的无理性的原因，评判为这样一个形状的可能性的根据；因为与这样一个惟有在理性中才有可能的概念巧合的偶然性将会显得如此无限大，以至于正好就像为此完全没有任何自然法则，因而也没有在纯然机械地起作用的自然中的任何原因，而是惟有关于这样一个客体的概念，作为惟有理性才能给出并将对象与之相比较的概念，才能包含着导致这样一个结果的因果性似的，因而这因果性就绝对能够被视为目的，但不是自然目的，也就是说，它能够被视为**艺术**的产品（vestigium hominis video［我看到人的痕迹］）。

但是，为了把人们认做自然产品的某种东西尽管如此毕竟也评判为目的，因而评判为**自然目的**，假如其中绝不存在任何矛盾的话，那么，这就已经有更多要求了。我会暂时这样说：**如果一个事物自己是自己的原因和结果**（尽管是在双重的意义上），那么，它就是作为自然目的而实存的；因为这里有一种
〔371〕因果性，这类因果性如果不给它配上一个目的，就不可能被与一个自然的纯然概念结合起来，但这样一来它虽然能够被无矛盾地设想，但却不能被理解。我们在彻底分析关于自然目的的这个理念的规定之前，想先通过一个例子来阐明它。

第一，一棵树按照已知的自然法则生出另一棵树。但是，它生出的这棵树是同一个类的；这样，按照**类**来说它是自己产生出自己，它在这类中一方面是作为结果，另一方面是作为原因，不断地自己被自己生产出来，同样又经常自己生产出自己，而作为类持久地保持着自己。

第二，一棵树甚至作为**个体**也产生自己。这种作用我们虽然只是称之为生长；但这种生长却必须在这样的意义上来说，即它与任何其他按照机械法则的量的增加完全不同，必须被认为与生殖相同，尽管名称不同。它给自己添加的物质，这植物

事先将之加工成类所特有的质，这种质是在它之外的机械作用所不能提供的，而且它是借助于这样一种材料来进一步发展自己的，这种材料就其配制而言是它自己的产品。因为即使就它从外在于它的自然获得的成分而言，这种材料必须仅仅被视为离析物，但在这种原材料的分离和新组合中，毕竟可以发现这类自然存在者的分离能力和形成能力的这样一种原创性，以至于一切艺术离它都还是无限遥远，如果这艺术试图用通过分解它们所获得的元素，或者还用自然提供给它们作营养的材料再重新制造出植物界的那些产品的话。

第三，这个造物的一个部分也这样自己产生自己，以至于一个部分的保持交互地依赖于别的部分的保持。把一种树上的芽眼插接到另一种树的细枝上，就在一个异质的根株上产生出一个属于它自己种类的植物，嫁接到另一树干上的树枝亦是如此。因此，人们也可以在同一棵树上把每一个细枝或者树叶都视为只是被嫁接或者芽接到这棵树上的，因而看做一棵独自存在的树，它只是附着和寄生在另一棵树上。同时，这些树叶虽 〔372〕
然都是这棵树的产品，但也反过来维持着这棵树；因为一再落叶就会使树死去，而树的生长则依赖于树叶对树干的作用。自然在这些造物中当受到伤害时的自我保护，即当维持相邻部分所需要的一个部分缺乏时由其余部分来补足，以及在生长中的那些畸变和畸形，即某些部分由于出现缺乏或者阻碍而以全新的方式形成自己，以便维持现有的东西而产生出一个不正常的造物来，这些我在这里只想顺便提到，尽管它们属于有机造物的那些最奇妙的属性。

第65节 作为自然目的的事物就是有机存在者

按照上一节所引证的特征，一个应当作为自然产品，但同时又只是作为自然目的才可能被认识的事物，必须自己与自己的交互关系就是原因和结果，这是一种有些不真切和不确定的表述，它需要从一个确定的概念作出某种推导。

因果结合就其只是通过知性被思维而言，就是一种构成（原因和结果的）一个不断下降的序列的联结；而那些作为结果的事物是以另一些作为原因的事物为前提条件的，它们不能反过来同时是后一些事物的原因。人们把这种因果结合称为作用因的结合（nexus effectivus［效果的联系］）。但与此相反，毕竟也可以设想一种按照（关于目的的）理性概念的因果结合，这种因果结合当人们把它视为序列时，会既带有一种下降的，也带有一种上溯的依赖性，在其中一度被标明为结果的事物，仍然上溯而理应得到它是其结果的那个事物的一个原因的称号。在实践（亦即艺术）中，人们很容易发现这类联结，例如房子虽然是为出租而收入的金钱的原因，但毕竟反过来，这一可能的收入的表象也曾是建造这所房子的原因。这样一种因果联结就被称为终极因的因果联结（nexus finalis［目的的联系］）。人们也许可以更恰当地把前者称为实在原因的联结，把
〔373〕后者称为理想原因的联结，因为在这样称谓时就理解到，不可能有多于这两种类型的因果性了。

对于一个作为自然目的的事物来说，**首先**就要求：各个部分（按照其存在和形式）惟有通过其与整体的关系才是可能的。因为事物本身是一个目的，因而是在一个概念或者一个理念之下被把握的，这理念必须先天地规定应当包含在该事物之中的一切。但是，如果一个事物只是以这种方式被设想为可能的，那么，它就仅仅是一个艺术作品，也就是说，是一个与它的质料（各个部分）有别的理性原因的产品，这个理性原因的因果性（在造成和结合各部分时）是通过一个关于由此而可能的整体的理念（因此不是通过该事物之外的自然）来规定的。

但是，如果一个事物作为自然产品在自身中以及在其内在的可能性中毕竟包含着与目的的一种关系，也就是说，仅仅作为自然目的而无须它之外的理性存在者的概念的因果性就是可能的，那么，**其次**就要求：它的各个部分由于相互交替地是其形式的原因和结果，而结合成为一个整体的统一体。因为只有以这样的方式，整体的理念反过来（交替地）又规定所有部分的形式和结合才是可能的，不是作为原因——因为那样的话它就会是一个艺术产品——，而是作为对于作评判的人来说认识那包含在被给予的质料中的一切杂多的形式和结合之系统统一的根据。

因此，对于一个就自身而言并按照其内在可能性应当被评判为自然目的的物体来说，就要求它的各个部分在其形式以及结合上全都交替地产生，并这样从其因果性中产生出一个整体，这整体的概念反过来（在一个根据概念具有与这样一个产品相适合的因果性的存在者中）按照一个原则而是该物体的原因，因而**作用因**的联结就能够同时被评判为**由终极因而来的结果了**。

在这样一个自然产品中，每一个部分，就像它惟有**通过**其余一切部分才存在一样，也被设想成**为了其他部分**以及整体而实存的，也就是被设想成工具（器官），但这是不够的（因为 〔374〕
它也可以是艺术的工具，这样就只是作为一般而言的目的被表现为可能的）；而是作为一个**产生**其他各部分（因而每一部分都交替产生别的部分）的器官，这类器官不可能是艺术的工具，而只能是为工具（甚至为艺术的工具）提供一切材料的自然的工具，而只有这样，并且因为这一点，这样一个产品作为**有机的**和**自己使自己有机化的**存在者，才能被称为一个**自然目的**。

在一块表里，一个部分是其他部分的运动工具，但不是说一个齿轮就是产生另一个齿轮的作用因；一个部分虽然是为了另一个部分的，但却不是通过另一个部分而存在的。因此，这些部分及其形式的产生原因也不包含在自然（这种物质）之中，而是在自然之外包含在一个能够按照通过自己的因果性而可能的整体的理念来起作用的存在者之中。因此，在这块表中也不是一个齿轮产生另一个齿轮，更不是一块表产生其他表，以至于它为此利用别的物质（使它有机化）；所以，它也不自行补上从它那里偷走的部分，或者通过其他部分的加入来补偿它最初形成时的缺陷，或者当它陷入无序时自己修复自己，与此相反，这一切我们都可以期待于有机的自然。——因此，一个有机的存在者不只是机器，因为机器仅仅具有**运动的**力量；相反，有机的存在者在自身中具有**形成的**力量，确切地说是这样一种力量，它把这种力量传递给那些不具有这种力量的物质（使它们有机化），因此，这是一种自己繁衍的形成力量，它是不能仅仅通过运动能力（机械作用）来解释的。

如果把自然在有机产品中的能力称为**艺术的类似物**，那么，关于自然和它的这种能力，人们所说的就太少了；因为那样的话，人们所想的是自然之外的艺术家（一个有理性的存在者）。毋宁说，自然自己使自己有机化，并且在它的有机产品的每个物种中使自己有机化，虽然在整体上是按照同样的范本，但毕竟也有适当的偏离，这种偏离是自我保存根据情况所要求的。如果把它称为**生命的类似物**，也许就更贴近这种无法探究的属性了，但这时，人们就必须要么把一种与物质的本质相冲突的属性赋予作为纯然质料的物质（物活论），要么就给它加上一个与它**处于共联性之中的**异质原则（一个灵魂）；但
〔375〕为此，如果这样一个产品应当是一个自然产品，人们就要么已经把有机物质预设为那个灵魂的工具，因而丝毫也没有使有机物质更可以理解，要么不得不使灵魂成为这个建筑的艺术家，

并这样把该产品从自然（有形体的自然）中剔除。所以严格说来，自然的有机化并不具有与我们所了解的某种因果性相类似的东西。[①] 自然的美由于只是与关于对象的**外部**直观的反思相关，因而只是因为表面的形式才被赋予对象，所以可以有理由被称为艺术的类似物。但是，**自然的内在完善性**，就像那些惟有作为**自然目的**才可能，因而叫做有机存在者的事物具有它那样，却是不能按照某种我们已知的物理能力，亦即自然能力的类比来思考和解释的，甚至，由于我们自己在最宽泛的理解中也属于自然，所以就连通过与人类艺术的一种严格适合的类比来思考和解释也不行。

所以一个事物，作为就自身而言的自然目的，其概念并不是知性或者理性的任何建构性概念，但毕竟能够是一个对反思性判断力来说的范导性概念，按照与我们根据一般目的的因果性的一种远距离类比来指导对这一类对象的研究并思考它们的至上根据；虽然，这后一点不是为了认识自然或者自然的那个初始根据，而毋宁说是为了认识我们心中这种实践的理性能力，我们就是凭借这种能力来在类比中观察那种合目的性的原因的。

因此，有机的存在者是自然中惟一在人们即便单独地、无须与其他事物的关系来看它们时也毕竟必须惟有作为自然的目的才可能被设想的存在者，因此，它们首先使一个并非实践目 〔376〕

① 反过来，人们可以通过与上述直接的自然目的的一种类比来说明某种在理念中比在现实中还更多遇到的结合。这样，人们在近代从事一项彻底的改造，即把一个伟大的民族改造成一个国家时，就很恰当地频繁把**有机化**这个词用于建立市政机构等乃至于整个国体。因为在这样一个整体中，每个成员当然都应当不仅是手段，而且同时是目的，并通过参与促成这个整体的可能性，又是按照自己的地位和职能而由整体的理念所规定的。

的，而是**自然**目的的**目的**之概念获得客观实在性，并由此为自然科学取得一种目的论，亦即按照一个特殊的原则评判其客体的一种方式的根据，这类东西通常是绝对没有理由引入到自然科学中去的（因为人们根本不能先天地看出这样一类因果性的可能性）。

第66节　评判有机存在者中的内在合目的性的原则

评判的这个原则，同时亦是它的定义，就叫做：**自然的一个有机产品就是在其中一切都是目的并且交互地也是手段的那种产品**。在它里面，没有任何东西是白费的、无目的的，或者应归于一种盲目的自然机械作用的。

这个原则虽然就其起因来说可以从经验中推导出来，也就是从按照一定方法来安排并叫做观察的那种经验中推导出来；但由于它关于这样一种合目的性所说的普遍性和必然性，它就不能是仅仅基于经验的，而是必须以某个先天原则为基础，哪怕这个原则仅仅是范导性的，而且那些目的仅仅存在于评判者的理念中，而绝不存在于一个作用因中。因此，人们可以把上述原则称为评判有机存在者的内在合目的性的**准则**。

众所周知，植物和动物的解剖学家们为了研究它们的结构并能够看出那些根据，即这样一些部分是为什么以及为了什么目的被给予它们的，这些部分的这样一种状况和结合以及恰好这种内部形式是为什么被给予它们的，就把“在这样一个造物中没有任何东西是**白费的**”那个准则假定为不可回避地必要的，并使它与“**没有任何东西是偶然**发生的”这个一般自然学说的原理同样生效。事实上，他们同样也不可能表示放弃这个目的论原理，就像他们不可能表示放弃一般的物理学原理一样，因为如同离开了后者就根本不会有任何一般而言的经验存留下来一样，离开了前一个原理就不会有任何对我们一度以目的论的方式在自然目的的概念下思考过的某一类自然事物进行观察的导线存留下来。

因为这个概念把理性引进了事物的一种秩序，这种秩序与自然的一种在这里不再能满足我们的纯然机械作用的秩序完全不同。一个理念应当是这种自然产品的可能性的基础。但是，由于这个理念是表象的一种绝对的统一性，相反质料则是事物的一种复多性，这种复多性不能独自提供出复合的任何确定的统一性，所以，如果理念的那种统一性甚至应当用做复合物的这样一种形式之因果性的一种自然法则的先天规定根据，那么，自然的目的就必须涉及包含在它的产品中的**一切东西**。因为一旦我们使这类结果在**整体**上与一个超出自然的盲目机械作用的超感性规定根据联系起来，我们就必须也完全按照这个原则来评判这类结果；而在这里没有任何理由来把这样一个事物的形式还部分地假定为依赖于盲目的机械作用的，因为那样一来，就会由于不同性质的原则的混杂而根本没有任何可靠的评判原则存留下来。〔377〕

固然，例如在动物的躯体中，有些部分作为凝结物（如皮肤、骨头、头发）是可以按照纯然机械的法则来理解的。然而，搞到适合于此的质料、更改这质料、将它塑形并沉积在它应有的位置上的那个原因，却必须始终以目的论的方式来评判，以至于在这个躯体中的一切都必须被视为有机的，而一切也都在与事物本身的某种关系中又是器官。

第67节　把一般而言的自然在目的论上评判为目的系统的原则

我们上面关于自然事物的**外在**合目的性曾经说过：它并不

提供充分的理由，让人把它同时作为自然的目的用做这些自然事物的存在的解释根据，并把它们的偶然合目的的结果在理念中按照终极因的原则用做它们的存在的根据。于是，人们不能由于**河流**促进陆地内部各民族之间的交往，由于**山脉**蕴涵着这些河流的源泉并为了在无雨季节维持这些河流而蕴涵着积雪，同样由于陆地的**斜坡**让这些积水流走并使陆地变得干燥，就立
〔378〕刻把它们视为自然目的，因为虽然地球表面的这种形态对于产生和维持动物界和植物界是非常必要的，但它就自身而言毕竟不具有任何东西让人们发现自己不得不为其可能性而假定一种根据目的的因果性。同样这也适用于人用于自己的生计所需和赏心悦目的植物；适用于人如此多方面地部分用于自己的食物、部分用于为自己服役而且大多数情况下根本不可缺少的动物，如骆驼、牛、马、狗等。这些事物中没有一种让人们有理由将之独自视为目的，关于它们，外部关系只能被以假说的方式评判为合目的的。

由于一个事物的内在形式而把它评判为自然目的，这与把该事物的实存视为自然目的是完全不同的事情。对于后一种断言来说，我们不仅需要关于一个可能的目的的概念，而且需要对于自然的终极目的（scopus［目的］）的知识，而这又需要自然与某种超感性的东西的一种关系，这种关系远远超出了我们的一切目的论的自然知识；因为自然本身实存的目的必须超出自然之外去寻找。仅仅一根草茎的内部形式就能够充分证明它那对于我们人类的评判能力来说惟有按照目的规则才可能的起源。但是，如果人们撇开这一点，而仅仅着眼于别的自然存在者对它的利用，因而放弃对内部组织的考察而只着眼于外部的合目的的关系，就像草茎对于牲畜来说，牲畜对于人来说都是作为手段而为后者的生存所必需那样，而且人们看不出究竟为什么人类的生存就是必要的（如

果人们例如想到新荷兰人和火地岛人，这一点就可能不是那么容易回答了），那么，人们就达不到任何绝对的目的，而是所有这些合目的的关系都建立在一个总是必须继续推出去的条件之上，这条件作为无条件的（一个作为终极目的的事物的存在），完全处在自然目的论的世界考察之外。但这样一来，一个这样的事物也就不是自然目的；因为它（或者它的整个类）不能被视为自然产品。

因此，这就只有物质了，只要物质是有机的，这样的物质必然带有关于它是一个自然目的的概念，因为它的这种特殊形式同时是自然的产品。但是，这个概念必然导致全部自然是一个按照目的规则的系统的理念，于是自然按照理性的诸原则的 〔379〕
所有机械作用都（至少为了在这上面拿自然显象作尝试）必须服从这个理念。理性的原则作为只是主观的，亦即作为准则而隶属这个理念：世界上的一切都为了某种东西是好的；没有任何东西在世界上是白费的；而且人们凭借自然在它的有机产品上提供的例子，有理由，甚至有职责从自然及其法则那里仅仅期待在整体上合目的的东西。

不言而喻，这不是一条对于规定性的判断力的原则，而只是一条对于反思性的判断力的原则，它是范导性的而不是建构性的，而且我们由此只是获得了一条导线，在与一个已经被给予的规定根据的关系中按照一个新的有法则的秩序来观察自然事物，并按照另一条原则，亦即终极因的原则来扩展自然知识，而不损害它们的因果性的机械作用的原则。此外，由此绝对没有澄清，任何一个我们按照这一原则来评判的某物是否**有意地**是自然目的：草是否为了牛或者羊而存在，而牛或者羊以及其他自然事物是否为了人而存在。好的做法是，即便是让我们讨厌和在特殊的关系中违背目的的东西，也从这一方面来考察。于是，例如，人们可以说：在人们的衣服里、头发里或者床上折磨着他们的寄生虫，按照一种睿智的自然安排乃是对清洁的一种推动，而清洁独自就已经是保持健康的一个重要的手段。或者，使美洲的荒野对野蛮人来说如此难以忍受的蚊虫和其他叮人的昆虫，对于这些成长着的人类来说等于是能动性的激励，以便排引沼地，使密不透风的森林透光，并由此以及通过扩展耕地同时使自己的居住地更有益于健康。甚至在人的内部组织中在人看来违背自然的东西，如果以这种方式来对待，也提供了一种有趣的，有时也有教益的对事物的一种目的论秩序的展望，没有这样一个原则，仅仅纯然物理学的考察是不会把我们引向这种展望的。就像一些人把寄居在人或者动物身上的绦虫判断成仿佛为补偿其生命器官的某种缺陷而被给予人或者动物的
〔380〕那样，我要问的是：梦（没有梦就根本没有睡眠，尽管人们很少回忆起它们）是否会是自然的一种合目的的安排，也就是说，因为它们在一切肉体的运动力量都放松时，有助于凭借想象力及其大肆活动（这种活动在这种状态中大多一直上升到激情）而最内在地推动生命器官；就像在越是吃得太饱而需要这种运动时，想象力在夜间睡眠时通常也越是活泼地游戏；因而，没有这种内在运动的力量和我们抱怨于梦的令人疲倦的不安宁（实际上梦也许倒是恢复的手段），睡眠本身在健康状态中就会根本是生命的一种完全泯灭。

一旦通过有机存在者提供给我们的自然目的对自然所作的目的论评判使我们有理由得出一个巨大的自然目的系统的理念，就连自然的美，亦即自然与我们的认识能力在把握和评判它的显象时的自由游戏的协调一致，也能够以这种方式被视为自然在其整体中的客观合目的性，视为人在其中是一个环节的系统。我们可以把这看做自然为了我们而具有的一

种好意①，即它除了有用的东西之外还如此丰盛地广施美和魅力，因此我们热爱自然，就像由于它广袤无边而以敬重来观赏它，并在这种观赏中感到我们自己也高尚起来一样，这恰恰就好像自然本来就完全是在这种意图中搭建并装饰自己壮丽的舞台似的。

我们在这一节中想要说的无非是，一旦我们在自然身上揭示出了产生惟有按照终极因概念才能被我们所设想的产品的能力，我们就可以继续前进，把那样一些产品仍然评判为属于一个目的系统的，即使它们（或者它们的虽然合目的的关系）恰恰使得超出盲目起作用的原因的机械作用而为它们的可能性找 〔381〕
出另一个原则成为不必要的，因为前面那个理念已经就它们的根据而言引导我们超出了感官世界；这样一来，超感性原则的统一性必须被视为不仅对自然存在者的某些物种有效，而且以同一种方式对作为系统的整体有效。

第68节　目的论原则作为自然科学的内在原则

一门科学的原则对这门科学来说要么是内部的，并被称为本土的（principia domestica［本土的原则］），要么它们是基于只能在这门科学外面找到位置的概念的，是**外来的**原则

① 在审美部分里曾说过：由于我们在自然的形式上感到一种完全自由的（无兴趣的）愉悦，**我们用好意来看待美的自然**。因为在这个纯然的鉴赏判断中，根本没有考虑这种自然美是为了审美目的而实存的，是为了唤起我们的一种愉快，还是与我们毫无关系而作为目的。但在一个目的论判断中，我们也注意到了这种关系；而且在这里，我们可以把这**视为自然的好意**，即自然要通过列举如此多的美的形态来促进我们的文化。

(peregrina [异乡的])。包含着后面这些原则的科学以外来命题(前提)作为自己的学说的基础;也就是说,它们从另外一门科学借来一个概念,连同借来一个作安排的根据。

任何一门科学都独自是一个系统;而且在这门科学里面按照原则来建构并作技术上的处理,这是不够的,人们必须把它当做一个独自存在的建筑,在它里面也按照建筑术来从事工作,不是像对待一个附属建筑那样把它当做另一座建筑的一个部分来对待,而是把它当做一个独自的整体来对待,尽管人们事后可以建立从这座建筑到那座建筑的一种过渡或者交互的过渡。

因此,如果人们为了自然科学而在它的关联中引进来上帝的概念,以便使自然中的合目的性得到解释,然后又利用这种合目的性,以便证明有一个上帝存在,那么,在这两门科学的任何一门中,都没有内在的持久性;而一种蒙骗人的循环论证将使每一门都不可靠,因为它们让自己的界限相互搅混了。

一个自然目的这个表述已经足以预防这种混乱,以免把自然科学以及它为了对自己的对象作**目的论的**评判而提供的理由与对上帝的沉思,因而与一种**神学的**推导相混淆;而且人们切不可把这看做无关紧要的,即人们是否把那个表述与自然秩序
〔382〕中一个属神的目的的表述混为一谈,或者干脆把后一种表述冒充为更得当、更适合于一个虔诚的灵魂的,因为毕竟最终不得不达到从一个睿智的世界创造者推导出自然中的那些合目的的形式的地步;相反,人们必须小心谨慎地把自己限制在这个只表达出我们所知道的这么多的表述上,亦即一个自然目的这个表述上。因为在我们还追问自然本身的原因之前,我们就在自然及其产生的进程中发现了这样一些产品,它们按照已知的经验法则在自然中被产生出来,自然科学必须按照这些经验法则来评判自己的对象,因而也必须按照自然本身中的目的规则去

寻找它们的因果性。因此，自然科学切不可跳越自己的界限，要把根本不可能有任何经验与其概念相适合，而且人们惟有在自然科学完成之后才有资格斗胆说出的东西当做本土的原则纳入到自身里面。

可以先天地予以演证，因而在其可能性上无须任何经验的加入就可以从普遍的原则看出的那些自然性状，尽管带有一种技术的合目的性，仍然由于它们是绝对必然的，而根本不能被归为自然的目的论，后者是一种隶属于物理学的解决物理学问题的方法。因此，算术的、几何学的类比，同样还有普遍的机械法则，不论在它们身上把各不相同的、外表看来完全互不依赖的规则结合在一个原则中，这在我们看来要有多么令人诧异和值得惊赞，也不包含要当物理学中的目的论解释根据的要求；而且即使它们值得在一般自然事物的合目的性的普遍理论中被一起纳入考察，这种理论却毕竟会隶属于别的地方，亦即隶属于形而上学，而不会构成自然科学的任何内在原则，就像凭借有机存在者身上的自然目的的经验性法则，不仅允许而且也不可避免地要把目的论的**评判方式**用做自然学说在其一个特殊类别的对象方面的原则一样。

于是，物理学为了严守自己的界限，就完全撇开了自然目的是**有意**如此还是**无意**如此这个问题；因为那会是干涉一件异己的事务（亦即形而上学的事务）。存在着一些惟有按照我们 〔383〕
仅仅在作为原则的目的理念之下才能设想的自然法则才可**解释的**，并且惟有以这种方式才在其内在形式上哪怕只是内在地可**认识的**对象，这就够了。因此，为了不使自己有丝毫僭妄的嫌疑，就好像人们想把某种根本不属于物理学的东西，亦即一种超自然的原因混杂在我们的认识根据中间似的；人们在目的论中就虽然谈到自然，好像在它里面的合目的性是有意的似的，但毕竟同时是这样谈论的，即人们是把这种意图赋予了自然，亦即赋予了物质；由此人们（由于对此不可能发生任何误解，因为就自身而言就已经不会有人把意图在该词本来的含义上赋予一个无生命的材料）想指出的是，这个词在这里指的只是一条反思性判断力的原则，而不是一条规定性判断力的原则，因而不应当引入因果性的任何特殊根据，而只是给理性的应用再附加上一种不同于按照机械法则的研究方式，以便补充后者本身在经验性地探究自然的一切特殊法则方面的不足。因此，人们在目的论中，就其被引向物理学而言，完全有理由谈论自然的智慧、节约、远虑、仁慈，并不因此就使自然成为一个有理智的存在者（因为这就会是荒唐的）；但也并不敢打算把另一个有理智的存在者作为一个建筑师置于自然之上，因为这就会是狂妄的①，而只是要由此按照与我们在理性的技术应用中的因果性的类比来描绘一种自然的因果性，以便牢记必须据以探究某些自然产品的规则。

但是，为什么目的论通常毕竟并不构成理论自然科学的任何特别部分，而是被作为预科或者过渡而引向神学呢？这种情
〔384〕况之所以发生，乃是为了使按照自然的机械作用对自然的研究坚守我们能够使其如此经受我们的观察或者实验，以至于我们能够像自然那样至少根据法则的相似性自己产生出来的东西；因为人们完全看出的，只是人们能够按照概念自己制作和实现的东西。但是，作为自然的内在目的的有机化，无限地超过了

① **狂妄的**这个德语词是一个很好的、含义丰富的词。人们作出一个判断时忘记估计其（知性的）力量的尺度，该判断有时可能听起来很谦卑，而毕竟提出了很高的要求，毕竟是很狂妄的。大多数人们借口用来颂扬神的智慧的判断都是这一类的，因为人们在创造和保持的工作中把意图赋予了神的智慧，而这些意图真正说来应当是给玄想家自己的智慧带来荣耀。

通过艺术来作一种类似展示的一切能力，至于外部的被视为合目的的自然安排（例如风、雨等诸如此类的东西），物理学也许考察它们的机械作用；但它们与目的的关系，就这关系应当是一个必然属于原因的条件而言，物理学根本不能予以展示，因为联结的这种必然性所涉及的完全是我们的概念的结合，而不是事物的性状。

〔385〕

第二卷
目的论判断力的辩证论

第 69 节　什么是判断力的二论背反

规定性的判断力独自并不具有确立**关于客体的概念**的原则；它不是什么自律；因为它仅仅在作为原则而被给予的法则或者概念之下进行**归摄**。正因为如此，它也不蒙受它自己的二论背反的危险和它的诸原则的冲突。这样，包含着在诸范畴之下进行归摄的那些条件的先验判断力，就独自来说并不是**立法的**；而是仅仅列举了感性直观的那些条件，在这些条件下，一个被给予的概念作为知性的法则能够被赋予实在性（应用）：在这一点上，规定性的判断力永远不可能与自身陷入不一致（至少在原则上）。

然而，**反思性的**判断力却应当在一个尚未被给予的，因而事实上只是对于对象作反思的一条原则的法则下进行归摄，对于这些对象，我们在客观上完全缺乏一个法则，或者缺乏一个足以充当出现的种种情况的原则的客体概念。既然没有原则就不允许认识能力的任何运用，所以反思性的判断力在这样一些情况下就必须充当它自己的原则；这原则由于并不是客观的，也不能奠定客体的任何对这种意图来说充足的认识根据，所以只应当用做认识能力的合目的应用的主观原则，亦即对某一类对象进行反思的主观原则。因此，与这样一些情况相关，反思性的判断力有自己的准则，确切地说是为了认识经验中的自然法则所必要的准则，以便凭借这些准则来达到概念，哪怕这些概念应当是理性概念；如果反思性的判断力仅仅为了按照自然的经验性法则来认识自然就绝对需要这些概念的话。——在反思性的判断力的这些必要的准则之间，就有可能发生一种冲突，因而发生一种二论背反，在它之上就建立起一种辩证论，当两个相互冲突的准则中的每一个都在认识能力的本性中有自己的根据时，这种辩证论就可以被称为一种自然的辩证论和一种不可避免的幻相，人们必须在批判中解开和消解这种幻相，以免它骗人。 〔386〕

第70节　这种二论背反的表现

只要理性与作为外部感官对象之总和的自然打交道，它就能够以法则为基础，这些法则是知性部分地甚至先天颁布给自然的，部分地通过在经验中出现的经验性规定能够扩展至无限的。为了运用前一类法则，亦即一般物质自然的**普遍**法则，判断力不需要任何特殊的反思原则；这时它是规定性的，因为由知性给予了它一个客观的原则。但涉及我们只能通过经验得知的那些特殊法则，在它们中间就可能有一种如此巨大的多样性和异质性，以至于判断力必须把自己本身用做原则，以便哪怕是在自然的显象中寻觅和探查某种法则，因为它需要这样一种法则来做导线，哪怕它应当希望的只是根据自然的一种普遍的合法则性而相互关联的经验知识。鉴于这些特殊法则的偶然的统一性，就可能发生这样的事情：判断力在其反思中从两个准则出发，其中一个准则是只有知性才先天地为它提供的；但另一个准则却是由特殊的经验引发的，这些经验使理性活动起来，以便按照一个特殊的原则来对有形体的自然及其法则作出评判。这里接下来发生的事情是，这两种准则看起来不能相互

〔387〕并存，因而就凸显出一种辩证法，它使判断力在自己的反思的原则中感到迷惑。

反思的**第一个准则**就是**命题**：物质性事物及其形式的一切产生都必须被评判为按照纯然机械的法则就可能的。

第二个准则就是**反命题**：物质性自然的一些产品不能被评判为按照纯然机械的法则就可能的（它们的评判要求一个完全不同的因果性法则，亦即终极因的法则）。

如果人们现在把对于研究的这些范导性原理转化成客体本身之可能性的建构性原理，那么，它们所说的就会是这样的：

命题：物质性事物的一切产生都是按照纯然机械的法则就可能的。

反命题：物质性事物的一些产生按照纯然机械的法则是不可能的。

在后面这种性质中，作为规定性的判断力的客观原则，这两个命题就会相互矛盾，因而两个命题中的一个就会必然是错的；但在这种情况下，这虽然是一个二论背反，但却不是判断力的二论背反，而是在理性的立法中的一种冲突。但是，理性既不能证明这两个原理中的这一个，也不能证明其另一个；因为我们对于事物根据自然的纯然经验性的法则的可能性，不可能拥有任何先天的规定性原则。

与此相反，就反思性判断力的最先陈述的准则而言，它事实上根本不包含任何矛盾。因为如果我说：对于物质性自然中作为其产品的一切事件，因而还有一切形式，在它们的可能性上我都必须按照纯然机械的法则来**评判**，那么，我由此并没有说：它们**惟有按照这些法则**（排除了任何其他方式的因果性）**才是可能的**；相反，这只是要表明：**我**在任何时候都**应当按照**自然的纯然机械作用来**反思**它们，因而尽我所能地研究这种机械作用，因为不以这种机械作用作为研究的基础，就根本不可能有任何真正的自然知识。于是，这就并不妨碍第二条准则在偶然的起因上，亦即在一些自然形式上（并根据这些形式的起因甚至在整个自然上）按照一条与按照自然的机械作用所作的解释完全不同的原则，亦即终极因的原则去探索，并对它们作出反思。〔388〕因为按照第一条准则所作的反思并没有因此而被取消，反倒是要求尽人们所能去遵循它；由此也没有说，按照自然的机械作用，那些形式就会是不可能的。所主张的只是，**人的理性**遵循这条准则并以这种方式将永远不能找到构成自然目的的特殊之处的那种东西的丝毫根据，但也许能够找到关于自然法则的别的知识；这里悬而未决搁置不论的是，在自然本身不为我们所知的内在根据中，在同一些事物身上的物理机械结合和目的结合是否能够在一个原则中联系起来；只不过我们的理性并不能把它们在这样一个原则中结合起来，因而判断力，作为（从一个主观根据出发的）**反思性**判断力，而不是作为（按照事物自身的可能性的一条客观原则的）规定性的判断力，就不得不为自然中的某些形式而把另一条不同于自然机械作用的原则设想为它们的可能性的根据。

第71节　解决上述二论背反的准备

我们绝不可能证明有机自然产品通过自然的纯然机械作用来产生的不可能性，因为对于那些只是被经验性地认识到，因而对我们来说是偶然的特殊自然法则，我们不可能按照其最初的内在根据看出其无限的多样性，这样也就绝对不能达到自然之可能性的内在的、普遍充分的原则（这是处在超感性的东西之中的）。因此，自然的生产能力即便对于我们评判为按照目的理念而形成和结合起来的东西，也正如同对于我们相信只需要自然的一种机械作用的东西一样，都是充足的；或者，事实上对于作为真正的自然目的的事物（如同我们必须必然地评判它们那样）来说，是否会有一种完全不同的源始的、根本不可能包含在质料性自然或者它的理知基底之中的因果性亦即一种
〔389〕建筑术的知性作为基础？对此我们那在因果性概念方面就该概念应当先天地详加说明而言十分狭隘地受限制的理性却不能作出任何答复。——但是，考虑到我们的认识能力，自然的纯然机械作用对于有机存在者的产生来说也不能充当任何解释根据，这同样是无可置疑地确定的。因此，**对于反思性的判断力来说**，这是一条完全正确的原理：必须为事物如此明显的按照终极因的联结设想出一种与机械作用不同的因果性，亦即一种按照目的来行动的（有理智的）世界因；哪怕这原理**对于规定性的判断力来说**会是仓促的和无法证明的。在前一种场合，这原理只是判断力的准则，此时那种因果性的概念是一个纯然的理念，人们绝对没有打算承认它有实在性，而只是把它用做反思的导线，而反思在这里对一切机械的解释根据来说都始终保持是开放的，并不从感官世界消失；在后一种场合，这原理就会是理性所颁布的、判断力必须决定性地服从的一个客观的原则，但此时理性就超出感官世界而迷失在，也许是被误导进越界的东西之中了。

因此，在真正说来物理学的（机械的）解释方式的准则和目的论的（技术的）解释方式的准则之间有一种二论背反的一切表面现象都是基于：人们把反思性判断力的原理与规定性判断力的原理相混淆了，把前一种判断力（它只是主观地对我们在特殊的经验法则上的理性应用有效）的**自律**与必须遵循由知性所给予的（普遍的或者特殊的）法则的后一种判断力的**他律**相混淆了。

第72节　关于自然的合目的性的各种各样的体系

关于自然的某些事物（有机存在者）及其可能性必须按照

终极因的概念来作出判断，这条原理的正确性还没有人怀疑过，甚至只要人们为了通过观察来认识它们的性状而要求一个**导线**，却并不斗胆去研究它们的最初起源。因此，问题只能是：这原理是仅仅主观上有效的，亦即仅仅是我们的判断力的准则，还是自然的一个客观原则，按照这个原则，在自然（按照纯然的运动法则）的机械作用之外，还有另一种因果性应归于自然，亦即终极因的因果性，那些运动法则（运动力量）只是作为中间原因而隶属于终极因的。 〔390〕

现在，人们完全可以让对于思辨来说的这个问题或者课题悬而不决：因为如果我们满足于在纯然自然知识的界限之内的思辨，那么，我们有了那些准则，就足以在人的力量所及的范围里去研究自然，并探究它那些最隐匿的秘密了。因此，这也许是我们的理性的某种预感，或者是一种仿佛由自然给予我们的暗示，即我们凭借那个终极因的概念也许能够甚至伸展到自然之外，并把自然本身与原因序列中的那个最高点联系起来，如果我们放下或者至少在一段时间里搁置对自然的研究（尽管我们在这种研究中还没有走很远），而先来尝试查明自然科学中的那个外来者，亦即自然目的的概念会导向何处的话。

在这里，当然那个无可争议的准则会必然转化成为将开辟一个广阔的争执领域的课题：是自然中的目的联结**证明**了自然的一种特殊的因果性；还是这种联结就自身而言并且按照客观的原则来看，毋宁说与自然的机械作用是一回事，或者是基于同一个根据的，只是由于这个根据对于我们的研究来说在有些自然产品中常常隐蔽得太深了，所以我们就借助一种主观的原则，亦即艺术的原则，也就是说根据理念的因果性的原则来作尝试，为的是按照类比把这种因果性加给自然；这样的应急措施使我们也在许多场合成功，虽然在一些场合看起来是失败的，但在所有的场合都不使我们有理由把一种特殊的、与根据自然本身的纯然机械法则的因果性不同的作用方式引入自然科学。我们由于在自然的产品中发现的这种与目的类似的东西而把自然的行事方式（因果性）称为技术，我们要把技术划分为**有意的技术**（technica intentionalis［有意向的技术］）和**无意的技术**（technica naturalis［自然的技术］）。前者应当意味着：
〔391〕自然的生产能力必须按照终极因被视为一种特殊的因果性；后者应当意味着：这种因果性与自然的机械作用在根本上是一回事，而与我们的艺术概念及其规则的这种偶然巧合，作为评判这种因果性的纯然主观条件，被错误地解释成了自然生产的一种特殊方式。

如果我们现在谈论就终极因而言的种种自然解释体系，那么，人们必须清楚地注意的就是：它们全都是独断论的，也就是说，它们全都在争论事物的可能性的客观原则，不论这是由于有意地起作用的原因还是由于全然无意地起作用的原因，却绝不去争论只是对这样一些合目的的产品作判断的主观准则；在后一种情况下**各不相同的**原则倒还能够结合起来，而在前一种情况下**相互矛盾对立的**原则却可能相互取消而不能并存。

就自然的技术，亦即它的根据目的规则的生产力量而言的这些体系是双重的：自然目的的**理念论**的体系，或者自然目的的**实在论**的体系。前者主张：自然的一切合目的性都是**无意的**；后者主张：自然的一些合目的性（在有机存在者中的合目的性）是**有意的**；从这里面也就有可能引出那被作为假说建立起来的结论，即自然的技术，哪怕是与自然整体相关就自然的一切别的产品而言，也都是有意的，亦即都是目的。

一、合目的性（我在这里总是指的客观的合目的性）的**理念论**要么是自然产品的合目的形式中自然规定的**偶发性**的理念论，要么是这种自然规定的**宿命性**的理念论。前一种原则涉及质料与其形式的物理学根据的关系，亦即运动法则；后一种原则涉及其与这些法则以及整个自然的**超物理学**根据的关系。这种被加给伊壁鸠鲁和德谟克利特的**偶发性**体系从字面上看是如此明显地荒谬，以至于我们不必在这里浪费时间了；与此相反，宿命性的体系（人们把斯宾诺莎当做它的首创者，尽管从一切迹象来看它要更古老得多）基于某种超感性的东西，因而我们的洞识达不到它，所以就不那么容易反驳了，这是因为，它关于元始存在者的概念是根本无法理解的。但这一点却是清楚的：世界中的目的结合在这个体系中必然被假定为无意的（因为这种结合派生自一个元始存在者，但并不是派生自它的 〔392〕
理智，因而不是派生自它的任何意图，而是派生自它的本性的必然性以及来源于此的世界统一性），因而合目的性的宿命论同时就是合目的性的理念论。

二、自然的合目的性的**实在论**也要么是物理学的，要么是超物理学的。**前者**把自然中的目的建立在一种按照意图来行动的能力的类似物之上，建立在**物质的生命**（在物质中的，或者是由于一种赋予生命的内在原则、世界灵魂而来的）之上，而叫做**物活论**。**后者**把这些目的从宇宙的元始根据中，即从一个带着意图来创造的（原初具有生命的）有理智的存在者中引出来，而是**有神论**。①

① 由此可见：在纯粹理性的大多数思辨事物中，就独断论的主张而言，各哲学学派通常都尝试过对于某个问题来说有可能的一切解答。这样，对于自然的合目的性来说，人们为了这一点所尝试过的，时而要么是**无生命的物质**，要么是一个**无生命的上帝**，时而是**有生命的物质**，或者又是一个**有生命的上帝**。对于我们来说没有别的办法，除非是在迫不得已时撇开所有这些**客观的主张**，仅仅在与我们的认识能力的关系中来**批判地**衡量我们的判断，以便为认识能力的原则获得一个准则的有效性，这种有效性不是独断论的，但对于可靠的理性应用来说却是足够的。

第73节　上述体系没有一个做到了它预先确定的事情

所有那些体系想干什么呢？它们要解释我们关于自然的目的论判断，并以此这样来着手工作，即一方来否定这些判断的真理性，因而把它们解释成为一种自然的理念论（表现为艺术）；另一方承认它们是真实的，并许诺要阐明一个根据终极因理念的自然的可能性。

一、维护自然中的终极因理念论的那些体系，一方面虽然允许在终极因的原则上有一种根据运动法则的因果性（通过这种因果性，自然事物合目的地实存着）；但是，它们否认这种
〔393〕因果性上有**意向性**，也就是说，否认它对于自然事物的这种合目的的产生乃是有意地被规定的，换句话说，否认一个目的是原因。这就是伊壁鸠鲁的解释方式，按照这种解释方式，自然的技术与纯然的机械作用的区别就被完全否定了，而且不仅对于生产出来的产品与我们关于目的的概念的协调一致，因而对于技术，而且甚至对于根据运动法则对这种生产的原因的规定，因而对于它们的机械作用，都是把盲目的偶然假定为解释根据，因而没有解释任何东西，就连我们的目的论判断中的幻相也没有解释，所以这种判断中的所谓理念论绝对没有被阐明。

另一方面，**斯宾诺莎**想要由此解除我们对自然目的之可能性的根据的一切探求，并剥夺这个理念的一切实在性，即他根本不让自然目的被视为什么产品，而是让它们被视为依存于一个元始存在者的偶性，而对于这个作为那些自然事物之基底的存在者，他就那些自然事物而言并不赋予它因果性，而只是赋予它自存性，而且（由于这个存在者连同一切作为依存于它的

偶性的自然事物那种无条件的必然性）虽然为自然形式保证了一切合目的性所要求的根据统一性，但同时夺走了自然形式的偶然性，而没有这种偶然性，就不可能设想任何**目的统一性**，并且与这种偶然性一起，他还取消了一切**有意的东西**，就像也取消了自然事物的元始根据的一切知性一样。

但是，斯宾诺莎主义并没有做到它要做的事情。它想指出自然事物的目的联结（它并不否认这种联结）的一个解释根据，并且仅仅举出了这些自然事物全都依存的那个主体的统一性。但是，即便人们承认这个主体有这样一种为了世间存在者而实存的方式，但那种本体论的统一性毕竟由此还并不马上就是**目的统一性**，而且绝对没有使得目的统一性可以理解。也就是说，后者是一种完全特殊方式的统一性，它根本不是从事物（世间存在者）在一个主体（元始存在者）中的联结得出的，而是绝对自身带有与一个有理智的**原因**的关系，而且即使人们把所有这些事物都在一个单纯的主体中结合起来，它也毕竟绝不展示一种目的关系，只要人们在它们中间没有想到，第一，作为一个**原因**的实体的内部**结果**；第二，作为**凭借其理智**的原因的同一个实体的内部结果。没有这些形式的条件，一切统一性都是纯然的自然必然性，而且如果它仍然被赋予我们表现为彼此外在的事物，它就是盲目的必然性。有种东西，这个学派 〔394〕
称为事物（在与其特有的本质的关系中）的先验完善性，按照这种先验完善性，一切事物就自身而言都具有为了是这一事物而非另一事物所需要的一切，但如果人们想把这种东西称为自然的合目的性，那就是一种用语词替代概念的儿童游戏了。因为如果一切事物都必须被设想为目的，因而是一个事物和是一个目的是一回事，那么，就根本不存在任何值得被特别表现为目的的东西了。

由此可以清楚地看出：斯宾诺莎由于把我们关于自然中合

目的的东西的概念回溯到我们自己在一个无所不包的（但同时又是单纯的）存在者之中的意识，并仅仅在这个存在者的统一性中寻求那种形式，就必然有这样的意图，即不主张自然的合目的性的实在论，而是主张其理念论，但就连这个意图他也未能实现，因为单是基底的统一性的表象，就连一种哪怕只是无意的合目的性的理念也不能产生出来。

二、那些不仅主张自然目的的**实在论**，而且还以为对它作出了解释的人们，相信能够看出一种特殊类型的因果性，亦即有意地起作用的原因，至少能够在其可能性上看出它；若不然，它们就不会着手想要解释那种因果性了。因为为了有权甚至提出最大胆的假说，至少人们假定为根据的东西的**可能性**必须是确定的，而且人们必须能够保证这个根据的概念有客观实在性。

但是，一种有生命的物质（其概念包含着一个矛盾，因为无生命，即 inertia［无活力］构成物质的本质特征）的可能性是就连被设想也不可以的；一种被赋予生命的物质和整个自然作为一个动物的可能性，只是就它在自然微观上的有机化方面在经验中向我们显示出来（为了提出自然宏观方面的合目的性的一个假说）而言，才能够以可怜的方式得到应用，但绝不是先天地根据其可能性就能看出来的。因此，如果人们想从物质的生命推导出自然在有机存在者身上的合目的性，又无非是在有机存在者里面认识这种生命，因而没有这类经验就不可能形
〔395〕成关于这种合目的性的可能性的概念，那就不得不犯循环解释的错误了。因此，物活论没有做到它所许诺的事情。

最后，**有神论**同样不能独断地论证自然目的的可能性是目的论的一把钥匙；尽管它比起目的论的一切解释根据来具有这样的优点，即它通过自己赋予元始存在者的一种理智而最出色地把自然的合目的性从理念论那里解救出来，并为这种合目的

性的产生引进了一种有意的因果性。

因为在这里，为了有权把目的统一性的根据以确定的方式置于超出自然之上，首先就必须对于规定性的判断力来说充分地证明，仅仅通过物质的机械作用，物质中的目的统一性是不可能的。但是，我们能够得出的却无非是，根据我们的认识能力的性状和局限（因为我们看不出这种机械作用的最初的、内在的根据本身），我们切不可以任何方式在物质中寻找确定的目的关系的原则，相反，对于物质的产品作为自然目的的产生，除了通过作为世界原因的一个最高理智来评判之外，没有给我们留下任何别的评判方式。但是，这只是对于反思性的判断力的一个根据，而不是对于规定性的判断力的一个根据，绝对不能给人权利来作出客观的断言。

第74节　不能独断地处理自然技术概念的原因是自然目的的不可解释性

如果我们把一个概念视为包含在另一个构成一条理性原则的客体概念之下的，并按照这条原则来规定它，那么，我们对这个概念（尽管它应当是经验性地有条件的）的处理就是独断的。但是，如果我们只是在与我们的认识能力的关系中，因而在与思维它的主观条件的关系中考察它，而不着手对它的客体有所裁定，那么，我们对它的处理就仅仅是批判的。因此，对一个概念的独断的处理，就是对于规定性的判断力来说合法则的处理，而批判的处理则是仅仅对于反思性的判断力来说合法则的处理。

于是，关于一个作为自然目的的事物的概念就是一个把自 〔396〕
然归摄在一种惟有通过理性才可设想的因果性之下的概念，这种归摄为的是按照这条原则对在经验中关于客体被给予的东西作出判断。但是，为了独断地把这个概念用于规定性的判断力，我们就必须首先确信这个概念的客观实在性，因为若不然，我们就不能把任何自然事物归摄在它下面。但是，一个作为自然目的的事物的概念虽然是一个经验性地有条件的概念，也就是说，是一个惟有在某些于经验中被给予的条件之下才可能的概念，但毕竟不是从经验中抽象出来的概念，而只是按照评判该对象时的一条理性原则才可能的概念。因此，它作为这样一个原则，根本不能在其客观实在性上被看出并独断地建立起来；而且我们并不知道，它只是一个玄想的、客观上空洞的概念（conceptus ratiocinans［进行推论的概念］），还是一个理性的概念，一个建立知识的、由理性得到证实的概念（conceptus ratiocinatus［推论出来的概念］）。因此，不能为规定性的判断力而独断地处理它，也就是说，不仅不能澄清自然事物作为自然目的来看为其产生是否需要一个完全特殊类型的因果性（根据意图的因果性）；而且就连对此追问也不能，因为自然目的的概念在其客观实在性上是根本不能通过理性来证明的（也就是说，它并非对于规定性的判断力来说建构性的，而只是对于反思性的判断力来说范导性的）。

但是，说这个概念不是这样的，由下面这一点来看就清楚了，即由于它作为关于一个**自然产品**的概念，在同一个作为目的的事物上既包含着自然必然性，但同时却又包含着客体的形式的一种（仅仅与自然法则相关的）偶然性；所以，如果其中不应当有什么矛盾的话，它就必须既包含着自然中事物的可能性的一个根据，但却也包含这个自然本身及其与某种不是经验性地可认识的自然（是超感性的），因而对于我们来说根本不可认识的东西的关系之可能性的根据，以便当人们要澄清它的可能性时，被按照一种不同于自然机械作用类型的因果性来评判。因此，既然一个作为自然目的的事物的概念**对于规定性的**

判断力来说是越界的，如果人们通过理性来考察这个客体（尽管这个概念对于反思性的判断力来说就经验的对象而言可能是 〔397〕 内在的），因而不能使它对于规定性的判断来说获得客观实在性的话，所以，由此就可以理解，何以无论人们为独断地处理自然目的的概念和作为一个通过终极因而相互关联的整体的自然的概念构想出什么样的体系，所有这些体系都既不能客观上肯定地，也不能客观上否定地对某种东西作出裁定；因为如果事物被归摄在一个只是或然的概念之下，则这个概念的综合性谓词（例如在这里就是：我们为了事物的产生而设想的那个自然目的是有意的还是无意的）关于客体所提供的就必定是这样一些（或然的）判断，无论它们是肯定的还是否定的，因为人们并不知道是在对某物还是在对无作出判断。一种凭借目的的因果性（艺术）的概念当然有客观的实在性，一种根据自然的机械作用的因果性的概念同样如此。但是，自然的一种根据目的规则的因果性的概念，而更有甚者一个根本不能在经验中被给予我们的存在者，亦即这样一个作为自然的元始根据的存在者的概念，虽然能够无矛盾地设想，但毕竟不适宜于独断的规定，因为既然它不能被从经验中得出来，也不是经验的可能性所需要的，它的客观实在性就不能通过任何东西来保障。而即便它能够有保障，我又怎么能够把被确定地指明是神的艺术之作品的事物还归为自然产品呢？本来就是自然的这种无能，即按照其法则不能产生这类东西，才使得援引一个与它不同的原因成为必要的。

第75节 自然的客观合目的性的概念是对于反思性判断力来说的一条批判的理性原则

我是说：自然的某些事物的产生，或者还有整个自然的产

生，都惟有通过一个按照意图被规定去行动的原因才是可能的；还是我**按照我的认识能力的特有性状**，对于那些事物的可
〔398〕能性及其产生不能作别的判断，只能设想出这个按照意图起作用的原因，因而设想出一个按照与知性的因果性的类比而是生产性的存在者；这毕竟是某种完全不同的事情。在前一种场合，我想关于客体澄清某种东西，并有责任阐明一个假定的概念的客观实在性；在第二种场合，理性只是与我的认识能力的特性以及它们的范围和它们的限制的根本条件相适应来规定它们的应用。因此，前一条原则是规定性判断力的一条**客观的**原理，后一条原则却只不过是反思性判断力的一条主观的原理，因而是反思性判断力的一条由理性托付给它的准则。

也就是说，哪怕我们只是要通过连续不断的观察而在自然的有机产品中来研究自然，我们也必不可少地需要给自然配上一个意图的概念；因此，这个概念对于我们的理性的经验应用来说，已经是一条绝对必要的准则了。显然，一旦这样一条研究自然的导线被接受并被认为得到证实了，我们就必然会把判断力的上述准则也在自然整体上至少尝试一番，因为按照这个准则还会有一些自然法则能被发现，它们根据我们对自然机械作用的内部有所洞识的局限，本来会对我们依然是隐藏着的。但是，就后一种应用而言，判断力的那个准则虽然是有用的，却不是必不可少的，因为自然在整体上并没有作为有机的（在这个词上面援引的最严格的含义上）而被给予我们。与此相反，就自然的那些必须只被评判为有意地这样形成而不是那样形成的产品而言，哪怕只是为了获得它们的内部性状的一种经验知识，判断力的那个准则也是根本上必要的，因为甚至认为它们是有机事物的那个思想，若不是一种凭借意图的产生的思想与之结合，也是不可能的。

现在，一个事物，我们把它的实存或者形式在一个目的的

条件下表现为可能的，其概念就与它的一种偶然性的概念（按照自然法则）不可分割地结合起来了。因此，就连那些我们认为惟有作为目的才可能的自然事物，也对世界整体的偶然性构成了最重要的证明，并且是惟一既适用于平常的知性也适用于哲学家的证明根据，即世界整体依赖并源自一个在世界之外实 〔399〕存的、确切地说（为了那种合目的的形式起见）有理智的存在者的证明根据，因此，目的论除了在神学中之外，不能完成对它的那些探讨的解释。

但现在，即便是最完备的目的论，最终又证明了什么呢？例如它所证明的，是有这样一个有理智的存在者存在吗？不是；无非是按照我们的认识能力的性状，因而在经验与理性的那些最高原则的结合中，我们关于这样一个世界的可能性绝对不能形成任何概念，除非是我们设想这个世界的一个**有意地起作用的**至上原因。因此，我们不能在客观上阐明“有一个有理智的元始存在者”这个命题；而是只能在主观上为我们的判断力在其对自然中的目的作反思时的应用而阐明它，这些目的不能按照任何别的原则，而只能按照一个最高原因的一种有意的因果性的原则来设想。

如果我们想独断地、从目的论的根据出发来阐明这个至上的命题，那么，我们就会受困于那些我们无法摆脱的困难。因为此时这些推论就必须以如下命题为基础：世界上的有机存在者惟有通过一个有意地起作用的原因才是可能的。但是，由于我们惟有在目的的理念之下才能在其因果结合中去追究这些事物，并按照其合法则性去认识它们，我们也就会有权对于任何能思维和能认识的存在者来说恰恰把这一点预设为必然的，因而与客体而不是仅仅与我们的主体相联系的条件：这是我们在这里不可避免地要主张的。但是，我们以这样一种主张是应付不过去的。因为既然我们真正说来并未把自然中的目的**视为**有意的，而只是在对自然产品的反思中把这个概念**设想**为判断力在这方面的导线，所以，它们就不是由客体给予我们的。甚至对于我们来说，先天地就不可能在其客观实在性上为这样一个概念辩护，说它是能够假定的。因此，这绝对还是一个只是基于主观条件的，亦即基于与我们的认识能力相适合的反思性判断力的命题，如果人们把它当做客观独断地有效的来表述，它就会是：存在着一个上帝；但现在，对于我们人来说，所允许
〔400〕的只是如下有限的语式：对于那个甚至必然给我们对许多自然事物的内在可能性的认识奠定基础的合目的性，我们根本不能以别的方式来思维和使人理解，我们只能把这些自然事物以及一般而言把世界想象为一个有理智的原因（一个上帝）的作品。

现在，如果这个建立在我们的判断力的一个不可回避地必然的准则之上的命题，对于我们的理性在任何**人类的**意图中的一切思辨的和实践的应用来说都是完全令人满意的，那么，我想知道的是，当我们不能证明它也对更高的存在者有效，亦即不能从纯粹客观的根据出发证明它的时候，我们在这方面将失去什么。因为完全确定的是，对于有机存在者及其内在可能性来说，按照自然的纯然机械的原则，我们就连充分认识也不能，更不用说解释它们了；确切地说，这一点是如此确定，以至于人们可以大胆地说：哪怕只是作出这样一种估计或者希望，也许有朝一日还会出现一个牛顿，他按照不是任何意图所安排的自然法则来使哪怕只是一根草茎的产生可以理解，这对于人类来说也是荒谬的；相反，人们必须绝对否认人有这种洞识。但要说这样一来，即便在自然中，如果我们在对它那些已为我们所知的普遍法则的详细说明中能够一直深入到它的原则，则有机存在者之可能性的一个充分的根据，无须给它们的产生配上一个意图（因而在它们的纯然机械作用中），也根本

不**可能**隐匿起来，这就又会是我们作出的过于狂妄的判断了；因为我们要从何处知道这一点呢？在这事情取决于纯粹理性的判断的地方，盖然性就完全被取消了。——因此，关于是否有一个按照意图来行动的存在者作为世界原因（因而作为创造者）给我们有理由称为自然目的的东西作根据这个命题，我们根本不能客观地作出判断，既不能肯定也不能否定；只有一点是肯定的，即如果我们毕竟至少应当按照我们自己的本性（按照我们的理性的条件和局限）允许我们看出的东西来作判断的话，我们绝对只能以一个有理智的存在者来作为那些自然目的的可能性的基础，惟有这一点才符合我们的反思性判断力的准则，因而符合一种主观的，但却紧密地与人类相联系的根据。〔401〕

第76节　附释

这个十分值得在先验哲学中不厌其烦地详加阐释的考察，在这里只能附带地出现加以说明（不是要证明这里所陈述的东西）。

理性是一种原则的能力，而且在它的最终的要求中是指向无条件者的；与此相反，知性则永远只是在某种必须被给予的条件下为理性服务。但是，若没有知性的那些必须被赋予客观实在性的概念，理性就根本不能客观地（综合地）作判断，而且作为理论理性，独自绝对不包含任何建构性的原则，而只包含范导性的原则。人们很快便注意到：在知性不能跟上的地方，理性就成为越界的，并在虽然有根据的理念（作为范导性的原则），而不是在客观有效的概念中卖弄自己；但是，不能与理性同步的知性却毕竟为对于客体的有效性所需要，理性的那些理念的有效性则只限于主体，但毕竟是普遍地对于这个类的所有主体而言的，也就是说，它限于这样的条件，即按照我们的（人类的）认识能力的本性，或者甚至一般而言按照**我们**关于一个一般的有限理性存在者的能力能够**形成**的概念，只能并且必须这样想，但并不断言这样一种判断的根据在客体中。我们要举出一些例子，它们虽然非常重要，但要把它们作为已得到证明的命题强加给读者也很困难，但它们能够给读者提供深思的材料，并用于说明我们在这里特有的工作是什么。

对于人类知性来说，区分事物的可能性和现实性是不可回避地必然的。其根据就在主体及其认识能力的本性中。因为假如为了这些能力的实施并不要求两种完全异质的成分，即为了概念而要求知性，为了客体而要求与概念相对应的直观，那〔402〕么，就不会有任何这样的（在可能的东西和现实的东西之间的）区分了。因为假如我们的知性是能直观的，那么，它除了现实的东西之外就会没有任何对象了。概念（它们仅仅指向一个对象的可能性）和感性直观（它们给予我们某种东西，但由此毕竟没有使它作为对象被认识）就会都被取消。但现在，我们对纯然可能的东西与现实的东西所作的一切区分都是基于，前者只是意味着对一个事物相对于我们的概念以及一般而言相对于思维能力的表象的设定，后者则意味着对（外在于这个概念的）物自身的设定。因此，可能事物与现实事物的区分是这样一种仅仅主观上对人类知性有效的区分，因为即使某种东西不存在，我们总还是能够在思想中拥有它，或者即使我们对它还没有任何概念，我们也能够把它表现为被给予我们了。因此，说事物无须是现实的就能够是可能的，因而从纯然的可能性根本不能推论到现实性，这些命题完全正确地适用于人类的理性，但由此却并不证明这种区别就在事物本身里面。因为后者并不能够从那里面推论出来，因而那些命题虽然就我们的认识能力作为感性上有条件的而也关注感官的客体而言，当然也适用于客体，但并不适用于一般的事物，这一点，由理性不断地要求把某个东西（元始根据）假定为无条件地必然实存的，就可以明白了，在这个东西身上，可能性和现实性就根本不再应当有区别，而且对于这种理念，我们的知性绝对没有任何概念，也就是说，不能找到任何方式去想象这样一个事物以及它的实存方式。因为如果它**思维**这个东西（它可以任意思维这个东西），那么，这个东西就只是被表现为可能的。如果它意识到这个东西是在直观中被给予的，那么，这个东西就是现实的，而不是在这里思维某个具有可能性的东西。因此，一个绝对必然的存在者的概念虽然是一个不可缺少的理性理念，但却是一个对于人类知性来说达不到的或然概念。但是，这个概念毕竟适用于我们的认识能力按照其特有性状的应用，因而不是用于客体，从而不是适用于任何能认识的存在者，因为我并不是在任何能认识的存在者那里都能够预设思维和直观是其认识能力之实施的两个不同条件，从而是事物之可能性和现实性的两个不同条件。在某种知性那里不会出现这种区别，对于它来 〔403〕
说就会是：我所认识的一切客体都**存在**（实存）；而一些毕竟并不实存的事物的可能性，亦即如果它们实存的话则它们的偶然性，因而还有必须与此区分开来的必然性，就会不可能出现在这样一个存在者的表象中。但是，使我们的知性对在这里以自己的概念与理性并驾齐驱感到如此困难的东西，只不过是：对于它作为人类的知性来说，这是越界的（亦即对于知性认识的主观条件来说是不可能的），但理性却把这作为属于客体的而当做原则。——于是在这里永远有效的就是这条准则，即在对客体的知识超出了知性的能力的地方，我们就按照我们的（亦即人类的）本性实施其能力的主观的、必然与这本性相联系的条件来思维一切客体；而且即使以这种方式作出的判断（正如即便是就越界的概念而言也只能如此一样）不可能是按照客体的性状来规定客体的建构性原则，这也毕竟还是一些范导性的、在实施中内在的和可靠的、适合于人类意图的原则。

正如理性在对自然的理论考察中必须假定自然的元始根据的一种无条件的必然性这个理念一样，它在实践的考察中也预设了它自己的（就本性而言）无条件的因果性，亦即自由，因为它意识到了它自己的道德命令。但现在，由于在这里行动作为义务的客观必然性，是与这行动作为事件当其根据在自然中而不在自由（即理性的因果性）中时就会具有的那种必然性相对立的，而且道德上绝对必然的行动在物理上被视为完全偶然的（也就是说，那应当必然发生的事情却常常不发生），所以很清楚，下面这种情况只是源自我们的实践能力的主观性状，即道德法则必须被表现为命令（而符合这些法则的行动则被表现为义务），而且理性不是通过一个**是**，而是通过**应当是**来表述这种必然性的；这种情况如果理性无须感性（作为理性运用于自然对象的主观条件）而被按照其因果性，因而被作为一个与道德法则普遍协调一致的理知世界里的原因来考察的话，是
〔404〕不会发生的，在这里，在应当和做之间，在由于我们才成为可能的东西的实践法则和由于我们才成为现实的东西的理论法则之间，就不会有任何区别了。但现在，尽管一个在它里面一切东西都仅仅因为它们（作为某种善的东西）是可能的就会成为现实的理知世界，甚至作为它的形式条件的自由，对我们来说都是一个越界的概念，不适合于成为一条建构性的原则去规定一个客体及其客观实在性，但自由按照我们的（部分是感性的）本性和能力，对于我们和一切有理性的、与感性世界相结合的存在者来说，只要我们能够根据我们的理性的性状去设想它，毕竟是被用做一条普遍的**范导性**原则，这条原则不是客观地规定作为因果性形式的自由的性状，而是确切地说按照那个理念使这些行动的规则对每个人都成为命令，其有效性并不亚于假如作出那种规定的话。

同样，就我们现有的情况来说，人们也可以承认：假如我们的知性不具有这样的性质，即它必须从普遍的东西进展到特殊的东西，因而判断力就特殊的东西而言若不具有它能够把特殊的东西归摄于其下的普遍法则的话，就不能作出任何确定的判断，那么，在自然的机械作用和自然的技术亦即目的联结之间，我们也不会发现任何区别。但现在，既然特殊的东西作为特殊的东西，就普遍的东西而言包含着某种偶然的东西，但理性却毕竟仍然在自然的特殊法则的结合中也要求统一性，从而要求有法则性（偶然的东西的这种有法则性就叫做合目的性），而且就特殊的法则在自身中所包含的偶然的东西而言，先天地通过规定客体的概念而把特殊的法则从普遍的法则中推导出来是不可能的，所以，自然在其产品中的合目的性的概念就将是一个对于人在自然方面的判断力来说必要的概念，但并不是一个关涉客体本身之规定的概念，因而是对于判断力来说理性的一条主观原则，它作为范导性的（并非建构性的），对于我们**人类的判断力**来说同样是必然有效的，就好像它是一条客观的原则那样。

第77节　人类知性的那种使一个自然目的的概念对我们成为可能的特点 〔405〕

我们在附释中详细说明了我们的（甚至是高级的）认识能力的特点，我们很容易被诱惑而把这些特点作为客观的谓词转用于事物本身；但是，它们所涉及的是理念，没有任何对象能够在经验中与这些理念相适合而被给予，这样一来，这些理念就只能在追究经验时被用做范导性的原则。虽然对于一个自然目的的概念来说，情况与涉及这样一个谓词的可能性的原因时一样，这原因只能在理念中；但是，符合这原因的结果（产品本身）却毕竟是在自然中被给予的，而作为一个按照目的来行动的存在者的自然，其因果性的概念看起来就使自然目的的理念成了它的一条建构性的原则，而在这里，这理念就具有了与所有其他理念都不同的某种东西。

但这种区别之处就在于：上述理念并不是对于知性来说的，而是对判断力来说的一条理性原则，因而只是知性一般而言在可能的经验对象上的运用；确切地说是在这样的地方，在此判断力不能是规定性的，而只能是反思性的，因而对象虽然是在经验中被给予的，但就连按照理念对它**确定地**（更不用说完全适合地）作出**判断**也根本不能，而是只能对它作出反思。

因此，这就涉及**我们的**（人类的）知性就判断力而言在判断力对自然事物的反思中的一个特点。但如果是这样的话，这里就必须有不同于人类知性的另一种可能知性的理念作为基础（正如我们在《纯粹理性批判》中曾必须考虑另一种可能的直观，如果我们的直观应当被视为一种特殊的直观，亦即对象对于它来说只是被视为显象的一种直观的话），以便人们能够说：某些自然产品**必须**按照我们的知性的特殊性状，就其可能性来说**被我们视为**有意的和作为目的生产出来的，却并不因此就要
〔406〕求现实地有一个特殊的原因来以一个目的的表象为它们的规定根据，因而并不否认说，没有不同于人类知性的另一种（更高的知性），甚至在自然的机械作用中，亦即在一种并不仅仅为其假定一个知性作为原因的因果结合中，也能够发现自然的这样一些产品的可能性的根据。

因此，这里的关键就在于**我们的**知性与判断力的关系，也就是说，我们在其中寻找我们知性的性状的某种偶然性，以便看出我们的知性与其他可能的知性有别的这种特点。

这种偶然性可以完全自然地在判断力应当将其置于知性概念的**普遍的东西**之下的**特殊的东西**中找到；因为通过**我们的**

（人类的）知性的普遍的东西，特殊的东西并未得到规定；不同的，但毕竟在一个共同的特征中相一致的事物能够以怎样多种多样的方式显示给我们的知觉，这是偶然的。我们的知性是一种概念的能力，亦即一种推论的知性，对于它来说，能够在自然中被给予它并且被置于它的概念之下的特殊的东西，会是什么样的以及如何不一样，这当然必定是偶然的。但是，由于毕竟还有直观也属于认识，而且**直观的完全自发性**的能力会是一种与感性有区别的、完全独立于感性的认识能力，因而是最一般意义上的知性，所以，人们也可以设想一种**直觉的**知性（否定地说，就是只作为非推论的知性），这种知性不是（通过概念）从普遍的东西进展到特殊的东西，并这样进展到个别的东西，而且对它来说不会遇到自然在其产品中按照**特殊的**法则与知性协调一致的那种偶然性，这种偶然性使得我们的知性如此难以把这些产品的杂多纳入到知识的统一性中去；这是一件我们的知性惟有通过自然特征与我们的概念能力的非常偶然的协调一致才能完成的工作，但一种能直观的知性就不需要这样做。

因此，我们的知性对于判断力来说有独特之处，即在认识中特殊的东西并未通过普遍的东西而为知性所规定，因而特殊的东西不能单从普遍的东西中派生出来；但自然的多样性中的这种特殊的东西仍然应当（通过概念和法则）与普遍的东西协调一致，以便能够被归摄在后者下面，这种协调一致在这样的 〔407〕
情况下就必定是非常偶然的，而且对于判断力来说是没有确定的原则的。

尽管如此，为了能够至少设想自然事物与判断力的这样一种协调一致（我们把它想象为偶然的，因而只是通过一个指向这一点的目的才是可能的），我们就必须同时设想另一种知性，与这种知性相关，确切地说尤其是与被附加给它的目的相关，我们就能够把自然法则与我们的判断力的那种协调一致想象为**必然的**，这种协调一致对于我们的知性来说惟有通过目的的结合手段才是可以设想的。

因为我们的知性有这样的属性，即它在自己对例如一个产品的原因的认识中必须从**分析的普遍的东西**（从概念）进展到特殊的东西（被给予的经验性直观）；因此在这时，它就这种特殊的东西的多样性而言不规定任何东西，而是必须等待把经验性直观（如果对象是一个自然产品的话）归摄在概念之下的判断力来作这种规定。但现在，我们也可以设想一种知性，它由于不像我们的知性那样是推论的，而是直觉的，所以就从**综合的普遍的东西**（一个整体作为这样一个整体的直观）进展到特殊的东西，也就是说，从整体进展到各个部分；因此，它和它对整体的表象并不在自身包含各个部分为使整体的一种为我们的知性所需要的一个确定的形式成为可能的那种结合的**偶然性**，而我们的知性则必须从作为被普遍思考的根据的那些部分前进到作为后果的各种能被归摄于其下的可能形式。与此相反，按照我们的知性的性状，自然的一个实在整体只能被视为各个部分相互竞争的运动力量的结果。因此，如果我们不想把整体的可能性想象为依赖于各个部分的，就像按照我们的推论的知性那样，而是按照直觉的（原本的）知性的尺度把各个部分的（根据其性状和条件的）可能性想象为依赖于整体的，那么，这按照我们知性的同一个特点就不能这样来做，即让整体包含着各个部分的联结之可能性的根据（这在推论的认识方式
〔408〕中会是一种矛盾），而是只能让一个整体的**表象**包含着该整体的形式以及属于该形式的各个部分之联结的可能性的根据。但既然整体在这种情况下会是一个结果，即**产品**，它的**表象**被视为它的可能性的**原因**，但一个原因，其规定根据只不过是其结果的表象，它的产品就叫做目的，所以就由此得出：这产品只

是出自我们知性的特殊性状的一个后果，如果我们按照不同于物质的自然法则的因果性的另一种因果性，亦即仅仅按照目的和终极因的因果性而把自然的产品想象为可能的话；这条原则并不关涉这样一些事物本身（甚至作为现象来看）按照这种产生方式的可能性，而是仅仅关涉我们知性可能对它们作的评判。这里我们同时看出，为什么我们在自然知识中早就不满足于通过按照目的的因果性来解释自然产品了，因为我们在这种解释中所要求的是对这种自然生产仅仅与我们的评判能力相适合，亦即与反思性的判断力相适合来作出评判，而不是为了规定性的判断力而与事物本身相适合来作出评判。在这里也根本没有必要去证明这样一种 intellectus archetypus［作为原型的理智］是可能的，而是只须证明，我们在把我们推论的、需要形象的知性（intellectus ectypus［作为摹本的理智］）和这样一种性状作对照时，就被导向那个也不包含任何矛盾的理念（一个 intellectus archetypus［作为原型的理智］）。

如果我们把一个物质整体按照其形式视为各个部分及其力量以及自己把自己结合起来的能力的一个产品（再考虑到与这种物质相互供应的其他物质），那么，我们就是在想象这整体的一种机械的产生方式。但以这样的方式，得不出关于一个作为目的的整体的任何概念，这目的的内在可能性绝对以关于一个整体的理念为前提条件，各个部分的性状和作用方式都依赖于这理念本身，就像我们关于一个有机体毕竟必须设想的那样。但正如刚刚指出的那样，由此所得出的却并非这样一个有机体的机械产生是不可能的；因为这会等于是说，想象杂多联结中的这样一种统一性**对于任何知性**都是不可能的（亦即自相矛盾的），如果这统一性的理念不同时是这统一性的产生原因，亦即如果没有有意的生产的话。但事实上，假如我们有权把物 〔409〕
质性的存在者视为物自身的话，仍然会得出这一点。因为在这种情况下，构成各自然形态的可能性之根据的统一性，就会仅仅是空间的统一性，但空间并不是产生的什么实在根据，而只不过是产生的形式条件罢了；尽管空间与我们所寻找的实在根据在这一点上有些类似，即在其中没有任何部分能够不与整体相关而得到规定（因此整体的表象是各个部分的可能性的基础）。但是，既然毕竟至少有可能把物质世界视为纯然的显象，并且把作为物自身的某种东西（它不是显象）设想为基底，但给这基底配上一种相应的理智直观（尽管不是我们的直观），所以，对于我们一同属于的自然来说就出现了一种虽然不能为我们所认识的、超感性的实在根据，因而我们在自然中就会把它里面作为感官对象而必然的东西按照机械法则来考察，但把它里面作为理性对象的、各种特殊法则和据此而有的各种形式的那种我们就自然而言必定评判为偶然的协调一致（甚至作为系统的自然整体）同时按照目的论的法则来考察，并且按照两种原则来评判它们，而并不用目的论的解释方式排斥机械的解释方式，就好像它们相互矛盾似的。

由此也可以看出人们通常虽然能够很容易猜到，但很难确定地主张和证明的东西，即虽然合目的的自然产品的机械派生原则与一个目的论的原则相并列，但它绝不可能使后者成为多余的，也就是说，人们虽然可以在一个我们必须评判为自然目的的事物（一个有机存在者）上尝试机械产生的一切已知的和还有待发现的法则，也可以希望借此有良好的进展，但却永远不能免除为了这样一个产品的可能性而去援引一个与此完全不同的产生根据，亦即凭借目的的因果性的根据；而且绝对没有任何人类理性（也没有任何与我们的理性在质上相似，但在程度上却远远超过的有限理性）能够希望哪怕是从纯然机械原因来理解一棵小草的产生。
〔410〕来理解一棵小草的产生。因为如果原因和结果为了这样一个对象的可能性的目的论联结对于判断力来说是完全不可缺少的，

哪怕只是为了依照经验的导线来研究这种可能性；如果对于作为显象的外部对象而言根本不可能找到一个与目的相关的充足理由，相反这个也在自然之中的充足理由却必须只在自然的超感性基底中去寻找，但我们对这个基底的一切可能的洞识都被切断了，那么，我们就绝对不可能为目的结合获得取自自然本身的解释根据，而且按照人类认识能力的性状，在一个作为世界原因的源始知性中去为此寻找至上的根据，就是必然的。

第78节 物质的普遍机械作用原则与自然技术中的目的论原则的结合

理性无限重视的就是不放弃自然在其产生中的机械作用，并且在对自然的解释中不忽略这种作用，因为离开这种作用，就不可能达到对事物本性的任何洞识。即使有人向我们承认：有一个最高的建筑师直接创造了自然的各种形式，如同它们向来存在的那样，或者预定了那些在自然的进程中按照同一个范本不断地自己形成的形式，但毕竟由此丝毫也没有促进我们对自然的知识，因为我们根本不可能了解那个存在者的行动方式以及他那些应当包含着自然存在者的可能性之原则的理念，也不可能由他那里自上而下地（先天地）解释自然。但是，如果我们由于相信在经验对象的形式中发现了合目的性，为了解释这种合目的性，而想从这些形式自下而上地（后天地）援引一个按照目的起作用的原因，那么，我们就会是在完全同义反复地作解释，用语词来欺骗理性，更不用说当我们以这种解释方式迷失在自然知识不能追随我们前往的那种越界的东西之中时，理性就被诱入诗意的狂热，而防止狂热本来正是理性最主要的使命。

另一方面，理性的一个同样必要的准则就是不要忽略在自 〔411〕

然产品上的目的原则，因为这个原则虽然并不使我们更加理解自然产品的产生方式，但毕竟是探究自然的特殊法则的一个启发性原则；即便假定人们不愿意对这条原则作任何应用，以据此解释自然本身，因为尽管这些自然产品如此明显地呈现出有意的目的统一性，人们也如此长久地还总是把它们称为自然目的，也就是说，不超出自然之外去寻找它们的可能性的根据。但是，由于毕竟最终必定出现它们的可能性的问题，所以，为这种可能性设想一种不在自然之中的特殊方式的因果性，这也是同样必要的，正如自然原因的机械作用也有自己的因果性那样，因为要接受与物质按照机械作用能够具有的形式不同的许多个形式，就必须再加上一个原因（因此这个原因不能是物质）的自发性，没有这种自发性就不可能指出那些形式的任何根据。虽然理性在走出这一步之前必须谨慎从事，切不可试图把自然的每一种技术，亦即自然的一种对于我们纯然的把握在自身显示出形状的合目的性的生产能力，解释为目的论的，而是始终视为仅仅机械地可能的；然而，想在这方面完全排除目的论原则，并且当合目的性在对自然形式的可能性通过其原因所作的理性研究看来，完全不可否认地显示为与另一种因果性的关系的时候，却总是遵循纯然的机械作用，这同样必定使理性耽于幻想，徘徊在关于自然能力的那些根本不能被思维的幻影中间，正如一种根本不考虑自然机械作用的纯然目的论解释方式使得理性陷入狂热一样。

在自然的同一个事物上，这两个原则不可能作为一个由另一个来解释（来演绎）的原理而相互联结，也就是说，不可能为了规定性的判断力而作为自然洞识的独断的和建构性的原则而相互结合。例如当我假定一条蛆虫应当被视为物质的纯然机械作用（当物质要素由于腐烂而被释放出来时物质独自就完成的新形成）的产品时，我就不能把同一个物质当做一种按照目的来行动的因果性而从中推导出该产品。反过来，当我把同一个产品假定为自然目的时，我就不能指望它有一种机械的产生方式，并把这种产生方式假定为就其可能性而言评判该产品的建构性原则，就这样把两个原则结合起来。因为一种解释方式是排斥另一种解释方式的；即便是假定这样一个产品的可能性的两个根据客观上都基于一个惟一的根据，但我们却没有考虑到它。应当使这两种解释方式在按照它们评判自然时的可结合性成为可能的那个原则，必须被置于那处在这两种解释方式之外（因而也处在可能的经验性的自然表象之外），但却包含着这种自然表象的根据的东西中，亦即被置于超感性的东西中，而且这两种解释方式的任何一种都与之相关。现在，既然我们对这超感性的东西只能有一个根据的不确定概念，这个根据使得按照经验性法则评判自然成为可能，但除此之外我们不能用任何谓词来更切近地规定它，所以就得出，这两个原则的结合不能基于为了**规定性的**判断力而按照被给予的法则对一个产品的可能性作**解释**（说明）的一个根据，而只能基于为了反思性的判断力而对这种可能性作**讨论**（揭示）的一个根据。——因为解释就叫做从一个原则作推导，因而这个原则人们必须能够清晰地认识到并且能够清晰地陈述出来。现在，虽然在同一个自然产品上，自然的机械作用原则和自然根据目的的因果性原则必须在一个惟一的高等原则中相互关联，并共同地从中产生出来，因为若不然，它们在自然考察中就不可能相互并存。但是，如果这客观的共同的，因而也使得依赖于它的自然研究准则有理由共联一体的原则具有这样的性质，即它虽然能够被指明，但却永远不能被确定地认识，不能为了在出现情况时加以应用而被清晰地陈述出来，那么，从这样一个原则中就不可能引出对按照那两个异质原则而可能的一个自然产品的可能性的任何解释，亦即清晰且确定的推导。但现在，一方面是机械的 〔412〕

推导，另一方面是目的论的推导，其共同的原则是我们必须配给作为现象的自然的那个**超感性的东西**。但关于这个超感性的东西，我们在理论意图中却不能形成最起码的被肯定地规定了
〔413〕的概念。因此，何以按照这个作为原则的超感性的东西，自然（按照其特殊的法则）对于我们就构成了一个系统，这系统既按照物理学法则的产生原则又按照终极因的产生原则而被认做是可能的，这是绝对不能解释的；而只是在出现我们若不依据目的论原理就不能在其可能性上按照机械作用的原则（这原则在任何时候都有权对一个自然存在者提出要求）加以思考的自然对象这样的事情发生时，预设人们只可以根据这两个原则信心十足地探究自然法则（根据自然产品的可能性是按照这个还是那个原则可以被我们的知性所认识），而不介意在这些产品的评判原则之间凸显出来的表面冲突，因为至少这种可能性得到了保证，即二者即便在客观上也是有可能在一个原则中协调一致的。

因此，尽管就同一个产品及其可能性而言，无论是自然的机械作用还是自然的目的论的（有意的）技术，都能够服从按照特殊法则的自然的一个共同的高等原则，但由于这个原则是**超验的**，根据我们的知性的局限性，在甚至这个产品的内在可能性惟有通过一种根据目的的因果性才**可以理解**（正如有机物质就具有这种性质）的情况下，我们就不能把这两个原则在对同一种自然的产生**作解释时**结合起来，因此，对于上述目的论原理来说依然是：按照人类知性的性状，对于有机存在者的可能性来说，只能假定一个有意地起作用的原因，而纯然的自然机械作用对于解释这些自然产品的可能性来说则可能是根本不够的；但由此却并不是就这样一些事物本身的可能性而言要通过这个原理来作出裁定。

因为既然这个原理只是反思性判断力的一个准则，而不是

规定性判断力的准则，因而只是对于我们来说主观地有效，不是对于这类事物的可能性来说客观地有效（那样的话两种不同的产生方式倒是能够在同一个根据中相互关联了）；此外，既然不给这种以目的论的方式设想的产生方式加上任何关于一个可与此同时发现的自然机械作用的概念，这类产生就根本不能作为自然产品来评判，所以，上述两个准则同时就带有把这两 〔414〕
种原则在评判作为自然目的的事物时结合起来的必然性，但却不是为了用一个准则完全或者在某些方面取代另一个准则。因为那被（至少是被我们）设想为只有按照意图才有可能的东西，是不能被任何机械作用取代的；而那按照机械作用被认做必然的东西，也不能被任何需要一个目的来作规定根据的偶然性来取代，而只能是使一个准则（机械作用）隶属于另一个准则（有意的技术），按照自然的合目的性的先验原则，是完全可以这样做的。

因为在目的被设想为某些事物的可能性的根据的地方，人们也都必须假定手段，它们的作用法则**自身**不需要任何以一个目的为前提条件的东西，因而是机械的，但毕竟可以是有意的作用的一个从属的原因。因此，甚至在自然的有机产品中，但更多的是当我们受自然的无限集合所推动，把自然原因按照特殊法则的结合中那个有意的东西现在也（至少是通过可以允许的假说）假定为反思性判断力对自然整体（世界）的**普遍原则**时，也可以设想在自然的种种产生中机械法则与目的论法则的一种重大的，甚至是普遍的结合，而不把对这些产生的各种评判原则相混淆，使一个原则取代另一个原则，因为在一种目的论的评判中，物质甚至在它所接受的形式只被评判为按照意图才可能的情况下，也毕竟按照其本性能够根据机械法则也隶属于那个所设想的目的来充当手段；尽管由于这种可结合性的根据乃是在于那种既不是前者也不是后者（既不是机械作用也不是目的结合)，而是自然的超感性基底的东西之中，对这基底我们没有任何了解，对于我们（人类的）理性来说这样一些客体的可能性的两种表象方式也无法融合，相反，我们只能把它们评判为按照终极因的联结而建立在一个至上知性之上的，因此目的论的解释方式由此并没有被夺去任何东西。

但现在，由于自然的机械作用作为手段对于每个终极意图来说作出了多大贡献，这一点是完全不确定的，对于我们的理
〔415〕性来说也是永远不确定的；而且由于一般自然的可能性的上述理知原则，完全可以假定自然到处都是按照这两类普遍协调一致的法则（物理学法则和终极因法则）而可能的，即使我们根本不能看出这种情况何以发生的方式，所以，我们也不知道对于我们来说可能的机械解释方式会走多远，而是只知道这么多：仅就我们在这方面始终能够达到的而言，这种解释方式对于我们一度承认为自然目的的事物来说毕竟每次都是不够的，因而我们按照我们知性的性状使那些根据全都隶属于一个目的论的原则之下。

于是，在这上面就建立起这种权限，并且由于按照机械作用的原则所作的自然研究对于我们理性的理论应用所具有的重要性，也建立起这种职责：把自然的一切产品和事件，甚至最合目的的，都加以机械的解释，只要这种解释始终为我们所能进行（我们在这种研究方式内部不可能指出它的局限)，但此时却永远也不可忽视，对于我们惟有在目的的概念之下才能够哪怕只是提交给理性去研究的那些自然产物和事件，我们就必须根据我们理性的根本性状，不顾那些机械的原因，最终使它们隶属于根据目的的因果性。

附 录 〔416〕

目的论判断力的方法论

第79节 是否必须把目的论当做属于自然学说的来讨论

每一门科学都必须在一切科学的百科全书中有自己的确定地位。如果它是一门哲学的科学，那么，就必须给它指出它在这百科全书的理论部分或者实践部分中的位置，而如果它在理论部分中有自己的席位，那就要么必须给它指出它在自然学说中的位置，如果它考虑的是能够作为经验对象的东西的话（因而是在物体学说、灵魂学说和一般的世界科学中的位置），要么就必须给它指出它在上帝学说（关于作为一切经验对象之总和的世界之元始根据的学说）中的位置。

现在问题是：应当给予目的论以哪个位置？它是属于（就本义而言的）自然科学呢，还是属于神学？二者必居其一；这是由于根本没有任何科学属于从一方到另一方的过渡，因为这种过渡只不过意味着体系的接合或者组织，而不是体系中的任何席位。

它尽管可以在神学中得到极重要的应用，但却并不作为神学的一个部分而属于神学，这是不言自明的。因为它把自然的各种产生及其原因作为自己的对象；而且即使它指向最终的原因，即指向一个被预定在自然之外和之上的根据（属神的创造者），但它在考察自然时这样做，却毕竟不是为了规定性的判断力，而只是为了反思性的判断力（为了通过这样一个理念与人类知性相适合地作为范导性原则来引导对世界上的事物的评判）。

〔417〕 但看起来，它同样也不属于自然科学，自然科学为了指出自然结果的客观根据，所需要的是规定性的判断力，而不是纯然反思性的判断力。事实上，就连对于自然理论或者对自然现象通过其起作用的原因所作的机械解释来说，靠人们按照目的的相互关系来考察这些现象，也是一无所获。就自然的产品按照目的论的概念构成一个系统而言开列这些产品上的自然目的，这真正说来只属于按照一个特殊的导线来撰写的自然描述，这里理性虽然完成了一件辉煌的、有教益的、实践上在诸多意图中合目的的工作，但关于这些形式的产生和内在可能性却根本没有给出任何解释，而这毕竟是理论自然科学真正说来要关心的。

因此，作为科学的目的论根本不属于任何学说，而是仅仅属于批判，确切地说属于一种特殊的认识能力亦即判断力的批判。但是，就它包含着先天原则而言，它能够而且必须指出必须如何按照终极因的原则来对自然作出判断的方法；这样，它的方法论就对理论自然科学的处理方式至少有消极的影响，而且也对理论自然科学在形而上学中可能作为神学的预科与神学具有的那种关系有消极的影响。

第80节　在把一个事物解释为自然目的时机械作用的原则必须隶属于目的论原则

意在一切自然产品的一种纯然机械的解释方式的**权限**，就自身而言是完全不受限制的；但是，仅仅以此就**够用**的那种**能力**，按照我们知性的性状，如果知性与作为自然目的的事物打交道的话，却不仅是受限制的，而且也是有清晰界限的，也就是说如此清晰，以至于按照判断力的一个原则，仅仅通过前面这种处理方式，对于解释后面这些事物来说就根本不可能有任何建树，因而我们在任何时候都必须使对这样一些产品的评判隶属于一个目的论的原则。

因此，合理的，甚至可嘉的是，为了对自然产品作出解释而尽可能追查自然的机械作用，除非也许会发生这样的事，即甚至要放弃这种尝试，不是因为**就自身而言**就不可能沿着这条道路与自然的合目的性会合，而是仅仅因为它**对于我们**作为人来说是不可能的；因为为此就会要求有不同于感性直观的另一种直观和对自然的理知基底的一种确定的知识，由此出发甚至有可能对显象按照特殊法则的机械作用指出根据，而这是完全超出我们的一切能力的。 〔418〕

因此，自然研究者为了在工作中不白费力气，就必须在评判那些其概念无疑是作为自然目的而建立起来的事物（有机存在者）时，总是把某种源始的有机化当做基础，这种有机化利用那种机械作用，为的是产生其他有机形式，或者是把机械作用自己的形式发展成新的形态（但这些形态毕竟永远是从那个目的中并与那个目的相符合地产生的）。

值得称赞的是，凭借一种比较解剖学来探查有机自然这一伟大创造，以便看一看：这里是否有某种与一个系统类似、确切地说在产生原则上类似的东西存在；我们没有必要停留在纯然的评判原则上（这种原则对于洞识有机自然的产生不给出任何解释），垂头丧气地放弃对在这个领域中的**自然洞识**的一切要求。如此之多的动物种类在某种共同的图型中相互一致，这图型不仅在它们的骨架中，而且在其他部分的安排中都看起来是基础，在这方面值得惊赞的简单构架通过缩短一种安排而延长另一安排，卷起这些部分而展开那些部分，就能够产生出物种的如此巨大的多样性，这就使一缕虽然微弱的希望之光照进心田，即这里也许可以凭借自然的机械作用原则而有所建树，没有这个原则就根本不可能有任何自然科学。就种种形式无论有多少差异都显得是按照一个共同的原型生产出来的而言，它们的这种类似性就加强了它们在从一个共同的元始母亲生产出来这方面有一种现实的亲缘关系的猜测，这种猜测凭
〔419〕借的是一个动物种类到另一个动物种类的逐级接近，即从目的原则看起来得到最多证实的那个动物种类亦即人开始，直到珊瑚虫，从珊瑚虫甚至直到苔藓和地衣，最终到我们可见的最低的自然等级，到粗糙的物质；在有机存在者里面对我们来说如此不可理解，以至于我们相信为此不得不设想另一个原则的那全部自然技术，看起来都按照机械法则（与粗糙的物质在结晶体的产生中据以起作用的法则一样）源自这种粗糙的物质及其各种力。

于是在这里，就任由自然的**考古学家**去让那个庞大的造物家族从自然最古老的变革遗留下来的痕迹中，按照自然的一切他知道或者猜测到的机械作用产生出来（因为如果上述普遍关联的亲缘关系应当有一个根据的话，人们就必须这样想象这些造物）。他可以让刚刚走出其混沌状态的地球（仿佛是一头巨大的动物）的母腹最初生出具有较少合目的形式的造物，让这些造物又生出另外一些与其繁衍场所和相互关系更相适合地完善自己的造物；直到这个子宫本身凝固起来，僵化起来，并把自己的生育局限在那些确定的、今后不再退化的物种上，而多样性就保持为它在那个能产的形成力运作的终点所沉积的那样。——他最终仍然必须把一种合目的地加给所有这些造物的有机化赋予这位普遍的母亲，否则的话动物界和植物界的这些产品的目的形式在其可能性上就

是根本不可设想的。①但这样一来，他只不过是把解释根据进一步推延，并不能自以为已经使那两个界的产生不依赖于终极因的条件了。 〔420〕

甚至，就有机种类的某些个体偶然经受的那种变化而言，如果人们发现，它们的如此被改变了的性质成为可遗传的，并被接纳入生殖力中，那么，这变化就只能确切地被评判为一种在物种中原初就有的、对于该种类的自我保存来说合目的的禀赋的偶尔展现；因为同类的生殖鉴于一个有机存在者的普遍内在合目的性而如此紧密地与这样一个条件结合在一起，即不把任何不也在这样一个目的系统中属于未展现的原初禀赋之一的东西接纳入生殖力。因为如果离开了这个原则，那么，人们就不能可靠地知道，如今在一个物种那里能找到的形式的更多的部分是否同样会有偶然的、无目的的起源；而目的论的原则，即在一个有机存在者中不把任何在其繁衍中保存下来的东西评

① 人们可以把这样一种假说称为理性的一个大胆的冒险；即便在最敏锐的自然研究者中间，可能也很少有人不是偶尔地想到过这一点。因为它的荒谬并不是像 generatio aequivoca［双重生殖］那样，人们把后者理解为一个有机存在者通过粗糙的无机物质的机械作用而产生出来。有机存在者的产生始终还会是在最宽泛的词义上的 generatio univoca［单一生殖］，只要某种有机的东西从另一种有机的东西，尽管在这一类存在者中与它有物种区别的东西中产生出来；例如，如果某些水生动物逐渐地演变成沼泽动物，并从沼泽动物经过若干代生殖之后演变成陆地动物的话。在纯然理性的判断中，这并不先天地矛盾。然而，经验并没有显示这方面的任何实例，毋宁说按照经验，我们所了解的一切生育都是 generatio homonyma［同名生殖］，它不仅是与从无机材料中的生殖相对立的 generatio univoca［单一生殖］，而且还产生出一个在有机化本身中与生产者同质的产品，而 generatio heteronyma［异名生殖］就我们对自然的经验知识所及，还从未遇到过。

判为不合目的的，也就必然会由此而在运用中变得非常不可信赖，而只是对于那始祖（但我们却不再了解那始祖）才有效了。

针对那些认为有必要为所有这样的自然目的假定一个目的论的评判原则，即假定一个建筑师的知性的人们，**休谟**作出了反驳：人们可以有同样的权利问，究竟这样一个知性是如何可能的，也就是说，构成一个同时具有执行力量的知性的那些各种各样的能力和属性，是如何能够合目的地聚集在一个存在者里面的。然而这个反驳是无效的。因为环绕着一个在自身中包含着目的并惟有通过这些目的才可理解的事物的最初产生这个问题的全部困难，乃是基于对把这个产品中**相互外在的**杂多结
〔421〕合起来的那个根据的统一性的探讨；因为如果这个根据被设定在一个作为简单实体的创造性原因的知性之中，则那个问题就其是目的论的而言，就得到了充分的回答，但如果原因仅仅在作为许多相互外在的实体的一个集合体的物质中去寻找，则对于这物质的形成的内在合目的的形式来说就完全缺乏原则的统一性；而物质在那些被我们的知性仅仅作为目的才能理解的产生之中的**专制**，就是一个没有意义的语词。

由此就导致，那些为物质的客观合目的的形式寻找其可能性的一个至上根据的人，恰好不承认这根据有一个知性，却喜欢使世界整体成为一个惟一的、无所不包的实体（泛神论），或者（这只是对前者的一个更确定的解释）成为依存于一个惟一的**单纯实体**的许多规定的一个总和（斯宾诺莎主义），仅仅是为了弄清楚一切合目的性的那个条件，即根据的**统一性**；这里他们虽然凭借一个单纯实体的纯然本体论的概念而满足了这个课题的一个条件，亦即目的关系中的统一性，但对于**另一个**条件，亦即该实体与其作为目的的后果的关系，他们却毫不提及，而对于该问题的那个本体论根据本来是应当通过这种关系

得到更切近的规定的，因而他们也就绝对没有回答**这整个**问题。甚至如果我们不把事物的那个元始根据想象成**单纯的实体**，对于这个简单实体来说不把它为了那些基于它的自然形式的特殊性状，亦即为了目的统一性而具有的属性想象成一个理智实体的属性，但又不把这个理智实体与那些自然形式的关系（由于我们在所有我们只可能设想为目的的东西上发现的偶然性）想象成一种**因果性**的关系，那么，该问题也依然绝对没有得到回答。

第81节 在解释一个作为自然产品的自然目的时机械作用对目的论原则的参与

正如根据上一节，自然的机械作用单独地不可能足以用来设想一个有机存在者的可能性，而是（至少按照我们认识能力 〔422〕
的性状）必须在起源上隶属于一个有意地起作用的原因，同样，一个有机存在者的纯然目的论的根据，如果不是该存在者的机械作用参与它的话，也不足以把该存在者视为和评判为自然产品，机械作用仿佛是一个有意地起作用的原因的工具，自然在其机械法则中仍然隶属于这原因的目的。两种完全不同的因果性，即处在其普遍合法则性之中的自然与一个把自然限制在自然本身根本不包含其根据的一种特殊形式之上的理念，我们的理性并不理解它们的这样一种结合的可能性；这种可能性处于自然的超感性的基底之中，对此，除了它是我们只了解其显象的存在者自身之外，我们不能肯定地规定任何东西。但那条原则，即"凡是我们假定为属于这个自然（现象）的并假定为自然产品的东西，也都必须与自然相联结而按照机械法则来思考"，却依然有效，因为没有这种因果性，作为自然目的的有机存在者就不会是自然产品。

如果这些存在者的目的论原则被接受（就像不可能是别的情况一样），那么，人们就可以要么把**偶因论**，要么把**预定论**作为它们的内在合目的形式之原因的基础。按照前者，至上的世界原因就会根据自己的理念借每次交媾的机会而直接地给在交媾中混合起来的物质提供有机的形态；按照后者，它就会只把禀赋置入它的这种智慧的最初产品中，凭借这禀赋，一个有机存在者就产生出自己的同类，而物质就持久地保存下来，同样，个体由于自己同时致力于其破坏的本性而来的死亡就不断得到补偿。如果人们接受有机存在者的产生的偶因论的话，那么，在这里一切自然连同对这样一类产品的可能性作判断的理性应用都将完全丧失；因此，人们可以预设，将没有任何对哲学有某种兴趣的人接受这种体系。

预定论又可以以两种方式行事。也就是说，它把每一个由
〔423〕其同类所生育的有机存在者要么视为前者的**离析物**，要么视为前者的**产品**。作为纯然离析物的生殖的体系就叫做**个体预成论**的体系，或者也叫做**释出论**；作为产品的生殖的体系被称为**新生论**的体系。后者也可以被称为**种类预成论**的体系，因为生育者的生产能力毕竟是根据它们的种族所分有的那些内在合目的的禀赋预先形成的，因而物种形式是 virtualiter［以潜能的方式］预先形成的。据此，人们也可以把对立的个体预成理论更确切地称为**复原论**（或者嵌入论）。

释出论的捍卫者们把每个个体都排除在自然的形成力之外，以便让它直接出自创造者之手，因而他们毕竟不想冒险让个体按照偶因论的假说来发生，以至于交媾只不过是一道手续罢了，一个至上的有理智的世界原因借这道手续来决定每次都亲手去形成一个胚胎，留给母亲去做的只是释出和养育这个胚胎而已。他们宣称赞同预成论；就好像以超自然的方式是让这类形式在世界的开端产生出来还是让它们在世界的进程中产生

出来并不是一回事似的，而不是宁可通过随机的创造来节省一大批超自然的部署，之所以需要这些部署，乃是为了在世界的开端就形成的胚胎经过漫长的时间直到它发展出来都不遭受自然的破坏力量而完好无损地保存下来，这同样也会使得多得无法计数的应当在某个时候发展出来的这样一些预先形成的存在者，连同与它们一样多的创造活动，都成为不必要的和无目的的。然而，他们毕竟至少还想在这里给自然留点儿事情做，以免彻底陷入可以不要任何自然解释的完全的超自然学。他们虽然还是坚持自己的超自然学，甚至当他们在畸形怪胎（人们毕竟不可能把畸形怪胎视为自然的目的）上发现一种值得惊赞的合目的性时亦是如此，哪怕这种合目的性的目标只应当是，一个解剖学家有朝一日会对这作为无目的的合目的性的东西感到反感和黯然的惊奇。但是，他们也绝对不可能使杂种的产生适应预成的体系，而是对于他们此前只承认具有用做胚胎最初营养 〔424〕
的机械属性的雄性造物精子，毕竟不得不还承认它具有一种合目的地形成的力量，不过就出自同一种类两个造物的一种产生的整个产品而言，他们毕竟不想把这种力量赋予二者中的任何一个。

与此相反，即使人们不了解**新生论**的辩护者就他用来证明自己理论的经验根据而言对前者所拥有的巨大优势，理性也毕竟已经预先以出色的好意对它的解释方式抱有好感，因为这种解释方式就人们在起源上惟有按照目的的因果性才能够想象为可能的事物而言，毕竟至少在涉及繁殖时，把自然视为自我产生的，而不仅仅是展开的，这样就毕竟是尽可能少花费超自然的东西而把从最初开端以来的一切相随的东西都留给了自然（但关于这个最初开端却没有规定什么东西，它是物理学随便用什么样的原因链条来尝试也总要在这上面一事无成的）。

就这种新生论的理论而言，无论是在证明这个理论还是在部分地通过限制它的一种过于狂妄的应用而建立其运用的真正原则方面，没有任何人比枢密官**布鲁门巴赫**①先生有更多的成就了。关于有机物质，他提升了这些形态的一切物理学解释方式。因为他有理由宣称，说粗糙的物质在起源上是按照机械法则自己形成的，说生命能够从无生命的东西的本性中产生出来，物质能够自行使自己适应一种自己保存自己的合目的性的形式，这是违背理性的；但是，他同时在一种源始**有机化**的这种我们无法探究的**原则**之下给机械作用留下了一个无法规定的、同时毕竟也不会认错的份额，为此，一个有机存在者中物质的能力（与普遍寓于物质之中的纯然机械的形成力有别的能力）被他称为一种（仿佛是从属于对前一种形成力的更高引导和指令的）**形成本能**。

〔425〕

第 82 节　有机存在者的外在关系中的目的论体系

我把外在的合目的性理解为这样一种合目的性，在那里自然的一个事物作为达成目的的手段而有利于另一个事物。现在，那些不具有任何内在的合目的性，或者不为其可能性而以内在的合目的性为前提条件的事物，例如土、气、水等，仍然可以外在地，亦即在与其他存在者的关系中，是很合目的的；但是，这些其他存在者必须在任何时候都是有机存在者，亦即是自然目的，因为若不然，那些事物就也不能被评判为手段了。这样，水、气和土就不能被视为堆积起山脉来的手段，因

① 布鲁门巴赫（Johann Friedrich Blumenbach，1752—1840），作为解剖学家和比较动物学家在格廷根大学任职几近 60 年（1776—1835）。参见其著作《论形构冲动和生殖活动》，格廷根，1781，1789 年以简化了的标题《论形构冲动》在同地出版。——科学院版编者注

为山脉就自身而言根本不包含任何要求其可能性在目的上有一个根据的东西，因此山脉的原因永远不能与目的相关在一个（用于目的的）手段的谓词下来表现。

外在的合目的性是与内在的合目的性的概念完全不同的一个概念，内在的合目的性是与一个对象的可能性结合在一起的，而不论这个对象的现实性本身是不是目的。关于一个有机存在者人们还可以问：它是为了什么而存在的？但对于那些人们在其身上只认识到自然的机械作用的结果的事物，就不能轻易这样问了。因为在前一些事物中，我们已经为它们的内在可能性设想了一种根据目的的因果性，即一个能创造的理智，并且把这种主动能力与它的规定根据即意图联系起来。只有惟一的一种外在的合目的性，是与有机化的内在合目的性有关联的，而且不可以问这个被如此有机化的存在者正好是为了什么目的而必须实存，但却仍然在一个手段的外在关系中充当目的。这就是两性为了繁衍自己的种类而在相互关系中的有机化；因为在这里人们总还是像在一个个体那里一样问道：这样一对配偶为什么必然实存呢？回答是：这一对在这里首次构成了一个**进行有机化的**整体，虽然不是在一个惟一的身体中被有机化的整体。

现在如果人们问一个事物为了什么而存在，那么，回答要么是：它的存在和它的产生根本不与一个按照意图起作用的原因有关系，而这样一来人们就总是从自然的机械作用来理解它的一种起源；要么就是：它（作为一个偶然的自然存在者）的 〔426〕
存在有一个有意的根据，而且这个思想是人们很难与一个有机事物的概念分开的，因为既然我们一度必须给它的内在可能性配上一个终极因的因果性和一个作为这种因果性的基础的理念，所以，我们也就只能把这个产品的实存当做目的来思考。因为被表象的结果，如果它的表象同时是它的产生的有理智的作用因的规定根据，它就叫做**目的**。因此在这种场合，人们就要么说：这样一个自然存在者的实存的目的就在它自身之中，也就是说，它不仅是目的，而且还是**终极目的**；要么就说：它实存的目的在它之外的其他存在者里面，也就是说，它不是作为终极目的，而是必然同时作为手段而合目的地实存。

但是，如果我们通观整个自然，那么，我们在这个作为自然的整个自然中就找不到任何能够要求作为创造的终极目的之优先权的存在者；人们甚至能够先天地证明：那种也许对于自然来说还有可能是一个**最终目的**的事物，按照我们可能给它配备的一切想得出来的规定和属性，毕竟作为自然事物永远不能是一个**终极目的**。

如果看一看植物界，那么，人们一开始就可能由于它借以差不多散布到任何地面上的那种无法测度的能产性，而产生这样的思想，即把它视为只是自然的机械作用的产品，自然在矿物界的形成中就表现出这种机械作用。但对植物界里面那种无法描绘的睿智的有机化的进一步认识，就使我们不固执于这种思想，而是引发出这样的问题：这些造物是为了什么而存在呢？如果人们回答说：为了以它们为生的动物界，以便动物界能够以如此多种多样的种类散布到地球上，那么就又出现这个问题：究竟这些食草动物是为了什么而存在呢？回答也许会是：为了那些只能以具有生命的对象为生的食肉动物。最终的问题是：这些食肉动物连同前面的几种自然界为了什么而是善的呢？是为了人作多种多样的利用，是人的知性教给它对所有那些造物作这样的利用的；而人就是创造在这尘世上的最终目
〔427〕的，因为人是尘世惟一能够给自己形成一个关于目的的概念，并能够通过自己的理性把合目的地形成的诸般事物的集合体变成一个目的系统的存在者。

人们也可以与林耐爵士一起走上表面看来相反的道路，并且说：食草动物是为了抑制植物界的疯长而存在的，这种疯长

会使许多植物物种窒息；食肉动物是为了给那些食草动物的贪吃设立界限而存在的；最后，人是为了通过追捕和减少食肉动物而在自然的生产力量和毁灭力量之间造成某种平衡而存在的。这样，人尽管也可能在某种关系中被赞赏为目的，但毕竟在另外的关系中又会只具有一个手段的地位。

如果人们使地球造物的种类的多样性及其作为合目的地建构的存在者的相互外在关系中的一种客观的合目的性成为原则，那么，符合理性的是，在这种关系中又根据终极因设想一种有机化和所有自然界的一个系统。然而在这里，经验看起来是与理性准则公然相矛盾的，尤其是涉及自然的一个最终目的时，这个最终目的毕竟是这样一个体系的可能性所需要的，而且我们也只能把它设定在人身上，因为就人作为许多动物种类的一种而言，自然倒是无论就毁灭性力量来说还是就生产性力量来说都没有给人丝毫的例外，而是使一切都服从于自然的没有一个目的的机械作用。

为了地球上的自然存在者的一个合目的的整体而必须在一种安排中有意地建立起来的第一个东西，也许就是这些自然存在者的居住地，即土地和适宜的环境，它们要在其上和其中繁衍自己的后代。然而，对一切有机生产的这个基础之性状的一种更确切的认识所指示的，却不是别的原因，而是完全无意地起作用的原因，甚至与其说是有利于生产、秩序和目的的原因，倒不如说是毁灭性的原因。陆地和海洋不仅包含着它们和一切在它之上和之中的造物所遭受的古代猛烈的摧毁的遗迹；而且它们的整个结构、陆地的地层和海洋的边界，都完全具有一个在混沌状态中劳作的自然那些狂暴的、万能的力量之产品的外观。无论现在陆地的形态、结构和斜坡看起来被安排得对 〔428〕
于接受来自空中的雨水、对于多种多样性质（对于各种各样的产品来说）的地层之间的水脉和江河的流淌来说多么合乎目的，毕竟对它们的进一步研究证明，它们只是有的作为火山爆发的结果，有的作为洪水暴发的结果，或者还作为海啸的结果而造成的；不仅是就这种形状的最初产生而言，而且尤其是就这形状后来的重塑连同那些最初的有机生产的衰亡而言，都是如此。① 如果所有这些造物的居住地，即（陆地的）生殖层和（海洋的）生殖区所指示的不是别的，而是其产生的一种完全无意的机械作用，那么，我们又如何并且有什么权利来要求和主张后面这些产品有一个另外的起源呢？尽管就像对那些自然毁灭的残留物所作的最仔细的审视（根据坎培尔的判断）看起来所证明的那样，人并没有被一同包括进这些变革中去，但人毕竟如此依赖于其余的地球造物，以至于如果承认自然有一种普遍支配其他造物的机械作用，人就必然被视为一同包括在其中的；尽管人的知性已经能够（至少在大多数情况下）在这些毁灭中拯救人了。

但是，这个论证似乎所证明的东西要多于当初提出它所考虑的那个意图所包含的，也就是说，它不仅证明人不可能是自然的什么最终目的以及地球上的有机自然事物的集合体不可能是一个目的系统；而且还证明，甚至以往被视为自然目的的那些自然产品，除了自然的机械作用之外，也没有任何别的起源。

〔429〕 然而，在上述对有机自然存在者的机械产生方式和目的论

① 如果一度被接受的**自然史**这个名称应当为自然的描述而保留下来的话，那么，人们就可以把它字面上所表明的东西，亦即地球那人们不可以指望有任何确定性，却毕竟有很好的理由去大胆猜测的过去的古老状态的一种展现，称为**自然的考古学**，以与艺术相对立。属于前者的会是化石，就像属于后者的会是雕刻过的石头等等一样。因为既然人们虽然于情理之中缓慢地，却毕竟现实地（以一种地球理论的名义）不断从事着这样一种自然史，所以这个名称恰恰不会被给予一种纯然想象出来的研究，而是被给予自然本身在邀请和要求我们去从事的这样一种自然研究。

产生方式各原则的二论背反的解决中，我们已经看到：既然这些原则就按照这些自然存在者的特殊法则（但是，我们却没有打开它们的系统关联的钥匙）而形成的自然而言，只是一些反思性判断力的原则，亦即它们并不去规定这些自然存在者的起源自身，而是仅仅说，我们按照我们知性和我们理性的性状只能根据终极因来在这类存在者中设想它们的起源，在尝试对它们作机械的解释方面的最大可能的努力甚至冒险不仅是允许的，而且我们也被理性召唤着去这样做，尽管我们知道，出自我们知性的特殊性质和局限的种种主观理由（而绝不是由于这种产生的机械作用与按照目的的起源自身相互矛盾），我们这样做是永远不够的；而且最终，在（不论是我们之外的还是我们之内的）自然的超感性原则中也许根本就不可能有表现自然之可能性的这两种方式的一致，因为按照终极因的表象方式只是我们的理性应用的一个主观条件，如果它不只是想要懂得对作为显象的对象作评判，而且要求把这些显象本身连同它们的原则都与那超感性的基底相联系，以便有可能发现它们的统一性的某些法则的话，而这统一性惟有通过目的（对此理性也拥有这样一些超感性的目的）才能使自己表现出来。

第83节　作为一个目的论系统的自然的最终目的

我们在前面指出过，我们有充分的理由把人不仅像一切有机存在者那样作为自然目的，而且在这个尘世上也作为所有其余的自然事物与之相关而构成一个目的系统的那个自然最终目的，按照理性的原理来评判，虽然这不是为了规定性的判断力，却毕竟是为了反思性的判断力。如果那种作为目的应当通过人与自然的联结而得到促进的东西必须在人自己身上来发现，那么，这种目的就必须要么具有这样的性质，即人本身能够通过 〔430〕

自然的仁慈而得到满足；要么这就是对自然能够（外在地和内在地）被人利用来达到的各种各样目的的适应性和技巧。前一种自然目的将会是**幸福**，后一种自然目的将会是人的**文化**。

幸福的概念并不是人也许从他的本能抽出来，并这样取自他里面的动物性的一个概念；而只是一种状态的**理念**，他要使这状态在纯然经验性的条件下与这理念相符合（而这是不可能的）。他自己给自己构想出这个理念，确切地说是以如此各不相同的方式通过他那与想象力和感官纠缠着的知性来构想；他甚至如此经常地改变这个概念，以至于自然即便完全服从他的任性，也毕竟绝对不能为了与这个动摇不定的概念，并这样与每个人任意地为自己设置的目的协调一致，而呈现出任何确定的、普遍的和固定的法则。但是，即使我们要么想把这个概念贬低成我们的种类在其中完全与自己协调一致的那种真正的自然需要，要么在另一方面还想如此提高达成想象出来的目的的技巧，但人所理解的幸福以及事实上是他自己的最终自然目的（不是自由的目的）的东西，毕竟是他永远达不到的；因为他的本性不具有就占有和享受而言在某个地方停下来并被满足的性质。另一方面，自然远远不是把他当做自己特殊的宠儿来对待，善待他超过一切动物，毋宁说自然正如对待任何其他动物一样，并没有使他在其破坏作用方面，在瘟疫、饥饿、水患、严寒，其他大大小小动物的侵袭以及诸如此类的东西方面受到保护；但更有甚者，人身上的**自然禀赋**的那种荒谬的东西还把人置于自己设想出来的磨难中，并把他自己种类的其他人通过统治的压迫、战争的野蛮等置于这样的绝境，而他自己也在尽自己的能力致力于毁灭自己的种类，甚至即便在我们外部有最仁慈的自然，如果自然的目的是针对我们这个物种的幸福而提出的话，这个目的也是不会在尘世的一个自然系统中被达到的，因为我们内部的自然并不易于被这样的外部自然所感动。

因此，人永远只是自然目的链条上的一个环节：他虽然就某些目的而言是原则，似乎是自然在自己的规划中通过他自己使自己成为原则而把他规定为这原则的；但他毕竟也是在其他环节的机械作用中维持合目的性的手段。作为尘世惟一具有知性，因而具有任意地自己给自己设定目的的能力的存在者，他虽然是自然名义上的主人，而且如果人们把自然视为一个目的论系统的话，他按照自己的使命也是自然的最终目的；但这永远只是在这样的条件下，即他理解这一点，并具有给自然和他自己提供出这样一个目的关系来的意志，这目的关系能够不依赖于自然而自给自足，因而是终极目的，但这终极目的是根本不必在自然中寻找的。〔431〕

但是，为了发现我们在人身上的什么地方至少能够设定自然的那个**最终**目的，我们就必须找出自然为了使他有准备去做他为了成为终极目的就必须去做的事情而能够提供的东西，并把这东西与所有其可能性基于人们只可以期待于自然的条件的那些目的分别开来。尘世的幸福就具有后一种性质，它被理解为人的一切通过人之外和人之内的自然而可能的目的的总和；这是人在尘世的所有目的的质料，这种质料，如果他使之成为他的整个目的，就使他没有能力为他自己的实存设定一个终极目的并与之协调一致。因此，人在自然中的所有目的也就只剩下了形式的、主观的条件，亦即一般而言自己为自己设定目的，并且（在人规定目的时不依赖于自然）一般而言与他的自由目的相适合地把自然当做手段来使用的适应性的条件，这是自然就外在于它的终极目的而言所能够做到的，因而这就能够被视为自然的最终目的。一个有理性的存在者一般而言对随便什么目的的适应性（因而是在他的自由中的适应性）的产生就是**文化**。因此，惟有文化才能够是人们有理由就人类而言归之于自然的最终目的（而不是他自己的尘世幸福，或者根本不只是在外在于他的无理性自然中建立秩序和一致性的最重要的工具)。

但是,并非任何文化都足以成为自然的这个最终目的。**技巧**这种文化当然是对一般而言促进目的的适应性的最重要的主
〔432〕观条件;但是,它毕竟不足以在规定和选择自己的目的方面促进**意志**,而这种规定和选择却是对目的的一种适应性的全部范围所要求的。适应性的这后一个条件,人们可以把它称为教化(训练),它是否定性的,在于把意志从欲望的专制中解放出来,欲望的这种专制使我们依附于某些自然事物,没有能力自己作选择,因为我们让冲动充当了我们的枷锁,自然赋予我们这些冲动只是充当导线,为的是不忽视或者甚至伤害我们里面的动物性的规定,然而我们毕竟有足够的自由,根据理性的目的所要求来绷紧或者放松、延长或者缩短这些导线。

技巧在人类中不借助于人们中间的不平等也许就不能得到发展,在这里,大多数人仿佛是机械地、为此不需要特殊的艺术而在为另一些从事着文化那些不大急需的部门即科学和艺术的人的舒适和闲暇操办生活必需品,并被后一些人保持在受压迫、辛苦劳累和少有享受的状态中,但较高阶层的文化毕竟有一些逐渐地扩散到这个阶层。但是,随着文化的进步(这进步的顶点就叫做奢侈,如果对必需之物的癖好已经开始对必需之物造成损害的话),磨难也在两个方面同样剧烈地增长着,一方面是由于外来的暴行,另一方面是由于内心的不满足;但是,这种引人注目的苦难毕竟是与自然禀赋在人类中的发展结合在一起的,而自然的目的本身,虽然不是我们的目的,却毕竟在这里得到了实现。自然惟有在其下才能实现自己这个终极意图的那个形式条件,就是人们相互之间的关系中的法制状态,在其中,对彼此之间交互冲突的自由的损害,是由一个叫做**公民社会**的整体中的合法的暴力来对付的;因为只有在这种状态中,自然禀赋的最大发展才可能发生。但是,为了这种法制状态,

即便人类聪明得足以发现它，并且睿智得足以自愿服从它的强制，也毕竟还需要一个**世界公民的**整体，亦即所有那些处在相互起伤害作用的危险之中的国家的一个系统。没有这个系统，由于荣誉欲、统治欲和占有欲尤其在手中握有暴力的人那里甚 〔433〕
至给这样一个系统的可能性所设置的障碍，**战争**（在其中有时一些国家分裂并解体为一些更小的国家，有时一个国家使另一些更小的国家与自己合并，并力求构成一个更大的整体）就是不可避免的，战争尽管是人们的一种无意的（由放纵的热情所激起的）尝试，却毕竟是至上智慧的深深地隐藏起来的、也许是有意的尝试，即借助于各个国家的自由，即便不是建立起合法性，并由此建立起各个国家的一个有道德基础的系统的统一性，也仍然为之作了准备，并且尽管有战争加给人类的种种极其可怕的劫难，以及在和平时期从不间断的备战压迫着人们的也许更大的劫难，战争仍然更多的是一种动机（在对一种人民幸福的安宁状态的希望越来越远去的时候），要把一切有利于文化的才能发展到最高程度。

至于偏好，自然禀赋在我们作为一个动物种类的使命方面对它们来说是完全合目的的，但它们却使得人类的发展变得非常困难，就对它们的训练而言，毕竟在文化的这第二个要求上也表现出自然对一种培训的合目的的努力，这种培训使得我们能够接受比自然本身所能提供的更高的目的。鉴赏的文雅化直至其理想化，甚至在作为虚荣的一种食粮的科学之中的奢侈，通过一大批由此产生的无法满足的偏好，把种种灾祸倾倒到我们头上，这些灾祸的优势是无可争议的；与此相反，自然的目的也是一目了然的，即从更多地属于我们里面的动物性并与我们更高使命的培训极端对立的那些偏好（享受的偏好）的粗野和狂暴那里赢得越来越多的东西，为人类的发展腾出地盘。美的艺术和科学借助于一种可以被普遍传达的愉快，借助于对于社交来说的磨砺和文雅化，虽然不能使人在道德上变得更好，但还是使人文明起来，它们从感官癖好的专制那里赢得了很多东西，并由此使人对惟有理性才在其中执掌权力的那种统治作好了准备，此时，或由自然，或由人们互不相容的自私带给我
〔434〕们的那些灾祸，同时也就召唤、提升和锻炼着灵魂的力量，使之不屈服于这些灾祸，并使我们这样感觉到潜存在我们心中的一种对更高目的的适应性。①

第84节　一个世界之存在亦即创造本身的终极目的

终极目的是这样一种目的，它不需要任何别的东西作为它的可能性的条件。

如果对于自然的合目的性来说自然的纯然机械作用被假定为解释根据，那么，人们就不能够问：世界上的事物是为了什么而存在的；因为这样一来，按照这样一种理念论的体系，所说的只是事物的物理学的可能性（把这种可能性设想为目的，对我们来说只会是无客体的玄想），人们也尽可以根据偶然或者

① 如果一种价值仅仅按照**人们享受什么**（按照一切偏好之总和的自然目的，即幸福）来估量，则生活对于我们具有一种什么样的价值，就容易作出裁定了。这种价值将降至零下；因为谁会愿意在同样的条件下，或者即便按照一个新的、自己构想的（毕竟是按照自然进程的），但也仅仅是建立在享受之上的计划，再次涉足生活呢？根据那种按照自然与我们共有的目的而过的生活自身所包含的东西以及在于**人们做什么**（不只是享受什么）的东西来生活，哪怕我们永远只是达成不确定的终极目的的手段，这样的生活具有什么样的价值，这在上面已经指出过了。因此，剩下来的也许只是我们通过我们不仅做什么，而且也如此不依赖于自然而合目的地做什么而赋予我们的生活的价值，以至于甚至自然的实存也惟有在这个条件下才是目的。

盲目的必然性来解释事物的形式，在这两种情况下那个问题都会是空洞的。但是，如果我们假定世界上的目的结合是实在的，并为它而假定一种特殊的因果性，亦即一个**有意地起作用**的原因，那么，我们就不能停留在这个问题上：世界的事物（有机存在者）为什么具有这种或者那种形式、为什么被自然置于对其他事物的这种或者那种关系中；相反，一旦设想一个必须被视为像在事物身上现实地发现的这样一些形式的原因的知性，那就必须在这个知性中追问客观的根据，这个根据能够规定这个生产性的知性去得出这种性质的结果，它才是这类事物之所以存在的终极目的。〔435〕

我在上面说过：终极目的不是自然足以造就并且按照其理念产生出来的目的，因为终极目的是无条件的。这是由于在自然（作为一个感性存在者）中没有任何东西，其处于自然本身中的规定根据不会永远又是有条件的；而且这一点不仅适用于我们之外的自然（物质性的自然），而且也适用于我们之内的自然（能思维的自然），这可以理解为，我在我里面只考察那是自然的东西。但一个事物，必然地由于其客观性状而应当作为一个有理智的原因的终极目的而实存，就必须具有这样的性质，即它在目的的秩序中不依赖于任何其他方面的条件，而只依赖于自己的理念。

现在，我们在世界上只有惟一的一种存在者，它们的因果性是目的论的，亦即是指向目的的，而毕竟同时具有这样的性状，即它们应当据以为自己规定目的的那个法则，被它们自己表现为无条件的和不依赖于自然条件的，但就自身而言却是必然的。这种类型的存在者就是人，但却是作为本体来看的人；惟有这样的自然存在者，我们在它身上从它自己的性状方面，能够认识到一种超感性的能力（**自由**），甚至认识到那种因果性的法则，连同这种因果性的那个能够把自己预设为最高目的的客体（世界上的至善）。

现在，关于作为一个道德存在者的人（同样，关于世界上的任何有理性的存在者），就不能再去问：他是为了什么（quem in finem［为何目的］）而实存的。他的存在在自身中就具有最高的目的，他能够尽自己所能使整个自然都服从这个最高目的，至少他可以坚持不违背这个最高目的而屈从于自然的任何影响。——如果这个世界的事物作为在其实存上有所依赖的存在者而需要一个按照目的来行动的至上原因的话，那么，人就是创造的终极目的；因为若是没有这个终极目的，相互隶属的目的的链条就不会被完备地建立起来；而惟有在人里面，但也是在这个仅仅作为道德性的主体的人里面，才能发现目的方面的
〔436〕无条件立法，因此，惟有这种立法才使人有能力成为终极目的，整个自然都是在目的论上隶属于这个终极目的的。①

① 世界上的有理性存在者的幸福有可能是自然的一个目的，而这样一来，幸福就也会是自然的**最终**目的了。至少人们不能先天地看出，自然为什么不应当如此安排，因为通过它的机械作用，至少就我们所看出的而言，这是完全可能的。但是，道德性和一种隶属于它的按照目的的因果性却绝对不是通过自然原因而可能的；因为规定它们成为行动的原则是超感性的，因而是目的秩序中惟一可能就自然而言完全无条件的东西，从而惟有它们的主体才有资格成为整个自然都隶属于其下的创造的**终极目的**。——与此相反，如同上一节根据经验的见证已指出的那样，就具有胜过其他造物的优点的人而言，**幸福**就连**自然目的**也不是，说它应当是**创造的终极目的**就大错特错了。人尽可以使幸福成为自己最终的主观目的。但是，如果我追问创造的终极目的：人本来是为了什么而必须实存的呢？那么，这说的就是一个客观的至上目的，就像最高理性为自己的创造会要求这样一个至上目的一样。如果人们现在对此回答说：为的是那个至上的原因能够对之行善的那些存在者实存，那么，人们就与人的理性本身使人的最内在的幸福愿望去服从的那个条件（亦即与人自己的内在道德立法的协调一致）相矛盾了。这就证明：幸福只能是有条件的目的，因而人惟有作为道德存在者才能是创造的终极目的；但是，就人的状态而言，幸福惟有作为按照那种协调一致的后果，才与那个作为人的存在目的的终极目的相结合的。

第85节 论自然神学

自然神学是理性从自然的种种目的（它们只能经验性地被认识）推论到自然的至上原因及其属性的尝试。一种**道德神学**（伦理神学）则是从自然中的理性存在者的道德目的（它能够先天地被认识）推论到那个原因及其属性的尝试。

前者自然而然地先行于后者。因为如果我们想**以目的论的方式**从世界上的事物推论到一个世界原因，那么，首先就必须有自然的种种目的被给予，然后我们就可以为这些目的寻找一个〔437〕终极目的，并为这个终极目的寻找这个至上原因的因果性原则。

对自然的许多研究都能够而且必须按照目的论的原则进行，人们没有理由去追问我们在种种不同的自然产物那里遇到的按照目的起作用的可能性的根据。但是，如果人们想对此也有一个概念，则我们为此绝不拥有任何进一步的洞识，而是只有反思性的判断力的准则；也就是说，即使只有惟一的一个有机的自然产物被给予我们，按照我们认识能力的性状，我们对此也不能设想别的任何根据，只能是自然本身（或者是整个自然，或者哪怕是自然的这个部分）的一个原因的根据，这个原因通过知性而包含着该产物的因果性；通过这条判断原则，我们在解释自然事物及其起源方面虽然丝毫没有走得更远，但它毕竟为我们超出自然之外展现出一些远景，以便也许能够更精确地规定一个元始存在者通常如此毫无成效的概念。

现在我要说：自然神学无论被推进多远，毕竟不能关于创造的一个**终极目的**为我们显示任何东西；因为它甚至达不到关于这一终极目的的问题。因此，它虽然能够把一个有理智的世界原因的概念当做关于我们能够按照目的来说明的事物的可能性的一个主观上对我们认识能力的性状来说惟一适用的概念，来为之进行辩护，但却无论在理论方面还是在实践方面都不能进一步规定这一概念；而且它的尝试也达不到它奠立一种神学的意图，相反，它始终只不过是一种自然目的论而已：因为在它里面的目的关系总是被并且必然被仅仅视为在自然中有条件的；因而甚至根本不能探询自然本身实存的目的（为此必须在自然之外寻找根据），尽管如此，那个高高在上的有理智的世界原因的确定概念，因而一种神学的可能性，仍然是取决于这个目的的确定理念的。

世界上的事物为了什么而相互有用，一个事物中的杂多为了什么而对这个事物是好的，人们何以有理由假定，世界上没有任何东西是白费的，而是在某些事物（作为目的）应当实存的条件下，一切都为了**自然中**的某种东西而是好的，因此，对
〔438〕于判断力来说，理性在这方面关于它不可避免地作出目的论判断的客体的可能性，就其能力而言所拥有的原则，无非是使自然的机械性从属于一个有理智的世界创造者的建筑术；凡此种种，都是目的论的世界考察十分杰出地、极为令人赞赏地提供的。但是，由于**规定**一个理智的世界原因（作为最高的艺术家）的那个概念所用的素材，从而还有原则，都是纯然经验性的，所以，它们就使得除了经验就其结果向我们显示的之外，不能进一步推论出任何属性；而经验既然绝不能够把整个自然当做体系来把握，所以就必然经常遇到一些（就外表来看）与那个概念抵触并且相互抵触的证明根据，但即便是我们有能力经验性地就其仅仅涉及自然而言通观整个体系，经验也永远不能把我们提升到自然之上，达到自然的实存本身的目的，并由此达到那个高高在上的理智的确定概念。

如果人们缩小一种自然神学所要解决的任务，那么，其解决就显得容易了。也就是说，如果人们把关于一个**神祇**的概念运用于任何一个由我们设想的有理智的存在者，而不论这样的

存在者是有一个还是有很多，它具有许多并且十分伟大的属性，但却恰好不具有建立一个与最大可能的目的相一致的自然所要求的一切属性；或者如果人们认为在一个理论中通过任意的附加来弥补证明根据所提供的东西的匮乏是毫无价值的，并且在人们只有理由假定许多完善性（而对于我们来说，什么是许多呢?）的地方，却自认为有权预设**一切可能的**完善性；那么，自然目的论就提出了一些重大的要求，即要求有奠立一种神学的荣誉。但是，如果要求指明究竟是什么敦促我们，此外给我们以权利作出那种补充的，那么，我们在理性的理论应用的原则中寻找为我们辩护的根据就是白费力气了；理性的理论应用绝对要求，为解释经验的一个客体而赋予它的属性不得多于为了它们的可能性而能够发现的经验性材料。在更精确的审视中我们将看到，真正说来，是关于最高存在者的一个基于完全不同的理性应用（实践的理性应用）的理念，在我们里面先天地作为基础，是它敦促我们补充一种自然神学关于自然中种种目的的元始根据的有缺陷的表象，直到使之成为神祇的概念；而且我们不要错误地想象，已经确立了这一理念，并凭借 〔439〕
它而通过自然世界知识理论上的理性应用就已经确立了一种神学，更谈不上已经证明了它的实在性。

如果古人设想自己的诸般神灵部分地在其能力上、部分地在其意图和意向上都极为不同，但却都还以人的方式受到限制，即便是他们的元首也不例外，则人们也不能深责古人。因为在他们观察自然中的种种事物的安排和进程时，他们虽然发现了充足的理由来假定某种超出机械性的东西作为自然的原因，并且在这个世界的机械装置背后猜测到某些高高在上的原因的意图，他们只能把这些原因设想为超人的。但是，由于他们发现善与恶、合乎目的的东西与违背目的的东西在这个世界上，至少对我们的见识来说是极为混杂的，并且不能冒昧地为了一个尽善尽美的创造者的武断理念而假定一些尽管如此仍暗中作为基础的、智慧的和慈善的目的，而他们却看不出这些目的的证明，所以，他们关于至上的世界原因的判断就很难不是这般结果，也就是说，只要他们始终一贯地按照理性纯然的理论应用的准则行事的话。另一些作为物理学家同时又要做神学家的人，想在凭借关于一个存在者的理念来关注理性所要求的自然事物之原则的绝对统一性这一点上，来为理性找到满足，在这个作为惟一实体的存在者里面包含着那些事物全都只是依存的规定，这个实体虽然并不通过理智而是世界的原因，但它作为主体，毕竟可以在它里面发现种种尘世存在者的一切理智；因而是这样一个存在者，虽然它并不按照目的而产生某种东西，但在它里面毕竟一切事物都由于它们仅仅是其规定的那个主体的统一性，即便是没有目的和意图也必须必然合目的地相互关联。于是，他们就引入了终极原因的理念论：因为他们把一大批合目的地结合起来的实体的如此难以找出的统一性，从**对一个实体**的因果依赖性转化成了**在一个实体中**的依存性；就后果而言，这样的体系从依存的尘世存在者方面来看做**泛神论**，从（后来）作为元始存在者的惟一自存的主体方面来看做
〔440〕**斯宾诺莎主义**，就不仅没有解决自然的合目的性的最初根据的问题，而且还毋宁说是把这一问题宣布为无价值，因为后一个概念被剥夺了一切实在性，就完全成了对关于事物的一种普遍的本体论概念的纯然误解。

因此，按照理性应用的纯然理论的原则（自然神学仅仅基于这些原则），永远不能发现足以使我们对自然作出目的论判断的神祇概念。因为我们要么就宣布一切目的论都是判断力在判断事物的因果结合时的纯然错觉，并且逃避到自然的一种纯然机械性的惟一原则，而自然由于实体的统一性（从这种统一性来看，自然无非是这个实体的种种规定的杂多而已），只是

对我们显得包含着种种目的的一种普遍关系而已；要么，如果我们不用这种终极原因的理念论，想依然忠实于这一特殊类型的因果性的实在论的原理，那么，无论我们给种种自然目的配上多个有理智的元始存在者，还是只配上一个，一旦我们为确立关于这个存在者的概念而仅仅拥有从世界上的现实目的结合获得的经验原则，则我们一方面就违背自然就目的统一性而言在许多实例中显示出的不一致性而一筹莫展，另一方面只要我们由纯然的经验来授权得出一个惟一的理智原因的概念，就永远不能为某种无论以什么方式（在理论上或者实践上）而可用的神学足够确定地得出这一概念。

自然目的论虽然敦促我们去寻找一种神学，但却不能产生出一种神学，不论我们在多大程度上通过经验追踪自然，并且通过理性理念（它们对于物理学的任务来说必须是理论的）来支持在自然中所发现的目的结合。如果自然关于终极意图并不告诉，也永远不能告诉我们任何东西，那么，人们就有理由抱怨说，我们把一个伟大的、一个对我们来说无法测度的理智当做所有这些安排的基础，让它按照意图来布置这个世界，又有什么用呢？没有终极意图，我们毕竟就不能形成所有这些自然目的的一个共同的关联点，不能形成一个充足的目的论原则，来一方面全都在一个体系中认识这些目的，另一方面关于作为这样一个自然的原因的至上理智形成一个能够充当我们对这个 〔441〕
自然进行目的论反思的判断力的准绳的概念。在这种情况下，我虽然对于种种分散的目的来说有一个**艺术理智**，但对于毕竟必然包含着前者的规定根据的一个终极目的却没有一个**智慧**。但是，惟有纯粹理性才能先天地提供一个终极目的（因为世界上的一切目的都是经验性地有条件的，所能够包含的无非是作为偶然的意图对此或者对彼好的东西，而不是绝对好的东西），惟有这个终极目的才会教导我应当设想自然的至上原因的什么属性、什么程度和什么关系，以便把自然判断为一个目的论的体系；缺少了这个终极目的，我如何以及有什么权利可以在此随意地把我能够建立在我绵薄的世界知识之上的关于那个源始的理智、关于这个元始存在者实现其理念的力量、关于它这样做的意志的十分受限制的概念加以扩展，直至补充为一个全智的、无限的存在者的理念呢？这如果应当是在理论上发生的，那就会在我自己里面预设一种全知，以便在其完整的联系中洞察自然的种种目的，并且在这之上还能够设想其他一切可能的计划，与之相比目前的计划必须有理由被判断为最好的计划。因为没有对结果的这种圆满的知识，关于至上的原因，我就不能推论出任何确定的概念（这个概念惟有在关于一个在一切方面都无限的理智的概念中，也就是在一个神祇的概念中才能发现），并为神学奠定一个基础。

因此，无论自然目的论有怎样的可能扩展，按照上面所援引的原理，我们还是能够说：按照我们的认识能力的性状和原则，我们不能以别的方式就其种种已为我们所知的合目的的安排而言来设想自然，只能把它设想为一个它所从属的理智的产物。但是，这个理智凭借自然的整体及其产生是否还会有一个终极意图（这个终极意图在这种情况下就不会在感官世界的自然里面），这是理论的自然研究永远不能为我们揭示的；相反，无论对自然有多少知识，那个至上的原因是否在任何地方都按照一个终极目的，而并非毋宁说通过一个由其本性的纯然必然性所决定要产生某些形
〔442〕式的理智（根据与我们在动物那里称为艺术本能的东西的类比）而是自然的元始根据，这依然是悬而未决的：没有必要因此就哪怕只把智慧赋予这一原因，更不用说把最高的、与其产物的完善性所需要的其他一切属性相结合的智慧赋予它了。

因此，自然神学是一种被误解的自然目的论，惟有作为神学的准备（预科）才是可用的，而且惟有通过附加另一个它能

够依靠的原则才对这一意图来说是充足的，但却不是就自身而言、如其名称所要显示的那样是充足的。

第86节 论伦理神学

有一个判断，即便最平常的知性在反思世界上的事物的存在以及世界本身的实在时也不能摆脱它，那就是：一切形形色色的造物，无论它们有多么伟大的艺术安排，有多么多种多样的合目的地彼此相关的联系，甚至包括它们的许多我们不正确地称之为世界的体系的那个整体，如果在它们里面没有人（一般的理性存在者），它们的存在就会没有任何目的；也就是说，如果没有人，整个创造就会是一片纯然的荒野，就会是白费的，没有终极目的。但是，世界上其余一切东西的存在都惟有与其相关才获得自己的价值的东西，却也不是人的认识能力（理论理性），就好像是为了要有某人存在来能够**观察**世界似的。因为如果对世界的这种观察向他展现的无非是没有终极目的的事物，那么，从世界被认识这一事实也不能产生出世界存在的价值；而且人们必须已经预设它的一个终极目的，与这个终极目的相关，对世界的考察本身就具有一种价值。我们与之相关而设想创造的终极目的已被给予的东西，也不是快乐及其总和的情感，也就是说，我们据以估量那种绝对价值的，不是安康，不是享受（无论是肉体的还是精神的），一言以蔽之，不是幸福。因为：人如果存在，就使幸福成为自己的终极意图，这却没有提供任何概念，来说明他究竟为何存在，他本身具有什么价值，以使他的实存对他来说成为惬意的。因此，他必须已经 〔443〕
被预设为创造的终极目的，以便有一个理性根据，来说明自然为什么在被按照目的的原则视为一个绝对的整体时，必然与他的幸福相一致。——因此，这种东西仅仅是欲求能力，但不是那种（通过感性冲动）使他依赖于自然的欲求能力，不是就其而言他的存在的价值所依据的是他接受和享受的东西的欲求能力，而是惟有他自己才能给予自己的价值，而且这种价值就在于他做什么，他如何以及按照什么原则不是作为自然的环节，而是以他的欲求能力的自由而行动；也就是说，一种善良意志是他的存在能够具有一种绝对的价值所惟一凭借的东西，而且惟有与这种东西相关，世界的存在才具有一个**终极目的**。

只要人们把判断引导到这一问题上，并且推动对这一问题的研究，那么，甚至健康人类理性的最平常的判断也是与此完全一致的，也就是说：人惟有作为道德的存在者才能是创造的一个终极目的。人们将说，这个人具有如此之多的才能，以至于他甚至由此而颇有作为，并因而对公共事务施加一种有益的影响，所以无论是在与他自己的幸福状况的关系上还是在与他人的好处的关系上都有很大的价值，但如果他不具有善良的意志，这又有什么用呢？如果人们根据他的内心来看他，他就是一个值得鄙视的客体；而如果创造不应当在任何地方都没有终极目的，那么，作为人来说也属于创造的他，就毕竟作为坏人，在一个服从道德法则的世界中必然按照这些道德法则而丧失其主观的目的（幸福），而这主观的目的是他的实存能够与终极目的共存的惟一条件。

如果我们现今在世界上发现一些目的安排，并且像理性不可避免地要求的那样，使种种只是有条件的目的从属于一个无条件的至上的目的，即从属于一个终极目的，那么，人们首先就很容易看出，在这种情况下，这里所谈的不是就自然的实存而言自然的（自然内部的）一个目的，而是自然的实存连同其所有安排的目的，从而是**创造**的终极**目的**，而且在这一终极目的中，真正说来谈论的也是一个终极目的（也就是说，一个最高的理智产生种种尘世存在者的规定根据）惟有在其下才能成立的至上条件。

现在，既然我们只承认作为道德存在者的人才是创造的目的，所以，我们首先就有了一个根据，至少是主要的条件，来把世界视为一个按照目的相互联系的整体，视为种种终极原因的**体系**；但尤其是，对于种种自然目的与一个理智的世界原因的那种按照我们理性的性状对于我们来说必然的关系，我们有了**一个原则**，来设想作为目的王国中的至上根据的这个第一原因的本性和种种属性，并这样来规定它的概念，这是自然目的论所不能做到的，自然目的论关于这个至上根据只能导致一些不确定的、正因为此而不仅对理论应用不适用、而且对实践应用也不适用的概念。 〔444〕

从元始存在者的因果性这条被如此规定的原则出发，我们将必须把这个存在者不仅设想成理智，设想成为自然立法的，而且也设想成一个道德的目的王国中的立法元首。与惟有在他的统治下才可能的**至善**相关，也就是说与服从道德法则的理性存在者的实存相关，我们将把这个元始存在者设想成**全知的**，为的是甚至意向的最内在的东西（这种东西构成了理性的尘世存在者的行动的真正道德价值）对它也不隐藏；把它设想成**全能的**，为的是它能够使整个自然都适合这个最高的目的；把它设想为**全善的**、同时又**公正的**，因为这两个属性（**智慧**把它们结合起来）对于作为服从道德法则的至善的世界来说构成了它的一个至上原因的因果性的条件；此外在它那里还必须设想所有其余的先验属性，例如**永恒性**、**全在性等**（因为善与公正是道德属性），它们全都是与这样一个终极目的相关被预设的。——以这样的方式，**道德目的论**就弥补了**自然目的论**的缺陷，才建立起一种**神学**；因为后者如果不偷偷地从前者有所借贷，而是应当始终如一地行事，它独自能够建立的就无非是一种不能有确定概念的**鬼神学**。

但是，世界由于其中的某些存在者道德上的目的规定而与一个作为神祇的至上原因相关的原则，做到这一点却并不仅仅是由于它补充了自然神学的证明根据，从而必然地以后者为基础；相反，它为此独自就是充足的，并且推动人们去注意自然
〔445〕的种种目的和研究隐蔽在其形式背后的不可思议地伟大的艺术，为的是根据自然目的给纯粹实践理性所造就的理念提供附带的证实。因为服从道德法则的尘世存在者的概念，是一个先天原则，人必须按照这个原则对自己作出必然的判断。此外，如果到处都存在着一个有意地起作用的、针对一个目的的世界原因，那么，那种道德关系就必然像按照自然规律的关系一样，是一种创造的可能性的条件（也就是说，如果那个有理智的原因也有一个终极目的的话）：理性甚至先天地把这视为一条对它来说为对事物的实存作出目的论的判断所必需的原理。现在关键在于：我们是否有一种对于理性（无论是思辨理性还是实践理性）来说充足的理由，来赋予按照目的行动的至上原因一个**终极目的**。因为在这种情况下，按照我们理性的主观性状，甚至无论我们如何设想其他存在者的理性，这个终极目的都不可能是别的，而只能是**服从道德法则的人**，这对我们来说是可以先天地视为确定的；因为与此相反，自然秩序中的自然目的是根本不能先天地认识的，尤其是，不可能以任何方式发现自然没有这样的目的就不能实存。

附释

假定一个人正处在心灵与道德感相符合的时刻！当他周围是一片美丽的自然，他正在安闲自在、心旷神怡地享受自己的存在的时候，他在内心里感到一种需要，要为此而感谢某人。或者他在另一个时刻处在同样的心情中，他发现自己有义务的迫切感，他只能并且想通过自愿的牺牲来满足这些义务；这样

他就在内心里感到一种需要，要以此同时执行了某种命令，而且顺从了一位上主。或者他轻率地违背了自己的义务，但由此他并不对人负有责任；这样，严厉的自责就将在他心中说话，就好像这是一位审判者的声音，他要对这位审判者为此作出辩解。一言以蔽之：他需要一个道德的理智，以便为了他实存的目的而有一个存在者，这个存在者按照这个目的是他和世界的原因。要在这些情感背后矫揉造作地找出动机来，是徒劳无功的；因为这些情感都直接地与最纯粹的道德意向相联系，**感恩、顺从**和**谦恭**（屈服于应得的责罚）都是义务的特殊心情，而且倾心于扩展自己的道德意向的心灵在这里只是自愿地设想一个不在世界上的对象，以便可能的话也面对这样一个对象证明自己的义务。因此，这至少是可能的，并且在道德思维方式中也有其基础，即想象一个存在者的实存这种纯粹道德需要，在这种需要之下我们的道德性或者获得更大的强度，或者也获得（至少按照我们的表象）更大的范围，亦即为其施展获得一个新的对象；也就是说，从纯粹的道德上的、没有一切外来影响的（在此当然只是主观的）根据出发，丝毫不考虑理论的证明，更不考虑自私的利益，只考虑对一种独自立法的纯粹实践理性的称颂，来假定世界之外的一个道德上立法的存在者。而且尽管这样一种心情鲜有出现，或者也持续不久，而是倏忽即逝，没有持久的效果，或者也没有自己反思在这样一种影象中被表象的对象，没有努力把它置于清晰的概念之下就消失了，但是，不使我们里面作为主观原则的道德禀赋在观察世界时满足于其由于自然原因的合目的性，而是给它加上一个至上的、按照道德原则统治自然的原因，其根据却是显而易见的。——此外还有，我们感到受道德法则所敦促而去追求一个普遍的最高目的，但我们和整个自然却都没有能力达到这个目的；我们只是就自己在追求它而言才可以判断自己是符合一个有理智的世界原因

〔446〕

（如果有这样一个世界原因的话）的终极目的的；而这样，就有了实践理性的一个纯粹道德的根据来假定这个原因（因为这样做不会有矛盾），即使没有更多的根据，也毕竟使我们不致冒把那种努力就其效果而言视为完全无济于事的而使之松弛的危险。

〔447〕 此处这一切只不过是要说明：虽然**恐惧**首先能够产生**诸神**（鬼神），但**理性**却凭借其道德原则首先产生出上帝的概念（即便人们就自然的目的论而言通常是很无知的，或者由于难以通过充分证实了的原则来调解在这方面相互矛盾的现象，也是很没有把握的）；而且他的存在的内在的、**道德的**目的规定补充了自然知识所丢失的东西，因为这种规定要求为一切事物的存在的终极目的——为此目的，它的原则惟有作为**伦理的**才能满足理性——设想一个具有种种属性、以此有能力使整个自然从属于那个惟一的意图（整个自然只是这个意图的工具罢了）的至上的原因（也就是说，作为一个神祇）。

第 87 节　论上帝存在的道德证明

有一种**自然的目的论**，它提供一种对于我们的理论反思性的判断力来说充足的证明根据，来假定一个有理智的世界原因的存在。但是，在我们自己里面，更多地在一个赋有（其因果性的）自由的一般理性存在者的概念里面，我们发现了一种**道德的目的论**，由于我们自己里面的目的关系可以先天地连同其法则一起被规定，从而被视为必然的，所以这种道德目的论为此目的并不需要我们外面的一种有理智的原因来解释这种内在的合目的性：正如我们在图形的几何属性中（对于各种各样可能的艺术实施来说）发现了合目的的东西，但就这种东西而言不可以期待一个把这种东西赋予这些图形的最高理智一样。但是，这种道德目的论涉及我们，毕竟我们是尘世存在者，因而是与世界上的其他事物结合在一起的存在者，正是同一些道德法则，规定我们把自己的判断对准这些其他事物，或者把它们作为目的，或者把它们作为对象，就这些对象而言我们自己是终极目的。这种道德目的论涉及我们自己的因果性与种种目的的关系，乃至与我们必须在世界上期冀的一种终极目的的关系，此外涉及世界与那个道德目的的相互关系和那个道德目的的实现的外部可能性（对此，没有任何自然目的论能够给我们提供指导），从这种道德目的论出发就产生出一个必然的问题：〔448〕它是否迫使我们的理性判断超出世界，为自然与我们里面的道德的那种关系寻找一个有理智的至上原则，以便也在与道德的内在立法及其可能的实现的关系中把自然表象成合目的的。因此，当然有一种道德目的论；而且这种道德目的论一方面必然与自由的**立法学**相联系，另一方面必然与自然的立法学相联系，就像公民的立法必然与人们应当在何处寻找行政权的问题相联系一样，而且在一切理性应当于其中说明事物的某种合乎法则的、只是按照理念才可能的秩序之现实性的一种原则的东西里面，都有这种联系。——我们要首先讲述理性从那种道德目的论及其与自然目的论的关系向**神学**的推进，然后着手考察这种推论方式的可能性和确凿性。

如果人们假定某些事物（或者哪怕只是事物的某些形式）的存在是偶然的，因而只是通过作为原因的某种别的东西才是可能的，那么，人们就可以或者在自然的秩序中，或者在目的性的秩序中（按照 nexu dffectivo［效果的联系］或者 nexu finali［目的性的联系］）为这种因果性寻找至上的根据，因而为有条件者寻找无条件的根据。也就是说，人们可以问：什么是至上的产生性原因？或者，什么是这种原因的至上目的（绝对无条件的目的），亦即它产生这些或者其所有产物的终极目的？这里当然已经预设，这个原因能够有一个目的的表象，因而是一个有理智的存在者，或者至少必须被我们设想为按照这样一个存在者的法则行动的。

现在，如果人们遵从后一种秩序，那么，甚至最平常的人类理性也不得不直接赞同的**原理**就是：如果某个地方有理性必须先天地说明的**终极目的**成立，那么，这个终极目的就不可能是别的，而只能是**服从道德法则的人**（即每一个理性的尘世存在者）。①因为（每一个人都这样判断）：如果世界全然是由无

① 我有意说：**服从**道德法则。创造的终极目的不是**按照**道德法则的人，也就是说，不是一个符合这些法则而行事的人。因为使用后一种表述，我们就会所说多于所知，也就是说，使人在任何时候都与道德法则相适合地行事，这处于世界创造者的权能之中；这就预设了自由和自然的概念（惟有关于后者，人们才能设想一个外在的创造者），这个概念必然包含着对自然的超感性基底及其与通过自由的因果性在尘世中使之可能的东西的同一性的洞识，而这种洞识却远远地超出了我们的理性洞识。惟有关于**服从道德法则的人**，我们才能不逾越我们洞察力的限界而说：他的存在构成了世界的终极目的。这与在道德上对世界进程进行反思的人类理性的判断也是完全一致的。我们相信，即便是在恶人那里，只要我们看到，一个恶贯满盈的罪犯在他死前也受到其罪行的应得惩罚，就发现了一种智慧的目的关系的迹象。按照我们关于自由的因果性的概念，善行或者恶行所依据的就是我们自己；但是，我们把统治世界的最高智慧就设定在：对于前者来说施加的是循循善诱，但对于二者来说都施加了按照道德法则的后果。真正说来，上帝的荣耀就在于这种后果，因此被神学家们并非不恰当地称为创造的终极目的。——还应说明的是：在我们使用**创造**这个语词时，我们所理解的无非是这里所说的东西，即一个**世界**的**存在**的原因，或者世界上种种事物（实体）的存在的原因；就像这个语词的真正概念所带有的那样（actuatio substantiae est creatio［实体的实现就是创造］）；因此，它并不已经自身带有一个自由活动的、从而是有理智的原因的预设（这个原因的存在是我们首先要证明的）。

生命的存在者所构成，或者虽然部分地由有生命的存在者所构成，但却是由无理性的存在者所构成，那么，这样一个世界的存在就会根本没有任何价值，因为在它里面没有任何对一种价值有起码概念的存在者实存。与此相反，即使有理性的存在者，但他们的理性却只能把事物存在的价值设定在自然与他们（他们的福祉）的关系中，而不能原初地（在自由中）为自己创造这样一种价值，那么，世界上虽然有（相对的）目的，但却没有（绝对的）终极目的，因为这样的理性存在者的存在毕竟总是没有目的的。但是，道德法则却具有独特的性状，即它们无须条件地、从而恰恰如一个终极目的的概念所需要的那样，为理性把某种东西规定为目的；因此，惟有这样一种在目的关系中能够对自己本身来说是至上法则的理性的实存，换句话说，惟有服从道德法则的理性存在者的实存，才能被设想为一个世界的存在的终极目的。与此相反，如果不是这样，那么，就或者根本没有目的在原因中作为世界存在的基础，或者是没有终极目的的目的作为其基础。 〔449〕 〔450〕

道德法则作为应用我们的自由的形式上的理性条件，独自就使我们负有义务，无须依赖某个目的来作为质料上的条件；但是，它毕竟也为我们乃至先天地规定了一个终极目的，它使我们有义务追求这一目的，而这一目的也就是通过自由而可能的**尘世中的至善**。

人（而且按照我们的一切概念，也是每一个理性的有限存在者）在上述法则之下能够为自己设定一个终极目的，其主观条件就是幸福。因此，在尘世中可能的、应当尽我们所能当做终极目的来促进的自然至善，就是**幸福**：其客观条件就是人与**道德性**亦即配享幸福的法则的一致。

但是，按照我们的所有理性能力，我们都不可能把通过道德法则为我们提出的终极目的的这两个要求表象为通过纯然的自然原因**联结起来的**、适合上述终极目的的理念的。因此，如果我们不把除自然的因果性之外的另一种（手段的）因果性与我们的自由联结起来，这样一个目的通过运用我们的力量的**实践必然性**的概念，就与实现这一目的的**自然可能性**的理论概念不相一致。

因此，我们必须假定一个道德的世界原因（一个世界创造者），以便按照道德法则为我们预设一个终极目的；而后者在多大程度上是必要的，假定前者也就在多大程度上（亦即在同样的等级上和出自同样的理由）是必要的：也就是说，有一个上帝存在。①

※　　　※　　　※

人们轻而易举地就能使逻辑精确性的形式适应这种证明，
〔451〕 它并不是要说：假定上帝的存在与承认道德法则的有效性是同样必要的；因此，不能确信前者的人，就可以判定自己摆脱了根据后者的责任。不！在这种情况下必须放弃的只是通过遵循后者来实现尘世中的终极目的（理性存在者的一种与遵循道德法则和谐一致的幸福，作为最高的尘世福祉）的**企图**。每一个理性的人都必须承认自己始终还是严格地受道德规范制约的；因为道德的法则都是形式的，并且是无条件地发布命令的，并不考虑目的（作为意愿的质料）。但是，终极目的就像实践理

① 这种道德的论证不是要提供上帝存在的一种**客观**有效的证明，不是要向信念不坚定的人证明有一个上帝存在，而是要向他证明，如果他想在道德上始终如一地思维，他就**必须**把这一命题的假定**接受**进他的实践理性的准则中去。——这也不是要说：假定一切理性的尘世存在者都有符合其德性的幸福，乃是**为了道德性**而必要的，相反，它是**由于道德性**而必要的。因此，它是一个**主观上**为了道德的存在者而充足的论证。

性为尘世存在者所规定的那样，其惟一的要求就是通过他们（作为有限的存在者）的本性而置入他们里面的一个不可抗拒的目的，理性只想知道这种目的从属于**作为**不可违反的**条件**的道德法则，或者按照道德法则成为普遍的，并如此把促进与道德性相一致的幸福作为终极目的。（就前者而言）力所能及地促进这一目的，是由道德法则命令我们的；而不管这种努力的结果会是什么样的。义务的履行在于认真的意志的形式，而不在于达成的中间原因。

因此假定：一个人部分地为一切备受称颂的论证的薄弱所动，部分地为自然和道德世界中呈现给他的某些不合规则的现象所动，而相信"不存在一个上帝"的命题；然而，如果他因此就要把义务的法则视为纯然想象出来的、无效的、无约束力的，并且决心无所畏惧地逾越它们，则他就会在他自己的眼中一钱不值。这样一个人，即使他后来能够确信他起初怀疑的东西，也因那种思维方式而依然是一个一钱不值的人；尽管他就结果而言如历来所要求的那样一丝不苟地履行义务，但却是出自惧怕，或者是出自追求报酬的意图。反过来，如果他作为有信仰的人按照自己的意识真诚地和无私地遵循义务，尽管如此却常常为了试验而假定自己可能有朝一日确信不存在一个上帝，就立刻相信自己摆脱了一切道德责任，那么，他心中的内在道德意向就必定只是坏的。 〔452〕

因此，我们可以假定一个诚实的人（例如斯宾诺莎这样的人），他坚持相信不存在一个上帝，而且（由于就道德性的客体而言结果都一样）也不存在一种来生；他将怎样通过他实际上尊崇的道德法则来判断他自己内在的目的规定呢？他并不要求遵循道德法则给他自己带来什么好处，无论是在今世还是来世；毋宁说，他只想无私地促成善，对此那神圣的法则给他的一切力量指明了方向；但是，他的努力是有局限的；他虽然时而能够指望本性提供一种偶然的支持，但却永远不能指望它提供与他觉得有义务并且受敦促去实现的目的的一种有规律的、按照恒常的规则（如他的准则内在地是并且必须是的那样）来印证的一致。虽然他本人是正直的、和气的、善意的，欺诈、暴行和嫉妒也将总是在他周围横行；而且他在自身之外还遇到的那些诚实的人，无论他们怎样配享幸福，却由于对此不管不顾的自然，而仍然与地球上的其他动物一样，遭受着贫困、疾病和夭亡这一切不幸，而且就一直这样下去，直到一个辽阔的坟墓把他们全都吞噬掉（在这里，正直还是不正直都是一回事），而那些能够自信是创造的终极目的的人们被抛回到他们曾经从中超拔出来的物质无目的的混沌的深渊为止。——因此，这个善良的人当然一定会把他在遵循道德法则时所关注和应当关注的目的视为不可能的而放弃掉；或者他也想对他道德上的内在规定的召唤保持忠诚，不让道德法则直接为了得到遵从而灌注给他的那种敬重因惟一适合其高尚要求的理想终极目的的无效而受到削弱（这种事情的发生不可能不损害道德意
〔453〕向）：这样，他就必须在实践方面，也就是说，至少为了对在道德上给他规定的终极目的的可能性形成一个概念，而假定一个**道德上的**世界创造者的存在，也就是说，假定上帝的存在；他尽可以作出这种假定，因为这种假定至少自身是不自相矛盾的。

第88节　对道德证明的有效性的限制

作为实践能力，也就是作为通过理念（纯粹的理性概念）来规定我们的因果性的自由应用的能力，纯粹理性不仅在道德法则中包含着我们行动的一种范导性原则，而且还由此同时在一个只有理性才能思维、应当通过我们的行动在世界上按照那

个法则予以实现的客体的概念中提供了一个主观的建构性原则。因此，在按照道德法则运用自由时的一个终极目的的理念具有主观的**实践的**实在性。我们先天地被理性所规定，要尽一切力量来促进尘世的福祉，这种福祉就在于理性的尘世存在者的最大福利与他们的善的最高条件的结合，也就是说，在于普遍的幸福与合法则的道德性的结合。在这个终极目的中，一方亦即幸福的可能性是经验性地有条件的，也就是说，取决于自然的性状（它是否与这个目的一致），而且在理论上看是成问题的；而另一方，即道德性，就它而言我们是不受自然的合作约束的，所以它在可能性上是先天地肯定的和独断地确定的。因此，关于理性的尘世存在者的终极目的的概念，其客观的理论实在性要求，不仅我们具有一个先天地设定的终极目的，而且创造亦即世界本身就其实存而言也有一个终极目的，这一点如果能够被先天地证明，就会给终极目的的主观实在性附加上客观的实在性。因为如果创造在某个地方有一个终极目的，那么，我们就不能以别的方式来思维它，而只能说它必然与道德的终极目的（惟有道德的终极目的才使关于一个目的的概念成为可能）一致。但这样一来，虽然我们在尘世有种种目的，而〔454〕且自然目的论在如此程度上展示出它们，以至于如果我们按照理性来做出判断，我们终归有理由假定为自然研究的原则的是，在自然中根本没有任何东西是没有目的的；然而，我们在自然本身中寻找自然的终极目的，是徒劳无功的。因此，就像终极目的的理念只存在于理性之中一样，这种终极目的就其客观可能性而言，只能并且必须在理性存在者里面寻找。但是，理性存在者的实践理性不仅指出了这一终极目的，而且还就一个终极目的惟有在其下才能被我们所思维的种种条件而言规定了这一概念。

于是问题就是：是否能够为了纯粹理性的理论要求而充分

地阐明关于创造的一个终极目的的概念的客观实在性，尽管不能为了规定性的判断力而无可置疑地阐明，但却能够为了理论上反思性的判断力的种种准则而充分地阐明。这是人们在思辨哲学中所能够要求的最起码的东西，思辨哲学自告奋勇要凭借一个惟一的目的的理念来把道德目的与自然目的结合起来；但是，即便是这件小事，也毕竟远远地超过了它所能够提供的。

按照理论上反思性的判断力的原则，我们会说：如果我们有理由为自然的合目的的产物假定自然的一个至上原因，它就自然的现实性而言的因果性（创造）必须被设想成不同于自然的机械性所要求的，也就是说，设想成一个理智的因果性，那么，我们根据这个元始存在者就有充分的理由不仅在自然中到处都设想种种目的，而且还设想一个终极目的，尽管这不足以阐明这样一个存在者的存在，但毕竟至少（就像在自然目的论中所发生的那样）使我们确信，我们不仅能够按照目的，而且只能通过赋予这样一个世界的实存一个终极目的，来使我们理解这样一个世界的可能性。

然而，终极目的纯然是我们的实践理性的一个概念，不能为了在理论上对自然作出判断而从经验材料推论出来，也不能与自然的知识发生关联。这一概念不可能有别的应用，而只能
〔455〕按照道德法则用于实践理性；而创造的终极目的就是世界的那种与我们惟有按照法则才能确定地说明的东西，亦即与我们的纯粹实践理性就其应当是实践的而言的终极目的相一致的性状。——于是，通过把这种终极目的交付给我们的道德法则，我们在实践方面，也就是说为了把我们的力量用于实现这种终极目的，就有了一种理由来假定这种终极目的的可能性亦即可实现性，因而也（由于没有自然来支持这种可实现性的一种不归我们掌握的条件，实现这种终极目的就会是不可能的）假定事物的一种与此一致的本性。因此，我们就有一种道德的理由

来设想一个世界也有一种创造的终极目的。

现在，这还不是从道德目的论推论到一种神学，也就是说，不是推论到一个道德的世界创造者的存在，而是仅仅推论到创造的一个以这种方式被规定的终极目的。至于为了这种创造，亦即为了事物符合一个**终极目的**的实存，首先就必须假定一个有理智的存在者，但其次又不仅（就像为了我们不得不判断为目的的自然事物的可能性那样）假定一个有理智的存在者，而且假定一个同时是**道德的**存在者，来作为世界的创造者，从而假定一个上帝，这是第二个推论；它的性质在于：人们发现，它是纯然为了根据实践理性诸概念的判断力而做出的，从而作为这样一种推论乃是为了反思性的判断力，而不是为了规定性的判断力做出的。因为我们不能自以为可以看出，虽然在我们里面道德上的实践理性与技术上的实践理性就其原则而言是有本质区别的，而在最高的世界原因那里，如果它被假定为理智，也就必然是这种情况，而且对于终极目的来说比起纯然对于自然的种种目的来说，需要一种特殊的和不同的因果性；因此，我们对于我们的终极目的来说就有一种**道德的根据**，不仅假定创造的一个终极目的（作为结果），而且假定一个**道德的存在者**来作为创造的元始根据。但是，我们却可以说：**按照我们的理性能力的性状**，没有一位世界的创造者和同时是立法者的统治者，我们就根本不能使自己理解这样一种**与道德法则**及其客体相关的、存在于这种终极目的中的合目的性的可能性。

因此，一个最高的道德上立法的创造者的现实性只是**对于** 〔456〕
我们理性的**实践应用**来说才得到了充分的阐明，并没有就这位创造者的存在而言在理论上规定什么东西。因为我们的理性为了它无论如何通过其自己的立法交付给我们的目的的可能性而需要有一个理念，通过这个理念，出自不能按照关于世界的纯然自然概念来遵循这种立法的障碍（对于反思的判断力来说就充分地）就被清除掉了；而这个理念也由此获得了实践的实在性，尽管它对于思辨知识来说根本没有任何手段为自己在理论方面搞到这样一种实在性，来解释自然和规定至上的原因。对于理论上反思性的判断力来说，自然目的论从自然的目的出发充分地证明了一个有理智的世界原因；对于实践上反思性的判断力来说，道德目的论通过一个终极目的的概念也做到了这一点，它在实践方面不得不把这个概念归之于创造。上帝的理念的客观实在性，作为道德的世界创造者的客观实在性，虽然不能**仅仅**通过自然目的来阐明，但尽管如此，如果自然目的的知识与道德目的的知识结合起来，那些自然目的就凭借纯粹理性尽其所能地遵循原则的统一性的准则而获得了重大的意义，以通过那个理念在理论方面已经为判断力而具有的实在性来支持它的实践实在性。

在这里，为了防止一种很容易出现的误解，十分有必要说明：首先，我们只能按照类比来**设想**最高存在者的这些属性。因为如果经验不能显示任何类似的东西，我们要怎样去研究它的本性呢？其次，我们通过这些属性也只能设想这个存在者，而不能据此**认识**它，并且在理论上把这些属性归于它；因为这仅仅适用于我们理性的思辨方面的规定性的判断力，为的是洞察至上的世界原因就**自身而言**是什么。但在这里问题仅仅在于，按照我们认识能力的性状，我们关于这个存在者要形成什么概念，以及我们是否要假定它的实存，只不过是为了对于纯粹实践理性无须任何这样的预设先天地要求我们尽全力去实现的一个目的来说，仍然使之获得实践的实在性，也就是说，仅仅为了能够设想一种预期的结果是可能的。无论如何，那个概
〔457〕念对于思辨理性来说可能是越界的；我们归之于由此所设想的存在者的那些属性，在被客观地应用时，也可能就在自身中隐藏着一种神人同形同性论：应用它们的意图不是要据此规定它

那对我们来说无法达到的本性，而是要规定我们自己和我们的意志。就像我们按照我们关于结果所拥有的概念来称谓一个原因（但只是就它与这个结果的关系而言），但并不因此就想通过关于诸如此类的原因仅仅为我们所知并且必须通过经验被给予我们的属性来内在地规定那个原因的内部性状一样；就像我们例如除其他属性之外，还归于灵魂一种 vim locomotivam [位移的力]，因为确实产生了身体运动，这些运动的原因就在灵魂的表象之中，但并不因此就要把像我们认识运动力量的惟一方式（也就是说，通过吸引、压迫、撞击，从而通过在任何时候都以一个有广延的存在者为前提条件的运动来认识）归之于灵魂一样；——我们也必须假定**某物**，它包含着一种必然的道德终极目的的可能性和实践实在性亦即可实施性的根据；但是，按照期待从这个某物产生的结果的性状，我们能够把它设想成为一个智慧的、按照道德法则统治世界的存在者，而且根据我们认识能力的性状，我们必须把它设想为事物的有别于自然的原因，为的只是表达这个超越我们一切认识能力的存在者与**我们的**实践理性的客体的**关系**，并不因此就要在理论上把惟一为我们所知的这种因果性，即一种理智和意志，归于这个存在者，甚至哪怕是把在它那里所设想的**就对我们来说**是终极目的的东西而言的因果性，作为在这一存在者本身里面的因果性，客观地与就自然（及其一般的目的规定）而言的因果性区别开来，而是只能假定这种区别是对我们认识能力的性状来说主观上必然的，而且对反思性的判断力有效，对客观上规定性的判断力却无效。但是，如果问题在于实践的东西，那么，这样一种（对于明智和智慧来说的）**范导性**原则，即把某种按照我们认识能力的性状只能被我们以某种方式设想为可能的东西当做目的，根据它来行动，就同时是**建构性的**，也就是说，在实践上作出规定的；然而，这同一条原则，作为判断事物的客

观可能性的原则，却绝不是理论上作出规定的（也就是说，惟
〔458〕 一一种属于我们的思维能力的可能性也属于客体），而是一种对于反思性的判断力来说的纯然**范导性的**原则。

附释

这种道德的证明并不是一种新发明的证明根据，而至多也不过是一种新得到讨论的证明根据；因为它早在人类理性能力最初萌芽的时候就已经存在于这种能力里面，并且随着其继续培植而越来越发达。一旦人们开始反思公正与不公正，在人们还漠不关心地无视自然的合目的性、利用这种合目的性却没有想到有某种东西不同于自然的惯常进程的时候，就不可避免地必然出现这样的判断：一个人行为真诚还是虚伪、公道还是强横，就结果而言绝不是一回事，哪怕他直到其生命终结也至少看起来没有因其德性而获得幸福，或者没有因其罪行而受到惩罚。这就好像是人们在自身里面听到一种声音说，事情必定不是这样的；因此，也必定隐秘地有过关于他们感到有义务去追求的某种东西的一种表象，尽管只是一种模糊的表象，而这样一种偏移根本不会与那种东西协调一致，或者说，如果他们一旦把世界的进程视为事物的惟一秩序，他们就又不懂得把他们自己心灵的那种内在目的规定与那种东西结合起来。于是，他们就要用各种各样还很粗糙的方法，去设想使这样一种不合规则性（它对于人的心灵来说肯定比人们想加给对自然的判断来作为原则的那种盲目的偶然更令人愤慨得多）能够得到平衡的方式；这样，除了一个按照道德法则来统治世界的至上原因之外，他们毕竟绝不能想象出把自然与他们的内在道德法则结合起来的可能性的另一种原则：因为在他们里面的一个作为义务而提出的终极目的，和在他们之外的一个没有任何终极目的、尽管如此那个目的又应当在其中成为现实的自然，是相互矛盾

的。关于那个世界原因的内在性状，他们现在就可能酝酿出好多荒唐无稽的东西；统治世界方面的那种道德关系一直是同一种关系，对于最未得到发展的理性来说，只要它把自己视为实践的，那种关系就是普遍可理解的，相反，思辨理性是远远不能与实践理性同步的。——极有可能也是由这种道德旨趣最初 〔459〕
激起对自然的美和目的的注意的，这种注意后来卓越地用于加强那个理念，但毕竟不能论证它，更不能缺少那种道德旨趣，因为甚至对自然的目的的研究也惟有与终极目的相关才能获得这样一种直接的旨趣，它如此大规模地表现在对自然的惊赞中，毫不考虑任何能够从中得出的好处。

第89节 论道德论证的用途

在我们关于超感性事物的一切理念方面把理性限制在其实践应用的条件之上，就上帝的理念而言，这具有显而易见的用途：它防止**神学**上升迷失于**神智学**中（迷失于搅乱理性的越界概念中），或者沉沦为**鬼神学**（对最高存在者的一种神人同形同性论的表象方式）；防止**宗教**陷入**招魂术**（一种狂热的妄想，以为能够感觉到别的超感性的存在者并对之施加影响）或者陷入**偶像崇拜**（一种迷信的妄想，以为能够不通过道德意向而通过别的手段来取悦于最高存在者）。①

① 实践意义上的偶像崇拜始终还是这样一种宗教，这种宗教设想最高存在者具有这样一些属性，根据这些属性，除了道德性之外，还有别的东西能够是特别适用的条件，即在人能够做的事情上符合它的意志。因为无论人们如何纯粹地和摆脱感性形象地也在理论方面领会了那个概念，它在实践的东西中也还是被表象为一个**偶像**，亦即是按照它的意志的性状被以神人同形同性论的方式来表象的。

因为如果人们允许在超出感官世界的事物方面的玄想的虚骄和狂妄哪怕仅仅在理论上（并且扩展知识地）规定丝毫的东西，如果人们允许夸口说洞察到神的本性的存在和性状，洞察到他的理智和意志、二者的法则以及从它们流溢到世界上的种种属性，那么，我就想知道，人们想在什么地方、在什么位置上为理性的僭妄设置界限；因为在
〔460〕取得那些洞识的地方，正因为此还可以指望更多的东西（只要如人们认为的那样努力反思就可以）。然而，为这样的要求设置界限，必须按照某一个原则来进行，这样说的理由并不仅仅是因为我们发现这些要求的一切尝试迄今为止都遭到了失败；因为这并不证明任何东西，来反驳一种更好的结果的可能性。但在这里不可能有别的原则，除非是要么假定：就超感性事物而言，绝对没有任何东西能够在理论上被规定（除非是仅仅否定性地被规定），要么就假定我们的理性自身包含着一个尚未利用的知识宝库，这些知识谁也不知道有多么博大，乃是为我们和我们的后代保存下来的、扩展着的知识。——但就宗教而言，也就是说，就与作为立法者的上帝相关的道德而言，如果对上帝的理论知识必须先行的话，那么，道德就不得不取决于神学，并且不仅引入一个至上存在者的外在任意的立法来取代理性内在必然的立法，而且在这种立法中，我们对上帝的本性的洞识所具有的一切缺陷也必然延伸到道德规范上来，并如此使宗教变成非道德的而颠倒之。

就对一种来生的希望而言，如果我们求教于我们按照道德法则的规范自己应当去实现的终极目的，作为关于我们的规定的理性判断的导线（因此，这种判断惟有在实践关系中才被视为必要的或者值得采用的），而是求教于我们的理论认识能力，那么，出于这种意图的灵魂说就如同上面的神学

一样，所给出的无非就是关于我们能思维的存在者的一个否定性的概念；也就是说，这个存在者的任何行动和内感官的任何显象都不能作唯物论的解释；因此，关于它们分离的本性和它们的人格性在死后的存续或者不存续，我们绝不可能通过我们全部的理论认识能力从思辨的根据出发作出任何扩展性的、规定性的判断。因此，既然在这里一切都依然被托付于以实践上必要的考虑对我们的存在的目的论判断和对我们的存续的假定，把这种存续当做由理性绝对地交付给我们的终极目的所需要的条件，所以这里也就同时表现出这样的用途（虽然它乍一看显得是损失）：就像神学对我们来说不能成为神智学一样，理性**心理学**也绝不能成为作为扩展性科学的**神灵学**，一如〔461〕它另一方面也得到保障不会沉沦为**唯物论**一样；相反，理性心理学毋宁说只是内感官的人类学，也就是说，是我们在生命中的能思维的自我的知识，作为理论知识也依然只是经验性的；与此相反，就有关我们的永恒实存的问题而言，理性心理学根本不是理论的科学，而是基于道德目的论的惟一推论的，一如它的全部应用也仅仅由于作为我们的实践规定的道德目的论才是必要的一样。

第90节　论上帝存在的一种目的论证明中的视之为真的方式

对于任何证明来说，无论它是（就像通过观察对象或者实验进行证明时那样）通过直接经验性地描述应当予以证明的东西进行的，还是通过理性先天地从原则出发进行的，都首先要求的是：他不是使人**臆信**，而是使人**确信**，至少是有助于确信；也就是说，证明根据或者推论不仅仅是赞同的一种主观的（审美的）规定根据（纯然的幻相），而是客观有效的，而且是知识的一种逻辑根据：因为若不然，知性就将被迷惑，而不是被引领。在自然的神学中进行的证明就具有那种虚假证明的性质，在进行这一证明时虽然怀有良好的意图，但却故意隐瞒了它的弱点：如果人们按照目的的原则附会出一大批自然事物的一个起源的证据，而且利用的是人类理性的纯然主观的根据，也就是说，是人类理性自己的偏爱的根据，即只要能够无矛盾地进行，就不是用许多原则，而是只用惟一的一条原则，而且只是在为规定一个概念而在这条原则中遇到一些甚或许多要求的地方，才把其余的原则考虑进去，以便通过任意的补充来完善事物的概念。因为诚然，如果我们在自然中遇到如此之多的产物，它们对我们来说是一个有理智的原因的显示，那么，为什么我们不应当舍弃许多这样的原因，而宁可只设想惟一的一个这样的原因，而且就这个原因而言并不仅仅设想伟大的理智、权能等，而
〔462〕是宁可设想全智、全能，一言以蔽之，把它设想成为一个包含着这样一些属性的对所有可能的事物来说都充足的根据呢？此外，为什么我们不应当不仅仅为了自然规律和自然产物而赋予这个惟一的全能的元始存在者以理智，而且还把它当做一个道德的世界原因而赋予它最高的道德的实践理性呢？因为通过对概念的这种完善而说明了一个无论是对自然洞识来说还是对道德智慧来说全都充足的原则，而且也没有一个人能够对这样一个理念的可能性哪怕是提出在一定程度上有根据的反驳。在这里，如果同时也发动了心灵的道德动机，并且增添上这些动机的一种生动的旨趣以及雄辩的力量（这些动机也很配得上这种力量），那么，从中就产生出一种具有证明的客观充足性的臆信和一种（在这种证明的应用的大多数场合）也有益的幻相，这种幻相完全摆脱了对证明的逻辑明晰性的一切检验，甚至对此心怀厌恶和反感，就好像

它们都是以一种渎神的怀疑为基础似的。——于是，只要人们真正考虑到通俗的可用性，就不应当对此说出任何反对意见。然而，既然毕竟不能也不可以阻止把这个证明分解成论证所包含的两个不同类的部分，也就是分解成属于自然目的论的东西和属于道德目的论的东西，因为二者的融合使人看不出证明的真正关键在于何处，以及为了在最苛刻的检验面前能够坚持它的有效性（即使人们被迫在某一方面承认我们的理性洞识的孱弱）而必须对它在哪一部分作出修订和如何修订，所以哲学家的义务（即使他毫不考虑对他的真诚性的要求）就是：揭露这个尽管如此有益，但却可能产生这样一种混淆的幻相，并且把纯然属于臆信的东西与导致确信的东西（臆信和确信二者不仅在程度上，而且甚至在方式上也都是赞同的不同规定）分离开来，以便把这一证明中的心态以其完全的纯正性坦率地展现出来，并且能够坦然地使这一证明经受最严格的检验。

但是，一种具有确信性质的证明又可以有两种方式，要么是一种应当澄清对象**就自身而言**是什么的证明，要么是一种应当澄清对象按照我们对它作出判断所必需的理性原则对于**我们**（一般而言的人）**来说**是什么的证明（一种 χατ' αληθεια［就真理而言］的证明或者一种 χατ' ανθρωπου［就人而言］的证明，后一个词是在对一般而言的人来说的普遍意义上采用的）。它〔463〕在第一种场合是建立在对规定性的判断力来说充足的原则之上的，在第二种场合则是建立在仅仅对反思性的判断力来说充足的原则之上的。在后一种场合，它基于纯然理论的原则，永远也不能有助于确信；但是，如果它以一种实践的理性原则为基础（这个原则因此而是普遍地和必然地有效的），那么，它就可以要求有一种在纯粹实践方面充足的，也就是说道德的确信了。一个证明**有助于确信**，但如果它被作出只是处于通往确信的途中，它就还不是使人确信，也就是说，它只是在自身中包含着确信的客观根据，这些根据尽管还不足以达到确定性，但却具有这样的性质，即它们并不纯然作为判断的主观根据用于使人臆信。

于是，一切理论的证明根据对于如下事项将是充分的：或者（1）对于通过逻辑上严格的**理性推理**作出的证明；或者，在不存在这种推理的地方，（2）对于按照**类比**进行的**推论**；或者，如果就连这种推论也不成立，则毕竟还有（3）对于**或然的意见**；或者最后，最起码，（4）对于一个纯然可能的解释根据的假定，亦即**假说**。——现在我要说：一切有助于理论上的确信的一般证明根据，如果一个元始存在者，作为一个上帝，其实存的命题应当在与这个概念的全部内容相适合的意义上，也就是说，在它作为一个**道德**的世界创造者，因而通过它同时说明了创造的终极目的的意义上得到证明，就都不能造成这种类型的从其最高程度到其最低程度的视之为真。

1. 至于**逻辑上正当的**、从普遍的东西前进到特殊的东西的证明，在批判中已经得到充分阐明的是：既然没有一种对我们来说可能的直观与一个必须超出自然之外来寻找的存在者的概念相应，所以该存在者的概念只要应当在理论上通过综合的谓词来规定，就对我们来说在任何时候都依然是或然的，绝不会出现它的任何知识（由此而对我们的理论知识的范围有丝毫的扩展），而且一个超感性的存在者的特别概念也根本不能被归摄在事物本性的普遍原则之下，以便从那些原则推
〔464〕论到这种存在者；因为那些原则仅仅适用于作为感官对象的自然。

2. 对于两个不同类的事物，人们正好可以在它们不同类

这一点上对它们中的一个按照与另一个的**类比**①来进行**思维**；但是，由它们不同类的那一点出发，却不能从一方按照类比**推论**到另一方，也就是说，把特殊区别的这种标志转用到另一方。所以，我可以按照类比借助物体彼此之间交互吸引和排斥

① (在质的意义上的) **类比**就是根据与后果（原因与结果）之间的关系的同一性，只要类比是不顾诸事物或者包含着类似后果的根据的诸属性本身的特殊差异（也就是说，在这种关系之外来看）而进行的。因此，对于动物的技艺活动，与人的技艺活动相比，我们借助人的类似结果为我们所知的根据（即理性），把前者中的这些结果不为我们所知的根据设想为理性的类似物；并且想由此同时指明：动物的技艺能力的根据以本能来命名，与理性在事实上有着特殊的区别，但在结果上（把海狸的建筑与人的建筑进行比较）却有着一种类似的关系。——但我因此却不能由于人为了自己的建筑而使用了**理性**，就推论出海狸也必然具有诸如此类的理性，而且把这称为一种按照类比的**推论**。然而，从动物的类似的作用方式（我们不能直接知觉到它的根据）出发，与人（我们直接地意识到人）的作用方式进行比较，我们却可以完全正确地推论出：动物也是按照**表象**行动的（不像笛卡尔想说的那样是机器），且不说二者的特殊差异，在种类上（作为有生命的存在者）与人是一回事。如此进行推论的权限的原则，在于把动物就上述规定而言与人算做同一个种类，与把人就我们外在地按照其行动来相互比较而算做同一个种类，其根据是一回事。这是 par ratio [同一个理由]。同样，我也可以通过至上的世界原因在世界上的合目的的产物与人的艺术品进行比较，按照一个知性的类比来设想至上的世界原因的因果性，但却不能按照类比推论到人里面的这些属性，因为这里恰恰缺乏这样一种推论方式的可能性的原则，也就是说，把最高的存在者与人（就他们双方的因果性而言）算做同一个种类的 paritas rationis [理由的同一性]。尘世存在者的因果性总是感性上有条件的（诸如此类的有通过理智的因果性），不能转用到一个除了一般事物的概念之外与它们并不共有一个类概念的存在者上面。

〔465〕中的作用和反作用相等的规律，来思维一个共同体的各成员按照法律规则的共联性；但是，不能把那种特殊的规定（物质的吸引和排斥）转用到这种共联性上，并把它们赋予公民们，以便构成一个叫做国家的体系。——同样，我们尽可以就作为自然目的的尘世事物而言，按照一种知性（作为某些我们称为艺术品的产物的形式之根据）的类比来思维元始存在者的因果性（因为这样做只是为了我们的认识能力的理论应用或者实践应用，我们就世界上的自然事物而言按照某个原则而必须这样应用这个概念）；但是，我们绝不能按照一种类比，从在尘世存在者中间必须把知性赋予一种被判断为人工的结果的原因这一点出发，推论说甚至那与自然完全有别的存在者，就自然而言也拥有我们在人身上感知到的同一种因果性：因为这恰好涉及不同类之处，它是在一种就其结果而言感性地有条件的原因和就其概念而言超感性的元始存在者之间被思维的，因而不能被转用到这个概念上。——正是在我应当仅仅按照与一种知性（除了在感性地有条件的人身上之外，我们没有在其他任何存在者身上发现这种能力）的类比来思维那属神的因果性这一点上，蕴涵着不得把这种知性在其本来意义上赋予那个存在者的禁令。①

3. **有所意见**在先天判断中根本不成立；相反，人们通过先天判断要么认识某物是完全确定的，要么就根本不认识任何东西。但是，即使我们由以出发的那些被给予的证明根据（例如这里就是从世界上的种种目的出发）是经验性的，人

① 人们由此并不觉得在这个存在者与世界的关系的表象中丢失了丝毫的东西，无论是就出自这个概念的理论后果还是就其实践后果而言。至于要研究它就自身而言是什么，则是多管闲事，既无意义也白费力气。

们也毕竟不能凭借它们来超出感官世界而有任何意见，承认这样的贸然判断对于或然性有丝毫的权利。因为或然性是一种在某个根据序列中可能的确定性的一个部分（这种确定性的种种根据在这里与充足根据相比较，是作为部分与整体相比较的），那个不充足的根据必须能够被补充到这一序列根据 〔466〕
中去。但是，由于这些根据作为同一个判断的确定性的规定根据必须是同类的，因为若不然，它们就不会一起构成一个大小（诸如此类的大小就是确定性），所以就不可能它们的一个部分处于可能经验的界限之内，而另一个部分则处于一切可能经验之外。因此，既然单纯经验性的证明根据并不导致任何超感性的东西，而在其序列中的缺陷也不能通过任何东西来补充，所以在通过它们来达到超感性的东西及其知识的尝试中，就没有丝毫的逼近，因而在通过从经验获取的论证对超感性的东西所作的判断中，也没有任何或然性。

4. 凡是应当作为**假说**用于解释一个被给予的显象的可能性的东西，至少其可能性必须是完全确定的。我在提出一个假说时放弃对于现实性的知识（这种知识在一种冒充或然的意见那里还是被坚持的），而这就够了，我不可能放弃更多的东西；我当做一种解释的基础的东西，其可能性必须至少是无可置疑的，因为若不然，空洞的幻影就会无休无止了。但是，假定一个按照某些概念来规定的超感性的存在者的可能性，由于为此并没有把一种知识的诸般必要条件的一种按照在其中基于直观的东西给予出来，因而只剩下矛盾律（它所证明的无非是思维的可能性，而不能证明所思维的对象本身的可能性）来作为这种可能性的标准，这就会是一种完全没有根据的预设。

由此结果就是：对于人类理性来说，关于作为一个神祇的元始存在者的存在，或者关于作为一个不死精神的灵魂的存在，哪怕只是为了造成最低程度的视之为真，在理论方面也绝不可能有任何证明；而这是出自完全可以理解的理由：我们根本没有任何材料来规定超感性者的理念，因为我们必须从感官世界里的事物获取这种材料，但这样一种材料又是绝对不适合那个客体的，因而既然对这些理念没有任何规定，所剩下来的就无非只是关于一个非感性的某物的概念了；这个某物包含着感官世界的最后根据，而这根据却还没有构成这个某物的内在性状的任何知识（作为对这个概念的扩展）。

〔467〕

第91节　论经由一种实践信念的视之为真的方式

如果我们仅仅关注某物**对我们来说**（按照我们的表象能力的主观性状）能够成为知识客体（res cognoscibilis［可认识的事物］）的方式，那么，在这种情况下，概念就不会是与客体相对照，而是仅仅与我们的认识能力及其对被给予的表象（在理论方面或者实践方面）所能够作的应用相对照；而某物是否是一个可认识的存在者的问题，就不是关涉到事物本身的可能性的问题，而是关涉到我们对它们的知识的问题。

可认识的事物有三种：**意见之事**（opinabile［可推测之事］）、**事实**（scibile［可知之事］）和**信念之事**（mere credibile［纯为可信之事］）。

1. 纯然理性理念的对象，对于理论知识来说根本不能在任何可能的经验中被展示出来，就此而言也根本不是可认识的事物，因而人们就连对它们**有所意见**也不能够；正如要先天地有所意见，这本身就已经是荒谬的，是直通纯粹的幻影的道路。因此，要么我们的先天命题是确凿的，要么它就不包含任何可以视之为真的东西。所以，**意见之事**在任何时候都是一种至少就自身而言可能的经验知识的客体（感官世界的对象），这种经验知识只是按照我们所具有的这种能力的程度而**对我们来说**不可能而已。所以，近代物理学家们的以太，即一种渗透其他一切物质（与它们最均匀地混合在一起）的弹性流质，就是一种纯然的意见之事，但毕竟还具有这样的性质，即如果外感官敏锐到极高程度，它就有可能被知觉到；但是，它却永远不能在某种观察或者实验中被展示出来。假定其他行星上的理性居民，这是一种意见之事；因为如果我们能够接近这些行星，而这自身是可能的，那么，我们就会通过经验来澄清它们是否存在了；但是，我们永远也不会如此接近这些行星，所以也就还停留在有所意见上。然而，认为在物质的宇宙中有纯粹的、无须身体而能思维的精神（也就是说，如果人们正当地排除掉某些假充是这种精神的现实的显象的话），就叫做虚构，它根本不是意见之事，而是当人们从一个能思维的存在者去除 〔468〕
一切物质的东西却毕竟给它留下思维时，所剩余下来的一个纯然的理念。但在这种情况下，这种思维（我们只是在人身上，也就是说在与一个身体的结合中才认识这种思维）是否会剩余下来，我们就不能断定了。这样一种事物是一个**玄想出来的存在者**（ens rationis ratiocinantis［进行推论的理性的存在者］），而不是**理性的存在者**（ens rationis ratiocinatae［推论出来的理性的存在者］）；关于后者，毕竟有可能至少为了理性的实践应用而充分地阐明它的概念的客观实在性，因为这种应用具有自己特殊的、确定无疑的先天原则，甚至要求（公设）这一概念。

2. 对于其客观实在性能够被证明的概念（或者是通过纯粹理性，或者是通过经验，而且在前一种场合是出自理性理论上的或者实践上的材料，但在所有的场合都是凭借一种与它们相应的直观）来说，它们的对象都是（res facti［实际之事］）事实。①（几何学中的）大小的数学属性就是诸如此类的事实，因为它们能够对于理论的理性应用来说有一种先天的**表现**。此外，能够通过经验（亲身经验或者借助于见证的他人经验）来阐明的事物或者事物的性状，也同样是事实。——但十分值得注意的是，这样在事实中间就会甚至有一个理性理念（它就自身而言不能在直观中有任何表现，从而也不能有其可能性的任何理论证明），而这就是**自由**的理念，它作为一种特殊的因果性（这种因果性的概念在理论上来看将会是越界的），其实在性可以通过纯粹理性的实践法则，并按照这些法则在现实的行动中，因而在经验中得到阐明。——在纯粹理性的所有理念中，惟有这一个理念的对象是事实，并且必须被归入 scibilia［可知之事］。

〔469〕 3. 必须与纯粹实践理性的合乎义务的应用相关（或者是作为后果，或者是作为根据）而被先天地思维，但对于其理论应用来说乃是越界的那些对象，是纯然的**信念之事**。应当通过自由来造成的尘世的**至善**就是诸如此类的东西，它的概念不能在任何我们可能有的经验中，因而对理论的理性应用来说按照其客观实在性得到充分的证明，但它被用来最大可能地实现那个目的，却毕竟是由实践的纯粹理性命令的，因而必须被假定为可能的。这一被命令的结果，**连同其可能性的那些我们惟一**

① 我觉得我在这里有理由把一件事实的概念扩展到这个词的通常含义之外。因为如果说的是事物与我们的认识能力的关系，那么，既然为了把事物仅仅当做一种确定的认识方式的对象来谈论，一种纯然可能的经验就已经足够了，所以把这一表述仅仅限制在现实的经验上，就是不必要的，甚至也是不可行的。

能思维的条件，也就是说，上帝的存在和灵魂的不死，都是**信念之事**（res fidei），而且是所有对象中惟一能够被如此称谓的对象。①因为即使我们必须相信我们只能通过见证从别人的经验中学到的东西，这东西也并不因此本身就是信念之事，因为在那些见证人的**某一位**那里，它毕竟曾经是亲身经验和事实，或者被预设为亲身经验和事实。此外，通过这一途径（历史信念的途径）来达到知识也必须是可能的；而历史学和地理学的客体，就像一般而言所有按照我们的认识能力的性状至少可能被认知的东西那样，并不属于信念之事，而是属于事实。惟有纯粹理性的对象也许有可能是信念之事，但并不是作为纯然的纯粹思辨理性的对象；因为在这里，它们根本就不可能被有把握地归入事物，亦即归入对我们来说可能的那种知识的客体。这就是理念，亦即人们不能在理论上保证其客观实在性的一些概念。与此相反，应当由我们来实现的最高的终极目的，即我们惟独因之才能够甚至配得上是一个创造的终极目的的东西，则是一个对我们来说在实践的关系中有客观的实在性的理念，而且是事物；但是，由于我 〔470〕
们不能在理论方面为这个概念取得这种实在性，它就是纯粹理性的纯然信念之事，与它一起的还有上帝和不死，它们是我们按照我们的（人类的）理性的性状惟有在其下才能思维我们的自由的合法则应用的那种效果之可能性的条件。但是，在信念之事中的视之为真是纯粹实践方面的视之为真，

① 但是，信念之事并不因此就是**信条**，如果人们把信条理解为人们被责成去（内在地或者外在地）**认信**的信仰之事的话；因此，自然的神学并不包含诸如此类的信条。因为既然信条作为信仰之事不可能（像事实那样）建立在理论的证明之上，所以这是一种自由的视之为真，并且惟有作为这样一种视之为真才能与主体的道德性相一致。

也就是说，是一种道德的信念，它不为理论上的纯粹理性知识证明任何东西，而只为实践上的、针对其义务的遵循的纯粹理性知识作证明，而且根本不扩展思辨或者按照自爱原则的实践上的明智规则。如果一切道德法则的至上原则是一个公设，那么，这些法则的最高客体的可能性，从而还有我们在其下思维这种可能性的条件，也就因此而被一起公设了。这样一来，这种可能性的知识对于这些条件的存在和性状来说，作为理论的认识方式，就既不成为认知也不成为意见，而只是在实践的，并且为了我们理性的道德应用而要求如此的关系中的假定而已。

即使我们表面上能够把关于一个有理智的世界原因的**确定**概念建立在自然目的论如此丰富地呈现给我们的种种自然目的之上，这个存在者的存在也毕竟不是信念之事。因为既然这个存在者不是为了履行我的义务，而只是为了解释自然才被假定的，所以它只会是对我们的理性来说最合适的意见和假说罢了。如今，那种目的论绝不导致关于上帝的一个确定概念，相反，这个概念惟有在关于一个道德的世界创造者的概念中才能够遇到，因为只有后者才指明了终极目的，而我们只有在按照道德法则当做终极目的交付给我们，因而使我们负有义务的东西行事的时候，才能把自己视为这种终极目的。因此，关于上帝的概念惟有通过与我们义务的客体的关系，作为实现这种义务的终极目的之可能性的条件，才获得在我们的视之为真中被视为信念之事的优先权；与此相反，这同一个概念毕竟不能使它的客体作为事实生效，因为虽然义务的必然性对于实践理性来说是非常清楚的，但达到义务的终极目的，就这一目的并不完全由我们控制而言，却
〔471〕只是为了理性的实践应用而假定的，因而并不像义务本身那

样在实践上是必然的。①

信念（作为 habitus［状态］，不是作为 actus［行动］）是在把对于理论知识来说无法达到的东西视之为真时理性在道德上的思维方式。因此，它是心灵持久的原理，即把为了最高的道德上的终极目的的可能性而必须预设为条件的东西由于对这一终极目的的责任而假定为真的②；尽管这一目的的可能性

① 道德法则要求去促进的终极目的并不是义务的根据；因为这根据蕴涵在道德法则之中，而道德法则作为形式的实践原则是绝对地进行引导的，不顾欲求能力的客体（意愿的质料），因而也不顾任何一个目的。我的行动的内在道德价值仅仅在于它们的这种形式的性状（使这些行动从属于普遍有效性的原则），而这种性状是完全由我们控制的；而且我完全能够抽掉我按照那个法则而有义务去促进的目的的可能性或者不可行性（因为在它们里面只有我的行动的外在价值），把它们当做永不完全由我控制的东西抽掉，以便仅仅关注我所能做的事情。然而，促进一切理性存在者的终极目的（幸福，就其与义务一致而可能来说）的意图毕竟正是由义务的法则交付的。但是，思辨理性根本看不出这种意图的可行性（无论是从我们自己的自然能力方面，还是从自然的合作方面）；毋宁说，它必然出自这样一些原因，就我们能够以理性的方式作出判断而言，把我们的善行无须假定上帝和不死而从单纯的自然（我们之内和之外的自然）中得出的这样一种结果视为一种虽然善意的，但却没有根据和没有价值的期望，而且如果它对这一判断能够拥有完全的确定性，它就必然把道德法则本身视为我们理性出于实践考虑的纯然蒙骗。但是，既然思辨理性完全确信后者永远不可能发生，相反那些其对象超越了自然的理念却能够无矛盾地来设想，所以它为了它自己的实践法则和由这法则交付的任务，因而出于道德的考虑，就必须承认那些理念是实在的，以免与自身发生矛盾。

② 它是对道德法则的应许的一种信赖；但是，这种应许并不是作为一种包含在道德法则之中的应许，而是作为一种我放进去的，并且是出自道德上充足的根据放进去的应许。因为一个终极目的不可能为理

〔472〕（但它的不可能性也一样）是不能为我们所看出的。信念（干脆就这样称谓）是对于达成一种意图的信赖，促进这一意图则是义务，但实现这一意图的可能性却不是我们所能**洞察**的（因此，惟一能够为我们所设想的那些条件的可能性也不是我们所能洞察的）。所以，与这些特殊的对象相关的信念就是完全道德的，这些对象不是可能知识或者意见的对象（在后一种场合，尤其是在历史的东西中，信念就必须叫做轻信，而不叫做信念了）。信念是一种自由的视之为真，不是对于就理论上规定性的判断力而言可以为其发现独断的证明的东西，也不是对于我们认为自己负有责任的东西，而是对于我们为了一种意图而按照自由的法则所假定的东西；但是，它毕竟不是像一种意见那样没有充分的根据，而是作为在理性之中的（虽然只是就其实践应用而言）而**对于理性的意图来说有充分的**根据：因为没有这种信念，道德的思维方式在违背理论理性对于（道德性的客体的可能性的）证明的要求时就不具有任何牢固的持久性，而是在实践的诫命和理论的怀疑之间摇摆不定。**不信**，意味着沉溺于根本不相信见证这条准则；而某人由于那些理性理念缺乏其实在性的**理论**论证而否认它们的一切有效性，则是**无**

性的任何法则所要求，而理性却不同时哪怕是不确定地许诺它的可实现性，并且因此而有权把我们的理性惟有在其下才能设想这种可实现性的那些条件视之为真。Fides（信念）这个词也已经表达了这一点；而且可能显得令人疑虑的仅仅是：这一表述和这个特殊的理念是如何进入道德哲学的，因为它最初是与基督教一道被引入的，而采用这个词也许会显得只是对基督教的语言的一种谄媚的模仿。但是，这并不是惟一的实例，即这个奇特的宗教在其极为朴素的陈述中以比哲学迄今所能够提供的远为确定和纯粹的道德性概念丰富了哲学，而这些概念一旦存在，就被理性**自由地**赞同，并且作为理性能够而且应当自行想到和引入的概念而被采纳。

信念的。因此，他的判断是独断的。但是，一种独断的**无信念**是不能与一种在思维方式中起支配作用的道德准则共存的（因为理性不可能命令追求一个只能被看做是幻影的目的）；不过，一种**有怀疑的信念**倒是能够做到这一点，对它来说，缺乏由思辨理性的根据而来的确信只不过是障碍罢了，对思辨理性的局限性的一种批判的洞识可以使这种障碍失去对行为的影响，并提供一种占优势的实践的视之为真来取代它。〔473〕

※ ※ ※

如果人们想引用另一条原则来取代哲学中的某些错误的尝试，并使之产生影响，那么，看出那些尝试如何以及为什么必然失败，是会带来重大的满足的。

上帝、**自由**和**灵魂不死**是这样一些课题，解决它们是形而上学的一切准备的目的所在，是它的最后的和惟一的目的。于是人们相信，关于自由的学说惟有作为消极的条件才对于实践哲学来说是必要的，关于上帝和灵魂性状的学说则相反，属于理论哲学，必须予以单独的和特别的阐明，以便此后把这二者与道德法则（它只有在自由的条件下才是可能的）所命令的东西联结起来，并由此确立一种宗教。但是，人们很快就能够看出，这些尝试必然失败。因为从一般事物或者一个必然的存在者的实存的纯然本体论概念中，绝对不能形成关于一个元始存在者的由能够在经验中给出，因而能够用于知识的谓词来规定的概念；但是，那个建立在大自然的自然合目的性的经验之上的概念又不能提供任何对于道德，从而对于一个上帝的知识来说充足的证明。同样，即便是通过经验（我们只是在此生中着手进行经验）而来的灵魂知识，也不可能造成一个关于灵魂精神性的、不死的本性的概念，使之对于道德来说是充足的。**神学**和**神灵学**作为思辨理性的诸科学所需要的课题，由于其概念对于我们所有的认识能力来说都是越界的，所以不可能通过任何经验性的材料和谓词来完成。——对这两个概念的规定，无论是上帝还是灵魂（就其不死性而言），都只能通过尽管本身惟有出自一个超感性的根据才可能，但仍然必须在经验中证明自己的实在性的谓词来进行；因为只有这样，它们才能使一种关于完全超感性的存在者的知识成为可能。——诸如此类的概
〔474〕念就是惟一能够在人的理性中发现的服从道德法则的人的自由，连同自由通过道德法则来规定的终极目的的概念，其中道德法则适宜于把包含着二者的可能性的必要条件的那些属性归于自然的创造者，终极目的则适宜于把这些属性归于人，以至于恰好从这一理念中可以推论到那些通常对我们完全隐蔽起来的存在者的实存和性状。

因此，那种证明上帝和不死的意图纯然沿着理论的道路而失败的根据就在于：对于超感性的东西来说，沿着这条道路（自然概念的道路）根本不可能有任何知识。相反，沿着道德的道路（自由概念的道路）则能成功，其根据如下：在这里，在这方面作为根据的超感性的东西（自由），通过从它那里产生的一种确定的因果性法则，不仅成就了其他超感性的东西（道德的终极目的及其可实现性的条件）的知识的材料，而且还作为事实阐明了它在行动中的实在性，但也正因为此，它不能提供别的任何证明根据，而只能提供在实践的意图（它也是宗教所需要的惟一意图）中有效的证明根据。

在这里，依然总是十分值得注意的是：在三个纯粹的理性理念亦即**上帝**、**自由**和**不死**中，自由的理念是超感性的东西的惟一概念，通过自由在自然中可能的结果而（凭借在这个概念中所思维的因果性）在自然身上证明了自己的客观实在性，并由此而使另外两个概念与自然相联结，所有这三个概念彼此相联结为一个宗教成为可能；因此，我们在自身中拥有一条原则，它有能力把我们里面的超感性的东西的理念，但由此也把

我们之外的超感性的东西的理念，规定成一种知识，哪怕只是在实践的意图中可能的知识，对此纯然的思辨哲学（它也能够对自由给出一个纯然否定的概念）是必然要绝望的；因此，自由的概念（作为一切无条件的实践法则的基本概念）能够把理性扩展到那些界限之外，在那些界限之内任何自然概念都必定仍然毫无希望地受着限制。

※ ※ ※

目的论的总附释 〔475〕

如果问题是：道德的论证只是把上帝的存在当做实践的纯粹理性的信念之事来证明，它在哲学的其他论证中间保持着什么级别，则这些其他论证的全部占有都可以轻而易举地忽略不计，这里也就表明，此处别无选择，而只有哲学的理论能力面对一种无成见的批判必须自行放弃它的一切要求。

一切视之为真如果不应当是完全无根据的，就都必须首先建立在事实之上；因此，在证明中只能出现惟一的区别，即对从中得出的结论的视之为真是能够作为理论知识的**认知**还是只能作为实践知识的**信念**建立在这一事实之上。一切事实都要么属于**自然概念**，自然概念是在先于一切自然概念而被给予的（或者可能被给予的）感官对象身上来证明自己的实在性的；要么属于**自由概念**，自由概念是通过理性就某些由于它而在感官世界中有可能的结果而言的因果性来充分地阐明自己的实在性的，而这种因果性是理性在道德法则中不容反驳地公设的。于是，自然概念（仅仅属于理论知识的自然概念）就要么是形而上学的和完全先天的；要么是自然的，亦即后天的和必然惟有通过确定的经验才可思维的。因此，形而上学的自然概念（不以任何确定的经验为前提条件的自然概念）就是本体论的。

于是，从一个元始存在者的概念出发对上帝存在的**本体论证明**，要么是从本体论的谓词（惟有通过这些谓词才能完全确定地设想元始存在者）推论到绝对必然的存在的证明，要么是从某一事物（不论是何事物）的存在的绝对必然性推论到元始存在者的谓词的证明；因为要使一个元始存在者不是派生的，其概念就要求其存在的无条件的必然性以及（为了表现这种必然性）通过它的概念所做的完全规定。于是，人们相信在**最实在的存在者**的本体论理念的概念中能够发现这两种要求：这样就产生了两种形而上学的证明。

以一个纯然形而上学的自然概念为基础的（被称为真正本
〔476〕体论的）证明，从最实在的存在者推论到其绝对必然的实存；因为（据说）如果它不实存，那么，它就会缺少一种实在性，也就是说缺少实存。——另一种证明（人们也把它称为形而上学的**宇宙论**的证明）则从某一个事物（由于在自我意识中一种存在被给予我，诸如此类的事物是绝对必须予以承认的）的实存的必然性推论到它作为最实在的存在者的完全规定；因为一切实存者都必须得到完全的规定，但绝对必然者（也就是我们应当当做这样一种事物来认识，因而应当先天地认识的东西）却必须**通过它的概念**来得到完全的规定。但是，这种情况惟有在一个最实在的事物的概念中才能够遇到。在这里，没有必要去揭露这两种推论中的诡辩，这在别的地方已经做过了；而是只需要说明：这样的证明即使可以通过各种各样辩证的细腻来为自己辩护，却永远不能超出学院而进入公众，对纯然的健全知性产生丝毫的影响。

以一个自然概念为基础，这个概念只能是经验性的，但尽管如此却应当超越作为感官对象之总和的自然的界限，这样的证明不能是别的证明，只能是出自自然**目的**的证明。自然目的的概念虽然不能被先天地，而是只能通过经验被给予，但毕竟预示了关于自然的元始根据的这样一个概念，这个概念在我们能够思维的一切概念中间惟一适合于超感性的东西的，亦即是关于作为世界原因的最高理智的概念；这个证明也在实际上按照反思性判断力的原则，亦即按照我们的（人的）认识能力的性状完全做到了这一点。——但现在，它是否有能力从这同一些材料出发提供出一个**至上的**，亦即独立的、有理智的存在者的这一概念，使这个存在者也是一个上帝，亦即是一个服从道德法则的世界的创造者，从而对于世界之存在的一个终极目的的理念来说是充分地规定了的，这是一个一切的关键所在的问题；不论我们是为了全部自然知识而要求关于元始存在者的一个理论上充足的概念，还是为了宗教而要求一个实践的概念。

这个从自然目的论得来的论证是值得尊重的。它对于平常的知性和对于最精细的思想家在使之确信上具有同样的效果；有一位**莱马鲁斯**，在他尚未被超越的作品中以其特有的缜密性 〔477〕
和清晰性详尽地阐述了这一证明根据，由此而立下了不朽的功勋。——然而，这种证明是从哪里获得对心灵的如此强有力的影响，尤其是在通过冷静的理性作出判断时（因为由自然的奇迹引起的感动和振奋，人们可以归之于臆信），获得对一种平心静气的、毫无保留的赞同的如此强有力的影响呢？并不是那些全都暗示着世界原因中的一种神秘莫测的知性的自然目的；因为这些自然目的由于并不满足提问的理性的需要而不足以做到这一点。因为（理性问的是）所有那些艺术安排的自然事物为的是什么呢？人本身，我们作为自然的对我们来说所能设想的最后目的必须就此止步的人本身，是为的什么呢？这整个自然又是为的什么存在呢？什么是如此伟大又如此丰富多彩的艺术的终极目的呢？被创造来享受，或者来静观、来观察、来惊赞（如果停留在这一点上，那也无非是特殊方式的享受罢了），把它当做世界和人自身存在的终极目的，这并不能满足理性；

因为理性预设了惟有人才能给予自己的人格价值，把它当做人及其存在惟有在其下才能是终极目的的条件。如果缺少这种人格价值（惟有它才能有一个确定的概念），自然的种种目的就不能满足人的追问，尤其是因为它们不能提供关于最高存在者作为一个最充足的（并且正因为此是惟一的、真正可以这样称谓的**最高的**）存在者、关于它的理智据以是世界的原因的那些法则的任何**确定的概念**。

因此，自然目的论的证明，无论它是否同时是一种神学的证明，都使人确信，这并非出自把自然的种种目的的理念当做一个**最高的**理智的如此之多的经验性证明根据来使用；相反，这里不知不觉地在推论中掺杂进了寓于每一个人心中并最内在地感动着他的道德证明根据，按照这种证明根据，人们也把终极目的赋予在自然的种种目的中以如此不可理解的艺术启示自己的存在者，从而也赋予它智慧（尽管凭借对自然目的的知觉并没有权利这样做），因而任意地就那个论证带有的缺陷而言补足了它。因此，实际上只有道德的证明根据才带来确信，而且也只有在每一个人都最内在地感到自己的赞同的道德考虑中才
〔478〕产生这种确信；但是，自然目的论的论证却只有一件功绩，即把心灵在观察世界时引向目的的道路，但由此也引向一个**有理智的**世界创造者；因为在这种情况下，与种种目的的道德关系和一个这样的立法者和世界创造者的理念，作为神学概念，虽然是纯粹的附加物，但却仍然显得是自行从那个证明根据发展出来的。

在这里，人们也可以继续任由惯常的**陈述**。因为对于平常的和健全的知性来说，通常很难把它所混淆的、实际上只是从其中的一条正确地得出结论的那些各不相同的原则作为不同类的东西彼此区分开来，如果这种分离需要诸多反思的话。但是，关于上帝存在的道德上的证明根据真正说来也并不只是把

自然目的论的证明**补充**成为一个完整的证明；相反，它是一个特殊的证明，它**弥补**了出自自然目的论的证明的对于确信的缺乏，因为后者实际上能够提供的无非是，使理性在对自然和我们惟有通过经验才能认识的偶然的，但却值得惊赞的秩序的根据作出判断时，转向一种按照目的包含着自然的根据的原因（按照我们的认识能力的性状，我们必须把这个原因设想成知性的原因）的因果性，并对此加以注意，但这样就使它更易于接受道德的证明。因为后一个概念所要求的东西与自然概念所能够包含和教导的一切有着如此本质上的不同，以至于它需要一种特殊的、完全独立于前者的证明根据和证明，以便为一种神学充分地说明关于元始存在者的概念，并推论到它的实存。——因此，只要我们在世界上根本找不到自然目的论的材料，或者只找到其模棱两可的材料，那么，道德的证明（但它当然只是在理性实践的，毕竟也不可免除的考虑中作出证明的）就会还一直保持它的力量。可以设想，理性的存在者看到被这样一个大自然包围着，这个大自然没有显示出有机组织的任何清晰痕迹，而是仅仅显示出粗陋物质的一种纯然机械性的结果，因为这些结果的缘故，鉴于一些仅仅偶然地合目的的形式和关系的可变性，似乎没有理由去推论到一个有理智的创造者；在这种情况下，也就会没有理由说一种自然目的论了；尽 〔479〕
管如此，在这里通过自然概念没有得到任何指导的理性，在自由概念中以及在建立于自由概念之上的道德理念中，却会找到一种实践的充分根据，来公设元始存在者的概念与这些理念相适合，也就是说，是一个神祇，而自然（甚至我们自己的存在）则是一个与那个神祇及其法则相符合的终极目的，而且是考虑到实践理性的不可免除的诫命来公设的。——但现在，在现实的世界中，对于它里面的理性存在者来说，有自然目的论的丰富的材料（这恰恰不会是必然的），这有助于对道德的论证作出所期望的证实，只要自然能够提出某种与理性理念（道德的理性理念）类似的东西。因为一个具有理智（但这对于一种神学来说是远远不充分的）的至上原因的概念由此就获得了对于反思性的判断力来说充分的现实性；但这个概念并不是在那上面建立道德的证明所需要的；而道德的证明也并不是用于通过按照惟一的一条原则的连续推论而把那个独自根本不指向道德性的证明补足为**一个**证明。作为自然和自由，两条如此不同类的原则只能给出两种不同的证明方式，因为在这种情况下，从自然出发进行道德证明的尝试对于应当证明的东西来说，被认为是不充分的。

如果自然目的论的证明根据足以达到所寻求的证明，那么，对于思辨理性来说，这就会是非常令人满意的；因为它就会给人以产生出一种神智学的希望（也就是说，人们将会不得不这样称谓对属神本性及其实存的理论知识，它足以解释世界的性状，同时解释道德法则的规定）。同样，如果心理学足以由此达到对灵魂不死的知识，那么，它就会使一种神灵学成为可能，这种神灵学对于思辨理性来说也会同样是受欢迎的。但是，二者无论如何为求知欲的自负所喜爱，都不能满足理性在必须基于事物本性的知识的理论方面的愿望。但是，是否自然目的论作为神学，心理学作为人类学，二者都建立在道德的亦即自由的原则之上，因而与理性的实践应用相适合，就会更好地实现其客观的终极意图，则是我们在这里不必进一步探究的另一个问题。

〔480〕 但是，自然目的论的证明根据之所以不足以成为神学，乃是因为它没有给出，也不可能给出关于元始存在者的一个对这一意图来说充分规定了的概念，相反，人们不得不完全从别的地方取得这一概念，或者由此而作为一种任意的附加来弥补这一概念的缺乏。你们从自然形式及其关系的伟大的合目的性出

发推论到一个有理智的世界原因，但推论到这一理智的什么程度呢？毫无疑问，你们不能够自以为推论到了最高可能的理智；因为为此将会要求你们看出，一个比你们在世界上知觉到种种证据的理智更伟大的理智是不可思议的，而这就意味着把全知赋予你们自己了。同样，你们从世界的伟大出发推论到创造者的一种十分伟大的力量；但是，你们将告诉你们自己，这只是相对于你们的把握能力才有意义，而且既然你们并不认识一切可能的东西，以便将其尽你们所知与世界的伟大相比较，所以你们按照一个如此渺小的尺度是不能推论出创造者的全能的，如此等等。于是，你们由此并未达到一个元始存在者的任何确定的、对于神学来说有用的概念；因为这个概念惟有在与一个理智相结合的种种完善性的大全的概念中才能找到，纯然**经验性**的材料根本不可能在这方面对你们有所帮助；但没有这样一个确定的概念，你们也就不能推论到一个**惟一的**有理智的元始存在者，而是只能（不管是为了什么目的）假定这样一个元始存在者。——现在，人们虽然完全可以允许你们（既然理性不能说出任何有根据的东西予以反对）任意地附加：在发现如此之多的完善性的地方，人们就可以假定一切完善性结合在一个惟一的世界原因中；因为理性在理论上和实践上都能够与一条如此规定的原则更好地相处融洽。但是，你们在这种情况下毕竟不能宣扬元始存在者这个概念是由你们证明了的，因为你们只是为了理性的一种更好的应用而假定了它。因此，对于怀疑你们的推论链条的简要性这种所谓的亵渎所表示的一切悲叹和无力的愤怒，都是无用的自吹自擂，它可能很喜欢人们也许把针对你们的论证自由地表述的怀疑视为对神圣真理的怀疑，只不过是为了让这论证的浅薄性在这道帷幕背后悄悄地溜掉罢了。

与此相反，道德目的论在有牢固的基础这方面并不亚于自

〔481〕然目的论，毋宁说，它由于先天地以与我们理性不可分离的那些原则为依据而理应拥有优势，它导向一种神学的可能性所要求的东西，即导向至上原因的一种确定的**概念**，这个至上原因是依据道德法则的世界原因，因而是一个满足我们道德上的终极目的的原因：为此至少要求全知、全能、全在等来作为它应有的自然属性，这些属性必须被设想为与本身是无限的道德的终极目的相结合，因而是与之相符合的，而这样一来，道德目的论就能够完全独立地提供出适用于一种神学的一个**惟一的**世界创造者的概念。

以这样的方式，一种神学也就直接地导向了**宗教**，也就是说，导向了**对我们的义务是神的诫命的知识**；因为对我们的义务和其中由理性交付给我们的终极目的的知识能够首先确定地产生出上帝的概念，因而这个概念就其起源而言就已经与对这个存在者的责任不可分割了；相反，即使沿着纯然理论的道路能够确定地找到元始存在者的概念（也就是作为单纯自然原因的元始存在者的概念），此后要通过缜密的证明来赋予这个存在者以一种依据道德法则的因果性，就还有巨大的困难，也许没有任意的添加就根本不可能成功，而没有那种因果性，那个所谓神学的概念就不能构成宗教的任何基础。即使一种宗教能够沿着这条理论的道路建立起来，它也会在意向（它的本质性的东西毕竟在于意向）方面现实地有别于上帝的概念和对上帝的存在的（实践上的）确信产生自道德性的基本理念的那种宗教。因为如果我们必须把一个世界创造者的全能、全知等当做从别的地方给予我们的概念来预设，只不过是为了此后把我们关于义务的概念运用于我们与这个世界创造者的关系，那么，这些概念就必然会严重地带有强制和被迫服从的色彩；相反，如果是对道德法则的敬重完全自由地按照我们自己的理性的规范向我们显示我们的规定的终极目的，我们就以完全有别于病理学的恐惧的真诚敬畏，把一种与这终极目的及其实现协调一致的原因一起接纳入我们的道德景仰，并自愿地服从于它。① 〔482〕

如果有人问，我们究竟为什么对一般而言拥有一种神学这件事有所牵挂，那么显而易见的是，神学并非对于扩展或者校正我们的自然知识和一般而言任何一种理论来说是必要的，而是仅仅对于宗教来说，亦即对于理性的实践应用，尤其是道德应用来说，才在主观的意图上是必要的。如果发生这样的事情，即导向神学对象的一个确定概念的惟一论证本身是道德的，则这不仅不令人诧异，而且如果承认这样一种论证只是对于我们的道德规定，亦即在实践的意图上，才充分地阐明了上帝的存在，而思辨在它里面绝对没有证明自己的力量，或者由此扩大它的疆域的范围的话，那么，人们也将在出自这种证明根据的视之为真对于这一论证的终极意图的充分性方面不会感到任何缺憾。就连此处所主张的一种神学的可能性的这种令人诧异，或者它与思辨理性的批判关于范畴所说的话——即范畴惟有在运用于感官的对象，但绝不应用于超感性的东西时，才能够产生知识——的所谓矛盾，如果人们看到它们在这里被运用于对上帝的知识，但不是在理论的意图上（按照上帝对我们来说玄妙莫测的本性自身所是的东西），而是仅仅在实践的意

① 无论是对美的惊赞，还是一个进行反思的心灵还在对世界的一个有理性的创造者有一个清晰的表象之前就有能力感到的由于自然如此繁多的目的而生的感动，自身就具有某种与**宗教**情感类似的东西。因此，它们看起来首先是通过对它们的一种与道德评判方式相类似的评判方式而作用于道德情感的（对我们不知道的原因感恩和崇敬的情感），因而是在它们引起与比纯然理论的考察所能产生的更多得多的旨趣相结合的那种惊赞的时候，通过激发道德理念而作用于心灵的。

图上运用的话，也都将消失。——为了借这个机会了结对批判的那个十分必要的，但也令盲目的独断论者感到恼火地使理性返回到其界限之内的学说的误解，我在这里附加上对这一学说的如下解释。

如果我赋予一个物体以**运动的力量**，从而通过**因果性**的范〔483〕畴来思维它，那么，我就由此而同时**认识**了它，也就是说，我通过特别（作为那种关系的可能性的条件）属于它这个感官对象的东西而规定了它作为一般客体的概念。因为如果我赋予它的这种运动的力量是一种排斥的力量，那么，属于它（尽管我还没有在它旁边设定另一个它对之实施斥力的物体）的就是空间中的一个地点，此外是一个广延，也就是说，在它本身之内的空间，再就是通过其各个部分的斥力对这个空间的填充，最后还有这种填充的规律（即各个部分的斥力的根据的减弱，必然与物体广延的增长和它通过这种力以这些部分所填充的空间的增加成正比）。——与此相反，如果我把一个超感性的东西设想为**第一推动者**，从而通过因果性的范畴而在同一种世界规定（物质的运动）方面来设想它，那么，我就必须设想它不在空间中的任何一个地点，同样也不是有广延的，我甚至不可以设想它是在时间中并且与其他东西同时实存的。因此，我根本没有任何规定来使我自己能够理解通过这个存在者作为根据而引起的运动的可能性的条件。所以，我通过原因（作为第一推动者）的谓词本身丝毫也没有认识这个存在者；相反，我只是有关于一个某物的表象，这个某物包含着世界中的运动的根据；而关于它与这些运动的关系，作为这些运动的原因，既然它除此之外没有提供属于这个是原因的事物的性状的任何东西，也就使关于这个原因的概念是完全空洞的。其理由在于：我借助惟有在感官世界中才能找到其客体的那些谓词，虽然能够前进到必然包含着感官世界的根据的某物的存在，但却不能前进到它作为超感性存在者的排除那一切谓词的概念的规定。因此，通过因果性范畴，如果我通过一个**第一推动者**的概念来规定它的话，我就丝毫不能认识什么是上帝；但是，如果我从世界秩序中获得理由去把它的因果性不仅**设想**为一个至上的**理智**的因果性，而是也通过对上述概念的这种规定来**认识**它，也许就会有更好的结果，因为这时空间和广延这种累赘的条件就取消了。——当然，世界上的伟大的合目的性使我们不得不把世界及其因果性的一个至上原因**设想**为通过一种理智的；但我 〔484〕 们由此却根本没有权利把这种理智赋予这个至上原因（例如，把上帝的永恒性设想为在一切时间中的存在，因为若不然，我们就根本不能形成关于纯然的存在作为一个量、亦即作为存续的任何概念；或者把神的全在设想为在一切地点的存在，以便使我们理解对于彼此外在的事物来说的那种直接在场，尽管如此却不可以把这些规定中的某一个当做在上帝那里认识到的而赋予上帝）。如果我通过把人的因果性设想为人的一种理智，来就某些惟有通过有意的合目的性才能解释的产物而言来规定人的因果性，那么，我就不需要停留在这一点上，而是能够把这一谓词作为人的众所周知的属性来赋予人，并由此来认识人。因为我知道，直观被给予人的感官，并通过知性被置于一个概念之下，从而被置于一个规则之下；这个概念只包含共同的标志（借助舍弃特殊的东西），因而是推论性的；为了把被给予的表象置于一般意识之下，诸般规则还在直观之前就被知性给予了，等等；因此，我把这种属性赋予人，是把它当做我由以来**认识人**的属性。但是，如果我想把一个超感性的存在者（上帝）**设想**为理智，那么，这在我的理性应用的某种考虑中不仅是允许的，而且也是不可避免的；但是，自诩能够赋予它以知性，并且把知性当做它的一个属性，由此来**认识**它，这是绝对不允许的；因为我在这种情况下必须舍弃我惟有在其下才认识一个知性的那些条件，从而根本不能把只用于规定人的谓词与一个超感性的客体联系起来，因此，通过一种如此规定的因果性是根本不能认识上帝是什么的。所有的范畴都是如此，它们如果被运用于可能经验的对象，对于理论考虑中的知识就根本不可能有任何意义。——但是，按照与一种知性的类比，我可以，甚至必须在某种别的考虑中设想一个超感性的存在者，尽管如此却不是想在理论上认识它；也就是说，如果对它的因果性的这种规定涉及世界中的一种结果，这种结果包含着一种道德上必要的、但对于感官存在者来说无法实现的意图的话；因为在这种情况下，由于纯然按照类比在上帝身上设想的属性和对其因果性的规定，对上帝及其存在的一种知识（神
〔485〕学）就是可能的，这种知识在实践的关系中具有、但也**仅仅在考虑到这种关系时**（考虑到道德的关系时）才具有一切所要求的实在性。——因此，一种伦理神学是完全可能的；因为没有神学，道德虽然能够凭借其规则而存在，但却不是凭借正是这种规则交付的终极意图而存在，没有使理性就这种终极意图而言显露出来。但是，一种（纯粹理性的）神学伦理学是不可能的；因为并非理性原初地自己给予的、理性作为纯粹的实践能力也造成对其遵循的法则，就不可能是道德的。同样，一种神学的自然学也会是一种无稽之谈，因为它不会陈述任何自然规律，而是陈述一个最高的意志的安排；与此相反，一种自然的（真正说来是自然目的论的）神学却至少可以用做真正的神学的预科，因为它通过对它提供了丰富材料的种种自然目的的考察，为自然不能提出的一种终极目的的理念提供了诱因；因而虽然能够使一种为了理性最高的实践应用而充分地规定上帝概念的神学的需要变得明显，但却不能产生这样的神学并把它充分地建立在其证据上面。

中德人名对照表

阿那克萨哥拉	Anaxagoras	马斯登	Marsden
安妮·博林	Anna von Bolen	曼德维尔	Mandeville
巴托	Batteux	门德尔松	Mendelssohn
柏拉图	Plato	蒙台涅	Montaigne
波吕克勒特	Polyklet	米隆	Myron
布鲁门巴赫	Blumenbach	穆罕默德	Mahomet
博克	Burke	牛顿	Newton
德谟克利特	Demokritus	欧拉	Euler
法拉里斯	Phalaris	普里斯特利	Priestley
封德耐尔	Fontenelle	切泽尔登	Cheselden
伏尔泰	Voltaire	斯宾诺莎	Spinoza
弗兰西斯一世	Franz Ⅰ	索绪尔	Saussure
哥伦布	Columbus	魏岑曼	Wizenmann
哈奇森	Hutcheson	维兰德	Wieland
荷马	Homer	沃尔夫	Wolff
亨利八世	Heinrich Ⅷ	沃康松	Vaucanson
坎培尔	Camper	西塞罗	Cicero
克鲁修斯	Crusius	谢格奈	Segner
莱布尼茨	Leibniz	休谟	Hume
莱马鲁斯	Reimarus	亚里士多德	Aristoteles

莱辛	Lessing	伊壁鸠鲁	Epikur
林耐	Linnäus	尤维纳利斯	Juvenal
洛克	Locke		

图书在版编目（CIP）数据

康德著作全集：注释本. 第5卷，实践理性批判　判断力批判/李秋零主编. —北京：中国人民大学出版社，2019.10
ISBN 978-7-300-27420-1

Ⅰ.①康… Ⅱ.①李… Ⅲ.①康德（Kant，Immanuel，1724－1804）-全集
Ⅳ.①B516.31

中国版本图书馆CIP数据核字（2019）第205219号

康德著作全集（注释本）
第5卷　实践理性批判　判断力批判
李秋零　主编
Kangde Zhuzuo Quanji

出版发行	中国人民大学出版社		
社　　址	北京中关村大街31号	**邮政编码**	100080
电　　话	010－62511242（总编室）		010－62511770（质管部）
	010－82501766（邮购部）		010－62514148（门市部）
	010－62515195（发行公司）		010－62515275（盗版举报）
网　　址	http://www.crup.com.cn		
经　　销	新华书店		
印　　刷	北京联兴盛业印刷股份有限公司		
规　　格	148 mm×210 mm　32开本	**版　　次**	2019年10月第1版
印　　张	17.875 插页4	**印　　次**	2019年10月第1次印刷
字　　数	422 000	**定　　价**	118.00元